主　编：刘利民
副主编：吴松元　叶茂林　方中雄

北京市
特级教师三十年

（1979—2009）

BEIJINGSHI TEJI JIAOSHI
SANSHINIAN

北京市教育委员会人事处
北京教育科学研究院教师研究中心　组织编写

教育科学出版社
·北京·

序　言

　　"特级教师"是国家为中小学教师（含幼儿教师和中职教师）而设立的一种荣誉称号，以表彰特别优秀的中小学教师。特级教师评选制度的建立，体现了党和政府对广大教师的重视和激励。特级教师制度的建立和发展在一定程度上对提高教师的地位、改善教师待遇，提升教师的素质，促进教师的成长起到了积极作用；教育界也因此而涌现出了一大批德艺双馨、甘为人梯、贡献突出的教师楷模。从北京教育发展的历史来看，北京市早在20世纪50年代中期就开始了"非制度性"特级教师评选活动的尝试，开了全国特级教师评选的先河，为后来特级教师评选制度在全国范围内确立发展和完善，提供了实践范例。

　　1956年，共青团中央将当时社会上存在歧视小学教师的劳动，小学教师待遇低、地位低、质量低的情况，汇报给了中央，毛泽东主席、周恩来总理作出批示，同年4—5月，教育部起草了《关于提高中小学教师待遇和社会地位的报告》，认为"对有特殊贡献的优秀教师，给以特级待遇"①；7月，根据国务院关于全国教育事业工资改革的指示，教育部制定了全国中学教员和行政人员、全国小学教员和行政人员的工资标准。结合这次工资改革，为了解决当年中小学教师工资待遇低的问题，北京市进行了教育事业工资改革。北京市于1956年评选出了32名中小学教师，作为第一批特级教师，提请当时的中央人民政府政务院审查批准，并在工资待遇方面给予这些特级教师以特别提升，中学特级教师的工资定为"相当于高等学校六级（教授）"，小学特级教师的工资定为"相当于中学教师三级"。②之后，于1959年评选出

---

　　①②　《中国教育事典》编委会. 中国教育事典：初等教育卷［M］. 石家庄：河北教育出版社，1994：268.

了 3 名特级教师；1960 年评选了 6 名特级教师；1963 年评选了 1 名特级教师。至此，从新中国成立后到"文化大革命"前，北京市一共评选出了四批共计 42 名特级教师。1966 年"文化大革命"的爆发中断了北京市特级教师的评选活动。

"文化大革命"结束后，在 1978 年 4 月召开的全国教育工作会议上，邓小平同志指示"要研究教师首先是中小学教师的工资制度。要采取适当的措施，鼓励人们终身从事教育事业。特别优秀的教师，可以定为特级教师"①。同年 10 月，教育部和原国家计委联合颁发了《关于评选特级教师的暂行规定》（以下简称《暂行规定》），《暂行规定》颁布的目的是为了"提高教师的政治地位和社会地位，增强教师的光荣感，责任感，使他们能长期坚持教育工作岗位"，"鼓励广大中小学教师长期从事教育事业，进一步提高中小学教师的社会地位"，我国从此正式建立了特级教师制度。1993 年 1 月 10 日原国家教委对《暂行规定》进行了修订，颁布了《特级教师评选规定》（以下简称《规定》）。在《规定》的第二条指出："特级教师"是国家为了表彰特别优秀的中小学教师而特设的一种既具先进性，又有专业性的称号。特级教师应是师德的表率、育人的模范、教学的专家。由此我国的特级教师制度开始正式建立并且逐步完善起来了。

特级教师评选制度在全国各省市、自治区的实践表明：特级教师制度对调动教师积极性、提高教师社会地位、改善教师的待遇确实起到了积极作用；也让中小学教师中一批特别优秀的教师脱颖而出，并成为进行教育教学改革实践、提高教育教学质量的领军人物。新中国成立以来至 2009 年，北京市从一大批优秀教师中评选出了 822 名特级教师。

但是，关于北京市特级教师的史料，尤其是改革开放以前所评特级教师资料随时代变迁并没有一个完整、清晰的记载，许多重要的史料如果不加工、整理和保存，史料就有可能失散、失传。为了完整、系统、真实地记录下为北京市教育事业发展作出贡献的特级教师们，北京市教育委员会决定组

---

① 见本书第 5 页。

织力量，从详细梳理特级教师制度的相关政策、整理与确认特级教师的名单、特级教师大事记到对特级教师的简介内容入手编纂一部文件完整、名单确切、内容翔实的特级教师制度发展史资料。鉴于此，北京市教委于2009年10月启动了《北京市特级教师三十年（1979—2009）》的编纂工作。

北京教育科学研究院教师研究中心受北京市教委人事处的委托，具体承担了《北京市特级教师三十年（1979—2009）》的史料编纂工作。编纂工作从2009年10月正式启动到2011年12月，教师研究中心的全体研究人员进行了为期两年多的认真扎实的资料收集、名单核实、简介的收集与修改、文件的收集与整理等工作；并对所有资料进行了持续不断的修改、整理、审校与定稿等工作。由于史料的整理和特级教师名单和简介的确认有五十年的跨度，时过境迁，有的特级教师已经辞世，有的已退休返回京外的老家定居，有的已定居海外，有的已不在教育系统，有的已不在原单位工作，有的不知去向；而确认名单不能有误、确认姓名不能有误、确认简介要属实等等，凡此种种，编纂《北京市特级教师三十年（1979—2009）》史料工作的难度可想而知，其间的复杂性和艰巨性也是可想而知的。教师研究中心的研究者们，为特级教师史料能编纂成书，数易其稿，尽管有很多不足和遗憾，历时两年才得以出版，编撰委员会的每一位成员还是精诚团结，克服了诸多困难，完成了编撰任务。

回顾两年多的编撰工作，从编撰工作的设计、布置，到资料收集的组织与协调等工作都得到了相关领导与人员的指导、支持与帮助。没有各方力量的支持和配合，编撰工作是难以顺利完成的。编纂工作还得到了北京市教委主管领导、市教委人事处、政策法规处、北京市各区县教委人事科、北京市教育史志办、北京市特级教师本人及其所在学校领导、同事及其家人等各界人士的大力支持与帮助；编纂工作也得到了北京教育科学研究院领导的指导、支持与关心。在此向他们表示崇高的敬意和衷心的感谢！同时要感谢教育科学出版社编校工作者为书稿出版作出的艰苦努力，正是他们的辛勤劳作与工作效率使本书能顺利出版。

《北京市特级教师三十年（1979—2009）》的出版是改革开放以来，北京市中小学教师队伍建设所取得的又一个成果。它的编纂出版，为特级教师队伍建设提供了鲜活的、直接的、最新的史料，为北京市广大一线教师、教育工作者、研究人员以及社会各界了解北京市特级教师相关政策和特级教师的基本状况提供了宝贵的资料。可以预见，《北京市特级教师三十年（1979—2009）》会成为一笔珍贵的精神财富，发挥其应有的作用。

《北京市特级教师三十年（1979—2009）》编委会
2011 年 12 月

目 录

一、特级教师的相关政策

（一）国家关于特级教师的相关政策

1. 领导讲话

邓小平同志在全国教育工作会议上的讲话

（1978 年 4 月 22 日）

粉碎"四人帮"以来，特别是改革高等学校招生制度和批判"两个估计"之后，教育战线出现了许多新气象。成绩应当充分肯定。但是，无论在教育界，还是在社会上，大家都希望教育工作有更快的进展。在这方面，我们有许多问题要解决，有许多事情要做。今天，我讲几点意见。

第一点，提高教育质量，提高科学文化的教学水平，更好地为社会主义建设服务。

我们的学校是为社会主义建设培养人才的地方。培养人才有没有质量标准呢？有的。这就是毛泽东同志说的，应该使受教育者在德育、智育、体育几方面都得到发展，成为有社会主义觉悟的有文化的劳动者。

"四人帮"反对严格要求学生学习科学文化，反对学生以学习科学文化为主，胡说这是"智育第一"，是"脱离无产阶级政治"。他们鼓吹"宁要没有文化的劳动者"，胡说"知识越多越反动"，并把今天掌握了文化的劳动者及其子弟诬蔑成为资产阶级知识分子……

考试是检查学习情况和教学效果的一种重要方法，如同检验产品质量是保证工厂生产水平的必要制度一样。当然也不能迷信考试，把它当作检查学习效果的唯一方法。并且要认真研究、试验，改进考试的内容和形式，使它的作用完善起来。对于没有考好的学生，要鼓励和帮助他们继续努力，不要因此造成不必要的精神负担。

第二点，学校要大力加强革命秩序和革命纪律，造就具有社会主义觉悟的一代新人，促进整个社会风气的革命化。

"四人帮"对教育事业的破坏，不仅造成科学文化的教育质量惊人下降，而且严重地损害了学校的思想政治教育，败坏了学校纪律，腐蚀了社会主义社会的革命风气。"四人帮"在口头上政治喊得响，实际上搞的是反革命反社会主义的政治，是用剥削阶级最腐朽最反动的思想来毒害青少年，制造"文盲加流氓"式的人物。彻底清除"四人帮"所造成的这种恶果，是关系到巩固无产阶级专政的一项极其严重的政治任务。

革命的理想，共产主义的品德，要从小开始培养。我们党的教育事业历来有这样的优良传统。革命战争年代，儿童团员、共青团员创造了可歌可泣的英雄业绩。全国解放以后，我们的教育工作，我们的青年团、少先队的工作，发扬光大了过去的优良传统。在很长的一段时间里，广大青少年好好学习，天天向上，爱祖国，爱人民，爱劳动，爱科学，爱护公共财物，英勇机智地同敌人、坏分子作斗争，树立了一代新风。学校风气的革命化促进了社会风气的革命化。这种风气不仅是中国历史上从来没有过的，而且受到了世界人民的赞誉。我们希望从事教育工作的同志，各个有关部门的同志，整个社会的家家户户，都来关心青少年思想政治的进步，把被"四人帮"破坏了的优良革命传统恢复和发扬起来。毛泽东同志说："思想政治工作，各个部门都要负责任。共产党应该管，青年团应该管，政府主管部门应该管，学校的校长教师更应该管。"尤其是中小学教师和幼儿教育工作者，负有培养革命接班人的幼苗的重任。我们要大力在青少年中提倡勤奋学习、遵守纪律、热爱劳动、助人为乐、艰苦奋斗、英勇对敌的革命风尚，把青少年培养成为忠于社会主义祖国、忠于无产阶级革命事业、忠于马克思列宁主义毛泽东思想的优秀人才，将来走上工作岗位，成为有很高的政治责任心和集体主义精神，有坚定的革命思想和实事求是、群众路线的工作作风，严守纪律，专心致志地为人民积极工作的劳动者。

我们要求所有的人都努力上进，但毕竟还要看各个人自己是否努力。集体的努力也是各个人努力的综合表现。这种个人努力程度的差别，即使到共产主义社会也会存在。毛泽东同志说过，一万年以后也会有先进和落后的差别。因此，我们在鼓励帮助每个人勤奋努力的同时，仍然不能不承认各个人在成长过程中所表现出来的才能和品德的差异，并且按照这种差异给以区别对待，尽可能使每个人按不同的条件向社会主义和共产主义的总目标前进。同时，对于严重破坏革命秩序和革命纪律又屡教不改的人，也要采取严格措施加以认真的教养改造，不能让这极少数人危害学校和社会。

今后，不仅大中学校招生要德智体全面考核，择优录取，而且各部门招工用人也要逐步实行德智体全面考核的办法，择优尽先录用。这也就是把毛泽东同志提出的培养德智体全面发展、有社会主义觉悟的有文化的劳动者的方针贯彻到底，贯彻到整个社会的各个方面。这样做，对于提高整个职工队伍的政治质量和科学文化素养，对于满足不同工种、职业的特殊要求，对于在青少年中以至在整个社会上造成人人向上、奋发有为、不甘落后的革命风气，都将发挥巨大的促进作用。

第三点，关于教育事业必须同国民经济发展的要求相适应的问题。

为了培养社会主义建设需要的合格的人才，我们必须认真研究在新的条件下，如何更好地贯彻教育与生产劳动相结合的方针。马克思、恩格斯、列宁和毛泽东同志都非常重视教育与生产劳动的结合，认为在资本主义社会里这是改造社会的最强有力的手段之一；在无产阶级取得政权之后，这是培养理论与实际结合、学用一致、全面发展的新人的根本途径，是逐步消灭脑力劳动和体力劳动差别的重要措施。早在八十年前，列宁就说过："无论是脱离生产劳动的教学和教育，或是没有同时进行教学和教育的生产劳动，都不能达到现代技术水平和科学知识现状所要求的高度。"现代经济和技术的迅速发展，要求教育质量和教育效率的迅速提高，要求我们在教育与生产劳动结合的内容上、方法上不断有新的发展。

要做到这一点，各级各类学校对学生参加什么样的劳动，怎样下厂下乡，花多少时间，怎样同教学密切结合，都要有恰当的安排。更重要的是整个教育事业必须同国民经济发展的要求相适应。不然，学生学的和将来要从事的职业不相适应，学非所用，用非所学，岂不是从根本上破坏了教育与生产劳动相结合的方针？那又怎么可能调动学生学习和劳动的积极性，怎么可能满足新的历史时期向教育工作提出的艰巨要求？

我们的国民经济是有计划按比例发展的，我们培养训练专门家和劳动后备军，也应该有与之相适应的周密的计划。我们不但要看到近期的需要，而且必须预见到远期的需要；不但要依据生产建设发展的要求，而且必须充分估计到现代科学技术的发展趋势。

国家计委、教育部和各部门，要共同努力，使教育事业的计划成为国民经济计划的一个重要组成部分。这个计划，应该考虑各级各类学校发展的比例，特别是扩大农业中学、各种中等专业学校、技工学校的比例；要研究发展什么样的高等学校，怎样调整专业设置、安排基础理论课程和进行教材改革。要制订加速发展电视、广播等现代化教育手段的措施，这是多快好省发展教育事业的重要途径，必须引起充分的重视。生产劳动、科学试验和科学研究在学校教育中怎样组织得更有计划，使之更符合于经济计划和教育计划的需要，应该加以深入的研究。为了加速造就人才和带动整个教育水平的提高，必须考虑集中力量加强重点大学和重点中小学的建设，尽快提高它们的教学水平和教学质量。

今后国家将努力开辟新的途径，增加新的行业，以便更有效地为四个现代化服务。我们制订教育规划应该与国家的劳动计划结合起来，切实考虑劳动就业发展的需要。

最后，讲讲尊重教师的劳动，提高教师的质量问题。

一个学校能不能为社会主义建设培养合格的人才，培养德智体全面发展、有社会主义觉悟的有文化的劳动者，关键在教师。

二十多年来，我们已经建立了一支人民教师队伍。全国有教师九百万人。绝大多数教职员工热爱党热爱社会主义，勤勤恳恳地为社会主义教育事业服务，为民族、为国家、为无产阶级立了很大功劳。为人民服务的教育工作者是崇高的革命的劳动者。我们对广大教育工作者的辛勤努力表示慰问和敬意。特别是对广大的小学教育工作者，他们在更为艰苦的条件下，为培育革命后代不辞劳累，作出贡献，我们更要表示慰问和敬意。

我们要提高人民教师的政治地位和社会地位。不但学生应该尊重教师，整个社会都应该尊重教师。我们提倡学生尊敬师长，同时也提倡师长爱护学生。尊师爱生，教学相长，这是师生之间革命的同志式的关系。对于优秀的教育工作者，应该大张旗鼓地予以表扬和奖励。

要研究教师首先是中小学教师的工资制度。要采取适当的措施，鼓励人们终身从事教育事业。特别优秀的教师，可以定为特级教师。限于国家的经济力量，我们一时还难以较大地改善教职员工的物质生活待遇，但是必须为此积极创造条件。各级党委和教育行政部门，首先要在可能范围内，尽力办好集体福利事业。①

各级党委和学校的党组织，应该热情地关心和帮助教师思想政治上的进步，帮助他们认真学习马克思列宁主义、毛泽东思想，使更多的人牢固地树立起无产阶级的共产主义的世界观。要积极地在优秀的教师中发展党员。教育战线任务愈来愈重，各级教育部门不能不努力提高现有教师队伍的教学能力和教学质量。教育部和各地教育行政部门，要采取切实有效的措施，比如充分利用广播、电视，举办各种训练班、进修班，编印教学参考资料等，大力培训师资。我们希望广大教师努力在政治上、业务上不断提高，沿着又红又专的道路前进。

同志们！我希望这次会议，能够对教育工作中一些重大问题，充分展开讨论。要提倡敢想敢说的革命精神。有不同意见不要紧，各种方案可以比较。办什么事也得走群众路线。人民内部要有充分的民主，这样才能拿出好的主意来。当然，任何好主意不会自动实现。美好的前景如果没有切实的措施和工作去实现它，就有成为空话的危险。为了在不长的时间内实现四个现代化，我们需要大力提倡能把崇高理想逐步变为现实的脚踏实地的革命作风。

我相信，在党中央领导下，依靠教育战线上广大师生员工的努力，坚持把揭批"四人帮"的斗争进行到底，踏踏实实地进行工作，我们的教育事业一定能够同其他战线一样，新人辈出，捷报频传，蒸蒸日上！

---

① 着重号为编者后加。

2. 特级教师评选政策

（1）《关于评选特级教师的暂行规定的通知》

关于评选特级教师的暂行规定的通知

教普字〔1978〕1352号

1978年12月7日

为了贯彻落实党中央关于提高人民教师的政治地位和社会地位，对于优秀的教育工作者，应当予以表扬和奖励，对于特别优秀的教师可以定为特级教师的指示，我们制定了《关于评选特级教师的暂行规定》。这个文件，业经国务院审批同意，现发给你们，请予试行。试行中有何问题、意见和经验，望随时告教育部和国家计委。

附件

关于评选特级教师的暂行规定

为了贯彻落实党中央关于提高人民教师的政治地位和社会地位，对于优秀的教育工作者，应当大力予以表扬和奖励，对于特别优秀的教师可以定为特级教师的指示，现对评选普通教育各级各类学校特级教师的办法，暂作如下规定，希各地参照执行。

一、评选目的

1. 提高教师的政治地位和社会地位，增强教师的光荣感、责任感，使他们能长期坚持教育工作岗位，为社会主义教育事业贡献力量。

2. 奖励教师对教育工作作出的贡献，表彰先进，树立榜样，以调动广大教师的积极性，鼓励他们学习先进，不断提高政治、文化、业务水平，努力提高教育质量。

二、评选对象

主要是中小学（包括民办和厂矿企业办的中小学）、师范学校、盲聋哑学校、教师进修学校、教学研究机构、校外教育机构的教师和幼儿园的教养员。但原系教学水平较高的教师，长期从事中小学、师范、盲聋哑和幼儿教育工作，领导教学教育工作有特长的校长、教导主任和幼儿园主任，也应列为评选对象。

三、评选条件

1. 在政治上，拥护中国共产党，拥护社会主义，热爱教育事业，认真执行党的教育方针，热爱学生，工作一贯认真负责，勤勤恳恳，刻苦努力，努力学习马克思列宁主义、毛泽东思想，理论联系实际，自觉地改造世界观，不断提高思想政治觉悟和共产主义道德品质的修养；政治历史清楚，无重大政治历史问题，思想作风好，在教师中，在教育界有威望。

2. 在业务上，对所教学科具有较丰富的理论知识和教学经验，能够熟练地胜任所教学科的教学工作，使学生正确地系统地牢固地掌握基础知识和基本技能，积极培养学生的自学能力和分析问题、解决问题的能力，教学效果好，教学质量高，在工作中有创新精神，成绩显著；刻苦学习和钻研业务，在某一门学科或者一门学科的某一阶段的教学上确有专长，在改革教学中勇于创新，作出了具有较高水平的成果或者著述（包括编写教材、教学参考资料和教学法等）；在思想上业务上关心和帮助新教师。同时，还要求高中教师在其所教学科方面的实际文化程度，应具有大学本科毕业以上水平；初中教师在其所教学科方面的实际文化程度，应具有大学专科毕业以上水平；小学教师的实际文化程度，应具有中师毕业以上水平；幼儿园教养员的实际文化程度，应具有幼师毕业以上的水平。

四、评选面

评选特级教师应坚持从严掌握和实事求是的原则，严格按照评选条件认真、慎重地进行评选。各地和学校有符合评选条件的教师就评选，否则，就不评选。第一次评选，北京、上海、天津等大城市评选面暂定控制在万分之五以内，其他地方应低于这个比例。

五、奖励办法

1. 提高政治地位和社会地位。由省、市、自治区人民政府颁发特级教师证书。有些特级教师可推选为各级人民代表或政协委员，或吸收其参加一定的社会活动。退休后，可由学校聘请做名誉校长、教育顾问，或由学术团体安排相当的名誉职务。

2. 提高工资待遇。对评选出的特级教师，在全国未实行工资改革以前，暂时采取补贴办法：小学特级教师每月补贴二十元，中学特级教师每月补贴三十元。民办中小学教师评选为特级教师的，也享受同样补贴，由教育经费开支。

3. 发挥专长。由高等师范院校、教师进修院校、教学研究机构和教育出版机关聘请做特约教师、特约研究员和特约编审等。此外，还应给他们以适当的时间，从事教学研究和培养新教师。

六、评选办法和审批手续

根据评选条件，先由各校党支部组织教职员工，在省、地、县范围内，充分发扬民主，走群众路线，广泛进行酝酿提名，经地（市）、县（区）教育行政领导机关商同有关学校党支部，集中群众意见，提出名单。然后，在适当范围内，特别是在被提名者的学校和一个地区内教相同学科的教师中，广泛征求群众意见，充分酝酿，并由地（市）、县（区）教育行政领导机关审定后，上报省、市、自治区教育局汇总、审查、平衡，提出初步名单，报请省、市、自治区革委会批准，并报教育部备案。

为了做到通过评选特级教师，调动广大教师的积极性，鼓励他们学先进，赶先进，为社会主义教育事业多作贡献，并为提名和评选做好准备，在评选前，各级教育行政领导机关要收集他们的先进事迹，总结他们的教育、教学经验，通过新闻报道、刊物、召开教师代表会、教师座谈会等方式，宣传、表彰他们的先进事迹，交流推广他们的先进经验。

七、各省、市、自治区教育局应即参照本规定结合本地区的实际情况，作出部署和安排，于明年召开全国教育大会以前完成第一次评选特级教师的工作。今后，每隔三至五年评选一次特级教师。

教育部
国家计委

（2）《关于颁发特级教师评选规定的通知》

关于颁发特级教师评选规定的通知

教人〔1993〕38 号

1993 年 6 月 10 日

各省、自治区、直辖市教委、教育厅（局）、人事（劳动人事）厅（局）、财政厅（局）：

1978 年，教育部、国家计委联合颁发了《关于评选特级教师的暂行规定》后，各地普遍开展了评选特级教师的工作。实践证明，评选特级教师，对提高中小学教师地位，增强教师的光荣感、责任感，表彰特别优秀的中小学教师、树立榜样，激发广大中小学教师教书育人的积极性，促进基础教育事业的发展，起到了非常重要的作用。

为了进一步做好特级教师工作，国家教委、人事部、财政部在广泛征求意见的基础上，将 1978 年颁发的《关于评选特级教师的暂行规定》修订为《特级教师评选规定》。现将《特级教师评选规定》发给你们，请遵照执行。

现享受特级教师津贴（包括已退休、离休、病退）的特级教师，其特级教师津贴，从《特级教师评选规定》颁发的下月起，按新的规定执行。

1978 年 12 月 7 日原教育部、国家计委颁发的《关于评选特级教师的暂行规定》同时废止。

附件

特级教师评选规定

第一条　为了鼓励广大中小学教师长期从事教育事业，进一步提高中小学教师的社会地位。表彰在中小学教育教学中有特殊贡献的教师，制定本规定。

第二条　"特级教师"是国家为了表彰特别优秀的中小学教师而特设的一种既具先进性、又有专业性的称号。特级教师应是师德的表率、育人的模范、教学的专家。

第三条　本规定适用于普通中学、小学、幼儿园、师范学校、盲聋哑学校、教师进修学校、职业中学、教学研究机构、校外教育机构的教师。

第四条　特级教师的条件：

（一）坚持党的基本路线。热爱社会主义祖国，忠诚人民的教育事业；认真贯彻执行教育方针；一贯模范履行教师职责，教书育人，为人师表。

（二）具有中小学高级教师职务。对所教学科具有系统的、坚实的理论知识和丰富的教学经验。精通业务，严谨治学，教育教学效果特别显著。或者在学生思想政治教育和班主任工作方面有突出的专长和丰富的经验，并取得显著成绩；在教育教学改革中勇于创新或在教学法研究、教材建设中成绩卓著。在当地教育界有声望。

（三）在培训提高教师的思想政治、文化业务水平和教育教学能力方面作出显著贡献。

第五条　评选特级教师工作应有计划、经常性地进行。各省、自治区、直辖市在职特级教师总数一般控制在中小学教师总数的千分之一点五以内。评选的重点是在普通中小学教育教学第一线工作的教师。

第六条　评选特级教师的程序：

（一）在学校组织教师酝酿提名的基础上，地（市）、县教育行政部门可在适当范围内，广泛征求意见，通过全面考核，确定推荐人选，报省、自治区、直辖市教育行政部门。

（二）省、自治区、直辖市教育行政部门对地（市）、县的推荐人选审核后，送交由教育行政部门领导、特级教师、对中小学教育有研究的专家、校长组成的评审组织评审。

（三）省、自治区、直辖市教育行政部门根据特级教师评审组织的意见确定正式人选报省、自治区、直辖市人民政府批准，并报国务院教育行政部门备案。

第七条　授予特级教师称号，颁发特级教师证书，在各省、自治区、直辖市庆祝教师节大会上进行。要采用多种形式宣传特级教师的优秀事迹，推广特级教师的先进经验。

第八条 特级教师享受特级教师津贴，每人每月 80 元，退休后继续享受，数额不减。中小学民办教师评选为特级教师的，享受同样津贴。所需经费由教育事业费列支。

第九条 特级教师要模范地做好本职工作。要不断钻研教育教学理论，坚持教育教学改革实验；研究教育教学中普遍存在的问题，积极主动地提出改进办法；通过各种方式培养提高年轻教师。

特级教师应不断地总结教育教学、教育科学研究等方面的经验，并向学校和教育行政部门汇报。

第十条 学校和教育行政部门要为特级教师发挥作用创造条件。要支持特级教师的教育教学改革实验和教育科学研究。要积极为特级教师的学习提高和开展研究工作提供方便。

可为年龄较大、教育教学经验特别丰富的特级教师，选派有事业心、肯钻研的年轻教师做助手，协助他们进行教学改革实验，帮助他们总结、整理教育教学改革经验。

特级教师一般不宜兼任过多的社会职务，以保证他们有充足的时间和精力做好本职工作。

第十一条 特级教师退休后，根据工作需要和本人条件，可返聘继续从事教材编写、培养教师和其他有关工作。

第十二条 特级教师有下列情形之一的，由所在省、自治区、直辖市人民政府批准撤销特级教师称号：

（一）在评选特级教师工作中弄虚作假，不符合特级教师条件的；

（二）受到剥夺政治权利或者有期徒刑以上刑事处罚的；

（三）其他应予撤销称号的。

第十三条 特级教师调离中小学教育系统，其称号自行取消；取消、撤销称号后，与称号有关的待遇即行中止。

第十四条 各省、自治区、直辖市教育行政部门可依据本规定，结合本地区的实际情况，制定特级教师评选和管理的具体办法。

第十五条　本规定由国务院教育行政部门负责解释。

第十六条　本规定自发布之日起施行。在此之前的文件，凡与本规定不一致的，按本规定执行。

财政部

人事部

国家教育委员会

3. 特级教师津补贴政策

(1)《关于中小学特级教师退休离休和调动工作以后补贴费处理的意见》

关于中小学特级教师退休离休和调动工作以后补贴费处理的意见

教计资字〔1982〕213号

1982 年 11 月 27 日

最近，一些省、市来函询问，中小学特级教师退休、病休、离休和调动工作以后，其补贴费如何处理，要求作出统一的规定。经研究，现作如下规定：

一、特级教师退休、病休时，有补贴费的，其补贴费可以作为计算退休费和病假待遇的基数；离休时有补贴费的，补贴费照发。

二、特级教师调到教育学院、教师进修学院、教师进修学校、中等师范学校和为中小学服务的各级教学研究机构的，其补贴费照发；调到上述以外单位的，从调离中小学之月起不再发给补贴费。

以上规定从一九八二年十二月一日起执行。

教育部

劳动人事部

（2）《国务院工资制度改革小组、劳动人事部关于高等学校、中等专业学校、中小学教职工工资制度改革问题的通知》

国务院工资制度改革小组、劳动人事部关于高等学校、中等专业学校、中小学教职工工资制度改革问题的通知

劳人薪〔1985〕40 号

1985 年 8 月 30 日

国家教育委员会制定的《高等学校教职工工资制度改革实施方案》、《中等专业学校教职工工资制度改革实施方案》、《中小学教职工工资制度改革实施方案》和《关于教师教龄津贴的若干规定》，经我们审查提出意见，已报经中央、国务院领导同志同意，现将上述文件发给你们，请按照执行。各省、自治区、直辖市人民政府可以依据文件的规定，结合本地区的实际情况，制定上述各类学校工资制度改革的实施方案贯彻执行，并抄报国务院工资制度改革小组和国家教育委员会备案。

附件

一、高等学校教职工工资制度改革实施方案

二、中等专业学校教职工工资制度改革实施方案

三、中小学教职工工资制度改革实施方案

四、关于教师教龄津贴的若干规定

附件一（略）

附件二（略）

附件三

中小学教职工工资制度改革实施方案

中小学教职工工资制度的改革，按照中共中央、国务院下达的《国家机关和事业单位工作人员工资制度改革方案》（以下简称《改革方案》）和国

务院工资制度改革小组、劳动人事部《关于实施国家机关和事业单位工作人员工资制度改革方案若干问题的规定》（以下简称《若干问题的规定》）执行。现结合中小学的实际情况，提出如下实施方案。

一、中小学教职工工资制度改革方案适用范围

（一）普通中学（包括职业中学、农业中学、盲聋哑中学、工读学校。以下简称中学）。

（二）小学（包括盲聋哑小学，弱智儿童学校。以下简称小学）。

（三）幼儿园。

二、教职员实行以职务工资为主要内容的结构工资制

（一）职务名称

1. 教学人员。中学按高级教师、一级教师、二级教师、三级教师四级分列。

小学按高级教师、一级教师、二级教师、三级教师四级分列。

幼儿园教师职务，由各省、自治区、直辖市人民政府制定。

中小学教师职务系列俟国务院批准后，经过试点逐步实行，并领取相应的职务工资。

2. 行政人员。中小学按正副校长、正副教导主任、正副总务主任、职员的职务分列。

幼儿园行政人员职务名称，由省、自治区、直辖市人民政府制定。

（二）结构工资由基础工资、职务工资、工龄津贴和奖励工资四个部分组成，教师同时实行教龄津贴

1. 中小学教师和幼儿园教师的职务工资标准，暂按《改革方案》中附表六、七的"中学教师基础工资、职务工资标准表"、"小学教师基础工资、职务工资标准表"执行，并按《若干问题的规定》第十二条的办法套改新工资标准。俟教师确定新的职务后，再按规定排列各个职务的工资标准下达执行。

2. 行政人员的职务工资标准，由各省、自治区、直辖市人民政府参照《改革方案》附表九《县（市）、区（乡）国家机关行政人员基础工资、职

务工资标准表》和中小学教师工资标准制定。

教师兼任行政领导工作的，可以按教师的职务确定职务工资。

3. 其他专业技术人员的职务工资，参照有关部门规定的有关职务名称系列的职务名称、工资标准执行。

4. 基础工资、工龄津贴、教龄津贴和奖励工资，按国家统一规定的标准执行。

保育员和工勤人员，执行国家机关工人基础工资、岗位工资标准和有关规定。

三、实施工资改革方案的补充规定

（一）这次工资制度改革，要做好各项准备工作。省、自治区、直辖市的教育厅（局）要根据教育部的有关规定，提出中小学教职工的编制标准，制定各类人员的职责规范人员结构比例和人数限额，报经省、自治区、直辖市人民政府批准后，再结合各校的实际情况，分别下达不同的编制、教学人员的结构比例和人数限额。各校要根据这些要求，核定编制，定编员，明确每个工作人员的职务，制定岗位责任制，建立考核制度。

（二）中小学教师按新职务的规定，确定职务后，领取相应的职务工资。在一九八六年七月一日以前确定职务（或业务等级）的，从一九八五年一月一日起发给。但一九八五年增加工资的限额，应按《若干问题的规定》第二条第（二）款的规定执行。

（三）中小学的班主任津贴、特级教师津贴，按原规定继续发给。

（四）各类学校毕业生分配到"老、少、山、边、穷"地区和调入上述地区从事中小学教育工作的教职员，待遇从优。

（五）工读学校的教师等现行的补贴，按原规定继续发给。盲聋哑学校的教师（包括校长、教导主任等），可按原规定发给本人基础工资加职务工资之和的百分之十五的补贴费。弱智儿童学校的教师也可按此规定执行。如不从事工读、盲聋哑和弱智儿童教育工作，从第二个月起停发补贴费。

（六）新参加工作的各类学校毕业生，其见习期、见习期间的临时工资待遇以及见习期满后应确定的职务和职务工资，均按国家统一规定执行。其中新参加工作的中专、高中毕业生，分配任中学教师的，见习期满后，先按基础工资加职务工资之和58元的标准定级，经考核合格正式评定教师职务后，进入最低一级工资64元的标准。

幼儿园保育员转正定级时，按卫生部规定的护理员的转正定级工资标准执行。

（七）中小学教师工资改革增加的工资额，不包括教龄津贴在20元以内的，一九八五年一次发给，超过部分从一九八六年一月一日起再增加上去。教龄津贴从一九八五年一月起发给。

（八）民办教师的待遇问题，应根据国发〔1984〕174号《国务院关于筹措农村学校办学经费的通知》的原则精神，由各省、自治区、直辖市人民政府确定。

（九）厂、矿企业办的中小学教职工的工资改革，随同本企业职工工资改革同步进行。

（十）各省、自治区、直辖市教育厅（局）可以结合当地实际情况和中小学的特点，制定教职工工资改革的补充规定和实施细则，征求教育工会的意见，经省、自治区、直辖市工资制度改革小组审核，报省、自治区、直辖市人民政府批准后实行，并抄送国务院工资制度改革小组和国家教育委员会备案。

（十一）中小学教职工工资改革工作，事关提高教师队伍素质和调动广大教职工的积极性、创造性，各级学校领导要充分发扬民主，认真听取群众意见，发挥工会的积极作用，秉公办事，严肃认真，实事求是。对营私舞弊或打击压制教师以及各种弄虚作假的行为，一经发现必须严肃处理。

附件四

关于教师教龄津贴的若干规定

根据中共中央、国务院下达的《国家机关和事业单位工作人员工资制度改革方案》和国务院工资制度改革小组、劳动人事部《关于实施国家机关和事业单位工作人员工资制度改革方案若干问题的规定》有关条文，现对教师教龄津贴的实施作如下规定：

一、教师教龄津贴执行范围：中等专业学校、教师进修学校、技工学校、普通中学、职业中学、农业中学、工读学校、盲聋哑学校、小学、弱智儿童学校和幼儿园的公办教师，均可实行教龄津贴。

从事教师工作满二十年，因工作需要，经领导批准，调离教师工作岗位，仍在学校从事教育工作的人员，以及从事教师工作不满二十年，调任学校行政工作并继续兼课的人员，也可以实行教龄津贴。

二、教龄津贴标准：教龄满五年不满十年的，每月三元；满十年不满十五年的，每月五元；满十五年不满二十年的，每月七元；满二十年以上的，每月十元。

三、教龄即教师直接从事学校教育工作的年限。教龄计算办法：

1. 上述学校的教师或中小学专职少先队辅导员等直接从事德、智、体、美教育的工作年限，计算为教龄。

2. 由各级各类学校调入上述学校的教师，原专职从事教师工作的年限可与调入后的工作年限合并计算为教龄。

3. 民办教师或长期顶编代课教师转为上述学校公办教师后的教龄计算，应按其工龄计算的有关规定办理。

4. 曾因冤假错案间断教育工作，现已平反纠正，继续从事教育工作的教师，其间断教育工作时间，可计算为教龄。

5. 在历次政治运动中，曾在职带薪下放的教师，其间断教育工作时间，可计算为教龄。

6. 教师连续病休超过六个月的时期不计算教龄。

四、领取教龄津贴的教师调离上述学校后，教龄津贴即行取消。

五、民办教师是否实行教龄津贴制度，由各地根据实际情况决定。

六、各省、自治区、直辖市教育厅（局）可根据上述规定，结合本地实际情况，制订实施细则，报省、自治区、直辖市人民政府批准后实行，并抄报国务院工资制度改革小组和国家教育委员会备案。

国家教育委员会

(3)《关于工资总额组成的规定的通知》

关于工资总额组成的规定的通知

统制字［1990］1 号

1990 年 1 月 1 日

各省、自治区、直辖市统计局，计划单列的省辖市统计局，国务院有关部门：

《关于工资总额组成的规定》（以下简称《规定》）已经国务院一九八九年九月三十日国函〔1989〕65 号文件批准，国家统计局一九九〇年一月一日发布。为了认真贯彻执行《规定》，现将我局《〈关于工资总额组成的规定〉若干具体范围的解释》和《对〈关于工资总额组成的规定〉的说明》印发给你们，并就有关问题通知如下：

一、工资总额是国民经济核算和劳动工资计划管理的一项重要指标。认真执行《规定》有利于进一步搞准工资总额数据，正确地反映职工工资收入，满足编制、检查工资计划和进行工资管理的需要。各行业、各地区、各部门要结合贯彻《统计法》，认真执行《规定》，努力提高工资总额数字的准确性。

二、工资总额的统计涉及各行业、各部门、各地区和各基层单位。各级统计部门要认真搞清工资总额组成的内容和范围，做好宣传和解释工作，以保证《规定》的正确贯彻执行。同时各单位要及时做好原始记录、统计台账和有关统计资料的调整工作。

三、今后有关工资总额的统计一律以《规定》和《〈关于工资总额组成的规定〉若干具体范围的解释》为准。各地区、各部门、各基层单位过去自行制定的与《规定》相抵触的规定和解释一律废止。在执行中遇到的问题，请及时向我局反映。

附件一：《关于工资总额组成的规定》若干具体范围的解释

附件二：对《关于工资总额组成的规定》的说明

附件

《关于工资总额组成的规定》若干具体范围的解释

一、关于工资总额的计算

工资总额的计算原则应以直接支付给职工的全部劳动报酬为根据。各单位支付给职工的劳动报酬以及其他根据有关规定支付的工资，不论是计入成本的还是不计入成本的，不论是按国家规定列入计征奖金税项目的还是未列入计征奖金税项目的，不论是以货币形式支付的还是以实物形式支付的，均应列入工资总额的计算范围。

二、关于奖金的范围

（一）生产（业务）奖包括超产奖、质量奖、安全（无事故）奖、考核各项经济指标的综合奖、提前竣工奖、外轮速遣奖、年终奖（劳动分红）等。

（二）节约奖包括各种动力、燃料、原材料等节约奖。

（三）劳动竞赛奖包括发给劳动模范，先进个人的各种奖和实物奖励。

（四）其他奖金包括从兼课酬金和业余医疗卫生服务收入提成中支付的奖金等。

三、关于津贴和补贴的范围

（一）津贴。包括：

1. 补偿职工特殊或额外劳动消耗的津贴。具体有：高空津贴、井下津贴、流动施工津贴、野外工作津贴、林区津贴、高温作业临时补贴、海岛津贴、艰苦气象台（站）津贴、微波站津贴、高原地区临时补贴、冷库低温津贴、基层审计人员外勤工作补贴、学校班主任津贴、三种艺术（舞蹈、武功、管乐）人员工种补贴、运动队班（队）干部驻队补贴、公安干警值勤岗位津贴、环卫人员岗位津贴、广播电视天线工岗位津贴、盐业岗位津贴、废品回收人员岗位津贴、殡葬特殊行业津贴、城市社会福利事业单位津贴、环境监测津贴、收容遣送岗位津贴等。

2. 保健性津贴。具体有：卫生防疫津贴、医疗卫生津贴、科技保健津贴、各种社会福利院职工特殊保健津贴等。

3. 技术性津贴。具体有：特级教师补贴、科研津贴、工人技师津贴、中药老药工技术津贴、特殊教育津贴等。

4. 年功性津贴。具体有：直接支付给个人的伙食津贴（火车司机和乘务员的乘务津贴、航行和空勤人员伙食津贴、水产捕捞人员伙食津贴、专业车队汽车司机行车津贴、小伙食单位补贴等）、合同制职工的工资性补贴以及书报费等。

（二）补贴。包括：

为保证职工工资水平不受物价上涨或变动影响而支付的各种补贴，如肉类等价格补贴、副食品价格补贴、食价补贴、煤价补贴、房贴、水电补贴。

四、关于工资总额不包括的项目的范围

（一）有关劳动保险和职工福利方面的费用。具体有：职工死亡丧葬费及抚恤费、医疗卫生或公费医疗费用、职工生活困难补助费、集体福利事业补贴、工会文教费、集体福利费、探亲路费、冬季取暖补贴、上下班交通补贴以及洗理费等。

（二）劳动保护的各种支出。具体有：工作服、手套等劳保用品，解毒剂、清凉饮料，以及按照一九六三年七月十九日劳动部等七单位规定的范围对接触有毒物质、沙尘作业、放射线作业和潜水、沉箱作业、高温作业等五类工种所享受的由劳动保护费开支的保健食品待遇。

五、关于标准工资（基本工资，下同）和非标准工资（辅助工资，下同）的定义

（一）标准工资是指按规定的工资标准计算的工资（包括实行结构工资制的基础工资、职务工资和工龄津贴）。

（二）非标准工资是指标准工资以外的各种工资。

六、奖金范围内的节约奖、从兼课酬金和医疗卫生服务收入提成中支付的奖金及津贴和补贴范围内的各种价格补贴，在统计报表中单列统计

国家统计局

附件二 （略）

（4）《关于调整特级教师津贴标准的通知》

<h3 style="text-align:center">关于调整特级教师津贴标准的通知</h3>

国人部发〔2007〕158号

2007 年 12 月 26 日

各省、自治区、直辖市人事厅（局）、财政厅（局），新疆生产建设兵团人事局、财政局，国务院各部委、各直属机构人事、财务部门：

经国务院批准，现就调整特级教师津贴标准有关问题通知如下：

一、从 2008 年 1 月 1 日起，特级教师津贴标准由每人每月 80 元调整为每人每月 300 元。

二、公办学校所需经费全额纳入财政预算。

调整特级教师津贴标准，体现了党中央、国务院对特级教师的关心。各地区、各部门要充分认识做好这项工作的重要意义，切实加强领导，精心组织，确保平稳顺利实施。

本通知由人事部负责解释。

人事部
财政部

<h2 style="text-align:center">（二）北京市关于特级教师的相关政策</h2>

1. 特级教师评选政策

（1）《关于评选中小学特级教师问题的通知》

关于评选中小学特级教师问题的通知

京教人字〔1991〕31 号

1991 年 5 月 13 日

各区、县教育局：

为了提高教师的社会地位，增强教师的荣誉感，奖励教师作出的贡献，调动广大教师的积极性，根据原教育部、国家计委（78）教普字 1352 号文《关于评选特级教师的暂行规定》，结合我市具体情况，经市人民政府同意，决定在教师节前，再评选一批特级教师，现就有关事宜通知如下：

一、评选对象

中小学，师范学校，盲聋哑学校，教师进修学校，职业中学，工读学校，教学研究机构，校外教育机构的教师和幼儿园的教养员。

二、评选条件

1. 坚持四项基本原则，拥护党的十一届三中全会以来的路线、方针、政策，努力学习马列主义、毛泽东思想，具有较高的思想政治觉悟和社会主义道德水准，在教师中，在教育界有一定威望。

2. 对所教学科具有较高的理论水平和丰富的教学经验。掌握教学工作的规律，能够熟练地胜任所教学科的教学工作，使学生正确地、系统地、牢固地掌握基础知识和基本技能，积极培养学生的自学能力和分析问题、解决问题的能力，教学效果好，教育质量高。

3. 全面贯彻党的教育方针，忠于人民的教育事业，热爱学生，教书育人，刻苦学习，钻研业务，有改革创新精神，成绩显著，在教育科学研究中有高水平的成果和著述。

这次评选特级教师要注意对其政治思想和业务水平全面衡量，教育教学能力和教书育人的表现全面考察，并应将在德育工作方面作出突出成绩的教师评为特级教师。

三、评选数量

这次评选特级教师的数量，控制在现有教师总数的千分之一左右，本着从严掌握，实事求是的原则，坚持条件，保证质量，评选结果数量服从质量。

为使评选特级教师的工作与教师评聘专业技术职务的工作衔接，特级教师一律从评选时在职的具有高级专业技术职务（中小学的中学高级教师、师范学校的高级讲师）的教师中评选。现为小学高级教师拟评为特级教师的，必须是在下一步专业技术职务聘任中被评为中学高级教师者。

四、组织领导

评选特级教师的工作政策性强，影响面大，是关系到加强教师队伍建设的一件大事，各级教育部门必须切实加强领导。

市教育局聘请部分特级教师组成评选特级教师评议组，具体工作由人事处承办。区县教育局要有一位局长负责，具体工作由人事科承办。

五、评选程序及时间安排

第一步：由区、县教育局根据市教育局下达的参考推荐名额广泛征求学校及有关方面意见后提出预选名单，征得区、县人民政府同意后将名单及有关材料报市教育局评选办。（6月15日前完成）

第二步：由特级教师评议组对区、县提出的预选名单进行评议并写出评议意见。（6月30日前完成）

第三步：市教育局参照特级教师评议组的评议意见确定初步评选名单。（7月15日前完成）

第四步：上报市政府审批。（7月30日前完成）

六、奖励办法

1. 由市人民政府向特级教师颁发证书并举行仪式。

2. 按国务院工资制度改革小组、劳动人事部劳人薪（1985）40号文规定，小学特级教师每月发给补贴二十元，中学特级教师每月发给补贴三十元。

北京市教育局办公室

（2）《关于 1998 年评选北京市中小学特级教师工作的通知》

关于 1998 年评选北京市中小学特级教师工作的通知

京教人〔1998〕009 号

1998 年 6 月 3 日

各区县教委、教育局，燕山教育分局，有关直属单位：

根据国家教委、人事部、财政部《关于颁发〈特级教师评选规定〉的通知》（教人〔1993〕38 号文）的精神，在邓小平同志关于在中小学评选特级教师讲话发表二十周年之际，结合我市的实际情况，现将 1998 年中小学评选特级教师的有关工作通知如下：

一、评选范围及对象

1. 1998 年 6 月 30 日在册的普通中小学、幼儿园、特殊教育学校、师范学校、教师进修学校、职业中学、工读学校、教学研究机构、校外教育机构中具有高级专业技术职务（中小学的中学高级教师、师范学校的高级讲师）的教师。

2. 特级教师主要从在职任教的教师中产生，对于近几年改任领导工作并继续兼课和 1994 年 7 月 1 日以后离退休因教学工作需要返聘，现仍在普教系统从事教育教学工作且成绩卓著有影响的教师也可以参加评选。

二、评选条件

特级教师是一种既具先进性又有专业性的称号，特级教师应是师德的表率、育人的模范、教学的专家。并具备下列条件：

1. 坚持党的基本路线、热爱社会主义祖国、忠诚人民的教育事业；认真贯彻执行党的教育方针；有较高的政治素质和职业道德，一贯模范履行教师职责，致力于本职工作，教书育人，为人师表。

2. 具有高级专业技术职务（中小学的中学高级教师、师范学校的高级讲师），对所教学科具有系统的、坚实的理论知识和丰富的教育教学经验；精通业务、严谨治学、教育教学效果特别显著，或者在学生思想政治教育和班主任工作方面有突出的专长和丰富的经验，并取得显著成绩；在教育教学改革中勇于创新或在教学方法、教材建设中成绩卓著，有突出的专长和丰富的经验，并取得显著成绩，在本市教育界有较高声望。

3. 在培训提高教师的思想政治、文化业务水平和教育教学能力方面作出显著贡献。

4. 在培养青年教师方面有显著成绩。

三、评选数量及指标的分配

今年拟评选特级教师 140 名左右。

根据各区县中小学高级专业技术职务人员分布情况，按照评选数与推荐数 1:1.5 的比例向各区县下达推荐数额（见附件）。

四、评审程序

（一）各区县教委、教育局根据市教委下达的推荐数额在个人申报的基础上，广泛征求意见，通过全面考核，经专门的评选小组评审确定推荐人选，并征得区县人民政府同意后将推荐名单及有关材料报市教委人事处。

需上报的材料：

1. 《特级教师申报表》一式三份。

2. 能够代表本人业务水平的论文、论著、成果 2 至 5 件以及最高学历证书、职称证书、获奖证明材料复印件各一份。

3. 能代表本人教学水平的优秀教案 2 至 3 件。

4. 有关组织鉴定、考核、考查、评价材料。

（二）市教委组织"特级教师评审委员会"评审会，对各区县推荐人选及参评材料进行审阅、评论，并按评选数额采用无记名投票办法提出初选意见。

（三）市教委根据评审委员会的初选意见，研究确定正式人选，上报市政府批准。

（四）市政府批准后，报教育部备案。

（五）教师节期间授予特级教师称号，颁发特级教师证书。并从批准之月起享受特级教师津贴。

五、评审委员会的组成及评审原则和要求

市教委组成由教育行政部门领导、特级教师及有关专家等参加的特级教师评审委员会，下设办公室负责日常工作。

1. 坚持公开、平等、竞争、择优的原则。

2. 坚持条件，确保质量，重在德才业绩，破除论资排辈，不拘一格选拔人才。

3. 在同等条件下要优先评选年龄在 50 周岁以下的中青年教师，结合培养跨世纪学术、学科带头人的工作，加大中青年优秀骨干教师的比重。

4. 各区县要高度重视这次特级教师的评选工作，加强领导，成立专门的领导机构。

六、日程安排

1. 5 月初召开评选特级教师和部分学校校长座谈会，就有关问题进行研讨。

2. 6 月上旬布置评选特级教师的工作。

3. 7 月中旬前将推荐名单及材料报市教委人事处；7 月中旬特级教师办公室初审名单；7 月下旬召开特级教师评审委员会。

4. 8 月中旬市教委研究确定名单，上报市政府。

5. 教师节期间举行仪式颁发证书。

北京市教育委员会办公室

附件（略）

（3）《北京市特级教师评选暂行办法》

北京市特级教师评选暂行办法

京教人〔2005〕25 号

2005 年 7 月 6 日

第一条　为鼓励广大中小学教师长期从事教育事业，表彰在中小学教育教学中有特殊贡献的教师，根据原国家教委、人事部、财政部《特级教师评选规定》和《北京市特级教师管理暂行办法》，进一步规范我市中小学特级教师评选工作，制定本办法。

第二条 特级教师是国家为了表彰特别优秀的中小学教师而特设的一种既具先进性、又有专业性的称号。特级教师应是师德的表率、育人的模范、教学的专家。

第三条 本办法适用于普通中、小学、幼儿园、特殊教育学校、教师进修学校、职业中学、工读学校、教学研究机构、校外教育机构中的教师。

第四条 评选特级教师遵循公平、公正、公开、择优的原则。

第五条 特级教师评选工作一般每隔3年进行一次。特级教师的总数量控制在中小学教师总数的1.5‰以内。评选的指标由市教委下达。

第六条 评选条件

（一）申报特级教师须具备下列条件：

1. 热爱社会主义祖国，坚持党的基本路线和教育方针，忠诚教育事业，一贯模范履行教师职责，教书育人，为人师表，具有崇高的职业道德和奉献精神。

2. 对所教学科具有系统的、坚实的理论知识和丰富的教学经验，在教学领域形成特色，教学示范作用明显，在本市教育界有一定声望。

3. 具有先进的教育教学理念，及时吸收利用本学科相关的现代科学知识，落实素质教育要求，以学生为本，育人效果显著。

4. 在教育教学研究和教学改革中取得显著成绩，相关成果对提高本地区教育水平具有较高的指导意义和推广价值。

5. 在培养、指导教师的思想政治、文化业务水平和教育教学能力方面作出显著贡献。

6. 具有《教师法》规定的合格学历，且有中学高级教师或高级讲师专业技术职务5年以上（含），特别优秀的农村学校教师专业技术职务任职年限可适当放宽。

（二）在同等条件下，符合以下情形之一者，给予优先。

1. 国家级、市级劳动模范、优秀教师、优秀班主任及相当荣誉称号获得者；

2. 坚持在农村学校从事教育教学工作10年以上的教师；

3. 城镇教师支援农村教育一年以上并表现突出者；

4. 现担任市级学科教学带头人的教师。

第七条　组织领导

（一）市教委、市人事局共同组成由教育、人事部门领导、特级教师及有关专家等参加的特级教师评选委员会，统一领导特级教师评选工作，制定有关政策及审定特级教师人选。评委会下设办公室负责日常工作，办公室设在市教委人事处，负责评选的具体工作。

（二）各区县教委成立相应的区县特级教师评选推荐领导小组，负责区县特级教师的评选推荐工作。

第八条　评选程序

（一）个人申报单位推荐

特级教师推荐人选，采取个人申报、组织推荐的办法产生，并在本单位进行民主测评，广泛征求意见，参加测评的人数不少于所在单位在职专任教师的三分之二。

（二）区县遴选推荐

区县特级教师评选推荐领导小组，要组织专家进行评价，并写出评价意见。区县教委根据民主测评与专家评价意见，拟定推荐人选，根据得票多少进行排序，并在本系统内进行公示，公示期为10天。确无不良反映，报经区县人民政府同意后上报市教委。

（三）评审、批准

"特级教师评选委员会"对各区县推荐人选进行评审，提出特级教师初步名单；市教委对初步名单通过有关媒体进行全市公示，公示期为15天；经市教委和市人事局审定后报市政府批准。

第九条　授予特级教师称号

由市教委和市人事局向新评选出的特级教师颁发北京市特级教师荣誉

证书。

第十条 本办法由北京市教育委员会负责解释。

第十一条 本办法自发布之日起施行。

北京市教育委员会

北京市人事局

(4)《关于做好2009年北京市特级教师评选工作的通知》

关于做好2009年北京市特级教师评选工作的通知

京教人〔2009〕7号

2009年8月5日

各区县教委，燕山教委，市教委有关直属单位：

根据《北京市特级教师管理办法》（京教人〔2008〕10号），现将2009年特级教师评选工作的相关事项通知如下：

一、评选的范围、对象

此次评选特级教师的范围按《北京市特级教师管理办法》执行。

评选对象为2009年6月30日在职在岗的符合参评条件的教师。

二、评选数量及指标分配

2009年全市拟评选特级教师120名，其中20名为农村中小学特级教师专项指标，专门用于远郊区县乡镇及以下所属学校教师申报（推荐名额见附件1）。市教委有关直属单位按所在单位具有中学高级教师专业技术职务1.27%比例申报。

三、评选推荐的组织

（一）学校对拟推荐人选要进行民主测评，测评结果及申报材料一并报区县教委；

（二）区县教委要成立特级教师评选推荐领导小组，对参评单位提出的建议名单，组织专家组按学科类别深入课堂进行听课，了解参评教师的师德情况和教育教学效果，形成书面评价材料，并对参评教师的教学业绩和科研成果及所获荣誉进行公示（公示时间为 10 日），无异议后择优排序向市教委推荐特级教师候选人；

（三）市教委、市人力社保局共同组成北京市特级教师评选委员会，按照评选条件对各单位推荐的特级教师候选人进行审核，组织学科评议组对参评教师进行评议（包括审查书面材料、说课和答辩等）并提出评选意见，由评选委员会采取无记名投票方式表决，全体参会委员三分之二以上同意方为通过，通过人员的主要教学业绩和荣誉在市教委网站上公示（公示时间为 15 日），无异议后报市政府批准，并报教育部备案。

四、材料报送

各区县教委及有关直属单位请于 10 月 15 日前将推荐名册及个人申报材料报市教委人事处。

（一）个人材料按每人一袋准备，并在材料袋封面注明编号（编号按申报者所在区县、学校类别、申报学科顺序编写，如：东城区中学数学第一号，编号为：东中数 1 号）、姓名、单位、学科，具体材料包括：

1. 《北京市特级教师申报表》（附件 2）一式 7 份；

2. 相关获奖、最高学历、专业技术职务证书等证明材料复印件一式一份（原件由区县教委主管部门审核），代表本人业务水平的论文或论著不超过 3 件（均需原件）；

3. 民主测评结果表（附件 3）；

4. 特级教师推荐人选师德水平小结（附件 4）。

（二）2009 年特级教师人选推荐名册（附件 5）1 份（请用 Excel 制表，并报送电子版）。

五、几点要求

（一）各有关部门要切实加强组织领导，认真做好评选推荐的组织工作。严禁弄虚作假、营私舞弊，确保评选质量。

（二）各区县在本次特级教师评选中，要体现向一线教师倾斜，向农村教师倾斜，向支援农村教育工作的城镇教师（含农村中小学教师研修工作站指导教师）倾斜。

（三）各区县推荐的特级教师人选中要兼顾幼儿园、小学和中学的比例以及各学科之间的平衡。教研员参评特级教师必须有在教育教学第一线任教10年以上（含）的经历；学校领导（正职）参评特级教师须在参评学科教学一线任教，周课时不少于4课时，且所占比例不得超过10%。

北京市教育委员会

北京市人力资源和社会保障局

附件（略）

2. 特级教师管理政策

（1）《北京市特级教师管理暂行办法》

北京市特级教师管理暂行办法

京教人〔1999〕002号

1999年1月12日

"特级教师"是一种既具先进性、又有专业性的称号。特级教师应是师德的表率、育人的模范、教学的专家。为全面落实原国家教委、人事部、财政部1993年《关于颁发〈特级教师评选规定〉的通知》要求，结合本市实际，进一步做好特级教师的管理工作，制定本办法。

一、特级教师的权利和义务

（一）特级教师应当坚持党的基本路线，热爱社会主义祖国，忠诚人民的教育事业；认真贯彻执行教育方针；模范履行教师职责，业务精良，教书育人，为人师表。

（二）特级教师享受国家和市、区县政府规定的特级教师特有的权利和待遇。

（三）特级教师应当履行与特级教师称号相应的义务：

1. 应当把主要精力放在本单位的岗位工作上，认真完成学校和教育行政部门安排的教育教学任务，精通业务，严谨治学，勤奋工作，模范地做好本职工作。

2. 不断钻研教育教学理论，坚持教育教学改革实验，深入研究教育教学中普遍存在的问题，努力在教学方法研究、课程教材建设中探索创新，作出新贡献；认真总结教育教学新鲜经验，积极主动地提出教育教学改革建议。通过兼课、举办专题讲座和上观摩课等多种方式，充分发挥特级教师学科教学带头人的作用。

3. 精心做好培养、提高青年教师的工作，通过言传身教，指导帮助青年教师提高师德水平、教育教学能力和实际工作效果。

4. 努力学习政治理论，更新业务知识，积极参加理论和业务进修、培训以及学术研讨、交流活动，不断提高自身的思想理论和业务素养。

5. 特级教师退休后，身体健康，能继续工作的，可以按照教育行政部门或学校的安排承担一定的教育教学、教育科学研究、教材编写、教师培训和其他有关工作。

二、特级教师的管理工作

（一）本市特级教师的管理工作由市教委负责组织协调，日常管理工作由特级教师所在区县教委（教育局）和学校负责。

（二）创造条件，为特级教师发挥作用提供必要的服务和方便

1. 各级教育行政部门和学校都要创造条件，努力改进和提高对特级教师工作、学习和生活的服务水平。

2. 承担课题研究、经验总结、学术写作、教材编写等任务的特级教师，可在一年内享受 15～20 天的学术假。

3. 根据实际需要和可能为特级教师选定和配备助手。特别要为年龄较大、教育教学经验特别丰富的特级教师，选派有事业心、肯钻研的年轻教师做助手，协助他们进行教育教学改革，帮助他们总结、整理教育教学改革经验。

4. 建立特级教师联系制度。区县教育行政部门主管特级教师工作的领导

干部和科、室要与特级教师保持经常联系，定期召开特级教师座谈会，听取他们对教育教学改革及教育行政部门和学校教育、教学、行政管理、特级教师管理工作等方面的意见，充分发挥他们的参谋作用。

5. 充分发挥特级教师在本学校和本地区学科教学带头人的作用。各级教研机构要把特级教师组织起来，充分地发挥特级教师的个体和群体作用，使他们有组织、有计划、有目的地研究当前教育教学改革中普遍存在的重点、难点、热点问题，组织特级教师上示范课、观摩课、研究课，传授和交流教育教学、培养青年教师的成果和经验。各级教育行政部门要关心、支持特级教师的教育教学改革实验和专题研究，为他们创造必要的实验和研究条件。

（三）关心特级教师的生活和健康，解决生活中的实际困难

1. 提高特级教师的津贴。在原国家教委、人事部、财政部规定的每人每月享受 80 元津贴的基础上，增加津贴 40 元，从本办法正式执行之日起，每人每月享受特级教师津贴 120 元，增加津贴所需资金从原经费渠道列支。

2. 贯彻落实《关于北京市中小学特级教师优诊医疗事宜的通知》（京卫医字［1993］102 号）的有关规定，保证 50 岁以上的特级教师享受优诊医疗。

（四）建立健全特级教师考核评估制度

1. 市教委制定特级教师考核评估办法。区县教育行政部门应当按照特级教师的考核评估办法，负责对特级教师进行全面评估，并向市教委报告特级教师工作情况。

2. 各区县教育行政部门及学校结合本年度考核对特级教师进行考查，对不能认真履行特级教师职责、义务者，要进行帮助和教育，促使其改进。

3. 区县教育行政部门要注意关心离退休的特级教师，鼓励他们继续保持荣誉，为教育事业作贡献。

（五）其他有关规定

1. 由外省市调入本市的特级教师，调入区县的教育行政部门应及时将其情况和有关材料报市教委，经市教委认定后方可继续承认其特级教师称号。

2. 特级教师调离中小学教育系统，其称号自行取消，同时停止享受特级

教师的有关待遇。

3. 特级教师有下列情形之一，经所在区县教育行政部门上报市教委，经市人民政府批准，取消特级教师称号：

（1）在评选特级教师工作中弄虚作假，不符合特级教师条件的；

（2）受到行政处分和党纪处分的；

（3）出国后未经批准逾期不归的；

（4）在特级教师评估中被评为不合格，经帮助、教育一年后再评估仍不合格，或在学校年度教师考核中被评为不称职，一年后仍未改进的；

（5）其他应予撤销称号的。

被取消特级教师称号者，与称号有关的待遇即行终止。

4. 特级教师调动工作单位、退休、去世需报市教委备案。

三、各区县教育行政部门可依据本规定，结合本地区的实际情况，制定特级教师的管理办法或细则。

本办法由北京市教育委员会负责解释。

北京市教育委员会

北京市人事局

北京市财政局

（2）《北京市特级教师管理办法》

北京市特级教师管理办法

京教人〔2008〕10号

2008 年 5 月 21 日

为进一步规范特级教师的管理，充分发挥特级教师在教书育人、教育科研、指导培养骨干教师方面的作用，根据《中华人民共和国教师法》及有关法律法规，结合本市中小学实际，制定本办法。

第一条　特级教师是一种既具先进性又有专业性的荣誉称号。特级教师应是师德的表率，育人的模范，教学的专家。

第二条 特级教师的职责

（一）特级教师应坚持党的基本路线，热爱社会主义祖国，忠诚人民的教育事业；全面贯彻党的教育方针，全面提高教育质量，模范履行教师职责；面向全体学生，认真贯彻实施素质教育，积极探索，勇于创新，爱岗敬业，教书育人，为人师表；

（二）特级教师应系统地学习并掌握现代教育理论和技能，掌握本学科国内外发展动态，拓宽专业知识，不断更新教育观念，努力提高政治业务素质和教育教学水平，出色地做好本职工作，成为本市学科教学和教育科研的模范；

（三）特级教师应牢固地树立终身从教的思想，坚持工作在教育教学第一线，为广大教师作出榜样。在教学工作中发挥示范作用，积极承担示范课、观摩课等教学任务，每年在区县及以上范围讲授至少 1 次示范课、观摩课、大型学术讲座或评讲课，以提高中小学教师队伍整体素质，促进本校和本地区教育质量的提高；

（四）特级教师应认真总结教育教学、教育科研方面的经验，积极从事教育教学理论研究。根据教育改革和发展的目标和要求，结合本校、本地区实际，确定教改和科研课题，研究解决教育教学中的问题。著书立说，每两年至少撰写一篇有较高水平的专业论文、经验总结或科研报告，并在省级以上的刊物或学术会议上发表，或者参加省市级及以上教材编写。市教委定期组织编选出版《北京市特级教师论文集》，供全市中小学教师学习和参考，提高中小学教师的教育科研水平；

（五）特级教师应根据本地区和全市教师队伍建设的实际，积极承担培养优秀青年教师的任务。通过传、帮、带，使青年教师提高师德、教育教学能力和实际工作效果；特级教师应服从上级教育行政部门的安排，积极参加支援教育相对落后地区与办学相对困难学校等工作任务，为本地区和全市中小学骨干教师队伍建设作贡献。

第三条 特级教师的待遇

（一）特级教师享受特级教师津贴，享受办法按国家有关规定执行；

（二）各级教育行政部门应当关心特级教师的生活与健康，每年安排一次较高水平的全面体检；贯彻落实《关于北京市中小学特级教师优诊医疗事宜的通知》（京卫医字〔1993〕102号）的有关规定，保证50周岁以上的特级教师享受优诊医疗；

（三）对退休以后的特级教师，学校和各级教育行政部门及工会组织要继续关心爱护他们。对贡献卓著，身体健康的退休特级教师，教育行政部门可根据实际情况，适当安排他们担任名誉校长、教育顾问、兼职督学或由学术团体安排相应的名誉职务，以便继续发挥他们的作用。

（四）特级教师经费保障。特级教师享受特级教师津贴、体检、对考核合格的特级教师给予相应的奖励等，此类经费根据政策纳入区县财政保障范围，在教育经费中安排解决。

第四条　特级教师的评选

（一）普通中小学、幼儿园、特殊教育学校、教师进修学校、职业中学、工读学校、教学研究机构、校外教育机构中的在职教师都可以参加特级教师评选。

（二）特级教师评选工作每隔3年进行一次。由市教委和市人事局共同下发评选通知。

（三）申报特级教师须具备下列条件：

1. 热爱社会主义祖国，坚持党的基本路线和教育方针，忠诚教育事业，一贯模范履行教师职责，教书育人，为人师表，具有崇高的职业道德和奉献精神；

2. 对所教学科具有系统的、坚实的理论知识和丰富的教学经验，在教学领域形成特色，教学示范作用明显，在本市基础教育界有一定影响；

3. 具有先进的教育教学理念，及时吸收利用本学科相关的现代科学知识，落实素质教育要求，以学生为本，育人效果显著；

4. 在教育教学研究和教学改革中取得显著成绩，相关成果对提高本地区教育水平具有较高的指导意义和推广价值；

5. 在培养、指导青年教师的思想政治、文化业务水平和教育教学能力方面作出显著贡献;

6. 具有《教师法》规定的合格学历,且有中学高级教师专业技术职务或高级讲师专业技术职务5年(含)以上,特别优秀的农村学校教师专业技术职务任职年限可适当放宽。

(四)在同等条件下,符合以下情形之一者,给予优先。

1. 国家级、市级劳动模范、优秀教师、优秀班主任及相当荣誉称号获得者;

2. 坚持在农村学校从事教育教学工作10年(含)以上的教师;

3. 城镇教师支援农村教育一年以上并表现突出者;

(五)市教委、市人事局共同组成由教育、人事部门领导、特级教师及有关专家等参加的特级教师评选委员会,统一领导特级教师评选工作,审定特级教师人选。

(六)对特级教师评选委员会审定的名单通过有关媒体进行全市公示,公示期为15天;经市教委和市人事局审定后报市政府批准后,由市教委和市人事局向新评选出的特级教师颁发北京市特级教师荣誉证书。

第五条　特级教师的使用与考核

(一)各级教育行政部门和学校应当为特级教师创造必要条件,充分发挥他们的作用。应当合理安排教学任务,为特级教师留出相应的时间,以便进行教改实验和教学研究;对年龄较大,教育教学经验特别丰富的特级教师,应选派有事业心、肯钻研的年轻教师做助手。

(二)各级教育行政部门和学校应当根据实际情况积极为特级教师的学习提高提供方便,有计划地安排特级教师参加有关的学术交流、参观学习和进修等。市教委定期组织特级教师参加学习、考察和交流等活动,以便不断更新知识、拓宽思路,提高他们的思想业务水平。

(三)各级教育行政部门和学校应当积极支持特级教师的教育教学改革实验和教育科学研究。对特级教师的教育教学经验、科研成果和先进事迹,应采用多种形式予以宣传推广,以提高当地的办学水平,促进教师队伍建设。

（四）特级教师原则上不应兼任过多的行政职务和社会职务，以确保他们有充足的时间和精力做好本职工作。

（五）建立特级教师考核评价制度。特级教师的考核评价工作主要由区县教育行政部门负责。区县教育行政部门应建立特级教师考核档案，根据特级教师的职责、条件和考核情况，在学校考核的基础上，每年对特级教师进行一次全面的考核和评价，由区县教委签署意见后，于每年9月底前统一报市教委审核、备案；对考核合格的特级教师要给予相应的奖励。各级教育行政部门都要建立特级教师数据库，及时掌握特级教师的基本情况、工作绩效和动态。

（六）引导特级教师合理流动。由于工作需要，特级教师应服从区县教育行政部门的调动；特级教师本人提出在本区县中小学系统内流动的，须经区县级教育行政部门批准；特级教师在中小学系统内跨区县流动的，须报经市教委批准。特级教师调离本市中小学系统的，不再享有特级教师的称号和待遇，并由区县教育行政部门收回证书上交市教委。

（七）各级教育行政部门和学校应切实做好特级教师的管理和服务工作。定期召开特级教师座谈会，并加强与特级教师的个别联系，从思想上、工作上和生活上关心他们，切实解决他们的实际困难，使特级教师能安心工作，为教育事业作出更大的贡献。

第六条　外省市调入北京的特级教师的重新认定

（一）外省市评选的特级教师调入我市须经过市教委的重新认定，方可享受我市特级教师的相关待遇。市教委成立北京市特级教师认定专家组，负责重新认定各区县从外省市调入的特级教师，专家组下设办公室，办公室设在市教委人事处，负责处理日常工作。

（二）外省市的特级教师正式调入我市，应在调入的工作单位工作满一年后，方可申请重新认定。

（三）申请认定时，由区县教委向市教委报送下列材料：

1. 区县教委关于重新认定调入的特级教师为北京市特级教师的正式

请示；

2. 学校对申请重新认定的特级教师的推荐意见；

3. 申请重新认定的特级教师一年来的工作总结和主要成果；

4. 原特级教师证书的复印件（如没有证书复印件，提供当年申报特级教师的申请材料副本）。

（四）市教委每年组织两次重新认定工作，分别组织相关专家对区县上报的拟重新认定的特级教师进行认定，经市教委重新认定后的特级教师方可享受北京市特级教师的待遇。

第七条　特级教师称号的撤销

特级教师有下列情形之一的，经区县教育行政部门逐级调查核实，报经市教委审核后，上报市政府批准，撤销其特级教师称号，取消相关待遇，并收回特级教师证书。

（一）在评选特级教师过程中弄虚作假，不符合特级教师条件的；

（二）不具备特级教师政治思想条件或不履行本职工作岗位职责，连续两个年度考核不合格的；

（三）违反规定进行有偿家教的；

（四）违法乱纪，受到党纪、政纪处分或触犯刑律的；

（五）出国后未经批准逾期不归的；

（六）自动离职的；

（七）其他原因应予撤销称号的。

第八条　本办法由市教育委员会负责解释。各区县教育行政部门可根据本办法，结合本地实际制定实施细则。

第九条　本办法自 2008 年 5 月 21 日起施行。1999 年颁发的《北京市特级教师管理暂行办法》（京教人［1999］002 号），2005 年颁布的《北京市特级教师评选暂行办法》（京教人［2005］25 号）即行废止。

北京市教育委员会

北京市人事局

北京市财政局

3. 特级教师优诊医疗政策

（1）《关于北京市中小学特级教师优诊医疗事宜的通知》

关于北京市中小学特级教师优诊医疗事宜的通知

京卫医字【1993】102号

1993年10月13日

各区县财政局、教育局、卫生局、公费医疗办公室及有关医院：

为落实党的知识分子政策，稳定教师队伍，经市政府批准，决定北京市中小学特级教师享受优诊医疗。现将有关事项通知如下，请遵照执行。

一、享受范围

凡经市政府正式批准，获得北京市中小学特级教师荣誉称号并年满50岁以上者。

二、办理优诊医疗证的程序

1. 市教育局提供1993年12月底以前取得北京市中小学特级教师荣誉称号，并年满50岁以上的教师名单。

2. 有关区县教育局按照规定的项目和格式（见附件1），填制优诊医疗人员名单（一式四份），加盖组织或人事部门公章。每周二、五上午持此名单到北京市卫生局医政处办理审批手续，并交纳优诊医疗证成本费（每证4元）。

3. 每位教师在指定的本区（县）承担优诊医疗任务的医院（见附件2）内选择一家作为合同医院。原合同医院同时取消。

4. 享受单位办理审批手续后，到本单位所在区（县）公费医疗办公室，确认公费医疗资格，并到选定的医院办理优诊医疗登记手续。

三、优诊医疗享受标准

1. 教师持优诊医疗证可到选定的医院干部门诊就诊。需住院治疗时，可住两人间的干部病房。超出标准部分公费医疗不予报销，干部病房床位紧张时应住普通病房。

2. 转其他医院治疗时，享受普通治疗。

四、优诊医疗医药费审核报销办法

享受优诊待遇的特级教师，实行现金看病双处方的就诊制度。享受单位将所发生医药费超标准定额部分（定额部分由区县财政统一拨给单位）定期汇总报区县公费医疗办公室，由区县公费医疗办公室审核并每半年报市公费医疗办公室。超标准定额部分的医药费由市公费医疗办公室拨款。

五、北京市中小学特级教师享受优诊医疗自一九九四年一月一日起执行。

北京市财政局

北京市教育局

北京市卫生局

附件（略）

（2）《关于进一步做好中小学教职工公费医疗管理工作请示的通知》

关于进一步做好中小学教职工公费医疗管理工作请示的通知

京政办发〔1995〕6 号

1995 年 2 月 9 日

各区、县人民政府，市政府各有关委、办、局：

市政府文教办公室、市财政局、市卫生局、市教育局《关于进一步做好中小学教职工公费医疗管理工作的请示》，已经市人民政府同意，现转发给你们，请认真依照执行。

关于进一步做好中小学教职工公费医疗管理工作的请示

1995 年 1 月 25 日

市人民政府：

《北京市实施〈中华人民共和国教师法〉办法》（以下简称《办法》）颁

布实施以来，各级人民政府和市有关部门对中小学教职工公费医疗管理工作十分重视，做了大量工作，收到了较好的效果。但是，个别地区和部门仍存在不及时报销教师医药费的现象，有的拖欠还很严重；个别单位将门诊医疗费包给个人，使公费医疗费失去了互助共济的作用；有的地方公费医疗周转金不到位，使有的因大病住院的教师无力垫付住院押金，不能正常医疗等。为更好地贯彻《中华人民共和国教师法》和《办法》，进一步加强中小学教职工公费医疗管理工作，现提出如下意见：

一、切实加强中小学教职工公费医疗经费的统一管理。各区、县人民政府和市有关部门要切实加强领导，各司其职，密切配合，共同做好这项工作。严禁把教职工公费医疗费发给个人包干使用。乡镇一级中小学教职工的公费医疗费要纳入区、县公费医疗管理部门统一管理，以相互调剂，确保教师基本医疗。

二、保证中小学教职工享受应有的公费医疗待遇。各区、县人民政府和市有关部门制定的教师公费医疗费人均定额标准，不得低于国家公务员公费医疗人均定额标准。在财力可能的情况下，可略高于国家公务员。

三、确保教职工公费医疗费用按时报销。中小学教职工医疗费报销的责任在区、县。各区、县医疗主管部门及医疗单位要采取切实可行的措施，按照公费医疗管理的有关规定，在中小学教职工就诊后的 3 个月内报销医疗费，不得拖欠。

四、各区、县要建立中小学教职工公费医疗周转金，解决患疑难重症的教职工住院医药费支出较多，学校垫付有困难的问题。公费医疗周转金由区、县财政局和教育局共同解决。在坚持公费医疗费由国家、单位、个人三者共同负担的原则基础上，对按照公费医疗管理规定，应由单位负担，单位负担确有困难的，由区、县教育主管部门在本系统内调剂解决；如系统内调剂解决仍有困难，由各区、县人民政府解决。

五、对特级教师实行优诊医疗待遇。各区、县和市各有关单位，要继续执行市卫生局《关于北京市中小学特级教师优诊医疗事宜的通知》，凡经市人民政府批准，获得北京市中小学特级教师荣誉称号，并年满50周岁以上者，均享受优诊医疗待遇。

以上意见如无不妥，请批转执行。

北京市政府文教办公室

北京市财政局

北京市卫生局

北京市教育局

（三）北京市区县关于特级教师的相关政策

1. 特级教师评选政策

大兴区教育委员会《关于做好 2009 年北京市特级教师评选工作的通知》

京兴教发〔2009〕29 号

2009 年 8 月 31 日

各中小学、幼儿园、职业学校、直属各单位：

根据北京市教育委员会、北京市人力资源和社会保障局《关于做好 2009 年北京市特级教师评选工作的通知》（京教人〔2009〕7 号）和北京市教育委员会、北京市人事局、北京市财政局《关于印发的〈北京市特级教师管理办法〉的通知》（京教人〔2008〕10 号）文件精神，为做好我区 2009 年特级教师评选工作，结合我区实际，现将有关事宜通知如下：

一、评选工作的组织领导

区教委成立特级教师评选工作领导小组，全面负责我区特级教师评选工作；成立特级教师评选专家组，按学科类别深入课堂进行听课、评价。

二、评选的范围和对象

此次评选特级教师的范围按《北京市特级教师管理办法》执行。

　　评选对象为 2009 年 6 月 30 日在职在岗的符合参评条件的教师。教研员参评特级教师必须有在教育教学第一线任教 10 年以上（含）工作经历，学校领导（正职）参评特级教师应坚持在参评学科教学一线任教，周课时不少于 4 课时。

　　三、评选工作的程序

　　（一）参评教师参照《北京市特级教师管理办法》中的评选条件，向学校提出申请，学校对提出申请的教师，在本单位进行民主测评，广泛征求意见，确定上报人员，于 9 月 9 日前将人员名单及相关材料上报教委人事科。

　　（二）区教委特级教师评选专家组，于 9 月中旬，按学科对每一位上报教师进行听课，了解参评教师的师德情况和教育教学效果，形成书面材料。

　　（三）区教委特级教师评选工作领导小组根据专家组意见，结合我区学校情况，拟定报送特级教师市级人员名单，并对拟上报人员的教学业绩和科研成果及所获得的荣誉在教委网站进行公示。

　　（四）10 月 12 日，区教委将公示后无异议的大兴区特级教师推荐名单上报市教委人事处。

　　四、评选工作推荐的原则和名额

　　本次特级教师的评选，体现向一线教师倾斜，向农村教师倾斜的原则。

　　我区 2009 年特级教师推荐参评市级名额为 8 人，其中乡镇教师不少于 2 人。

　　五、学校上报的材料

　　（一）《北京市特级教师申报表》（附件 2）一式 7 份；

　　（二）相关获奖、最高学历、专业技术职务证书原件及复印件一式一份，代表本人业务水平的论文或论著不超过三件（均需原件）；

　　（三）民主测评结果表（附件 3）；

　　（四）特级教师推荐人选师德水平小结（附件 4）；

　　（五）特级教师人选推荐名册（附件 5）。

北京市大兴区教育委员会

附件（略）

2. 特级教师管理政策

（1）《东城区教育系统优秀人才管理及奖励办法》（试行）

东城区教育系统优秀人才管理及奖励办法

东教工委发〔2005〕22号

2005 年 11 月 14 日

为实施东城教育优质均衡发展战略，全面推进素质教育，办人民满意的教育，必须走人才强教之路，进一步激发广大干部教师深化教育改革、教书育人的积极性、主动性、创造性。我区提出的建设市、区、校三级骨干教师网络体系，建设名师、名校长工作室，建设高水平研修员队伍，促进骨干教师合理分布、学区内优势互补，提高继续教育水平和实施校本培训等一系列教师队伍建设的思路与对策，现正在健康推进，并取得了明显效果。为进一步整体构建优秀人才选拔、培养、使用、评价、激励机制和制度，特制定我区教育系统优秀人才管理及奖励办法。

一、优秀人才的范围

优秀人才是指我系统特级教师、市级学科带头人、市级骨干教师、区级骨干教师、校级骨干教师；受到区级（含区教工委、教委）以上表彰的各种荣誉称号获得者；在教育教学、科研、管理等方面取得突出成绩并获得奖项的教师和教育工作者。

二、制定本办法的原则

（一）必须坚持整体构建的原则。通过建立人才管理及奖励机制逐步实现东城区教育系统优秀人才均衡合理分布，使每一所学校都有校、区级以上骨干教师；逐步实现全区各学段各学科都有由特级教师、市级学科带头人或市级骨干教师组成的学科首席或学科专家指导组。

（二）必须坚持动态管理的原则。市级以上骨干教师根据市教委要求进行选拔推荐；区级骨干教师教委每两年进行一次重新评定；校级骨干教师各学校应制定相应的选拔、使用、评价、奖励的管理办法。

（三）必须坚持职责任务与评价奖励相统一的原则。明确骨干教师层级和相应的职责任务，定期进行科学合理评价，对有贡献者给予奖励。

（四）必须坚持正确引导和运用激励机制相一致的原则。在培养骨干教师过程中，要坚持正确引导，不断加强思想政治工作，使骨干教师不断明确自己的成长进步与组织的培养、教师群体的帮助是分不开的，明确组织培养骨干教师的目的是提高教育质量、促进教育事业发展的需要，进而引导骨干教师树立正确的世界观、人生观、价值观，全心全意为教育事业的发展、为学校的发展而奋斗。同时，组织要为骨干教师的成长铺路搭桥，对作出贡献者要给予表彰奖励。

三、优秀人才管理及奖励的权限划分

优秀人才的管理及奖励按照权限划分为：区级以上骨干教师（含）由区教工委、教委负责管理和奖励；校级骨干教师由各单位负责管理和奖励。获得区教工委、教委以上荣誉称号者（含），由主评单位负责奖励；获得市级以上学科竞赛、文体、科技等奖项的，由区教委负责奖励；获得其他荣誉称号者，由学校负责奖励。

四、优秀人才的管理、评价、奖励办法

（一）区级以上骨干教师的职责任务、管理、评价及其奖励

1. 职责与任务

特级教师职责任务

（1）特级教师是师德的表率、育人的模范、教学的专家。忠诚人民的教育事业，模范履行教师职责，为东城区教育事业的优质均衡、可持续发展奉献自己的力量。

（2）终身学习，不断更新教育观念，掌握现代教育理论、技能，掌握本学科教育国内外发展动态，提高政治业务素质和教育教学水平。

（3）发挥名教师的引导示范作用，坚持在教育教学第一线，把精力放在本职岗位上，满工作量完成教育教学任务。

(4) 完成教育行政部门、教研部门下达的教育教学、教育科研、教师培训、支教讲学、教材编写等任务。承担区兼职教研员任务。每年至少做一次全国、市或区范围的示范课或讲座；每年论文至少要在以下方面发表一次：a. 在国家级、市级核心期刊（CN刊号）；b. 在市级以上学术会议上；c. 参加论文评选获得国家、省市级一等奖。

(5) 发挥传、帮、带作用，制定培养骨干教师目标计划，完成指导青年教师任务。每三年有计划地指导两名以上青年教师，帮助他们提高师德水平、教育教学科研能力，使其在原有的基础上各项业绩有增量（公开课、科研课题、发表论文和出版物等），成为市学科带头人或市骨干教师。登录学区资源管理网，接受可能条件下的教师指导培训工作。

市级学科带头人、市级骨干教师职责任务

(1) 具有良好师德风范，模范履行教师职责，教书育人，为人师表，终身学习，不断更新教育观念，掌握现代教育理论、技能及本学科教育国内外发展动态，为东城区教育事业的可持续发展奉献力量。

(2) 坚持在教育教学第一线，满工作量完成教育教学任务。

(3) 完成教育行政部门、教研部门下达的教育教学、教育科研、教师培训、支教讲学、教材编写等任务。承担区兼职教研员任务。每年要完成上级教育行政部门、业务部门安排的示范课或讲座任务；每年在市级刊物（CN刊号）上发表一篇以上的论文或科研报告。

(4) 发挥传、帮、带作用，每三年有计划地指导一至两名青年教师，帮助青年教师提高师德水平、教育教学科研能力，使其在原有的基础上各项业绩有所增量（公开课、科研课题、发表论文和出版物等方面），并成为市、区级骨干教师。登录学区资源管理网，接受可能条件下的教师指导培训工作。

区级骨干教师职责任务

(1) 具有良好师德风范，模范履行教师职责，教书育人，为人师表，终身学习，不断更新教育观念，掌握现代教育理论、技能，努力提高政治业务素质和教育教学水平。

（2）在教育教学科研一线中充分发挥骨干教师的作用，满工作量完成教育教学工作。

（3）完成教育行政部门、教师研修部门下达的教育教学、教育科研、教师培训、支教讲学、教材编写等任务。承担区兼职教研员任务。每学年应在区、学区或学校范围做一次示范课；每学年在市、区级刊物（CN刊号）上发表一篇以上的论文或科研报告。

（4）发挥传、帮、带作用，接受指导一至两名青年教师的任务，帮助青年教师提高师德水平、教育教学能力，使其尽快成为学校教育教学骨干。

2. 管理与评价

（1）实行骨干教师动态管理制度。根据市教委评选工作要求，市级学科带头人、市级骨干教师每三年重新推荐评选一次；区级骨干教师每两年重新评定一次。

（2）建立骨干教师管理网。区级以上骨干教师（含）必须在东城区骨干教师管理网站上注册登录，并在网上公开当前承担课程课表，鼓励各学校教师随堂听课学习。及时在网上登录展示自己的教育教学成果，一方面便于同行学习交流与共享，另一方面供管理小组了解掌握各级骨干教师的工作实际，将其作为考核、评价的重要依据。

（3）建立区级以上骨干教师（含）的评价制度。区级以上骨干教师（含）考核评价工作每学年进行一次。考核评价采取自评与他评相结合、定性与定量评价相结合、专业人员与群众评价相结合的方式进行。区教委组织成立骨干教师考核评价小组，根据职责任务要求，对区级以上骨干教师的履职情况进行考核。

每年6月，骨干教师要填写《履职情况表》进行总结、自评，各学校要对区级以上骨干教师履职情况进行民主评议，并写出评价意见，报骨干教师考核评价小组评定。评价小组将评价意见报两委会审定后人事科备案，作为人才奖励的依据。

（4）区级以上骨干教师（含）调动工作，须经区教委同意。

（5）特级教师到达国家法定退休年龄，身体健康，应聘学校与教师本人达成续聘意向，经区教委同意，报请区人事局批准，可适当延缓退休年龄。

3. 奖励

（1）教工委、教委总结推广特级教师、市区骨干教师优秀教育思想、研究成果。适时通过教学思想研讨会、教学成果汇报会、教学公开课等形式，宣传骨干教师的教学经验，提高骨干教师在全市乃至全国的知名度和影响力。

（2）提供学习、进修考察机会，并给予适当补贴。原则上特级教师、市级学科带头人每两年一次国内考察；市级骨干教师每三年一次国内考察；区级骨干教师每四年一次国内考察。市级以上骨干教师优先安排国外培训或考察。

（3）特级教师、市级学科带头人、市区级骨干教师考核合格，每年给予一次性奖励。特级教师奖励5 000元，市级学科带头人奖励4 000元，市级骨干教师奖励3 000元，区级骨干教师奖励2 000元。

（4）教委在政策允许的情况下，帮助协调区级以上骨干教师子女在我区优质小学、初中校起始年级入学。每年5月可由学校提出申请报人事科，经人事科核准后予以协调。

（二）专职研修员的职责任务、管理评价及其奖励

1. 职责与任务

一级研修员：由师德高尚、具有东城区学科首席资格或在学科中享有一定权威性的研修员（教师）担任。

（1）坚持终身学习，不断更新教育观念，掌握现代教育理论和技能，把握本学科教育发展最新动态，对本区学科发展具有引领作用。

（2）组织本学科骨干教师策划制定我区该学科教师研修计划，并对具体方案的实施和质量以及全区本学科教学质量负有责任。

（3）指导本学科教师进行教育、教学、科研，推荐、培养各级各类骨干教师，甘为人梯，对本学科教师培训成果和效益负有责任。

（4）在学区人才资源开发和调配上，发挥积极的推动作用。参与组织、协调本学科教师参与学区活动，促进人才资源和课程资源的优势均衡。

二级研修员：师德高尚，由具有区级以上骨干教师或在学科教学中具有示范作用的研修员（教师）担任。

（1）坚持终身学习，不断更新教育观念，能够在研修工作中掌握现代教育理论和技能。

（2）参与组织、制定和实施本学科教师研修计划，并承担一部分（年级）学科教学规范制定，对所主管年级教学质量负有责任。

（3）参与、组织、指导对本学科教师的培养、推荐工作，并承担一定的教师培训任务。

（4）积极参与学区人才资源和课程资源交流共享活动，作为人才资源的一部分，承担学区内的教研活动。

2. 管理与评价

实施研修员准入制度

（1）具有大学本科及以上学历，从事基层教育教学工作六年以上，且具有中高级专业技术职务的区级以上骨干教师。

（2）对所教学科具有系统、坚实的理论知识，具有较强的教学研究能力和教育科研能力。有丰富的教学实践经验和组织、策划指导教学活动的能力，教学示范作用明显，在本区教育界有一定声望。

（3）具有先进的教育教学理念，有一定的教育科学理论基础。及时吸收利用本学科相关的现代科学知识，掌握现代教育技术，落实素质教育要求，以学生为本，育人效果显著。

（4）具有实事求是的思想作风和科学态度，谦虚谨慎，廉洁自律，团结同志，有一定协调调研能力，能认真履行职责，完成上级规定的各项工作，全心全意为教学第一线服务。

实施研修员动态管理和监督评价制度

（1）研修员定期一线轮岗制度：研修员每六年至少有一学年的一线教学轮岗实践。轮岗期间工资待遇不变。

（2）研修员年度评价制度：由研修中心评价处组织制定并实施研修员工作绩效评价、反馈和过程质量控制。通过评教、评学、问卷、业绩成果指标和民主评议等方式进行。其中民主评议包括基层校长、主任、学科教师评议，研修中心教职工评议。

3. 奖励

（1）定期总结、推广、宣传优秀研修成果；

（2）优先提供学习、进修考察机会；

（3）按照略高于本系统较高水平学校相同职级人员的岗位工资标准（自酬部分），核定教师研修中心的工资总额；奖励标准为本系统平均数的1.5倍；研修员的岗位工资和奖金按照不同职级确定，根据评价考核结果予以兑现。

（三）名师、名校长工作室的职责任务、管理评价与奖励

见《东城区名教师工作室、名校长工作室管理办法》（东教工委发〔2004〕9号）。

（四）对作出突出贡献优秀人才的推荐、评选、表彰与奖励

1. 委、校领导高度重视优秀人才的评选推荐工作，积极推荐优秀人才参加市、区级以上各类荣誉称号的评选。

2. 两委负责组织以区委、区政府名义开展的表彰优秀教师、优秀教育工作者活动，根据区委区政府的意见安排奖励。

3. 组织教委系统每两年一次的优秀教师、优秀教育工作者和先进集体评优工作，奖励金额根据奖励人数确定。

4. 以东城区教委的名义，由各业务主管科室负责组织隔年一次中、小、幼、职、成、校外系统的优秀青年教师评选表彰工作，比例控制在青年教师总数的5%以内，奖品金额控制在人均200元以内。

5. 在国际、全国、北京市的学科竞赛及科技、艺术、体育等重大赛事（经教育行政部门认定的）中取得优异成绩的学校、教师集体或教师个人给予奖励。各类奖项取得后报教委相应的主管业务科室备案，教委决定奖励。奖金发至获奖项目的组织参与单位，由各单位负责分配。

（1）全国教学大赛一、二、三等奖，全国中小学生艺术比赛一、二、三等奖，全国青少年科技创新大赛一、二、三等奖（含北京市市长奖），国际、

全国中小学头脑奥林匹克竞赛一、二、三等奖，全国中小学生运动会第一、二、三名，奖金5 000—10 000元。

（2）北京市教学大赛一、二等奖，北京市金帆奖、银帆奖，北京市中小学生艺术节（含校外艺术节组）比赛集体项目一、二等奖，北京市青少年科技创新大赛一、二等奖，北京市奥林匹克学科比赛一、二等奖，奖金3 000—8 000元。

五、引进优秀拔尖人才的程序及待遇

优秀拔尖人才是指从外省市、外区县调入的具有博士学位的教师（有一定教育实践工作经历的优先）、中小学特级教师及省（市）级骨干教师，年龄一般在45岁以下。

（一）实行试用期制

对引进人才实行3~6个月的试用期，学校与教师签订试用期《聘用合同书》，由学校发放岗位工资。

（二）实行专家评定制度

试用期结束，教委组织专家评定组，对被引进人才的师德及教育教学科研能力、业务水平等进行全面的测评，提出意见，上报两委会研究决定。

（三）办理引进人才调动手续

经两委研究同意后，由人事部门负责为其办理调动手续。

（四）引进人才的优惠政策

1. 对引进的外省市人才，解决其本人进京户口，在政策允许的情况下帮助协调其子女在我区优质小学、初中校入学。

2. 为解决引进的外省市特级教师、博士住房困难，鼓励其自行购房，可提供每月2 000元为期10年的购房补助（区教委承担60%，用人单位承担40%），按月领取。根据北京市教委"引进外省市特级教师需要在京工作一年后重新认定"的有关规定，引进特级教师的购房补助从重新认定特级教师称号之月起发给；博士从办理正式调入手续之月起发给。

3. 引进的人才享受我区同类人员的待遇。

本办法由东城区教委负责解释。

本办法自 2005 年 9 月试行。

北京市东城区委教育工作委员会

北京市东城区教育委员会

（2）《西城区特级教师管理规定》（试行）

西城区特级教师管理规定①

西城区加强对特级教师的管理，认真贯彻执行《北京市特级教师管理办法》（以下简称《管理办法》），充分发挥特级教师在教育教学中的引领作用。

一、倡导特级教师是一种既具先进性又有专业性的荣誉称号的理念。特级教师应是师德的表率，育人的模范，教学的专家。

二、认真履行《管理办法》中"特级教师的职责"，在此基础上，增加履职要求。

1. 努力学习政治理论，不断更新业务知识，积极带头参加理论和业务进修、培训及学术研讨、交流活动，不断提高自身的思想理论和业务素养。特级教师应有专门的研究课题，并将研究成果运用于教育教学实践，并在教育科研、教材编写、经验总结等方面作出贡献。每年至少有一篇高质量的教研、科研论文。

2. 应将工作主要精力放在本单位的岗位上，致力于带动其他教师，加强学科建设。要认真完成学校和教育行政部门安排的教育教学任务，精通业务，严谨治学，勤奋工作，模范地做好本职工作。

3. 每学年至少在校内展示一至两次观摩课；要参加区教委每学期组织的教学视导工作，并提出指导性意见。特级教师的日常教学课应常年向区内、校内教师开放，充分发挥其示范作用；每学期要为区级以上（含区级）教师网络研修提供学习资源和网络研修指导。

---

① 经查，该管理办法无确切文件号及颁布时间。

4. 为促进本区教育均衡化发展，要履行跨校兼课兼职责任。

5. 精心做好青年教师的培养工作，通过言传身教，指导帮助青年教师提高师德水平、教育教学能力和实际工作效果。

特级教师在培养区级青年学科带头人上要发挥显著作用，力争在本学科内培养和指导出两名以上在区内有影响的青年骨干教师，促使本区骨干教师队伍不断壮大。

6. 特级教师应全面了解全区教育改革的进程发展，由区督导室聘请，可任特邀兼职督学，为本区教育教学的整体改革提出合理化建议。

7. 特级教师要积极参加区教学研究工作、教师继续教育工作，并承担区兼职教研员、培训教师的工作。

8. 学科带头人要积极参与对教育欠发达地区的支教工作。

三、在贯彻《管理办法》中"特级教师待遇"的基础上，享受以下待遇。

1. 在学术研究上创设条件。

（1）充分发挥教育学会作用，进行学术交流、研究创设环境。

（2）组织特级教师赴国内外进行学术考察、交流、培训和进修。

（3）在西城区教育研修网上，为特级教师开设个人主页，为骨干教师建立学科主页。

（4）定期召开经验交流会，推广其成功的教育教学方法。

（5）对承担全区的师训、干训兼职教师工作的，可给予相应的继续教育学分。

2. 享受津贴标准。

除享受国家规定的特级教师津贴外，由区财政教育经费列支在职特级教师津贴，每人每月津贴700元，确保落实。

四、认真贯彻《管理办法》"特级教师的使用与考核"规定，加强对特级教师的管理。

1. 建立健全特级教师履职考核评价制度。

（1）对特级教师的履职考核工作每年进行一次。

区教委主管部门组织专家成立区考核委员会进行考核评价工作，区考核委员会由区教委、西城区教育研修学院有关人员组成，主任由区教委主管主任担任，人事科负责协调工作。

考核内容依据《管理办法》"特级教师的职责"中规定的应履行的职责和区特级教师职责要求，采取量化和评价相结合的方式进行。

（2）西城区教育研修学院建立考绩档案，负责收集、管理、存档工作。认真记载他们的主要业绩及对其考核、奖惩情况。

（3）对于年度考核合格者，继续履行相应职责并享受相应待遇。

未参加考核者或考核"不合格"者，不再享有相应待遇。

2. 做好特级教师的管理和服务工作。加强与特级教师的联系，从思想上、工作上和生活上关心他们，每年对特级教师进行一次慰问，切实解决他们的实际困难，使特级教师能安心工作，为教育事业作出更大的贡献。

北京市西城区教育委员会

（3）《朝阳区特级教师管理规定》（试行）

朝阳区特级教师管理规定

朝教党发〔2006〕19号

2006 年 6 月 5 日

第一章　总　则

第一条　为加强对特级教师人才资源的管理和整体优化，充分发挥特级教师的示范、表率作用，促进朝阳区教师队伍建设和素质教育的实施，依据《北京市特级教师管理暂行办法》和《北京市特级教师评选暂行办法》，特制定本规定。

第二章　范　围

第二条　本规定适用于下列人员：

朝阳区教育系统各中小学、幼儿园、职业高中及直属单位中经北京市教委评选并被北京市人民政府批准的特级教师。

引进的非本区北京市特级教师经区教委专家委员会考核通过后，直接履行北京市特级教师相应职责，享受相关待遇。

引进外省市特级教师由区教委组织专家委员会进行面试考核，考核通过后，单位按照中学高级教师职务聘任，一年后经区教委特级教师专家考核小组考察、教工委教委审核并报送北京市教委批准后方可认定为北京市特级教师，履行相应职责，享受相关待遇。

第三章　职　责

第三条　特级教师作为师德的表率、育人的模范、教学的专家，除认真履行《北京市特级教师管理暂行办法》规定的职责，还应履行以下职责：

（一）坚持在教育、教学和教科研第一线工作，深入钻研教育教学理论，研究教育教学中的问题，提出改进和解决办法，本人在教学、教科研、课程和教材建设上发挥专业的示范引领作用，努力带动本单位教育教学工作的深入开展。

（二）坚持教育改革实验，带头开展教育科研，撰写教育教学方面的研究论文、论著，及时在全区总结推广自己在教育教学、教育科研方面的成果与经验。

（三）在全区教师继续教育中发挥作用，带动并指导全区各级骨干教师开展教学研究、教学改革和实验工作，积极帮助区内其他学校尤其是农村学校培养中青年骨干教师。

（四）认真完成"名师工程"导师带教工作，履行"特级教师工作室"规定的工作职责，积极承担上级分派的教育教学、支教讲学、学术讲座、教育科研、指导骨干教师和培育"名师"等有关工作任务。

第四章　待　遇

第四条　经评选确认或认定的特级教师享受以下待遇：

（一）特级教师作为区域资源，进入朝阳教委"特级教师专家库"，并享受北京市政府规定每人每月120元津贴。

（二）在职在岗特级教师须参加区教委组织的年度考核，根据考核结果，可享受每年 5 000 元或 3 000 元的一次性奖励津贴。

（三）建立特级教师学术假制度。承担重大课题研究、经验总结、学术写作、教材编写等任务的在职特级教师，其所在单位可视情况安排一年内十至二十天的学术假。

（四）落实关于北京市中小学特级教师优诊医疗的有关规定，保证 50 周岁以上的特级教师享受优诊医疗；区教委和学校创造条件，关心特级教师的生活与健康，每两年安排他们进行一次休养。

（五）区教委、学校及工会组织继续关心爱护退休特级教师，对生活上有困难的，给予适当照顾；对贡献卓著、身体健康的，教委根据实际情况，适当安排他们担任名誉校长、教育教学顾问、兼职督学等名誉职务，继续发挥他们的作用。

第五章　管　理

第五条　特级教师由区教委进行统一管理，教委人事科负责组织协调，日常的管理由特级教师所在单位负责。

（一）建立特级教师联系制度，人事科和教委相关业务科室、教研中心、朝阳分院等定期召开特级教师研讨会、座谈会等活动。

（二）各单位为特级教师创造必要条件，科学合理地发挥他们的作用。在工作安排上，采取切实措施积极支持特级教师进行课改实验和教学研究；对年龄较大，教育教学经验特别丰富的特级教师，可选派事业心强、肯钻研的年轻教师作为助手。

（三）区教委积极为特级教师的学习提高提供方便，有计划地定期组织特级教师参加学习、进修、考察和交流等活动，更新知识，拓宽思路，使特级教师始终能保持较高的思想和业务水平。

（四）在职特级教师原则上不应兼任过多的行政职务和社会职务，以确保他们有充足的时间和精力做好本职工作。

（五）支持建立朝阳区特级教师联谊会机制，引导和加强特级教师进行自我管理。定期开展学术研讨、信息交流、学习研修和参观考察等活动，提高特级教师整体水平，充分发挥其群体优势。

（六）在工作需要、身体健康、本人自愿的基础上，经所在单位同意并报区教委批准，已退休的特级教师可由其所在单位或教育行政部门返聘，返聘的退休特级教师主要承担总结整理教育教学经验、开展教育科研、编写教材和培养骨干教师等工作。

（七）建立特级教师考核评价制度。特级教师的考核评价工作主要由教委人事科负责，人事科建立特级教师考核档案，根据特级教师的职责、条件和考核情况，在学校考核的基础上，每年对在职在岗特级教师进行一次全面的考核和评价，并填写《北京市朝阳区特级教师考核登记表》（见附件），于每年8月底前统一报区教委审核、备案，便于及时掌握在职在岗特级教师的基本情况、工作实绩和动态。

（八）在职特级教师在本区教育系统内调动，须报区教委人事科备案。特级教师调出本区教育系统或跨区县调动，须报经区教工委教委研究批准。

第六条 有下列情况之一者，不享受本规定中在职特级教师相关待遇和年度考核奖励。

（一）引进的在职在岗特级教师未经认定；

（二）已办理正式退休手续次年；

（三）调出本区教育系统；

（四）非组织原因脱离教育教学工作岗位；

（五）年度考核不合格。

第七条 有下列情形之一者，年度考核不合格，并送北京市教委，建议报市政府批准，撤销其特级教师称号。

（一）违反师德规范或评选后不履行职责，情节严重；

（二）违法乱纪，受到党纪、政纪处分或刑事处罚；

（三）不服从学校管理私自离岗不归或出国后未经批准逾期不归。

第六章 附 则

第八条 本规定由区教委（人事科）负责解释。

第九条 本规定自下发之日起试行。

北京市朝阳区教育委员会

附件（略）

3. 特级教师津补贴政策

（1）《房山区特级教师津补贴办法》

房山区教育委员会关于进一步加强教师队伍建设的意见

房教发〔2007〕25 号

2007 年 6 月 30 日

6 月 10 日，国家教委、人事部、财政部颁发《特级教师评选规定》（京教人 38 号），第八条规定：特级教师享受特级教师津贴，每人每月 80 元，退休后继续享受，数额不减。中小学民办教师评选为特级教师的，享受同样津贴。所需经费由教育事业费列支。

1995 年根据北京市《关于改善和提高劳动模范先进工作者待遇的通知》京工发【1995】38 号文件精神，刘保丽老师 1984 年被评为北京市劳动模范，发放荣誉津贴每月 80 元。

1999 年根据《北京市特级教师管理暂行办法》京教人字【1999】02 号文件精神，发放特级教师津贴每人每月 120 元。

2008 年 1 月 1 日根据人事部、财政部《关于调整特级教师津贴标准的通知》国人部发【2007】158 号文件精神，发放特级教师津贴每人每月 300 元。公办学校发放特级教师津贴所需经费全额纳入财政预算。

2003 年外地调入特级教师，一次发给安家费 6 万元（比如，北师大良乡附中 2003 年制定此政策）。

2008 年 9 月开始，房山区特级教师津贴增加到每人每月 700 元（国家规定每人每月 300 元），由区政府财政拨发。

区委组织部实施高级人才资助项目。2008—2009 年度，资助北师大良乡附中特级教师工作室 5 万元，资助覃遵君（北京师范大学良乡附中特级教师）主编《房山文化》中学地方教材 3 万元。

北京市房山区教育委员会

（2）《丰台区特级教师津补贴办法》（试行）

丰台区义务教育学校绩效工资实施方法（试行）

丰教发［2010］37号

2010年9月4日

除国家政策性补贴以外，为北京市特级教师发放专项津贴，津贴标准同北京市学科教学带头人。特级教师的子女在入学和升学方面予以照顾。

北京市丰台区教育委员会

4. "特级教师工作室" 政策

（1）《丰台区"特级—骨干教师工作室"相关政策》

丰台区于2004年7月2日成立了特级—骨干教师工作室。

1. 特级—骨干教师工作室的宗旨和任务是加强我区特级、知名、骨干教师的管理，建立相应的管理档案，建立评估体系，通过动态管理，创立发挥其榜样和辐射作用的工作环境和机制，进一步促进我区优秀教师的成长，探讨并逐步完善优秀教师的形成性评价。

2. 组织机构

丰台特级—骨干教师工作室领导小组成员：组长：教委主任，副组长：主管主任。特级—骨干教师工作室工作小组成员：组长：郭刚山，副组长：李镗，组员：李秉国、赵慕熹、梁丽冰、刘毅、李遗平、王薇。工作室设在丰台分院。

北京市丰台区教育委员会

（2）《海淀区"名师工作站"导师制和学员管理规定》（试行）

海淀区名师工作站导师制暂行规定①

2005 年 8 月 30 日

为发展海淀教育，整合优质教育资源，发挥名师的示范、引领、辐射作用，特制定本暂行规定。

一、关于导师的聘任

面向海淀区各中小学校，本着双方自愿的原则，为骨干教师提供导师，具体针对骨干教师进行教育教学方面的指导。导师由"名师工作站"出面聘任、安排，报区教工委、教委备案，并颁发正式的聘书，聘期二年。被聘为导师的名师与骨干教师建立一对一或一对多的弹性的指导与被指导关系，原则上所指导的骨干教师不超过 3 人。

二、配备导师的骨干教师的选拔条件

思想品质好，有较强的业务功底，肯于钻研，有创新和开拓精神，乐于献身教育事业，有培养前途的市级骨干或区级学科带头人。

三、导师应履行的职责

1. 发挥好传、帮、带作用，为本学科学术梯队建设贡献才智；

2. 为所指导的骨干教师的专业发展和教育教学、教科研能力的提高助力。根据骨干教师的需要到其所在校进行听课评课，解答其教育教学中的疑惑，在教学诊断的基础上制定出所指导的骨干教师的培养计划，提出具体措施的方案和要求达到的近期和中长期目标；

3. 发挥导师自身的优势和特长指导骨干教师并及时填写对骨干教师的指导工作纪要，定期将自己所做的工作向"名师工作站"汇报。

四、关于导师的酬金

根据指导骨干教师的数量情况，每月酌情给指导教师予以相应的酬金补贴；指导教师到其所指导的骨干教师所在学校作听课、评课指导，由该校支

---

① 经查，该规定无确切文件号。

付交通费用及指导费。

五、关于导师工作的考核

名师工作站要对导师制执行情况进行必要的检查，经考核圆满完成指导任务的，名师工作站将给指导教师予以奖励，不能完成预期任务的，将取消下一期的聘任。

北京市海淀区教育委员会

海淀区名师工作站学员管理规定（试行）①

为加强和规范名师工作站学员管理工作，使学员明确自身的责任和义务，并对学员的进站和离站形成一种制度，更好地发挥名师工作站的作用，特制订本规定。

一、关于新学员的进站

1. 学员人选原则上从获得区级学科带头人以上荣誉的在职教师中产生，对有突出培养前途的特别优秀的区级骨干教师亦可在考虑之列。

2. 五年之内退休的教师原则上不列为名师工作站的学员人选。

3. 经过本人申请，导师推荐，所在学校同意，名师工作站领导小组审议通过后，方可成为海淀区名师工作站学员。学员在站内的研修期为三年。一期结束希望继续研修的学员需要自己提出申请，并征得导师同意。研修时间原则上不超过两期。

二、站内学员的责任和义务

认真学习、积极实践，善于反思，不断提高教育教学的实践能力和水平，不断提高教育科研能力和教育理论水平，为教学质量的提升、为教育均衡发展、为学校教师队伍的发展建设作出自己的贡献。

具体要求如下：

1. 按照要求认真填写《学员研修手册》并按时交到区名师工作站办

---

① 经查，该规定无确切文件号及颁布时间。

公室。

2. 每学期听本学科导师或特级教师的课不少于4节，并做好听课记录。

3. 注重读书学习，每学期精读一至两本教育理论或专业书籍，并至少撰写一篇读书心得。

4. 积极参加本学科组织的各级各类教研活动，并认真做好相关总结和反思。

5. 认真参加名师工作站组织的每年一次的网上论文评比活动，提供展示自身水平的教育教学成果，并踊跃参与交流研讨。力争三年中有一篇论文能在省级以上刊物发表。

6. 积极参加或主持课题研究，注重提升教育科研的能力，经过三年的学习和研究，力争取得较高水平的教育科研成果。

7. 在学校教育教学中充分发挥自身的带头作用，承担起培养青年教师的责任，成为校本教研活动的促进者。

三、关于学员的离站

对于研修期满，在站期间履行了自身责任和义务，圆满完成研修任务的学员，由海淀区名师工作站统一开具离站证书后离站。离站学员应具备不断发展提高的能力，要更加自觉地读书学习，成为教学专业的行家、教育科研的带头人和青年教师的引路人。

北京市海淀区教育委员会

(3)《朝阳区"特级教师工作室"的工作意见》

朝阳区"特级教师工作室"的工作意见

朝教党发〔2006〕20号

2006年6月10日

为认真落实《朝阳区'十一五'人才事业发展规划》，进一步加强我区教育人才队伍建设工作，充分发挥区域特级教师优质资源的带动、引领、示范作用，推进"名师工程"工作。依据《2004—2008年朝阳区"名师工程"实施意见》《北京市朝阳区特级教师管理规定》（试行）文件精神，决定组建朝阳区"特级教师工作室"，并提出以下工作意见。

一、"特级教师工作室"内涵

"特级教师工作室"是以在职特级教师为工作主体，以培养骨干教师为目标，通过选拔学员（市区级骨干教师）开展教育教学课题研究和实施带教工作，并承担教学指导任务的一种工作组织形式。

二、组建"特级教师工作室"目的、意义

组建"特级教师工作室"是为了充分发挥现有特级教师的资源优势，宣传和展示其教育教学成果，为特级教师开展课题研究和实施导师带教工作提供服务和保障，创设发挥特级教师示范和引领作用的工作平台和运行机制。

通过"特级教师工作室"的运行，使区域的优质资源形成合力，以课题研究、导师带教和相应的教学诊断活动为抓手，用以点带面的方式加快骨干教师的成长，形成我区教师队伍的专业特色，促进教师队伍整体素质的提升，推动我区教育质量的提高。

三、"特级教师工作室"组建和运行方式

"特级教师工作室"采取个人申报、专家论证、教委审批的方式进行组建。

根据教育教学推进需要和学科建设需求，由特级教师确定主要课题的研究方面，制定人才培养目标，并提出拟培养人选后，制定详细的工作方案向教委申报；教委组织专家对申报的方案进行论证、完善后，给予审批并指导实施。

"特级教师工作室"采取动态管理机制，以完成阶段性研究内容为工作时限，按照学年度进行申报和备案，期限一般为一至三年，当年8月—9月为申报时间、次年6月—7月为审核备案时间。同时，把学年度审核备案作为经费审批的依据。（根据工作需要，也可按照年度进行受理，申报和备案时间相应调整）

四、"特级教师工作室"主要工作内容

经批准组建工作室的特级教师，在履行市区级关于特级教师规定的职责基础上，负责工作室的长远建设，重点内容有以下几个方面：

（一）积极开展教育教学课题研究。结合工作实际需要，确定每个工作周期内需要重点研究的问题，以特级教师本人为主体，开展课题研究工作。

（二）认真承担各级骨干教师的培育、培养工作。每位特级教师选拔一至三名市区级骨干教师，经教委审核确定后，作为带教对象，以课题研究为抓手，在工作实践中进行指导，带领和引导年青教师尽快成长。

（三）对基层学校教学工作进行诊断、指导。根据基层学校工作需要，在教学过程中进行深入的研究分析并做好实践指导工作。

（四）展示和推广教育教学研究成果。积极参与教委所组织的其他研究性工作和队伍建设工作，协助做好"名师讲堂"、"名师讲坛"及各种教育教学思想研讨会等工作，通过多种渠道，宣传、展示、推广教育教学研究成果。

（五）为朝阳教育信息网推出"特级教师工作网页"提供宣传和展示材料，并随着工作推进，逐步开通互动交流平台。

五、组织管理和措施保障

（一）教委人事科、教研中心、朝阳分院和网络中心等共同参与组成工作小组，负责"特级教师工作室"的组织和管理工作。

（二）特级教师所在单位均列入工作小组，在特级教师工作安排上给予倾斜、帮助，积极支持和配合"特级教师工作室"开展工作并提供保障和服务。

（三）教委所属单位的在职特级教师，均应积极参加此项工作，认真提供相关材料，科学合理地确定工作内容并加以落实。

（四）根据年度工作内容，教委建立专项经费保障制度，为"特级教师工作室"开展工作提供经费支持和保障。

北京市朝阳区教育委员会

(4)《朝阳区"特级教师工作室"管理办法》（试行）

朝阳区"特级教师工作室"管理办法（试行）

朝教人〔2007〕7号

2007年1月7日

第一章 总 则

第一条 为认真落实《朝阳区教育系统"十一五"时期人才事业发展规划》，规范对特级教师工作室的管理，进一步推进朝阳区"名师工程"，提高教育系统骨干人才培养质量，根据《关于特级教师工作室的工作意见》的规定，特制定本办法。

第二条 遵循教育教学规律和人才成长规律，对特级教师工作室实施项目管理制度。

第二章 组建条件

第三条 特级教师工作室以特级教师为主持人，采取个人申报、单位同意推荐、专家论证、教委审批的方式进行组建。特级教师工作室主持人条件如下：

1. 热爱教育事业，具有良好师德风范，甘为朝阳教育发展贡献力量。

2. 具有先进的教育教学理念，深厚的学科知识功底，掌握学科教学制高点，有较强的教育教学能力。

3. 善于合作、交流，善于研究，并能够带动周围教师共同成长。

4. 掌握现代教育技术手段，能够开设网上交流平台。

第四条 特级教师工作室培养对象可由个人申报、单位同意推荐、教委批准的方式确定，或由主持人提议、教委批准的方式确定，也可由教委根据人才培养要求提名确定。参加特级教师工作室的培养对象条件如下：

1. 热爱教育事业，具有良好师德风范，肯于吃苦，乐于钻研，善于学习，具有较强的自我发展能力。

2. 具有一定教育教学工作经验和教科研能力，并取得一定工作业绩的区级以上骨干教师。

3. 掌握现代技术手段，能够积极参加网上交流平台的建设。

第五条　组建特级教师工作室由主持人提出申报，申报条件如下：

1. 有明确的研究项目，项目课题具有时代性、科学性、指导性和实效性，有利于培养对象较快成长成熟。

2. 有具体的项目实施工作方案，工作目标、工作内容、工作方式、预期成果明确，有较强可行性，可操作、可检验。

3. 申报者所在单位在组建工作室上能够给予物质条件的保障。

第三章　组织管理

第六条　特级教师工作室进行动态管理，以完成阶段性研究内容为工作时限，按照学年度进行申报和备案，期限一般为一至两年，起始年8—9月份为申报时间，完成年6—7月份为审核备案时间。

第七条　工作室申报项目须经教委专家小组论证批准后方可实施，实施过程中原则上不做修改，因特殊原因不能执行，由主持人提出修改申请，并报专家小组论证。

第八条　特级教师工作室主持人负责工作室日常工作的开展，主要职责如下：

1. 提出项目申请，制定每学年工作室工作计划，每学期进行工作室工作总结。

2. 为每位培养对象的成长提供必要的项目支撑条件，建立个人成长档案，做好日常活动记录。

3. 适时通过"名师讲坛"、"名师讲堂"、建立实验基地校等形式对本工作室研究成果予以推广。

4. 组织项目落实，履行经费使用计划，做到专款专用，按程序办理经费使用手续。

第九条　参加特级教师工作室的培养对象应积极主动参与工作室建设，承担工作室各项工作任务，结合工作室项目内容的要求制定个人成长计划，在特级教师的指导帮助下完成预定目标。

第十条　为保证特级教师工作室顺利开展工作，明确各部门职责如下：

1. 人事科牵头特级教师工作室组建的筹备工作，负责对申报人员的工作方案进行初审，协调专家小组遴选组建人员并对其申报方案进行可行性论证。

2. 财务科建立专项经费保障制度，为工作室工作的开展提供相应经费支持，审计科负责定期对经费使用及使用效果的情况进行检查。

3. 中教科、小教科、职成科、学前办、体美科等职能科室和教研中心根据课程改革、学科建设和骨干教师培养的要求为特级教师工作室项目执行给予必要的支持。

4. 朝阳分院成立特级教师工作室管理办公室，制定日常管理细则，负责对工作室开展日常工作进行组织管理和考核检查。

5. 信息中心负责特级教师工作室网页建设和运行，协助各工作室进行网页更新和日常维护。

6. 各基层单位作为本单位特级教师工作室的工作基地，对本单位特级教师工作室开展工作给予支持和帮助，提供相应物质条件，创设良好办公环境。

第十一条　工作小组每学年将依据具体情况，组织各工作室成员进行交流总结和成果汇报。

第四章　经费管理

第十二条　教委为特级教师工作室设立专项经费，每个工作室每学年度立项经费两万元，用于工作室开展工作和进行项目实施。

第十三条　各工作室在申报项目时提出用款计划，由财务科会同人事科和朝阳分院特级教师管理办公室审核后下拨主持人所在单位，委托单位法人代管，会计单独记账、核算，不得超范围使用。

第五章　成果管理

第十四条　各工作室按项目申请完成项目研究的全部任务后，汇集总结报告、实物等成果报工作小组组织专家验收评估，对工作室完成任务评估主要集中在培养对象成长、项目主持人成果物化和在全区教育教学中产生一定影响三个方面。评估结果向教委主任办公会进行汇报。

第十五条　各工作室要重视对成果资料和工作过程资料的档案管理，注意对项目物化成果的积累和工作室工作资料的收集，做好相关材料的及时整理和归档。

第十六条 凡属特级教师工作室项目成果的论文、专著、媒体刊载、技术资料、汇报材料和成果评议鉴定资料等，在发表、出版、展示、汇报时均应注明"朝阳区特级教师工作室"字样。

第十七条 教委对优质项目成果予以推广和奖励，受到奖励的项目主持人在下一次项目申请时予以优先考虑；对执行不利、研究成果不显著的项目，一般不再予以续约。

第六章 附 则

第十八条 本办法自公布之日起执行。

第十九条 本办法由朝阳区教委（人事科）负责解释。

北京市朝阳区教育委员会

(5)《石景山区"特级教师工作室"实施意见》

石景山区"特级教师工作室"实施意见[①]

为进一步加大石景山区研究型骨干教师培养力度，搭建高层次教育教学研究平台，推广特级教师先进的教育教学理念及精湛的教育教学艺术，切实发挥特级教师在教学研究方面的示范引领和辐射作用，根据《石景山区教育系统"十一五"时期人才队伍建设规划》及《石景山区骨干教师培养和管理的实施意见》的有关规定，区教委决定成立石景山区特级教师工作室（以下简称工作室），具体实施意见如下：

一、工作室概述

工作室采取导师带教制，以理论研究与实践创新为基础；以教育教学课题研究为载体；以促进骨干教师专业化发展为目标；以新课程改革为契机；全面提高市区级骨干教师的教育教学理论水平和课堂教学实践能力。

---

① 经查，该实施意见无确切文件号及颁布时间。

工作室成员通过双向选择的方式，在市区级学科教学带头人和骨干教师中选定。

工作室采取专题讲座、专题论坛、示范课等多种形式，积极发挥特级教师的示范引领作用，加强特级教师对工作室成员的直接指导，并充分利用网络平台，使全体教师共享特级教师的优质教育资源。

特级教师工作室作为高层次研究型骨干教师培养基地，设置于特级教师所在单位，由区教委为特级教师工作室授牌。

二、工作职责

特级教师作为工作室直接责任人，要制订工作方案，确定培养目标，以多种方式发挥各自的学术专长，培养更多高层次的骨干教师。

三、工作室经费

为保证特级教师工作室培养方案的落实，区教委每年为每位指导教师提供专项经费三万元，用于特级教师工作室开展业务活动。活动经费预算须每年初报区教委，经审批后方可实施。经费须纳入工作室所在单位的财务管理支出。

四、工作室管理

根据市教委特级教师和市级骨干教师的评选时间，工作室原则上每三年为一个工作周期，实行动态管理。

区教委将于每年12月份对特级教师工作室实施情况进行考核，对取得突出成绩的导师，给予奖励；对于不符合履职要求的，将取消其导师资格。

五、建立特级教师联席会

为促进特级教师的成长和发展，加强学科之间的互动与交流，保护和进一步调动特级教师的工作积极性，区教委决定建立特级教师联席会制度。其主要职责是：对工作室成员进行具体指导；定期组织召开研讨会和座谈会，加强工作室成员之间的沟通，促进特级教师的自身发展，促进研究型骨干教师队伍的建设。

联席会由特级教师担任会长、副会长，下设办公室，办公室设在区教委人事科，办公室成员由人事科相关人员组成。

六、工作要求

（一）建立特级教师工作室，是对石景山区骨干教师队伍建设具有战略意义的工作，各单位一定给予高度重视，指定专人负责。区教委要将培养高层次骨干教师情况作为对各单位党政正职考核的重要内容。

（二）特级教师所在单位，要积极支持特级教师工作室工作，并确保工作室相关工作的落实。

（三）特级教师工作室成员，要珍惜机会，注重学习，历练自我，争创一流，朝着名师的方向健康发展。

（四）区教委将定期通过多种形式考查了解特级教师工作室工作情况，及时总结经验并加以推广。

（五）区教委各有关科室和单位要各负其责，切实做好特级教师工作室管理、指导、考核等工作，并建立健全骨干教师培养机制，将石景山区骨干教师队伍建设提高到一个新的水平，以促进和保障石景山区教育的可持续发展。

北京市石景山区教育委员会

5."名师工程"政策

(1)《朝阳区2006年"名师工程"工作计划》

朝阳区2006年"名师工程"工作计划

朝教党发〔2006〕18号

2006年5月15日

为深入贯彻市区人才工作会议精神，认真落实《2004—2008年朝阳区"名师工程"实施意见》，进一步推进我区"名师工程"工作，重点培育和推出一批"名、特、优"教师队伍，带动和提升我区教师队伍的整体素质，结合教委年度工作任务，特制订以下年度工作计划。

一、指导思想

坚持落实科学发展观，立足区情实际，以"名师工程"为统领，全面推进我区教育人才队伍建设。

二、工作目标

以特级教师工作室为龙头，健全和完善导师带教工作机制；加大宣传和展示工作力度，逐步推出并形成区级名师品牌；落实"三级管理"工作制度，使名师工作逐步形成自主、良性运行的长效机制，促进全区骨干教师队伍建设。

三、工作原则

坚持分层推进的工作原则，统筹兼顾三级骨干队伍建设；坚持资源共享的原则，实施导师带教工作；坚持培训培养和宣传推出并重的原则，着力打造区域名师品牌。

四、重点工作

（一）区级工作层面

由教委人事科牵头，协调区教研中心、朝阳分院、信息网络中心等相关部门，以实施专家带教工作和推出朝阳区名师群体工作为重点，并做好以下主要工作：

1. 继续做好专家带教工作

选拔部分市级骨干教师，补充到区级专家带教学员中，继续聘用区外五名专家，实施导师带教培养工作。

2. 完善"特级教师工作室"工作机制

组建"特级教师工作室"，健全工作制度，丰富工作内容，以课题研究为抓手，通过师带徒的方式，发挥引导和示范作用：一是参与"名师讲堂"、"名师讲坛"工作，发挥典型作用、展示名师风采；二是每位特级教师确定两至三名区级以上骨干教师，通过带教工作进行教学实践指导，促进骨干教师水平的提升。

3. 推出"名师讲堂"

选拔在职特级教师（含新评定）、部分学科带头人，在朝阳有线（北京电视台公共频道）推出"朝阳名师讲堂"系列讲座，宣传和展示我区名师群体。2006 年计划安排 40 个专题讲座。

4. 举办"名师讲坛"

充分发挥现有特级教师资源优势，以学科建设为核心，结合教师继续教育培训专题，自 2006 年 5 月起，组织在职特级教师，在朝阳分院定期举办"名师讲坛"，2006 年计划安排 6 讲。

5. 举办专题成果展示

为进一步提升朝阳区名师群体的影响力，宣传骨干教师教学成果，引导青年教师成长进步，2006 年 10 月组织开展一次"名师教育教学思想研讨交流暨成长报告会"。

6. 组织出国考察培训

为进一步提升特级教师的教育思想和教学理念，拓宽工作思路、丰富教育教学知识，2006 年 11—12 月，组织部分特级教师赴境外进行考察学习。

（二）区级学科工作层面

以教研中心为工作主体，在协助做好导师带教工作基础上，通过汇编经验案例、组织校本教研现场会和送教研下乡等工作方式，宣传和展示区级学科名师，推动学科名师工作。

1. 组织召开"新课程研究中心组"阶段工作交流汇报会。

2. 组织完成带教导师年度考核和做好导师带教人选的调整和推荐工作，协助做好"特级教师工作室"的组建、完善工作。

3. 对各基层学校"校级名师"工作的组织和开展情况进行指导、监督和检查。（3—6 月）

4. 及时总结典型材料，做好 18 位市级学科带头人经验案例汇编的出版工作。（4 月）

5. 做好北京市校本教研现场会的组织工作，利用《校本教研·朝阳篇》展示和宣传我区名师风采。（5 月）

6. 结合教研工作，开展朝阳区名师送教研到农村校活动，举办专题现场会，进行实地指导。（10—11 月）

7. 完成 50～100 节各级骨干教师优秀推荐课的录像，利用朝阳教育信息网进行展示。（3—12 月）

（三）校级层面工作

以基层学校为工作主体，在教委科室和教研中心、分院的指导下，以健全完善骨干队伍选拔、培养制度为核心，做好校内名师、骨干教师队伍建设工作：

1. 完善学校名师培养和推出机制，依托校本培养，积极开展和推进校级名师工作。

2. 做好 2005 年校级名师工作进展总结，上报校级学科带头人和骨干教师名单，建立骨干教师资源库。（3 月）

3. 因地制宜，利用共享资源，自主开展校内名师带教培养工作。

4. 做好朝阳区政府、朝阳区教育系统骨干教师的初评和推荐工作，为推进朝阳区名师工程奠定基础。

5. 做好校内各级骨干教师到农村学校专、兼职支教的选拔和调配工作。

6. 总结并上报学校年度校级名师工作进展情况。（12 月）

五、措施保障

（一）完善各级骨干教师管理制度，研究制定特级教师管理办法，保障名师工程工作的有效推进。

（二）探索并建立基层学校骨干队伍建设考评通报机制，将队伍培养工作纳入学校综合评价体系中，保证人才队伍建设的有序运转。

（三）加大人才队伍建设的资金投入，制定和完善各级"名师"履职津贴制度。

附 1.《关于开办"朝阳名师讲堂"的工作方案》
附 2.《关于举办"朝阳名师讲坛"的工作方案》

附1

关于开办"朝阳名师讲堂"的工作方案

为配合区委宣传部关于朝阳区人才队伍建设的工作安排，认真落实

《2004—2008 年朝阳区"名师工程"实施意见》，加大对我区名、特、优教师的宣传力度，更好地发挥我区现有优秀教育资源的示范引领和辐射带头作用，在区委宣传部的领导下，朝阳教工委、教委和区广播电视新闻中心（朝阳有线）联合开办"朝阳名师讲堂"栏目。

一、组织机构

1. 领导小组

组长：滕国清　朝阳区教工委副书记、"名师工程"领导小组组长

　　　　洪建斌　朝阳区广播电视新闻中心副主任

副组长：王　曦　朝阳区广播电视新闻中心副总编

　　　　李　众　朝阳区教委人事科科长

2. 工作小组

梁建新　朝阳区教研中心主任、名师带教组组长

王宝珊　朝阳教育分院院长

耿　健　朝阳区教委人事科副科长

陈菁姝　朝阳区广播电视新闻中心编辑、记者

桂富荣　朝阳区教研中心教科所所长

何向东　朝阳区教委教育信息中心主任

3. 指导专家

马芯兰　朝阳实验小学校长、特级教师

范永利　朝阳区教委教育发展指导团成员、名师带教组副组长

高　元　朝阳区教委教育发展指导团成员、名师带教组副组长

二、工作分工

1. 耿健、陈菁姝负责教委与电视台之间的工作协调与沟通。

2. 梁建新、范永利、高元、桂富荣负责主讲教师的组织以及主讲内容、主讲时段和主讲顺序的安排等工作。

3. 马芯兰、范永利、高元负责指导主讲教师做好讲座前的各种业务准备工作。

4. 何向东负责提供相应的信息技术支持和保障。

三、主讲人员

朝阳区现任在职特级教师、拟评特级教师、北京市学科带头人和部分知名市级骨干教师。

四、播出形式

1. 播出频道：BTV—9 北京公共频道

2. 时间安排：2006 年 5 月—2006 年 12 月

3. 播出时段：每周双休日播出

4. 播出方式：录播，朝阳新闻网、校园网配合做网上点击反馈

5. 收看安排：提前进行播出预告，告知基层学校播出时间

五、预期成果

1. 为市、区广大教师和学生服务，展示朝阳区名、特、优教师风采，打造并宣传我区名师队伍。

2. 形成"朝阳名师讲堂"光盘录像资料，结集出版实录专辑，丰富区本教材和我区教师继续教育教材资源。

附 2

关于举办"朝阳名师讲坛"的工作方案

为认真贯彻落实《朝阳区"十一五"人才事业发展规划》，进一步加强朝阳区教育人才队伍建设，充分发挥特级教师在朝阳区教育系统中的示范和引领作用，依据《朝阳区特级教师管理规定》、《朝阳区关于"特级教师工作室"工作意见》及《2006 年朝阳区"名师工程"工作计划要点》，举办"名师讲坛"活动，特制定以下工作方案。

一、举办讲坛的目的和意义

（一）为区域教育系统搭建宣传、展示、学习、交流的工作平台，将特级教师具有的前沿教育理念以及经多年教育教学工作形成的教育教学风格、特色，积累的丰富经验和教育教学成果通过讲坛展示出来，使优质资源得到全区干部教师共享。

（二）加快本区干部教师的培养，促进干部教师队伍整体素质的提升，推动我区教育工作的发展。

（三）将"名师讲坛"与教师参加的继续教育培训有机结合，纳入到各学科培训计划之中，促进培训和教研部门的学科课程体系建设。

二、人选范围

教委所属单位中在职特级教师均可自愿报名、或经单位推荐参加。

三、讲坛的内容及其要求

（一）主要内容

讲授内容可从干部教师的成长与发展、教师专业化发展、教师新课改的实践与思考、干部教师教育科研方法与实践、教师课堂教学方法的探究、教师对学生的学法指导实践、学校教育工作研究等诸多方面设计。

（二）要求

讲授的内容要具有时代性、针对性和实用性，要紧密结合教育及学科教学的实际，使特级教师通过学、思、用、悟获得的经验、规律及成果在讲坛中得以展现，与广大干部教师共享。

四、讲坛的组织与实施

（一）管理机构

"名师讲坛"在教委"双名工程"领导小组的领导下，由人事科、朝阳分院、教研中心负责组织协调，由区继续教育办公室、和分院师干训部门配合进行。

1. 成立"名师讲坛"工作领导小组，负责组织实施工作。

组长：滕国清

成员：李　众　王宝珊　梁建新　夏秋荣

2. 成立"名师讲坛"工作小组，负责协调安排并落实讲坛具体工作。

成员：李　众　王宝珊　夏秋荣　耿　健　景为国　王鸿杰　周　静

　　　薛晓光

（二）组织实施

1. 讲坛原则上每学年度组织7～8次，每月组织一次。

2. 每年年初分批召开部分特级教师的座谈会，研究制订本年度讲坛的专题及内容；落实讲坛举办的时间、地点及参加对象，填写"特级教师讲坛授课申请表"（后附）。

3. 通过多种方式将"特级教师讲坛"年度安排及时通知到各中小学。

4. 每学期安排部分授课教师座谈会和学员座谈会，对已开办讲坛的讲授、学习情况进行反馈和总结。

5. 以《朝阳教育》《朝阳教师教育》、朝阳教育网站等为载体宣传讲坛内容，使更多教师分享优质学习资源。

6. 汇编经验成果，出版专题丛书。

五、保障措施

（一）将"特级教师讲坛"工作纳入到对特级教师的常规管理之中。

（二）区教委为"特级教师讲坛"提供经费立项和保障。

北京市朝阳区教育委员会

(2)《昌平区"名师工程"相关政策》

昌平区"名师工程"相关政策①

为了贯彻落实昌平区教育大会提出的在全市率先基本实现教育现代化的战略目标，依据昌平区人民政府《昌平区教育 2010 年发展纲要》，根据昌平区教育事业的发展以及我区群众对优质教育的需求，建设一支高素质、专业化的教师队伍，宣传扩大我区名师的影响，鼓励更多的优秀人才脱颖而出，使我区名师培养形成结构合理的梯队，现对昌教人〔2003〕2 号、昌教人〔2005〕2 号、昌教人〔2003〕3 号文件提出补充意见。

昌平区教育委员会拟于 2006 年 2 月成立昌平区名师工程领导小组。

一、领导机构

组　长：李永生

副组长：隋彦玲　张泽义　黄友刚　杨保红　李成旺　韩文勇　田世亮

---

① 经查，该政策无确切文件号及颁布时间。

组　员：张文博　徐大生　张敬东　兰永平　张晓东　李金亮　林　立
　　　　葛立华　陈玉林　许春华　张玉泉　吴　宇　孙永山　吴宝文
　　　　李乃让　陈玉宏　赵玉华　王冬青　苏　鹏

二、组织机构

三、机构设置与职能

（一）办公室

主　任：杨保红

副主任：张文博　徐大生　林　立

成员单位：人事科　政工科

办公室职能：

1. 根据相关法规，制订促进名师建设的政策和意见，督促检查相关政策、意见的执行与落实。

2. 负责协调相关科室及部门，合理安排经费的使用，调控相关资源，为名师发展提供保障。

3. 指导、检查研究指导组的工作和基层学校名师建设工作，强化学校名师建设工作第一责任人的人才意识，营造尊重培养人才的氛围。

4. 负责有关名师工作重要会议、活动的组织工作。

（二）研究指导组

职能：

（1）从名师成长的过程中发现规律，通过总结经验，提升为理论，为指导青年教师成长提供依据。

（2）从理论上指导名师工作室、特级工作室开展工作，帮助"两室"教师提高教育教学理论水平。

（3）指导名师工作室、特级工作室教师总结经验，为"两室"教师参加教改和科研、开展实验研究、形成学术专著提供服务。

2. 教学指导组

职能：

（1）帮助名师工作室、特级工作室教师进行诊断分析，指导"两室"教师制定发展策略，为"两室"教师进一步发展创造条件。

（2）为名师工作室、特级工作室教师开展教学实践和教学改革提供业务指导，搭建研究平台。

（3）从青年教师中选拔、发现师德高、业务精、潜力大的市、区骨干教师，指导"两室"教师带动其共同成长。

3. 信息宣传组

职能：

（1）在中青年教师中推广名师、特级教师的经验，扩大"两室"教师在广大干部、教师中的影响。

（2）为"两室"教师与外界专家及更多同行的联系和沟通提供信息，开辟渠道，做好服务。

（3）引导"两室"教师保持领先的教改思想、理念，不断提高业务素质和教育教学水平。为"两室"教师发展创造良好的外部环境。

四、名师工作室、特级教师工作室职责与义务

（一）努力学习马列主义、毛泽东思想、邓小平理论和"三个代表"的重要思想，不断提高政治素养，忠诚人民的教育事业。全面贯彻党的教育方针，积极实施素质教育。依法执教，爱岗敬业，热爱学生，团结创新。做师德楷模，育人的模范，教学的专家。

（二）系统学习现代教育理论、规律和方法，掌握现代教育技能，更新教育观念，做终身学习的楷模。加强与外界专家教授及更多同行的联系和沟通，相互学习、拓宽思路，保持领先的教改思想、理念，不断提高业务素质和教育教学水平。

（三）牢固树立终身从教的思想，坚持工作在教育教学的第一线。认真完成学校和教育行政部门安排的教育教学任务。

（四）贯彻名师强教、科研领先的办学理念，深化课程改革和课堂教学改革，积极探索、总结出独具特色的教学方法与教改经验并指导教育教学。出色做好本职工作，成为全区乃至全市教师在学科教学、教研及科研中的典范。

（五）积极承担示范课、观摩课、研究课等公开教学任务，每年至少做一至二次示范课，做一次学术报告，发挥引领、示范和辐射作用。

（六）积极参加课程教材、教育教学改革实验，结合本校、本地区实际，确定参加教改和科研课题，研究解决教育教学中的问题，每年至少在市级及以上级别刊物发表一至两篇高水平的论文。对自己的教学理念、教学经验不断进行提升，进而形成学术专著。

（七）自觉承担培养市、区、校级骨干教师任务，充分发挥传、帮、带作用，每年有计划地指导三至五名骨干教师（其中必须包括两名非本校骨干教师），指导帮助其进一步提高师德水平、教育教学工作能力、科研水平和实际工作效果，使其尽快成为市、区教育教学优秀骨干教师或学科带头人。

（八）本着人才资源共享原则，承担完成市、区教委或业务部门交给的教育教学、支教讲学、教育科研、教师培训、教材编写等有关工作任务，服务于全区各学校。

五、管理与考核

（一）昌平区名师工程领导小组办公室组织研究指导组于每年4月制订出工作计划，并督促执行和检查。理论研究组、教学指导组、信息宣传组于次年4月向昌平区名师工程领导小组作出工作汇报。

（二）昌平区名师工程领导小组办公室不定期组织研究指导组对名师工作室、特级教师工作室工作进行检查，并向昌平区名师工程领导小组作出工作汇报。

（三）昌平区名师工程领导小组办公室组织"两室"教师和研究指导组对市级骨干教师的考核。区级骨干教师的考核视规模大小由学校或学科教研组进行。区级学科带头人的考核按上述办法执行。对"两室"教师和市区骨干教师的考核采取本人述职、查阅文字材料和群众评议相结合的办法进行。

北京市昌平区教育委员会

(3)《大兴区"名师工程"相关政策》

大兴区"名师工程"相关政策①

为加快我区特级教师的培养力度，发挥名师的影响和辐射作用，在区教委的领导下，由区教师进修学校负责，采用导师制、名校研修制、名师工作室、名师讲学团、名师教育教学研究、教育考察等方式，为名师成长搭建良好的发展平台。

1. 加强组织领导。成立大兴区"名师工程"领导小组，组长由大兴区教育委员会主要领导担任，副组长由主管领导担任。成员由区教委有关科室、进校负责同志组成。领导小组下设办公室，办公室负责全面工作。小教科、中教科、幼教科、职成科分别负责小学、中学、幼儿园、职高名教师的选拔、培养、培训和管理。

2. 充分发挥我区特级教师的辐射作用。

对于特级教师的培养是我区"名师工程"的重点，此项工作应由教委、进校各部门主抓，由我区特级教师落实。具体方法是由我区的十名特级教师从我区一线教师中，每人选择一名有潜力的市区级的学科带头人和骨干教师，在减轻他们的工作量的同时，由特级教师直接对他们进行指导，大到教育意识上的改进，小到每一节课的设计，特级教师都要亲自过问。同时，利用特级教师自身优势尽可能地将这些教师推向全市，增加他们的知名度。教委、进校各部门在此过程中应起到督促作用。

3. 总结、宣传、推广特级教师的教育教学经验，发挥"名师工作室"、"名师讲学团"的辐射作用，扩大优质教育资源的覆盖面。

在特级教师的选拔上，不应仅是简单的培训、学习，更重要的是要将思想品质、学科底蕴深厚，教学能力强，具有一定的教科研能力的教师推出去，甚至要通过媒体的包装，使其业务或事迹在全区、全市乃至全国产生一定的影响，才不失为名教师的称号。

北京市大兴区教育委员会

① 经查，该政策无确切文件号及颁布时间。

6. 特级教师优诊医疗政策

房山区中小学特级教师优诊医疗事宜的通知①

1993 年根据《关于北京市中小学特级教师优诊医疗事宜的通知》京卫医字【1993】102 号文件精神，房山区 50 周岁以上特级教师享受北京市医疗优诊特殊待遇。享受医疗费 100% 报销。

北京市房山区教育委员会

---

① 经查，该通知无确切文件号及颁布时间。

二、北京市特级教师大事记

1979年5月，北京市教育局、北京市财税局转发教育部、国家计委《下发〈关于评选特级教师的暂行规定〉的通知》的通知，市教行字（1979）第115号（79）财行字第289号。

1991年5月，北京市教育局下发京教人字（1991）第31号文件，即《关于评选中小学特级教师问题的通知》。

1993年8月，北京市教育局、北京市人事局、北京市财政局下发京教人字（1993）第39号文件，即"关于转发国家教育委员会、人事部、财政部《关于颁发〈特级教师评选规定〉的通知》的通知"。

1998年5月，北京市教育委员会发京教人字（1998）第004号文件，即《关于1998年评选北京市特级教师问题的请示》。

1998年6月，北京市教育委员会北京市人事局下发京教人字（1998）第009号文件，即《关于1998年评选北京市特级教师工作的通知》。

1998年8月，北京市教育委员会发京教人字（1998）第015号文件，即《关于申请批准1998年北京市中小学特级教师的请示》。

1999年5月，北京市教育委员会、北京市人事局、北京市财政局下发京教人字（1999）第002号文件，即"关于印发《北京市特级教师管理暂行办法》的通知"。

2001年5月，北京市教育委员会下发京教人字（2001）第15号文件，即《关于2001年评选北京市特级教师问题的请示》。

2001年5月，北京市人事局下发京人文［2001］33号文件，即《关于市教委评选表彰北京市特级教师的请示》。

2001年6月，北京市教育委员会下发京教人字（2001）第19号文件，即《北京市教育委员会、北京市人事局关于认真做好2001年评选北京市中小学特级教师工作的通知》。

2001年8月，北京市教育委员会下发京教人字（2001）第26号文件，即《关于报审2001年北京市中小学特级教师人选的函》。

2001年8月，北京市教育委员会下发了"关于2001年北京市中小学特级教师公示的通知"。

2001年12月，北京市教育委员会下发京教人字（2001）第48号文件，即《关于申请为2001年中小学特级教师办理优诊医疗事宜的函》。

2001年12月，北京市教育委员开始举办"星期六特级教师课堂"系列讲座，每双周举办一次，聘请的主讲人为两院院士和教育专家。首次活动，聘请了中国工程院院士刘先林做《虚拟现实技术在地学和教育中的应用》的专题讲座。

2005年7月，北京市教育委员会、北京市人事局印发京教人字（2005）第25号文件，即"关于印发《北京市特级教师评选暂行办法》的通知"。

2005年7月，北京市教育委员会、北京市人事局印发京教人字（2005）第26号文件，即《关于做好北京市特级教师评选工作的通知》。

2005年12月，北京市教育委员会印发"关于对2005年北京市特级教师人选进行公示的通知"。

2008年4月，北京市教育委员会委托北京教育科学研究院教师研究中心承担"2008年北京市特级教师推广计划"项目，根据研究需要，遴选出5名特级教师作推广宣传，该项目研究工作已完成，研究成果已出版。

2008年5月，北京市教育委员会、北京市人事局、北京市财政局印发京教人字（2008）第10号文件，即"关于印发《北京市特级教师管理办法》的通知"。

2009年4月，北京市教育委员会委托北京教育科学研究院教师研究中心承担"2009年北京市特级教师推广计划"项目。根据研究需要，遴选出10名特级教师作推广宣传，其中顺义区第八中学副校长梁学军代表特级教师发言。

　　2010 年 4 月，北京市教育委员会委托北京教育科学研究院教师研究中心承担 "2010 年北京市特级教师提升计划" 项目。根据研究需要，遴选出 5 名特级教师作推广宣传。

三、北京市特级教师名单

（一）北京市评选的特级教师名单【共822人（823人次）】

1．新中国成立后至"文化大革命"前评选的北京市特级教师名单 （42人）

（1）1956年评选的特级教师名单（32人）

马英贞	王企贤	王在田	王明夏	白继先	乔淑敬	关　琦	刘观海
刘企琮	刘景昆	朱延誉	吴桂华	张子锷	张希良	张惠芬	张紫枫
李观博	李际荣	杨炳吟	汪树良	周文郁	陈　刚	武育贞	祈麟阁
金好仪	胡汉娟	贾一之	黄子彦	韩满庐	缪玉田	霍懋征	戴玉贞

（2）1959年评选的特级教师名单（3人）

阎述诗　张允敏　杜仁懿

（3）1960年评选的特级教师名单（6人）

王淑芳　冯蕙英　张玉寿　张学兰　赵家琦　章旭昭

（4）1963年评选的特级教师名单（1人）

倪述康

2．1979—2009年评选的北京市特级教师名单 （781人）

（1）1979年评选的特级教师名单（23人）

马淑珍	方碧辉	王世鹏	王寿生	王学斌	王继芬	王碧霖	叶多嘉
关敏卿	刘祖植	刘敏贞	许通儒	吴淑云	张效梅	张继恒	时宗本
李荫轩	肖淑英	连树声	尚兴久	郗禄和	郑俊选	霍懋征	

（2）1986年评选的特级教师名单（63人）

丁丙炎	马芯兰	孔令颐	王月媛	王有声	王杏村	王秀云	王良田
王树声	王树茗	厉善铎	叶立言	宁鸿彬	关槐秀	刘东	刘胐胐
刘梦湘	吕灿良	吕敬先	孙绍辅	孙维刚	朱公显	朱正威	祁乃成
米黎明	许嘉琦	吴正禄	吴桐祯	吴维政	张光瓔	张学曾	张炳萱
张德明	时雁行	李广汉	李青萍	李南	李素静	李培美	沈正德
沈清源	沙福敏	陆禾	陈剑刚	陈萃联	陈毓秀	罗宝贵	胡光娣
胡孟炎	赵果	赵俊礼	唐绍桢	柴喜春	陶祖伟	顾长乐	高文会
崔孟明	康德瑛	彭其畹	舒鸿锦	韩化南	韩茂富	谭雪莲	

（3）1991年评选的特级教师名单（104人）

习传芳	于魁荣	王序良	王昌佑	王玲	王维翰	卢筱铃	史建中
史雁群	宁义侠	宁德琮	田凤歧	石钧	石翠花	刘玉裳	刘劲武
刘宗华	刘振贵	刘德彰	孙玉惠	孙贵恕	安志聪	阮燕君	吴昌顺
吴树勋	应飞	张书彪	张光路	张国英	张钧簏	张培芳	张惠雯
张琪	张熙伶	张蕴芝	李大同	李友仁	李文丰	李先	李宏泰
李秉国	李振纯	李埴	李裕德	杨东藩	杨丽娜	杨绍波	沈重
邵紫绶	陈向荣	陈汶	陈育林	陈俊辉	陈春雷	陈隆涛	周沛耕
周济源	孟雁君	明秀玲	明知白	林宝珍	林静华	郑春和	侯令
姚尚志	胡秉贤	荣景牲	贺信淳	赵大悌	赵之林	赵如云	赵德民
钟维国	唐树德	唐朝智	徐安德	徐栋	海星	秘际韩	翁博学
郭玉学	郭金铭	陶伯英	顾德希	高磊	崔淑芳	常康	曹侠
章连启	黄文选	黄儒兰	傅芳	傅敏	琚贻桐	程耀尧	蒋静芬
谢惠娟	韩述仁	解宗良	鲍恩宠	裴新生	颜家珍	霍志杰	戴明淑

（4）1994年评选的特级教师名单（113人）

丁榕	马成瑞	马雅良	卞学诚	方之朴	王人伟	王芃	王小欧
王长宏	王汉长	王仲生	王同瑞	王丽龄	王宜	王建民	王治玉
王绍宗	王俊鸣	王勇	王美文	王家骏	王振山	王露平	王鑫
冯士腾	冯刚	冯禹川	卢珊珊	田毅然	申士昌	白家熹	乔家瑞

刘大凤　刘世栋　刘玉兰　刘立新　刘兆甫　刘淑敏　刘静宜　刘德武
刘　毅　吕　坚　孙曾彪　庄则栋　朱大鹏　朱尔澄　朱国平　朱蔼昭
纪晓村　吴文漪　吴方申　吴庆茂　张立川　张立珍　张　应　张志耀
张　凯　张怡令　张春条　张振英　李玉英　李　刚　李志瑗　李其震
李树德　李眉云　李祖功　李　烈　杨子坤　杨志清　杨树华　杨雄生
杨鹏声　杨鹤龄　汪金城　汪耆年　周汝泽　周誉蔼　林生香　林庆民
林镜仁　武　琼　范燕生　郑家麟　南　林　姜　菲　胡云琬　贺心滋
赵大鹏　赵亚玲　赵仰周　赵秀春　赵恒启　赵景瑞　赵福中　赵慕熹
夏克若　徐兆泰　徐汝庄　耿玉惠　常舒正　梁学成　梅芙生　黄秀芬
龚克明　傅佑珊　程汉杰　董宝华　缪秉成　翟京华　蔡迪今　蔡福全
鞠曼萍

（5）1998 年评选的特级教师名单（137 人）

丁益祥　丁淑英　于宪敏　马　成　马淑冬　尹濬森　戈海宁　毛桂芬
王大绩　王天开　王文辉　王乐君　王占元　王永惠　王寿沂　王　岚
王　岱　王能智　王晨华　王富友　王　新　冬镜寰　冯　朋　卢桂兰
史旭恩　田雨新　白彬华　白福秦　石荣贵　乔荣凝　任光辉　刘千捷
刘世昌　刘正已　刘永胜　刘庆海　刘　坤　刘治平　刘保丽　刘彭芝
刘福增　刘锦春　吉通海　吕　品　孙心若　孙连众　孙蒲远　庄仪珍
朱滇生　祁德渊　纪　诚　许瑛国　齐渝华　何大齐　何凤楼　何贤景
吴凤英　吴正宪　吴是辰　张兆生　张先敏　张　兵　张思明　张美良
张铁城　张敏莹　张静莲　李方烈　李竹君　李志锋　李常凌　李彭龄
杜士森　杨正川　杨满银　沈心燕　肖尧望　苏效民　辛　旸　邵光砚
陈天敏　陈宝富　陈绍贞　陈焱午　卓　立　周又之　孟广恒　郑乃强
郑孙平　郑忠斌　金玉俊　倪楚棠　姚家祥　柯毓璧　柳　麒　段云鑫
洪安生　胡新懿　赵汝兴　赵纯礼　赵树椿　徐正纲　徐定冼　徐谦恕
晋泉增　涂克昌　秦旭明　郭正权　郭家瑞　郭献林　陶小芳　顾谊群
高志秋　高景丽　康玉彩　康振明　康强声　曹福海　梁　捷　梅永勤
隆　震　龚正行　储瑞年　程　刚　蒋乃平　蒋宏涵　蒋佩锦　解宝柱

韩梦熊　韩　萍　裘伯川　简国材　臧龙光　谭晓培　潘克明　篓湘生
薛文叙

（6）2001年评选的特级教师名单（91人）

丁玉山　万　福　马乃根　马复华　马荣花　孔祥旭　尹振水　方晓山
王天谡　王　欢　王英民　王珉珠　王　敏　王曼怡　王惠弟　王　薇
田名凤　白幼蒂　刘玉华　刘运秀　刘　莹　刘铁铮　孙二女　祁京生
许　鑫　闫梦醒　余　兰　余明忠　吴玉清　张立新　张志文　张振威
张继达　李凤石　李世瑜　李冬梅　李龙文　李　存　李达荣　李　佳
李明赞　李松文　李　奕　李春旺　李炳琦　李家声　李晓风　李新黔
李　镗　杨嘉栋　杨惟文　邴介夫　陈正宜　周国彪　周　晔　苑玉台
范永利　范登晨　郑克强　姚卫东　姚　岚　施月林　胡国燕　胡继昌
赵继宗　赵　聪　郝　澎　钟作慈　项　红　夏　芳　徐百合　桂富荣
海倩雯　郭立昌　郭铁良　郭　璋　郭震仑　陶昌宏　崔　琪　曹保义
梁丽冰　傅宝环　彭　香　彭梦华　童长江　童嘉森　董　晨　鲁　彬
蔡　雯　薛川东　薛川坪

（7）2005年评选的特级教师名单（144人）

丁博敏　于荣学　马丁一　马延年　马丽英　马志雄　文　岩　王　平
王　苹　王　钢　王　琦　王大堃　王书香　王文杰　王伟光　王保东
王树清　王淑香　王燕春　付　华　冯惠燕　田玉凤　田立莉　田树林
申小瑾　白　洁　白无瑕　白素云　石桂梅　边　境　乔亚孟　任　弘
刘　敏　刘月娥　刘可钦　刘存惠　刘启宪　刘　进　刘美伦　刘德水
成学江　朱小娟　朱凌霞　江建敏　许铁成　邢　军　闫长珍　何乃忠
何墨荣　吴　琼　吴伟民　吴江媛　吴国通　吴继烈　宋　立　张　泉
张　毅　张　军　张　鹤　张文清　张文琦　张世义　张民兰　张亚红
张　国　张建中　张　杰　张增甫　李玉华　李有毅　李明新　李俊和
李树方　李桂英　李耀民　杜毓贞　杨广馨　杨红兵　杨建宇　杨瑞理
杨德伦　汪亚勤　沙晓燕　苏万青　苏明义　谷　丹　连春兴　邱继勇
陆剑鸣　陈　红　周　岗　周　放　周又红　周爱东　周德林　孟宜安

季　燕　　林德森　　范桂英　　郑小平　　郑宁华　　金宝铮　　姚春平　　姜利民

姜淑琴　　柏继明　　段宝明　　胡明亮　　胡凌燕　　荆林海　　赵　科　　赵　铮

赵子余　　赵书梅　　赵向军　　赵美荣　　唐桂春　　唐富春　　徐　玮　　徐伟念

索玉华　　袁志勇　　诸葛梅　　高　萍　　高　华　　高玉丽　　商晓芹　　崔占国

梁　侠　　梁丽平　　梁志顺　　梁学军　　隋丽丽　　董华林　　董晓平　　蒋金生

韩　磊　　韩　玲　　靳忠良　　蔚国娟　　谭天静　　穆秀颖　　薛　贵　　薛晓光

(8) 2009 年评选的特级教师名单（106 人）

万　平　　马红民　　马丽红　　马希明　　马思勇　　马　凌　　马桂君　　孔繁华

支　梅　　王冬梅　　王志江　　王佩霞　　王建宗　　王春秀　　王　顺　　王萍兰

王德明　　王　蕾　　邓　虹　　卢凤琪　　左玉霞　　田福春　　乔秀芹　　任炜东

刘长明　　刘　畅　　刘　悦　　刘　朗　　刘　蔡　　吕雪晶　　孙建国　　安彩凰

朱德友　　吴　甡　　宋德武　　张友红　　张亚安　　张　华　　张　红　　张胜荣

张斌平　　张景浩　　张鲁静　　张福林　　张增强　　李永茂　　李京燕　　李宗录

李英姿　　李贺武　　李晓辉　　李　艳　　李援瑛　　李瑞国　　杨　红　　肖伟华

芦德芹　　苏国华　　苏朝晖　　谷玉荣　　陈文明　　陈长泉　　陈延军　　周业虹

周　静　　孟爱华　　季　茹　　怡久文　　欧阳尚昭　罗　滨　　范香玲

范锦荣　　郑燕莉　　俞伟顺　　柳　茹　　段明艳　　赵淑瑞　　郝素梅　　唐仁君

唐　挈　　徐　军　　耿　芃　　袁京生　　贾长宽　　贾海荣　　郭凤昌　　郭立军

郭志富　　郭树林　　郭　洁　　陶秀梅　　高付元　　常　明　　曹卫东　　曹春浩

黄庆庆　　黄利华　　曾军良　　曾　路　　董俊娟　　甄　珍　　管　旭　　蔡清月

樊建先　　滕亚杰　　黎松龄

（二）北京市认定的特级教师名单（135 人）

1．1992 年认定的北京市特级教师名单　（3 人）

毛彬湖　　谈文玉　　谭玉芬

2． 1997 年认定的北京市特级教师名单 （1 人）

史剑英

3． 2000 年认定的北京市特级教师名单 （4 人）

卢 明 刘文武 郑晓龙 高勤江

4． 2002 年认定的北京市特级教师名单 （8 人）

沈献章 金仲鸣 周鸿祥 赵谦翔 郭玉珊 程 翔 韩 军 翟小宁

5． 2003 年认定的北京市特级教师名单 （27 人）

丁光成 乜全力 于会祥 于树泉 尹粉玉 王海玲 兰瑞平 田忆林
田佩淮 任志瑜 阮翠莲 张小英 肖远骑 孟卫东 李晓光 李翠萍
陈海顺 周建国 周建华 高灵芬 高德莲 高江涛 秦洪明 谢泽运
窦桂梅 韩新生 谭 静

6． 2004 年认定的北京市特级教师名单 （18 人）

王春易 王贵军 申淑艳 刘其文 刘国刚 华应龙 汤步斌 严寅贤
吴万辉 张文娣 张旭宁 张观成 李卫东 杨海金 崔秀琴 康志山
黄明建 覃遵君

7． 2005 年认定的北京市特级教师名单 （18 人）

于 虎 王俊婷 王德山 边 良 刘元军 刘传霞 刘淑媛 吉春亚
宋诗伟 李久省 李少毅 张雅丽 杨进基 沈 杰 苏怀堂 姚新平
黄仕泽 程惠云

8． 2006 年认定的北京市特级教师名单 （20 人）

丁 云 孔 彬 王树文 卢 静 兰俊耀 庄肃钦 吴凤琴 张 敏

张玉兰　李发兆　李靖敏　杨芝萍　杨启红　易仁荣　金　锐　徐存臣
索云旺　钱守旺　常毓喜　喻祖权

9． 2007 年认定的北京市特级教师名单 （6 人）

王雪芹　宁　成　刘建新　孙士珍　陈礼旺　陈凤英

10． 2008 年认定的北京市特级教师名单 （30 人）

万　东　于振丽　于金华　马利军　王　森　王志伟　王培明　刘荣铁
刘焕林　刘国成　安艳青　纪铁岭　张　红　李万华　李化年　李文学
杨巨环　杨金才　陆云泉　陈星春　陈敬川　林祖荣　姚玉平　高荷洁
崔　明　崔　峰　崔君强　曹成勇　黄书琴　程　嗣

四、北京市特级教师简介

（一）北京市评选的特级教师简介

1. 新中国成立后至"文化大革命"前评选的北京市特级教师简介

（1）1956年评选的特级教师简介

*马英贞　女，生于1918年，小学语文教师，1956年被评为"北京市特级教师"。曾被评为"全国劳动模范"、"全国先进工作者"，当选北京市第四届、第五届人大代表。忠诚党的教育事业，从1952年起总结出"以拼音为拐棍低年级识字教学法"，1960年以后在全国范围内推广。应教育部、新华社之邀参加识字教学经验交流会，作识字教学工作报告，其教学经验在《人民教育》及《教师日报》上刊登。从50年代起从事实验班的研究工作，1960年参与领导了"五年一贯制实验班"工作，1959年参与了北京市中小学教材及教学参考书的编审工作。

*王企贤　男，生于1906年，小学语文教师，1956年被评为"北京市特级教师"。曾担任北京市政协委员、北京市人大代表，荣获"全国有突出贡献的儿童少年工作者"、"北京市模范教育工作者"等荣誉称号，获《北京日报》"人民教师金盾奖"。受到党和国家领导人邓小平、陈云、江泽民、李鹏的接见。六十余年的教书生涯中以"学高为师，身正为范"为座右铭，恪守师德，严谨治学。在传授知识的同时，十分重视对学生进行道德品质教育，培养学生的自学能力和自我教育能力。新中国成立后曾为北京市、区及外省市教师做过多次大型语文公开课。50年代曾被中央教育部和华侨事务委员会派赴越南介绍经验，著有《王企贤教学生涯六十年》一书，是全国知名的小学教育专家。

＊**王在田** 男，生于 1906 年，中学化学教师，1956 年被评为"北京市特级教师"。1932 年从北京师范大学化学系毕业后一直从事教育工作，新中国成立后被任命为北京市第七中学校长，1950 年调至北京理工大学附属中学任化学教师兼化学教研组组长，1955 年被评为"北京市劳动模范"。对党的教育事业忠心耿耿，有较高的业务水平，对化学教学工作作出了贡献，深受学生的爱戴，受到领导的好评。

＊**白继先** 男，生于 1925 年，小学语文教师，1956 年被评为"北京市特级教师"。曾任北京市育才学校副校长。忠诚党的教育事业，具有良好的职业道德和奉献精神。踏实认真、刻苦钻研、业务水平高，教学成绩显著，指导培养了大批青年教师。多次承担教改科研任务，其中育才学校的"九年一贯制义务教育整体改革实验"被评为"北京市科研先进奖"。曾被授予"北京市劳动模范"称号。

＊**乔淑敬** 女，生于 1920 年，小学音乐教师，1956 年被评为"北京市特级教师"。曾荣获"北京市先进工作者"等荣誉称号，参加过北京市群英会。注重儿童音乐启蒙教育，从开始教学生发声、音准、吐字、识谱到表现歌曲的能力和简单谱曲，形成完整的教学体系和独特风格。教学中教学生眼、脑、口、手并用，从而使学生全力以赴地投入训练，学生很快进入状态，产生了学唱的渴望。曾与其他老师一起把游戏、舞蹈和唱歌结合起来，形成"表演唱"——由人体运动的节奏、表情、造型和儿童歌曲的旋律结合起来，达到和谐统一。所辅导的学生在全国和北京市文艺汇演中均取得优异成绩。曾参加编写新中国第一部《全国小学音乐教学大纲》，参与《北京市小学音乐课本》《小学音乐教学参考资料》的编写与审定工作。

＊**关 琦** 女，生于 1912 年，小学语文教师，1956 年被评为"北京市特级教师"。忠诚党的教育事业，具有良好的职业道德和奉献精神，在近半个世纪的教学生涯中，潜心钻研，教艺精湛，甘于奉献。曾多次被评为"北京市劳动模范"、"西城区劳动模范"，是闻名全国、德高望重的优秀教育工

作者。

* **刘企琮** 男，出生年月不详，小学数学教师。1956 年被评为"北京市特级教师"。一生从教，敬业精神极强，教书育人耐心细致，是一位既严格又慈祥的好老师。他基本功深厚，课堂组织严密，深入浅出，循循善诱，成绩突出。50 年代经常为北京市及外省市教师、苏联教育家做公开课。所教班级参加北京市第一次统考，数学平均成绩 99 分。曾获"北京市劳动模范"等荣誉称号。

* **刘景昆** 男，生于 1893 年，中学化学教师，1956 年被评为"北京市特级教师"。1955 年获"北京市劳动模范"称号，当选为北京市第一届人大代表，呕心沥血五十载，孜孜不倦地致力于化学教学与研究。"三热爱"教育思想独具特色：热爱学生，倾心培育人才；热爱科学，悉力专攻术业；热爱教学，锐意改进教法。他有炉火纯青的教育境界，春风化雨的教育艺术，质朴坦荡的人品，是学生终身受益的良师。

* **朱延誉** 男，出生年月不详，小学数学教师，1956 年被评为"北京市特级教师"。曾荣获"北京市模范教师"荣誉称号。一生从教，历任北京第一实验小学高年级语文、数学教师和班主任。他教书育人，兢兢业业。课堂教学严谨，数学教学深入浅出。50 年代经常给市区、外省市教师、外宾做公开课。当年苏联教育代表团、朝鲜教育代表团都听过朱老师讲课。朱老师对学生基本功训练十分严格，因而所教学生基本知识扎实、成绩较好，很受行家的称道。

* **吴桂华** 女，生于 1924 年，小学语文教师，1956 年被评为"北京市特级教师"。忠诚党的教育事业，具有良好的职业道德和奉献精神。1954 年受邀北京市教材编辑部，与教育专家编写语文教材。1954 年至 1961 年参与编写一至八册北京市小学语文教材和参考书。1958 年至 1966 年当选为宣武区第三届、第四届、第五届、第六届人大代表。1959 年被评为"北京市先进工作者"、"北京市三八红旗手"，参加了在人民大会堂举行的盛会。

* **张子锷** 男，生于 1904 年，中学物理教师，1956 年被评为"北京市特级教师"。1937 年开始到北京市第四中学任物理教师，1955 年获"北京市

劳动模范"称号，1964 年当选为第三届全国人大代表。在北京市第四中学历时半个世纪辛勤耕耘。其曾言"要给学生一杯水，教师要有一桶水"，"教好每堂课，教会每个学生"。他从不囿于经验，虽谙熟的旧课，也视为新课，常讲常新，令力、热、声、光、电横生趣味。他严谨求实，嗜学不倦，循循善诱，教书育人，堪称京华名师，教坛楷模。

*张希良　男，生于 1910 年，小学体育教师，1956 年被评为"北京市特级教师"。有较高的业务水平，责任心强，为提高体育教学倾注了全部心血。为使学生积极锻炼、增强体质，除了认真上好每一节体育课和课间操外，还能对学生每天的课间活动及每周四次的课外活动作出符合其年龄特点的、与课内有联系而不重复的内容安排。

*张惠芬　女，生于 1923 年，小学语文教师，1956 年被评为"北京市特级教师"。热爱祖国的教育事业并为之奋斗终生。在教育工作中努力地学习教育教学理论，深入钻研教材，积极探索，努力改进教法，虚心好学，多方求教，积累了丰富的教育教学的经验，为祖国的教育事业作出了自己的贡献，成为广大教师学习的榜样。一生曾经获得许多殊荣：1954 年和 1955 年两次获"北京市教师特等奖"；1960 年被评为"北京市先进工作者"；1960 年被评为"全国文教系统先进工作者"；1960 年被评为"北京市三八红旗手"。曾经当选为北京市第一届、第二届人大代表和北京市第三届、第四届、第五届、第六届政协委员。

*张紫枫　男，生于 1904 年，小学美术教师，1956 年被评为"北京市特级教师"。热爱教育事业，潜心钻研教学方法，自编了一套小学一至六年级美术教材，利用假期制作教具、图解，使学生学有兴趣，印象鲜明。美术教学工作注重与其他学科相融合，如将一年级的拔萝卜、三年级的苹果树等内容，编入自己的美术绘画课，收到了很好的教学效果。1951 年，创作的大幅漫画"世界人民愤恨的火焰"，参加北京市抗美援朝、保卫祖国美术展览会，获业余创作优秀奖；1955 年、1956 年分别获得北京市教育局授予优秀教师的一、二等奖。

*李观博　男，生于 1902 年，中学数学教师，1956 年被评为"北京市

特级教师"。抗日战争时期被日本侵略者迫害，双耳失聪，但克服困难始终坚守在讲台上。坚持教书更要育人，目标是"教好每一堂课，教会每一个学生"，对自己提出要做到"三勤四管"："三勤"即勤了解、勤检查、勤辅导；"四管"即管教、管导、管懂、管会。他讲课生动有趣，思路敏捷，善于启发，因材施教，取得了显著的教学效果。撰有论文《我对提高中学数学教学质量的体会》，其辅导的学生在北京市数学竞赛中多次获奖，为国家培养了大批英才。

*杨炳吟　男，生于 1915 年，小学语文教师，1956 年被评为"北京市特级教师"。曾荣获"北京市优秀教师"荣誉称号及"宣武区园丁奖"。在北京市、区曾多次做公开课和教学经验介绍，并多次参加语文、作文等教材的编写工作。在语文教学中注重语文基本知识和表达能力的培养，注重课外辅导，培养学生自学能力，逐步提高学生阅读和写作水平。在书法教学中培养学生的爱好，掌握正确的写字姿势和执笔、用笔方法，通过练习学会汉字各种笔画、结构的书写方法。主编《小学毛笔字教学资料》一书，并编写教材《红模字》《廓钩填墨》各两本，《大楷影格》十六张，并绘制《小学毛笔字教学幻灯片》七十四张，填补了北京市缺少小学毛笔字教材的空白。

*汪树良　女，生于 1916 年，小学音乐教师，1956 年被评为"北京市特级教师"。1948 年 10 月参加工作，1950 年 8 月在育英学校任音乐教师，并且担任音乐教研组组长。爱岗敬业，教书育人，把音乐教育深入到学生心灵，启迪学生智力，让一批批学生接受了最好的教育。

*周文郁　男，出生年月不详，小学语文教师，1956 年被评为"北京市特级教师"。一生从教，热爱教育事业，热爱学生，工作认真负责，对学生耐心细致。他擅长中低年级语文教学，业务能力强。不仅课堂教学生动活泼，基础知识扎实，而且十分注重训练学生的基本功，教学质量高，深受学生的爱戴。

*陈　刚　男，生于 1912 年，小学自然教师，1956 年被评为"北京市特级教师"。师德高尚、爱岗敬业，在漫长的教学生涯中，在平凡的教育岗位上，默默奉献着一腔热忱。具有高尚的师德师风，忠诚党的教育事业，严

于律己，无私奉献，具有强烈的责任感和事业心。治学治教严谨，工作积极主动，教学技艺精湛。热爱关心尊重学生，对学生循循善诱，教育教学效果显著，成绩突出，受到学生、家长和同行赞誉，多次受到学校和上级表彰。

*胡汉娟　女，生于 1924 年，小学音乐教师，1956 年被评为"北京市特级教师"。忠诚党的教育事业，专业知识丰富，教学功底深厚，艺术性强，深受学生喜爱。曾创作过很多儿童歌曲，其中《上学歌》和《小小的船》选入小学音乐教材。积极进行教学改革实验，多年兼任北京市小学音乐教研组组长，参与编写全国及北京市小学音乐教材及教学参考资料，在音乐教学方面作出突出成绩。曾被评为"全国教育系统先进工作者"、"全国妇联优秀儿童工作者"，两次被评为"全国三八红旗手"。

*贾一之　男，生于 1900 年，小学地理教师，1956 年被评为"北京市特级教师"。忠诚党的教育事业，认为"使儿童认识自然，将来才能利用自然、改造自然，对祖国的经济建设有所贡献。"结合地理课，利用旅行或到郊外进行实地观察方位、地形、植物的分布；指导五、六年级学生绘制大幅中外地理教学挂图，大型模板彩色世界暗射地图及祖国台湾省模型，受到教育部领导的高度评价。综合地理教材，编写了地理学习纲要与参考资料四册。曾任北京市地理教研组组长，北京市总工会委员。被评为"北京市先进工作者"。

*黄子彦　男，生于 1897 年，中学数学教师，1956 年被评为"北京市特级教师"。家境贫困，学习非常勤奋刻苦。上大学期间，为筹集膳宿费用，一边学习一边工作。1923 年毕业于燕京大学数学系。毕业后任教于冯玉祥将军所设军官子弟学校——育德中学，后转入育英中学任教，1955 年转到第六十五中学。细心负责、教学严谨的工作态度深受学生爱戴。曾被评为"北京市劳动模范"。1964 年北京市教育局召开了"黄子彦教学四十周年纪念会"。

*韩满庐（曾用名：韩桂从）　男，生于 1898 年，中学数学教师，1956 年被评为"北京市特级教师"。曾任北京师范大学附属中学教务主任，北京大学数学系讲师，北京师范大学数学系讲师。曾担任中国数学会北京分会理事、全国数学会候补理事、北京数学竞赛委员会委员、民盟北京市委委员等职务。师德高尚、学识渊博、业务精湛、成绩卓著，是我国数学界的老

前辈。曾与傅仲孙教授合译《几何原理》。为了配合教学改制，创办了"附中算学丛刻社"，编辑出版影印外国数学书籍供研究数学者选用。出版的全套中学数学教科书，至今仍被公认为是一套三四十年代中国自编的高水平的数学教材。其中由他所译的《韩译范式高等代数学》被公认为最佳译本。另一本与他人合译的《高中平面三角法》也在北京被普遍选用。他备课认真细致，注重因材施教，还介绍一些外文原著供学生选用。并开设选修课，如解析几何、微积分和非欧几里得几何学等。

*缪玉田　男，生于1904年，小学数学教师，1956年被评为"北京市特级教师"。在长期的教学实践中积累了丰富的教学经验，在课堂教学中，善于根据数学知识的规律，把有内在联系的新旧知识紧密结合起来，使学生融会贯通。80年代，曾多次应邀到外省市讲学，结合教学实践在《小学数学教师》和《北京教育》等杂志上发表文章数十篇。著有《小学数学教学经验汇编》《培养学生的数学品质》《在教数学知识的同时培养学生的思维能力》等专著。

*霍懋征　女，生于1921年，小学语文教师，1956年被评为"北京市特级教师"（1979年又作为小学数学教师，被评为"北京市特级教师"）。我国20世纪50年代就蜚声全国教育战线，成为具有影响力的教育家之一。全国首批特级教师，荣获"北京市教育工作者"一等奖，多次荣获"全国三八红旗手"、"北京市三八红旗手"等荣誉称号，第六届、第七届、第八届全国政协常委。第一次全国教育工作会议上，光荣地被评为中国现代百名教育家之一。"爱的教育"的早期倡导者和实践者。她的名言是："没有教不好的学生，只有不会教的老师。"共和国历次教育改革的实践者，教改经验的创造者，在半个多世纪的教育教学生涯中为基础教育进行了全方位的教改实践，其教育思想和教育教学经验是我国教育史上的一份宝贵财富。

*戴玉贞　女，生于1920年，小学史地教师，1956年被评为"北京市特级教师"。曾荣获"北京市先进工作者"、"桃李满天下"奖章、邓颖超基金会颁发的金牌等荣誉。多次为北京市和外省市教师做公开课、介绍经验。在教学方法上善于自编诗歌、自制图表，她自编了历史朝代歌，还绘制了古

代史、近代史、现代革命史等各种不同内容的历史挂图一百多幅，使学生一目了然。地理课上通过看图、填图、画图来加深学生的理解。每讲一个省，就让学生填写省名、省会等。因此讲完一本书时，每个学生都有了一本自己绘制的地图册。这种生动活泼的授课方法，学生听得懂、学得活、记得多、基础打得扎实，真正体现了寓教育于教学之中。

（2）1959 年评选的特级教师简介

＊**阎述诗**　男，生于 1905 年，中学数学教师，1959 年被评为"北京市特级教师"。著名抗日歌曲《五月的鲜花》曲作者。忠诚党的教育事业，全面贯彻党的教育方针，模范履行岗位职责，在数学教学工作中，把科学之美、数学之美展现在学生面前。精湛之处不独在于其多才多艺和教学艺术本身，更在于由其博学而身正所形成的人格魅力之深厚和人生境界之高尚。怀有深厚的爱国情怀，始终将个人命运与国家和民族的命运紧密相连；坚持不懈地追求光明和真理，发扬自强不息的民族精神，始终站在时代发展的前列；以修身为本，以做人为第一要义，对工作持以科学、严谨的治学态度和无私的奉献精神，由此而成为一代名师。

（3）1960 年评选的特级教师简介

＊**王淑芳**　女，生于 1905 年，幼儿教师，1960 年被评为"北京市特级教师"。忠于党的幼教事业，尊师爱幼，爱岗敬业，教学经验丰富，教育能力很强，特别是音乐教学研究成果显著，其经验和教学活动多次在全北京市幼教系统开放、交流。创编的童话剧、故事等深受孩子及家长们的喜爱，编排的幼儿歌舞"大雁"，在人民大会堂演出。1962 年被评为"北京市先进工作者"，曾任两届北京市人大代表。

＊**冯蕙英**　女，生于 1921 年，小学自然教师，1960 年被评为"北京市特级教师"。曾荣获"全国优秀青少年科技辅导员奖"、"北京市优秀青少年科技辅导员奖"。以生动的语言讲授、以直观的课堂演示，深入浅出地上好每一节课，激发学生的学习兴趣和求知欲望，引导学生养成勤于观察、不断发现和提出问题的习惯。安排学生参加实践活动，培养学生的动手能力；鼓励并指导学生课外阅读，潜移默化地在孩子心灵中播下科学的种子。曾多次

参加由人民教育出版社及北京市进修学院组织的《自然》《自然常识》和教师参考书的编写工作。也曾多年指导师范院校学生及青年教师成长。

*张学兰 女，生于1919年，小学语文教师，1960年被评为"北京市特级教师"。忠诚党的教育事业，满腔热忱地对待工作和学生。低年级的教育教学经验丰富，所带班级基础知识过硬，教学成绩显著。注重传帮带作用的发挥，深得青年教师的尊敬。曾获得"北京市优秀教育工作者"的荣誉称号。

*赵家琦 女，生于1922年，小学语文教师，1960年被评为"北京市特级教师"。忠诚党的教育事业，勤勤恳恳，认真负责，视学生成长为己任。认真钻研教材，积累了丰富的教学经验，取得了优异的教学效果。先后被评为"北京市三八红旗手"、"北京市优秀教育工作者"。

*章旭昭 女，生于1928年，小学数学教师，1960年被评为"北京市特级教师"。参加工作47年中，先后担任班主任和语文、数学教学工作。因工作出色，1961年被评为"北京市劳动模范"。在宣武区从教43年中，热爱教育事业，全身心投入工作，没有请过一天假，没有误过一节课，没留过一个落后生，并对智障生给予特别关爱。在数学教学工作中，重视学生自学能力的培养，不断改进教法，在提高学生思维能力的同时，培养学生计算、解答应用题的能力。所教毕业班成绩显著，在北京市名列前茅。曾在全国、北京市、区多次做观摩课和经验介绍。所带徒弟均成为数学教学的骨干教师，有的成为学校业务领导，有的还承担着全国的教育科学研究工作并培养了众多名师。

（4）1963年评选的特级教师简介

*倪述康 男，生于1920年，小学自然教师，1963年被评为"北京市特级教师"。重视理论学习与研究。80年代以来，结合教学实践在《北京教育》《中国少年报》《中国儿童》等刊物上发表文章数十篇，并应大百科全书及连环画出版社的邀请，编写儿童课外读物，已出版六册。先后参与了人民教育出版社、北京市教育局、北京教育学院组织的小学自然、语文、常识、手工劳动课的教材及教学参考资料的编写工作。

2. 1979—2009 年评选的北京市特级教师简介

(1) 1979 年评选的特级教师简介

*马淑珍　女，生于 1935 年，小学语文教师，1979 年被评为"北京市特级教师"。"集中识字教学"的主要创建人之一，所撰写的论文和识字教学光盘及录像传遍全国，1978 年教育部誉她为"中国的识字专家"。尊重和热爱每一个孩子，用毕生的心血实践着让孩子们生活愉快，健康而幸福地成长的愿望。把自己的教改成果和教学经验毫无保留地奉献给青年教师，退休后仍然主持景山学校 21 世纪小学语文试验课本的编写工作。中共十二大代表，获得"全国关心下一代先进工作者"、"北京市三八红旗手"、"北京市优秀教师"等荣誉称号。

*方碧辉　女，生于 1936 年，小学英语教师，1979 年被评为"北京市特级教师"。忠诚教育事业，具有良好的职业道德和奉献精神。曾草拟中小学系列英语教学大纲并据此编写《幼儿英语》（出版后在北京人民广播电台亲授）、《小学英语》（出版后被北京市教育局认定为使用教材，在京、沪等地四十余所学校实验推广，并在北京电教馆录制示教录像近百讲）。教学片在全国广泛放映并做示范课。为我国开始从小学教授英语作出了应有的贡献。撰写了《儿童语言能力的培养》一书，在全国影响很大。

*王世鹏　男，生于 1935 年，小学数学教师，1979 年被评为"北京市特级教师"。曾任东城区史家胡同小学副校长、东城区教育局小学教研室副主任等职。忠诚党的教育事业，克己奉公，潜心钻研业务，兢兢业业工作，取得了优异成绩。多年来致力于小学数学教学研究与资料建设，多次外出讲学。热心培养青年教师，毫无保留地传授教学经验，为东城区教师队伍建设及数学教学改革作出了积极贡献，是一名优秀的共产党员，人民教师。

*王寿生　男，生于 1923 年，中学体育教师，1979 年被评为"北京市特级教师"。1960 年获"全国文教、卫生、体育系统先进工作者"称号。全国千名优秀教师，中国体育科学学会会员，中华全国体育总会委员，国家级田径裁判。忠诚党的教育事业，师德高尚，教书育人，甘于奉献。1960 年和

1976 年参与编写全国中学体育教材，1977 年发表《体育课的组织和教法》等十余篇文章，独立撰写《全国著名体育特级教师教学实践》，合著《中学体育教学》等著作。1980 年为海淀教育局体育教师田径教学培训班授课，1981 年和 1982 年为海淀教师进修学校主办的体育班授课。曾为河北、辽宁部分地区中学体育教师培训班授课，曾在北京市教研部做学校体育工作报告，曾任北京市体育总会副主席，北京市中小学体育协会副主席。

*王学斌　男，生于 1924 年，中学物理教师，1979 年被评为"北京市特级教师"。热爱党的教育事业，具有良好的职业道德和奉献精神，专业知识功底深厚，教学经验丰富。1955 年至 1993 年先后发表《机械振动和机械波》《物理概念和规律的理解、记忆和运用》等多篇著作，并有多篇教学经验论著在全国各种刊物上发表。1957 年在北京教师进修学院编写中学物理教材，1983 年至 1986 年赴河北、山西、新疆、海南等地为教师培训授课，曾在北京市、区级教师进修培训班授课。曾在北京电视台电视授课，曾担任中国物理学会和北京市物理学会理事。

*王继芬　女，生于 1937 年，幼儿教师，1979 年被评为"北京市特级教师"。忠诚党的教育事业，具有高尚的师德修养和无私的奉献精神，在全国有很高知名度。潜心教育研究，总结经验，撰写论文，培训师资。对幼儿语言发展，深入探索、掌握规律、教有特色，多次承担教材教参的编写，为学前教育作出了突出的贡献。获"全国十大杰出教师"称号；四次被评为"全国教育系统先进工作者"；退休后获北京市教委学前处"特殊贡献"表彰。曾任北京市第七届、第八届、第九届人大代表，第七届、第八届人大常委会委员，曾任中国学前教育研究会学术委员会委员。

*王碧霖　女，生于 1924 年，中学英语教师，1979 年被评为"北京市特级教师"。忠诚党的教育事业，全面贯彻教育方针，坚守中学英语教师的岗位并模范履行岗位职责。在工作期间充分发挥教师的指导作用，注重听、说、读、写的能力培养，在 20 世纪 70 年代就率先提出"教师要克服主观主义教学"，备课"既备教材又备学生"的观点，每个教案都有"教学效果反馈"栏，收到显著效果。曾多次担当北京市、区英语教师培训主讲，并有专

著《王碧霖英语教学经验——入门阶段》《英语教学三十年》，在报纸杂志发表文章数十篇。曾荣任中国及北京市外语教学研究会副理事长、理事长；曾是第六届、第七届、第八届全国人大代表。曾获"全国三八红旗手"、"北京市劳动模范"、"北京市五讲四美为人师表先进个人"称号。

*叶多嘉　女，生于1933年，小学语文教师，1979年被评为"北京市特级教师"。教学中致力于运用自主、合作、探究的学习方法，使学生学得主动、活泼、愉快、有情有趣，达到最佳的学习效果。培养学生自主学习能力，开启他们的心智，放飞他们的情愫，使之热爱祖国的语言文字。主持并参加"怎样通过语言文字培养学生的思维能力"、"语文教学中的美育"的国家、市区级的科研课题研究，出版专著《语文教师怎样备课》《谈读写结合》《怎样提高你的作文水平》等。曾获"全国三八红旗手"、"全国先进儿童少年工作者"等称号。

*关敏卿　女，生于1921年，小学数学教师，1979年被评为"北京市特级教师"。忠诚党的教育事业，注重知识教育与思想教育相结合，师德高尚，曾在全国五讲四美为人师表活动中获得奖励、获得"全国优秀教师"等光荣称号。一贯以"多、快、好、省"地进行数学教学而独树一帜，总结出的一整套极具实效的教学经验，至今仍对我国的小学数学教学具有一定的指导意义。在近半个世纪的教学生涯中，潜心钻研，教艺精湛，力携新秀，甘于奉献，不仅是北京市小学数学教学的带头人，也是闻名全国的德高望重的教育工作者。

*刘祖植　男，生于1918年，中学数学教师，1979年被评为"北京市特级教师"。曾任北京市第六十五中学副校长、东城区教育局中学教研室副主任等职。从教三十余年，具有丰富的教学经验，有独特的教学方法"图解比较法"，使学生对数学产生了浓厚的兴趣。对待工作一贯认真负责，注意对青年教师的培养，亲自传授教学经验，为东城区数学教师的成长作出了积极的贡献。多次被评为"东城区先进工作者"，曾代表北京市中学教师参加"中日友好之船"赴日访问活动。

*刘敏贞　女，生于1924年，小学语文教师，1979年被评为"北京市

特级教师"。在低年级班主任工作和识字教学方面，以独特的方式培养学生的识字、阅读、书写、表达和自学能力，使孩子们受益终身。1954 年至1982 年期间，先后参加了北京市教委组织的低年级语文、算术、手工、劳动、思想品德教材及参考资料的编写工作。并多次为北京市电教馆做录像课，为全国各省市教师及外宾做观摩课。她所著《小学语文启蒙教学》一书被列为"北京教育丛书"百本之一。由于工作出色，先后获得"全国三八红旗集体代表及先进个人"、"全国先进儿童少年工作者"、"北京市劳动模范"、"北京市贡献突出成绩优秀园丁奖"、"北京市优秀教育工作者"、"北京市优秀辅导员"等称号。任第九届全国工会代表大会常委，并出席全国共青团第二次代表大会，北京市群英会。她从教五十年如一日，将毕生精力奉献给祖国的教育事业，是一位有特殊贡献的启蒙教师。

*许通儒 女，生于 1925 年，小学语文教师，1979 年被评为"北京市特级教师"。忠诚党的教育事业，在教学研究上呕心沥血，不断探索，以发展的眼光培养出大批优秀学生。尤其是在语文阅读教学研究方面成果显著，不仅改进了阅读教学的方式，而且以培养学生的学习能力为教学目的，形成独特的教学模式，在教育教学方面贡献突出。曾被授予"全国三八红旗手"、"全国先进儿童少年工作者"、"北京市劳动模范"，并担任过北京市第五届和第六届政协委员。

*吴淑云 女，生于 1920 年，小学语文教师，1979 年被评为"北京市特级教师"。忠诚党的教育事业，长期担任低年级班主任工作，刻苦钻研教学，大胆实践改革，"文化大革命"前就总结出集中识字教学的经验，粉碎"四人帮"后，又研究了如何巩固识字效果等问题，从儿童的心理特点出发，循循善诱，方法灵活，收到很好的教学效果，为低年级语文教学摸索出好经验。曾被北京市教育局授予二级奖励两次，并多次被评为区"先进个人"、"优秀共产党员"。

*张效梅 女，生于 1927 年，小学语文教师，1979 年被评为"北京市特级教师"。勇于突破旧的教学模式，在教学指导思想上给人以深刻的启迪，在教学艺术上给人以美的享受，形成了自己独特的教学风格。曾获"北京市

劳动模范"、"北京市先进工作者"等多项荣誉。曾担任北京市第八届人大代表、北京市小学语文学会常务理事等工作。悉心指导青年教师，甘为人梯；退休后，作为东城区特约督学，培养出大批后备干部和教学骨干，被评为"东城区老有所为先进个人"。

* **张继恒** 女，生于 1923 年，中学物理教师，1979 年被评为"北京市特级教师"。忠诚党的教育事业，具有良好的职业道德和奉献精神。发表了十余篇论文，撰写《近代物理》等多部专著，主编了"五四三"学制高一物理教材等。在社会兼职方面，曾任全国教育软件评审委员会委员，中国物理学会国际交流成员，还曾当选为北京市第七届人大代表，北京市第七届政协常务委员。曾被评为"全国三八红旗手"、"西城区优秀园丁"、"西城区教育系统先进工作者"。

* **时宗本** 男，生于 1922 年，中学历史教师，1979 年被评为"北京市特级教师"。对教育事业倾注了毕生精力，在课堂教学和课外讲座中渗透历史观点，开展爱国主义教育。编写教材、教学参考书，共计十五万字之多，多次出版发行。曾获"东城区先进教师"、"人民教师奖"。曾任东城区第七届、第八届人大常委会副主任，全国历史教学研究会理事，北京教育学会研究会副会长，北京历史学会常务理事，东城区教育局历史教研员和德育教研员。

* **李荫轩** 男，生于 1932 年，小学数学教师，1979 年被评为"北京市特级教师"。忠诚党的教育事业，在三十多年的教学生涯中，博采众长，积累了丰富的实践经验。根据数学学科特点，在 1978 年便提出了数学教学要体现"新的不新，旧的不旧，难的不难，易的不易"的辩证统一观点，时间与实践证明，这一观点至今仍不落伍。在 1986 年出版了自己的专辑《数学教学中求异思维的培养》。具有甘为人梯的奉献精神，徒弟中有特级教师、教研员、校长等，都是活跃在各个岗位上的中坚力量。他们都这样赞誉李荫轩老师："李老师有一颗水晶般的心。"

* **肖淑英** 女，生于 1921 年，中学数学教师，1979 年被评为"北京市特级教师"。热爱祖国，拥护共产党的领导，1945 年从日本留学回国，一直从事中学基础教育工作。忠诚党的教育事业，学识渊博，教学能力强，关爱学生，师德高尚；积极培养年轻教师，工作精益求精。曾获"全国三八红旗手"、"北京市三八红旗手"、"北京市劳动模范"、"北京市优秀教育工作者"称号。在北京市中学教师中享有很高的声誉。

*连树声　男，生于1927年，中学语文教师，1979年被评为"北京市特级教师"。曾任海淀区政协第一届、第二届副主席，北京市政协第六届、第七届委员，北京市中小学教材审查委员会委员，北京市义务教育初中语文实验教材副主编，北京市高中语文实验教材编委，《文言文阅读指导与练习》册主编。主编有《学生十用成语词典》《中学语文知识词典》《青年语文自学丛书》等。翻译有世界文化经典名著《原始文化》《人类学》等。

*尚兴久　男，生于1923年，中学化学教师，1979年被评为"北京市特级教师"。教学优秀，成绩卓著，先后被评为"全国教育系统先进工作者"、"北京市劳动模范"、"北京市先进工作者"，生前曾任北京市政协委员、宣武区政协副主席，连任北京市人大代表。热爱教育事业，热爱学生，热爱化学教学工作，一贯认真负责，一丝不苟。刻苦钻研业务，备课细致认真，讲课透彻、通俗、生动，有声有色，妙趣横生，极受学生欢迎。特别重视传授学习方法，培养学生的能力。精通业务，学识渊博，不断探索教育教学理论，改进教学方法，总结教学经验，前后发表几十篇教学论文和经验总结，为化学教学作出了很大贡献，为国家培养了大批人才。

*郄禄和　男，生于1917年，中学化学教师，1979年被评为"北京市特级教师"。曾是北京市政协常委、民进中央委员、民进中央教育委员会副主任。在教育战线上，潜心研究教育教学方法，撰写、参与并编写了大量的化学教学指导研究专著、论文。以深厚的爱心，多次呼吁提高教师素质，关注教师，特别是青年教师的成长。热爱教育事业，忠诚为教育作出贡献，积极参与教育改革，提出的教师发展成长的途径，对发展普通教育事业起了积极的作用。

*郑俊选　女，生于1934年，小学数学教师，1979年被评为"北京市特级教师"。在缩短小学学制与发挥学生学习主体作用等方面进行了成功的

实践。发表学术论文数十篇，参与编写《小学数学教学新论》《名师启迪丛书》等，代表性专著为《小学数学教学改革实践与研究》。历任全国小学数学教学专业委员会常务理事、学术委员。曾任中国电视师范学院小学数学教师继续教育顾问和主讲。曾获"北京市先进工作者"、"北京市劳动模范"、"北京市三八红旗手"等称号。

（2）1986年评选的特级教师简介

*丁丙炎　男，生于1928年，中学历史教师，1986年被评为"北京市特级教师"。忠诚党的教育事业，具有良好的职业道德和奉献精神。"首都五一劳动奖章"及《北京日报》评选的"人民教师奖"获得者、"北京市先进共产党员"、"北京市先进工作者"。个人专著有《中学历史教学的思想教育与能力培养》（入选"北京教育丛书"，获中国教育学会历史教学研究会一等奖，北京市1993年版优秀图书一等奖）、《特级教师指导历史学习》《特级教师读历史学习年略》，与他人合著《中学历史教学手册》《历史教师教学参考用书》《文科知识辞典》等共100余万字。

*马芯兰　女，生于1946年，小学数学教师，1986年被评为"北京市特级教师"。享受国务院政府特殊津贴。现任北京市朝阳区星河实验小学校长。1985年获"全国五一劳动奖章"，被选为中共十四大代表并荣获"全国巾帼建功标兵"称号，1988年被授予"北京市有突出贡献的科学、技术、管理专家"，1993年荣获"北京市共产党员十杰"和"北京市人民教师十佳"称号，1994年荣获"全国十杰中小学中青年教师"称号，1995年被评为"全国劳动模范"，1997年荣获"首都精神文明奖章"，2002年被选为中共十六大代表，2004年荣获"首都杰出人才提名奖"。创造了"马芯兰教学法"。

*孔令颐　男，生于1932年，中学数学教师，1986年被评为"北京市特级教师"。1979年被评为"清华大学先进工作者"，曾担任清华大学职称评委，负责清华附中职称的评定工作，海淀区数学学会副会长。忠诚党的教育事业，具有崇高的职业道德和奉献精神，被聘为国家数学教学大纲编写组成员，参加了北京市教委组织的中学数学教材的编写和人民教育出版社组织

的高中数学实验教材的编写，同时参加了多项科研课题，并承担了北京市骨干教师培训班的培训任务。

*王月嫒　女，生于1941年，幼儿教师，1986年被评为"北京市特级教师"。忠诚党的教育事业，全面贯彻党的教育方针，模范履行岗位的职责。在长期的教学工作中坚持自主创新、理论探索。首先提出对幼儿园常识教育的任务、特点、内容及教育手段进行实验研究，总结出幼儿常识概念形成的环节和结论，主张幼儿个个都应成为"自然王国"的小小探索者，教师要当好幼儿认识世界的引导者的教育理念。多次为全国各地的幼教工作者做公开课，在幼教界享有较高的威望。主编《幼儿园目标与活动课程》一书，发表多篇论文、教案及创编的教材。曾获"全国先进儿童少年工作者"、"北京市劳动模范"称号，1995年获"北京市有突出贡献的科学、技术、管理专家"称号，享受国务院政府特殊津贴。

*王有声　男，生于1935年，小学语文教师，1986年被评为"北京市特级教师"。忠诚党的教育事业，具有良好的职业道德和奉献精神。先后被评为"北京市教育系统先进工作者"，1985年被授予"北京市劳动模范"称号，迄今一直担任中国写作协会作文教学研究会会长。

*王杏村　男，生于1932年，中学物理教师，1986年被评为"北京市特级教师"。曾任北京市物理学会理事、北京市海淀区物理分会会长、中央教育科学研究所中学物理能力培养研究课题组组长、北京教育科学研究院兼职教研员等职。1980年至1992年任北京理工大学附中校长，1988年至2000年任北京市物理学科高级职称评委。著有《特级教师指导学习——物理》一书。主编北京市义务教育教材《物理》（1994年试用）和《中国中学生百科全书》（2006版）。参加《名师启迪丛书——物理》《中学物理专题讲座》《高级中学物理选修试验课本》《物理复习与题解》等书编写工作。

*王秀云　女，生于1945年，小学语文教师，1986年被评为"北京市特级教师"。忠诚教育事业，具有良好的师德和奉献精神。长期探索小学语文教育改革，不断创造促使学生语文素养和全面素质发展的新经验，撰写出版了《小学语文基本功训练初探》等3本专著、《教孩子学习小学语文》等

多本指导教与学的书，还应邀到多个省市讲学。曾获得"全国优秀教师"、"北京市劳动模范"等荣誉称号，享受国务院政府特殊津贴。

＊王良田　男，生于 1933 年，小学体育教师，1986 年被评为"北京市特级教师"。对事业孜孜以求，积极进取，在多年教学中形成了自己精湛独到的教学思想和教学特色，并且为国家、省、市运动队培养出 30 余名后备人才，其中有的成为享誉中外的世界冠军。曾担任过中国体育科学学会专业委员会委员、北京市体育总会委员、北京市中小学体协副主席、北京市教育学会体育研究会副理事长及北京市政协委员，荣获过"全国优秀教师"、"北京市劳动模范"、"北京市先进共产党员"等称号。

＊王树声　男，生于 1928 年，中学地理教师，1986 年被评为"北京市特级教师"。宣武区第九届人大常委，第八届、第九届、第十届政协常委。北京市特邀教育督导员。曾被评为"全国青少年优秀科技辅导员"、"北京市教育系统先进工作者"、"中央电视台专栏节目优秀主持人"。曾任中国地理学会地理教育委员会委员、中国地理教学研究会常务理事，北京师范大学、首都师范大学、北京教育学院兼职教授，中国电视师范学院主讲教师。录制过《中学地理教学法》等课。著有《中学地理教学的理论与实践》等十余部著作，发表过《论地理教学中的思维训练》《中学地理教师的自我更新与持续发展》等多篇论文。曾参与教育部《高中地理教学大纲》的制定与修订工作，人民教育出版社课改教材的编写及教师培训工作。

＊王树茗　男，生于 1929 年，中学数学教师，1986 年被评为"北京市特级教师"。中国科学技术协会北京数学会会员，海淀区教科所教研员。忠诚党的教育事业，师德高尚，教学优秀，甘于奉献。1980 年和 1981 年在北京电视台讲授立体几何教材教法，1983 年至 1985 年与秦元勋共同主持编写《初等代数》和《初等几何》，1978 年至 1979 年为本校和其他学校青年教师讲授代数、几何、微积分课程，部分讲稿发表于《数学通报》，自 1979 年起在《中学数学杂志》《数学通讯》等刊物发表几十篇论文，1983 年至 1987 年应邀为山西、山东、浙江三省部分地区教师培训授课，1991 年受聘为北京市教育局教材编审部审查委员。

＊**厉善铎** 男，生于 1927 年，中学语文教师，1986 年被评为"北京市特级教师"。从事教育工作四十多年，曾任全国中学语文学会第一届、第二届、第三届、第四届理事，北京市中小学、师范语文学会副会长，北京市语言学会理事，福利基金会教育咨询部常务理事等职务。撰写和主编并参与编写了大量的语文教学研究专著、论文和工具书。忠诚党和人民的教育事业，呕心沥血，把毕生精力献给了普教事业，是一线教师学习的榜样。

＊**叶立言** 男，生于 1942 年，特殊教育语文教师，1986 年被评为"北京市特级教师"。热爱党的特殊教育事业，具有良好的职业道德和奉献精神。出版了《聋校语言教学》（百本丛书之一）、《满足特殊需要，促进有效参与》（第二个百本丛书之一，第一作者）。退休后任北京特教中心指导专家，中央教育科学研究所《中国特殊教育》审稿专家，东城教委、西城教委、宣武教委特殊教育顾问，参与本市中小学残疾儿童少年随班就读指导工作。1996 年享受国务院政府特殊津贴。1998 年获"北京市有突出贡献的科学、技术、管理专家"称号，2001 年获中国残疾人联合会特殊教育"江民奖"。

＊**宁鸿彬** 男，生于 1936 年，中学语文教师，1986 年被评为"北京市特级教师"。热爱教育事业，全身心投入教育教学工作，在加强双基、培养能力，变苦学为乐学、发展创造性思维等方面的理论研究与实践，都取得了突出成绩。主要著作已收入《宁鸿彬语文教育丛书》，历任北京市中学语文教学专业委员会副理事长，全国中学语文教学专业委员会理事、学术委员会委员。先后被评为"北京市劳动模范"、"全国教育系统劳动模范"、"北京市有突出贡献的科学、技术、管理专家"，享受国务院政府特殊津贴。"宁鸿彬"，"卡片辅助教学法"等已收入《中国语文教育史纲》和《语文教育词典》。

＊**关槐秀** 女，生于 1934 年，小学体育教师，1986 年被评为"北京市特级教师"。1952 年起参与国家、北京市中小学体育教材建设编写，并担任中小学体育教师培训主讲。曾任首都体育学院国际杰出委员会客座教授。应邀在国内外多个地区和国家讲学交流。发表文章一百三十三篇，论文入选三十二篇（一篇获国际优秀论文奖），出版八十本关于体育方面的书籍。曾获

国内外二百一十五次奖励，二百一十三家媒体六百零五次报导。曾获"全国优秀教育工作者"、"全国五一劳动奖章"称号。曾获突尼斯、孟加拉国、毛里求斯、索马里等国家勋章。

﹡**刘 东** 女，生于1930年，中学数学教师，1986年被评为"北京市特级教师"。先后在北京师范大学工农速成中学、东城区教师进修学校、北京广播函授学校从事中学数学教学、教研工作。1972年调入北京教育学院从事教材编写及教研工作。1985年任北京市教育局教研部党总支书记兼作教材、教研工作，至1989年离休。其间，1981年任中国教育学会数学教学研究会第一届理事会副秘书长；北京市数学教学研究会第一届秘书长。1985年后，连续被教育部聘为第一届、第二届、第三届全国中小学教材审定委员会中学数学审查委员。多次参与中学数学教学大纲修订及教材评审工作。多年来，主编和参与编写了一些中学数学教材、教学参考书等。

﹡**刘朏朏** 女，生于1934年，中学语文教师，1986年被评为"北京市特级教师"。热爱党的教育事业，重视学生的全面发展，努力探索教学改革，创立"作文三级训练体系"，所编写的教材经国内数千名教师实验，取得良好效果，在国际语文教学交流中获得好评。离休后担任中国青少年写作研究会副会长，从事教师培训工作。

﹡**刘梦湘** 男，生于1931年，小学数学教师，1986年被评为"北京市特级教师"。忠诚党的教育事业，全面贯彻党的教育方针，模范履行岗位的职责。长期致力于教学改革和骨干教师的培养。主持的"数学教学年级责任制实验"较好地解决了各年级之间知识和能力的衔接问题，提高了全区的教学质量。主持的"归纳组合法实验"，按小学五六年级数学教材的内部联系，把知识梳理成五大部分，一年完成了两年的教学任务，有效地减轻了学生的课业负担。在教师的培养中提出"个人辅导和组织教改研究小组"的方法，有效地培养了大批优秀教师。主持编写《小学数学词典》等书深受好评，多篇论文在核心期刊上发表。曾获"北京市先进工作者"称号。

﹡**吕灿良** 男，生于1933年，中学生物教师，1986年被评为"北京市特级教师"。忠诚党的教育事业，具有良好的职业道德和奉献精神。曾获

"西城区教育系统先进工作者"称号。在北京市教育局教改研究室担任数年中学生物教学的研究工作，并任西城区教育局和西城区教育学院兼职教研员，北京教育学会生物教学研究会常务理事，西城区生物学会副理事长，北京动物学会、北京科普作家协会、西城区教育学会成员。

*吕敬先　女，生于 1930 年，小学语文教师，1986 年被评为"北京市特级教师"。长期从事小学语文的教学与研究，努力把教育理论与教学实践相结合。长期进行的"小学语文整体发展"实验，立足语文教学实践，广泛吸收了教育学、教学论、心理学、语言学、系统论等多学科的新成就。实验效果在全国范围内产生很大影响，曾获得全国首届教育科学优秀成果一等奖。先后著有《小学教学改革研究》等专著，发表《小学生语文能力整体发展》实验报告等多篇文章，为小学语文教育的改革与发展贡献了毕生力量。第六届、第七届、第八届全国政协委员，享受国务院政府特殊津贴。

*孙绍辅　男，生于 1936 年，小学数学教师，1986 年被评为"北京市特级教师"。忠诚党的教育事业，具有良好的职业道德和奉献精神。在担任密云县教研中心副主任期间，通过培训教师，指导教学等工作，对密云县教学改革起到积极的推动作用。1994 年编写的《小学数学概念教学》，入选"北京教育丛书"。在省、市级报刊上发表 200 余篇文章。1995 年获得"北京市先进工作者"称号。

*孙维刚　男，生于 1938 年，中学数学教师，1986 年被评为"北京市特级教师"。热爱教育事业，以高尚的情操、无私的奉献和顽强拼搏的精神四十年如一日工作在教育教学的一线。获"全国劳动模范"、"全国十佳职业道德标兵"、"全国十佳师德标兵"、"首都五一劳动奖章"、"北京市有突出贡献的科学、技术、管理专家"、"北京市十大杰出教师"、"北京市模范班主任"、"首都楷模"等称号。历任东城区第九届、第十届人大代表；第十届东城区人大常委；第九届全国人大代表；他的学生获第 37 届国际数学奥林匹克竞赛金牌。

*朱公显　男，生于 1932 年，中学数学教师，1986 年被评为"北京市特级教师"。热爱教育，积极为普教事业作贡献，具有良好的职业道德和奉献精神。积极参加教改，论文在北京市、区获奖，教案被"名师授课录"选用。曾主编中考数学训练，编写高考达标训练（解析几何部分）。师徒结对子取得成效。连续五届被聘为北京市中考命题组成员。区第六届、第七届党代表。曾获"全国优秀教师"、"河北省首届优秀教师"、"通县优秀共产党员"、"通县教育系统先进个人"称号。

*朱正威　男，生于1934年，中学生物教师，1986年被评为"北京市特级教师"。原任北京师范大学附属中学校长、北京师范大学教授。曾荣获"全国先进教育工作者"、"北京市劳动模范"、"北京市模范校长"、"北京市有突出贡献的科学、技术、管理专家"等荣誉称号，享受国务院政府特殊津贴。教育教学专家，义务教育和高中的生物新课程标准的研制者，人教版义务教育和高中生物教科书的主编。他始终坚持：教育为学生发展服务，为民族振兴和国家富强服务；科学为大众，科学教育要和人文教育整合；教育改革既要汲取环球教育的长处，又要植根于中华民族的文化教育传统。主要科研工作有国家"八五"、"九五"教育科学规划重点课题"STS和中学理科教育"，国家教育科学规划重点课题"中小幼科技教育"。发表论文近百篇。著作有教育、科普读物、教材三大类，代表作有《中学生物教学》《我和中学生物科学教育》《STS教育的理论和实践》《环境教育教师指导用书》等。

*祁乃成　男，生于1928年，中学生物教师，1986年被评为"北京市特级教师"。曾任中国教育学会生物教学研究会理事、北京市生物教学研究会副理事长、教育部中学生物教材审查委员、《学科教育》常务编委。著有《学习的生理基础》《生物学学习策略》等专著，发表了《严以治学，精以育人》《生物学科学研究初探》等论文。主编北京市义务教育课程改革实验教材《生物》教材一套，主编教育部师范教育司组织评审《生物典型课示例》一书。

*米黎明　女，生于1924年，中学音乐教师，1986年被评为"北京市特级教师"。从教四十五年，一直坚持在教学一线。深入探索教学规律，提出了"一个标准、三点要求、五个正确、八种发生练习曲"的童声训练系列教学法。关注少年儿童的成长，离休后，坚持多年为学校培养青年音乐教

师。曾参加音乐舞蹈史诗《东方红》的演出，曾兼任国家教委艺术教育委员会委员，中国音乐家协会委员，曾被评为"西城区先进教育工作者"、"北京市校外优秀辅导员"。

　　*许嘉琦　女，生于 1924 年，小学语文教师，1986 年被评为"北京市特级教师"。热爱教育事业，热爱本职工作，热爱学生，德高望重。乐于钻研语文教学，具有系统坚实的教育理论基础和扎实的文化专业知识。独特的教学风格（读写结合课堂小练笔）影响了一代又一代年轻教师，为义务教育作出了巨大的贡献，深受教师的爱戴。曾被授予"北京市三八红旗手"称号。

　　*吴正禄　男，生于 1933 年，中学政治教师，1986 年被评为"北京市特级教师"。具有良好的职业道德和奉献精神，曾担任北京大学附属中学副校长、北京大学附属中学香山分校校长，参与北京市中学政治课教材的编写。学生深情地评价他"用微笑的目光、温婉的语言、包容的胸怀把我们始终和谐地聚合在一起"。忠诚党的教育事业，发表论文多篇，以自己的人格魅力和学术魅力为国家培养了一批又一批高素质的人才。

　　*吴桐祯　男，生于 1930 年，中学语文教师，1986 年被评为"北京市特级教师"。在北京市第十二中学任教期间即带领青年教师从事"引导学生建立合理的知识结构，掌握学习方法，培养良好的学习习惯"的研究。称为全国"培养自学能力"的一种"有代表性"的教法。以"语文自学能力培养"和"语文系列训练"为中心的语文教学法获得多个奖励并在全国进行推广。编著出版《语文自学能力培养法》等语文著述十余部，发表论文数十篇，在全国产生较大影响。

　　*吴维政　男，生于 1926 年，中学体育教师，1986 年被评为"北京市特级教师"。1949 年 9 月在北京市史家胡同小学任体育教师，1950 年 10 月在北京市工业学院附属中学任体育教师，曾任北京市工业学院附属中学（现北京理工大学附中）副校长。在多年的教学工作中，始终把学生的品德教育工作放在教学工作的首位。埋头苦干，任劳任怨，团结同志，以身作则，除担任行政工作外，每周任课二十节，并带领一个篮球队，数十年如一日，认

真备好每一节课，甚至连课前准备工作的细节都不放过。多年来，坚持教学又育人，在师生中有很高威望。在荣誉面前从不骄傲，埋头苦干，带动一批青年教师出色完成教研任务，教研组多次被评为先进集体。曾出席北京市文教系统群英代表会议，1981 年被评为"全国优秀教师"、"北京市劳动模范"。

＊**张光璎** 女，生于 1936 年，小学语文教师，1986 年被评为"北京市特级教师"。曾任中国教育学会"十一五"科研规划重点课题《小学教学方法创新实验与研究》总课题组负责人。曾获"全国优秀班主任"、"全国优秀教育工作者"等称号。全国政协第七届、第八届委员。编写书籍 300 余万字，录制教学带和光盘十余套。曾在北京电视台主持"教你写作文"，北京广播电台主持"学作文"节目，并荣获北京广播奖社教节目一等奖。抗击"非典"期间，在中国教育台"空中课堂"及北京电视台"七色光"授课。1998 年和 1999 年应新加坡教育部邀请，两度前往培训华语教师。近年来参与教育部、北京市以及宣武区的教师培训工作。

＊**张学曾** 男，生于 1930 年，小学地理教师，1986 年被评为"北京市特级教师"。从教四十余年，对小学地理教学研究改革作出了突出成绩。刻苦钻研教材，认真备好每一节课，反复思考教学方法，收集资料，准备教具，把知识性、科学性、思想性和趣味性融为一体，形成了独特的教学风格。多次为全国各地教师举行示范课，精心培育青年教师。20 世纪 80 年代至 90 年代，曾任北京市地理教学研究会理事，北京市兼职教研员，参加教研部组织的教研活动，给全市地理教师介绍教材教法，向全北京市青年教师传授地理教学基本功。曾获"全国优秀教师"、"北京市优秀教师"、"北京市先进工作者"等称号及奖章；2003 年教育部颁发"感谢您为全国中小学教材建设作出贡献"奖牌。撰有《地理教学与培养学生能力》《地理课中的爱国主义教育》《我的小学地理教学方法》等论著。

＊**张炳萱** 女，生于 1932 年，小学语文教师，1986 年被评为"北京市特级教师"。具有良好的职业道德和奉献精神。教艺精湛，锐意改革，在教学上有独到之处，曾为北京市、区及外省市做公开课二十四次；作教学经验

报告三十六次；为市、区上示范录像课三次；多次在《北京教育》上发表文章。先后获得"全国三八红旗手"、"北京市劳动模范"、"海淀区优秀共产党员"、"海淀区优秀班主任"等荣誉称号。

* **张德明** 男，生于1943年，小学数学教师，1986年被评为"北京市特级教师"。忠诚党的教育事业，孜孜不倦，坚持课改，在多年的数学教学实践中他总结出一套"准、深、广、活"的教学经验，受到市区领导和同行们的好评，并多次为中央电教馆录制教学课；论文《在学生掌握知识的过程中培养学生思维能力》，先后在市区教育研究会上交流，并于1983年代表北京在全国数学研究会上作典型发言；《北京晚报》《上海教育》《河南教育》等刊物分别登载过他的教学经验和体会介绍。先后获得"北京市先进工作者"、"北京市劳动模范"、"宣武区先进工作者"等荣誉称号。

* **时雁行** 男，生于1920年，中学语文教师，1986年被评为"北京市特级教师"。曾担任北京师范大学附属中学语文教研组组长，工会主席；曾荣获"北京市先进工作者"、"北京市劳动模范"等荣誉称号。曾任北京市语文教学研究会副会长。热爱教育事业，在工作中一丝不苟，勤勤恳恳。对青年教师不仅关怀，还积极热情进行帮助。在语文教学实践中他形成了自己的教学风格，一贯注重语文教学的文道合一，即把培养学生的语文能力和对学生进行思想品德教育统一起来。一贯严格要求自己，认真备课，业务水平高，教学能力强，能感染学生，在师生中名望很高。多次在北京市做中学语文教材分析和教学经验报告；曾发表文章百余篇。著作有《语文教学耕耘集》《文学史基本知识》；主编书籍《作文讲评》《语文自学能力培养》；参与编写书籍《中学语文自学之友》《中学语文教学通讯》《中学语文教材新课》等。

* **李广汉** 男，生于1929年，小学音乐教师，1986年被评为"北京市特级教师"。积极进行音乐教学改革，在乐理知识教学、欣赏教学、器乐教学等方面总结出有价值的经验。重点研究音乐教育在育人中的作用。在做教研工作期间，培养了一批小学音乐骨干教师，为提高全区小学音乐教学水平作出贡献。曾多次参加全国、全市的小学音乐教学大纲、教材、教参的编写

工作，先后发表几十篇文章，并撰写《小学音乐教学方法改革》一书，收入"北京教育丛书"；与他人合著六本著作。曾任国家教委艺术教育委员会常委，参与《全国学校艺术教育总体规划》讨论工作。1953 年被评为"全国优秀辅导员"，多次被评为"北京市教育系统先进工作者"。

*李青萍　女，生于 1922 年，中学历史教师，1986 年被评为"北京市特级教师"。教学工作中知识全面，勇于探索，教材处理线索清晰，重点突出，观点正确，寓教于史。重视启发学生思维，培养学生的智能和学习方法，写出二十余篇经验总结和学术论文。班主任工作十余年，热爱学生，重视学生素质的全面提高。曾任两届市人大代表，民进市委常委，先后被评为"优秀共产党员"和"北京市劳动模范"。

*李　南　男，生于 1923 年，中学地理教师，1986 年被评为"北京市特级教师"。1981 年被选为北京地理教学研究会副理事长兼副秘书长。1987年被聘为北京市中学教师高级职称评委会委员兼学科组长。1993 年获"五个一工程入选作者"奖。1999 年获中国地理学会九十周年颁发的"从事地理工作五十年荣誉证书"。自写与合写：《河北省乡地理》《农业技术知识》教材；教师用书指导材料；乡土地理与乡土地理教学；地理教材教法；华北协作区中学地理教材；地理教学艺术研究丛书等。在《中国教育报》《北京教育》《地理教学》《地理教育》《地理教学参考》等刊物上发表教学改革文章数十篇。

*李素静　女，生于 1936 年，小学数学教师，1986 年被评为"北京市特级教师"。热爱教育事业，具有良好的职业道德和奉献精神。长期以来在艰苦的农村小学任教。热爱学生，热爱教育事业，在教育教学工作中取得显著成绩，曾多次获得"全国三八红旗手"、"全国教育系统劳动模范"、"全国先进儿童少年工作者"、"《北京日报》人民教师奖"、"全国先进工作者""北京市模范教师"、"北京市三八红旗手"、"北京市劳动模范"等荣誉称号，北京市第八届、第九届人大代表，并多次受到中央领导的接见，广播、电视和报刊进行了大量的报道。她始终谦虚谨慎、戒骄戒躁、踏踏实实、埋头苦干。

*李培美　女，生于 1939 年，幼儿教师，1986 年被评为"北京市特级教师"。先后发表《怎样发展幼儿的思维》《幼儿数学活动及设计》《新编幼儿数学游戏》《幼儿园发展课程》《幼儿创意数学》等专著。发表幼儿教育研究、家庭教育、童话故事等各类文章八十余篇。参与"幼儿口语能力的培养"、"幼儿引导发现活动研究"、"幼儿创造性活动研究"、"儿童文学教育研究"、"数学整合活动研究"等多项专题研究。曾荣获"北京市劳动模范"、"北京市三八红旗手"等称号，获得中国教育学会"金钥匙奖"。

*沈正德　女，生于 1921 年，中学体育教师，1986 年被评为"北京市特级教师"。自 50 年代经沈先生训练的学生有百余人考入体育院校，有二十八人被选入国家队、八一队和北京队，经她训练和培养过的学生有九人打破全国田径运动会纪录及全国中学生田径运动会纪录。国际奥委会田径联合会，授予沈正德"国际田联荣誉奖章"；曾获"全国优秀教师"、"北京市劳动模范"等荣誉称号。

*沈清源　女，生于 1928 年，小学数学教师，1986 年被评为"北京市特级教师"。热爱教育事业，具有良好的职业道德和奉献精神。坚持启发式教学，调动学生积极性，使学生在学习过程中形成科学的思维方法。多篇论文在《北京教育》上发表，并在北京市教育年会上宣讲。作为北京市特级教师，热心帮助中、青年教师，把经验毫无保留地传授给他们。徒弟如今都已成为北京市、区骨干教师。曾获"北京市劳动模范"称号。

*沙福敏　女，生于 1937 年，中学政治教师，1986 年被评为"北京市特级教师"。连任北京市第七届、第八届、第九届人大代表。1978 年以后，一直参加国家教育部组织的中学政治课大纲、教材、教参的制定和编写；1990 年国家教委党组任命其为中学思想政治课教材编写领导小组成员。1991年被北京市委、市政府授予"北京市有突出贡献的科学、技术、管理专家"称号，享受国务院政府特殊津贴。退休后，一直关心对青年教师的培养，亲自为青年教师开展讲座，受到赞扬。

*陆　禾　男，生于 1933 年，中学化学教师，1986 年被评为"北京市特级教师"。师德高尚，深受学生及家长敬爱。北京市综合启发式教学的代

表人物之一，先后完成数十本化学著作，担任过中国化学会理事、北京市化学教学研究会副理事长、国家教委全国中小学教材审定委员会中学化学审查员、北京市奥林匹克化学学校分校校长等职务。曾获"全国优秀教师"、"北京市有突出贡献的科学、技术、管理专家"称号，享受国务院政府特殊津贴，并当选为北京市宣武区第五至第八届政协委员。

***陈剑刚** 男，生于 1936 年，中学数学教师，1986 年被评为"北京市特级教师"。1958 年毕业于复旦大学数学系，同年任北京大学数学力学系助教。1960 年任北京大学附属中学数学教师，曾任数学教研组长、教务主任、副校长、校长等职。认为"教师的激情不仅是学生学习的兴奋剂，而且是学生思维活动的润滑剂"。非常注意以自己的激情诱发学生的学习热情与兴趣，将个体思维与群体思维辩证地结合起来。在课堂环境中，对学生智力、非智力因素的启动和调度艺术，颇受关注。

***陈莘联** 女，生于 1949 年，中学数学教师，1986 年被评为"北京市特级教师"。热爱教育事业，具有良好的职业道德和奉献精神。北京市数学教材编写组成员、西城区数学协会常务理事、西城区数学教研员，多年来潜心教学，在市区享有盛名，教学成绩突出，教学效果优秀。在教学中，积累了丰富的教学经验，身为校教研组长，谦虚谨慎、勇挑重担，培养了大批中青年教师，提高了教师的整体素质，为北京市第三中学数学组的建设作出了突出贡献。

***陈毓秀** 女，生于 1925 年，中学历史教师，1986 年被评为"北京市特级教师"。热爱教育事业，具有深厚的专业造诣、鲜明的教学风格和高超的教学艺术享誉全国。教案、论著、课堂实录至今是全国中学历史教学典范，对中学历史教学有着极其重要的影响。曾参加高考命题，并参与了中学历史教材编写、审定及教学参考书的编写，出版了《怎样教好历史课》等专著，发表了《历史教学十诫》等论文，其撰写的论著及教参、教案等达百余万字。在四十余年的职业生涯中，曾当选为北京市历史学会理事、全国历史教学研究会理事、北京市历史教学研究会理事；西城区第七届、第八届、第九届人大代表，被授予"北京市先进工作者"称号，多次获得"西城区先进工作者"、"西城区劳动模范"、"西城区优秀园丁"称号。

＊**罗宝贵** 男，生于1922年，中学化学教师，1986年被评为"北京市特级教师"。热爱教育事业，具有良好的职业道德和奉献精神。工作勤奋，与同志互相切磋、通力协作。为提高化学教学质量不遗余力，与学生相处和谐，促进教学相长。在教学过程中以辩证思维为指导，运用"少而精"的启发式原则，有的放矢，温故知新，形成自己的教学风格，深受师生的好评。编写过多种学习辅导资料，广为流传，影响深远。

＊**胡光娣** 女，生于1935年，小学数学教师，1986年被评为"北京市特级教师"。从事小学数学教学及研究工作五十多年，出版有关小学数学论著十余本，在全国各地教育杂志上发表文章百余篇。曾参加三套九年义务教育全日制小学数学教材的编写。退休后，从事课程改革的教学研究，承担了《新世纪小学数学教科书》的主要编写工作。现在是全日制义务教育数学课程标准小学数学教材（北师大版）编写委员会常务委员，从事教材编写及实验区教学指导工作。

＊**胡孟炎** 男，生于1939年，小学语文教师，1986年被评为"北京市特级教师"。从教四十二年来，关心学生全面成长，热心培养青年教师，潜心研究小学语文教学，在实践中形成了朴实有效的教风，逐步确立了以培养自学能力为目的，发展思维能力为核心，提高认知能力为重点，全面提高学生听、说、读、写能力的教学思想。撰写发表了三十余万字的经验论文。倡导主持的"品读教学"课题获北京市科研成果一等奖。参与多套小学语文课本及教参的编写工作。曾获"北京市优秀教师"、"北京市劳动模范"等多项称号，享受国务院政府特殊津贴。

＊**赵 果** 男，生于1920年，中学英语教师，1986年被评为"北京市特级教师"。早期回国定居的华侨专家。从"二战"开始在国内外从事英文翻译、教学等工作，积累了丰富的外语教学实践经验，在实用外语方面有很高的造诣。热爱教育事业，具有良好的职业道德，教学中阐述透彻，使学员听、说、读、写、译各方面能力都有大幅度的提高，多次在北京市做教学示范课，是西城区教师专业技术评审委员会评委，在北京电视台和广播电台做

系列教材讲解。1985 年被评为"北京市劳动模范"，1989 年被选为西城区政协副主席，第八届、第九届、第十届北京市人大代表。

*赵俊礼　男，生于 1932 年，中学数学教师，1986 年被评为"北京市特级教师"。忠诚党的教育事业，具有良好的职业道德和奉献精神，自 1952 年河北师范学院毕业后，被分配到顺义县牛栏山第一中学任数学教师。几十年如一日，坚持在教学第一线，在教学上，从教材和学生实际出发，采取灵活多变的教学方法，并在减轻学生负担的前提下，提高教学质量，在教育上，关心热爱学生，以身作则，用自己良好的品德影响学生，努力培养学生的良好思想和品德素质。1983 年他任班主任的高中毕业班被评为"北京市先进班集体"。1980 年至 1991 年连续十二年被评为"顺义县先进教育工作者"，并获"顺义县优秀共产党员"称号。1986 年被评为"北京市优秀教育工作者"，1987 年被评为"北京市普教系统教书育人先进工作者"。

*唐绍桢　女，生于 1935 年，心理学教师，1986 年被评为"北京市特级教师"。热爱教育事业，具有良好的职业道德和奉献精神，有较丰富的专业理论知识，能熟练地掌握所教学科的教材，教法多样，教学效果好。曾任全国教育学研究会理事、全国中师教育学委员会主任委员，主编《教育学参考书》，参编《小学教育学》《小学教育学教程》等。现任全国初等教育学专业委员会顾问。

*柴喜春　女，生于 1939 年，小学数学教师，1986 年被评为"北京市特级教师"。扎根农村、忠于事业、热爱学生、刻苦钻研。参加了小学数学参考书的编写。在西安全国第一届数学研讨会上代表北京市发表《数学基本概念教学》的文章受到好评。曾获"全国优秀班主任"、"全国教育系统劳动模范"并颁发"人民教师"奖章，荣获"北京市三八红旗手"、"北京市劳动模范"（两次）、"北京市十佳教师"、"大兴县优秀共产党员"、"河北省优秀辅导员"等称号。

*陶祖伟　男，生于 1933 年，中学政治教师，1986 年被评为"北京市特级教师"。热爱教育事业，具有良好的职业道德和奉献精神。参加了《辩证唯物主义常识》编写工作，主编了《人生观与世界观》《育人漫话》。坚

持"教育面向世界、面向未来、面向现代化"的方向，提出了"勤奋、进取、和谐、致美"的校训和"双向成才"的办学宗旨，具有独创性的改革。曾先后被评为"全国先进工作者"、"北京市有突出贡献的科学、技术、管理专家"、"北京市劳动模范"、"北京市模范校长"。

＊**顾长乐**　女，生于1933年，中学物理教师，1986年被评为"北京市特级教师"。热爱教育事业，师德高尚、业务精湛、勇于奉献，先后被评为"北京市先进工作者"、"北京市劳动模范"，曾任北京市物理学会理事。长期坚守教学一线，善于思考、肯于付出，能够使不同水平的学生在原有基础上取得长足进步，日常课堂教学与物理竞赛辅导成果特别显著，辅导的学生曾获"全国中学生物理竞赛"全国亚军。在指导青年教师方面，更是尽心尽力，毫无保留，所指导的青年教师曾代表北京市参加"第二届全国青年物理教师教学大赛"，并获得全国一等奖。

＊**高文会**　男，生于1931年，中学化学教师，1986年被评为"北京市特级教师"。热爱教育事业，全面贯彻党的教育方针，模范履行岗位职责。坚持教学改革数十年，改进、开发、补充化学实验八十余项，精心设计的一系列生动的化学实验，着力训练学生的观察能力、思维能力和动手能力，提倡并力行精讲精练教学原则形成了别具一格的教学特色。"真的火种，善的信使，美的化身"——人们这样评价高文会老师严谨治学、教书育人、无私奉献的精神。曾获"北京市劳动模范"、"北京市教育系统先进工作者"称号。

＊**崔孟明**　男，生于1939年，中学化学教师，1986年被评为"北京市特级教师"。坚持教改潜心研究"化学单元结构教学法"，获得成功。以"圆中华现代教育之梦"为理想，在邓小平同志"三个面向"题词的指引下，全面贯彻党的教育方针，立足景山教改，放眼世界教育发展潮流，致力于探索面向21世纪的办学模式，致力于培养全面发展的社会主义建设者和接班人，作出了重要的贡献。曾任北京市第十届人大代表，被授予"首都五一劳动奖章"，被评为"全国优秀教师"、"北京市有突出贡献的科学、技术、管理专家"、"东城区十佳模范校长"等。

*康德瑛　女，生于 1937 年，幼儿教师，1986 年被评为"北京市特级教师"。主张在品德教育中要善于捕捉时机、转化疏导、启发鼓励、以趣晓理、以情激情、以身导行，才有助于幼儿养成良好的行为习惯。主持"萌发幼儿爱集体情感"、"幼儿园智能活动"、"保教结合"等课题的实验研究并编写《怎样萌发幼儿爱集体情感》《幼儿园智能活动设计精选》《怎样做好保教结合》，著有《心花灿烂——康德瑛教育经验集（中朝文版）》《怎样培养幼儿良好品德》等书，参与编写《爱的诗篇》《好爸爸好妈妈》《独生子女人格塑造技巧》《中国孩子成长手册》《独生子女早期家庭教育》等。

*彭其畹　女，生于 1928 年，中学音乐教师，1986 年被评为"北京市特级教师"。热爱教育事业，教书育人，爱生如子，具有良好的职业道德和奉献精神，以崇高的人格魅力和精湛的教学技能，培养出数十位优秀的专业音乐工作者及歌唱演员。从 50 年代起就为中央广播电台少儿广播录制教唱歌节目，长期担任少年广播合唱团指挥，为新中国儿童音乐工作作出了巨大贡献。1980 年 6 月被聘为北京市音乐舞蹈家协会会员。1983 年 3 月被评为"北京市先进儿童少年工作者"。1983 年 8 月随中央台少儿合唱团赴日演出，担任声乐指导。

*舒鸿锦　女，生于 1935 年，中学语文教师，1986 年被评为"北京市特级教师"。热爱学生，热爱工作，多年来潜心研究高中作文教学规律，形成了以作文为中心的高中语文教学体系，成绩显著。培养过校内外多名青年教师。曾任北京市中学教师高级职称评委会委员，北京市中学特级教师评议组成员。任北京市教委的高级中学试验课本《文学》编委，所写论文和各种语文教学材料约三十万字。曾任北京市政协第七届、第八届委员，全国妇联第六届全国执行委员会委员。

*韩化南　男，生于 1926 年，小学体育教师，1986 年被评为"北京市特级教师"。曾任北京市教育学会体育理事会理事、北京市中小学体育协会委员，1986 年被评为"全国优秀教师"。曾在北京大学附属小学四十余年孜孜不倦地工作在教学第一线，积极参与教育部《小学体育教学大纲》《小学体育教材》及教学参考书的编写工作，从多年的教学实践中总结出"严、紧、多、趣、育"的五字教学法，被小学体育界称为"游戏教学专家"。

*韩茂富** 男，生于 1928 年，中学体育教师，1986 年被评为"北京市特级教师"。热爱教育事业，几十年来，把全部精力投入到教学、训练和裁判工作中去。可谓"十八般武艺样样精通"，无论是篮球、足球、排球，还是田径、体操、游泳，都称得上高手。被国际篮联授予国际篮球裁判。第六届、第七届全国人大代表。获"全国千名优秀体育教师"和"全国十佳优秀体育教师"等称号。被誉为"体坛宿将，教苑名师"。

*谭雪莲** 女，生于 1934 年，中学语文教师，1986 年被评为"北京市特级教师"。热爱教育事业，具有良好的职业道德和奉献精神。先后于 1979 年至 1982 年主编了初中语文试用教材，1987 年版初中第五册、第六册教材，并参加了高中语文实验教材编写工作，编著了《中学生现代散文选读》，发表了《培养学生智能问题初探》《探索中学语文教学新途径》等论文十余篇。曾获"北京市教育系统先进工作者"、"北京市三八红旗手"、"西城区优秀园丁"称号。

(3) 1991 年评选的特级教师简介

*刁传芳** 男，生于 1937 年，中学地理教师，1991 年被评为"北京市特级教师"。在中学地理教学实践的基础上，进行了中学地理教学改革与研究、地理教学法研究与教学以及中学地理教师培训工作。主编了《高中地理》、《地理》（中等师范学校教材）、《中学地理教材教法》（高等师范专科教材）。主要著作有《中学地理教学》《中学地理教学法》《系统理论在中学地理教育中的应用》，等等。发表《地理教育学的理论建设》《中学地理教育科学研究方法》《高中地理教材分析》等数十篇文章。对我国中学地理教学的发展有一定作用。

*于魁荣** 男，生于 1932 年，小学社会教师，1991 年被评为"北京市特级教师"。热爱教育事业，为人师表，具有良好的职业道德和奉献精神。在教师进修学校小教部当主任期间，重点抓语文教改实验和培养教师工作，与其他教研员一起，培养了一批骨干教师。自身也进行了历史、写字等学科的研究。在《北京教育》《教育科学研究》等九种杂志上发表十四篇论文。

在市里三次为历史自然教师介绍教学经验。《小学历史启蒙教育》《小学写字教学实践》两本著作，被选入"北京教育丛书"，获"国家五个一工程奖"。

    ***王序良**　男，生于 1937 年，中学语文教师，1991 年被评为"北京市特级教师"。忠诚党的教育事业，工作勤奋，善于学习，业绩突出。先后在《中学语文教学》等全国性刊物上发表教学论文多篇，在北京市及全国各地讲学五十余场，多次应人民教育出版社之邀参与语文教材编写工作，并出版《怎样写出好作文》《初中作文写法指导》《议论文的写作指导》《中学生表情朗读与朗诵》等专著十余部。

    ***王昌佑**　女，生于 1932 年，中学政治教师，1991 年被评为"北京市特级教师"。1987 年曾经担任北京航空航天大学附属中学副校长。热爱教育事业，具有良好的职业道德和奉献精神。在教学和师资培训方面有着突出的业绩，重视对青年教师的培训，提高政治教研组水平，热心社会公益活动。

    ***王　玲**　女，生于 1943 年，小学思想品德教师，1991 年被评为"北京市特级教师"。退休前任北京教育科学研究院院基教研中心思想品德教研室主任，主要社会兼职为：国家教育部第一至第三届中小学教材审查委员会委员、国家新闻出版总署进口音像制品审查专家、中国教育学会小学德育专业委员会副理事长。致力教育工作近五十年，其中在一线任教十年，日后四十余年一直在北京市教研部门从事小学德育课程的教材编写和教学研究。先后参与了《全国小学德育纲要》等文本的研制；在北京市《小学思想品德》等多套教材的编写中任主编、副主编，并承担相应的教材培训和教学研究任务。曾承担《我国小学德育整体改革的研究》等多项国家级重点科研课题的研究工作；撰写《小学思想品德课教学》等专著；发表教学论文五十多篇。曾荣获"全国中、小学德育先进工作者"（享受部级劳模待遇）、"北京市小学思想品德学科突出贡献奖"等荣誉奖项。

    ***王维翰**　男，生于 1933 年，中学物理教师，1991 年被评为"北京市特级教师"。在北京市第二十五中学任教期间，先后担任物理组组长，理科教研组组长，1965 年任该校代理校长，主持校长职责。1971 年任北京市教材编写组组长工作。1981 年任北京教育学院物理室主任，1993 年任北京市教研部助理。1956 年被评为"北京市社会主义建设青年积极分子"。1959 年至 1960 年先后被评为北京市东城区、北京市、全国"文教战线先进工作者"。1962 年当选为北京市党代表，全国青年联合会委员、常务委员，在中南海受到毛主席和国家领导人的接见。曾担任北京市物理教学研究会副会长，北京市物理学会常务理事、全国物理教学研究会常务理事兼副秘书长。1978 年兼任北京市初中物理奥校校长。主编四十余部著作；参加过十年的中考命题和审查工作，多年（包括 1965 年以前）的高考命题工作；为教师录播"电视讲座"数十讲；发表数十篇教学经验和论文。

*卢筱铃　女，生于 1945 年，小学语文教师，1991 年被评为"北京市特级教师"。热爱教育事业，有良好的职业道德和奉献精神，从 80 年代开始探讨语文课结构的改革，尝试学生参与式的教学方法，并指导青年教师成长，所带徒弟亦被评为特级教师或市区骨干教师。《人民日报》《求是》等报纸杂志对其均有相关报道，称她上课的特点是"点石成金"，她的学生在语文学习上均体现出生动、活泼、扎实的特点。被授予"全国教育系统劳动模范"称号，并获"北京市人民教师奖"，曾被评为"北京市先进工作者"、"北京市优秀班主任"、"东城区优秀共产党员"、"东城区十佳教师"，担任北京市人大代表。

*史建中　男，生于 1939 年，小学语文教师，1991 年被评为"北京市特级教师"。在职期间，从事培训小学语文教师工作近四十余年，是深受广大教师热爱的小学语文专家。曾荣获"西城区优秀园丁奖"，西城区教委颁发的"伯乐杯奖"。潜心钻研语文教学，精通小学语文课程，开拓进取，勤奋敬业。在小学语文教学中，提出"立体化语文教学"的研究，在作文教学中倡导"开放课堂写社会"的教改思路，受到广大教师的赞赏。编写了《小学语文备课手册》《小学作文 60 法》等四十余专著。经他培养的青年教师如今成为小学一线的骨干力量。

*史雁群　女，生于 1940 年，小学数学教师，1991 年被评为"北京市特级教师"。以真挚的感情关心、爱护学生，用慈母般的心温暖学生，任小

学数学教师三十余年，有着丰富的小学数学教学经验，取得了良好的业绩，把自己的全部心血都奉献给了学生，奉献给了党和人民的教育事业，为海淀区小学数学教学水平的提高，贡献了毕生的精力。退休后，仍关心着小学数学教学工作，关注青年教师的成长，就是在病中，仍然关心着海淀教育的情况。

*宁义侠　女，生于 1939 年，小学数学教师，1991 年被评为"北京市特级教师"。曾获"北京市人民教师奖"。多年的教学实践积累了丰富的经验，在教学中能做到从实际引入，注意联系实际。重视引导学生观察、比较、分析、推导，使学生发现、归纳、总结，然后获得知识。练习课与复习课亦独具特色，使学生思路开阔，思维活跃。计算教学中，正确合理中求灵活，引导学生自觉主动进行简算与巧算，学生兴趣较高。在教学中善于驾驭和组织教材，在对立中求统一。早在 1971 年就大胆地研究和探索了"在数学教学中渗透辩证唯物主义观点"，从而更加深刻地揭示了数学知识间的内部规律，使学生的思维方法受到了良好的训练。课堂教学教风严谨，教学语言准确简练，逻辑性强，善于发现和抓住学生思维的闪光点，调动学生的积极性；板书漂亮、精巧，讲解处处体现"精"与"巧"。培养的学生不但基础知识扎实，而且具有灵活运用知识的能力。

*宁德琮　女，生于 1927 年，小学语文教师，1991 年被评为"北京市特级教师"。曾任教材编辑及主编等职。著有教学论文多篇和《小学中年级语文教学法浅论》一书，此书选入"北京教育丛书"，并获奖。除此，还参加编写了以下各书：1987 年《小学语文教学大纲》和大纲学习指导书；北京市及全国使用的中师教材《小学语文教学法》两用；"小学语文教材"和教师用书四套。1992 年主编的《北京市九年义务教育小学教科书语文》为北京市使用时间最长的一套教材。

*田凤歧　男，生于 1925 年，中学化学教师，1991 年被评为"北京市特级教师"。在四十余年的教育教学工作中，不断汲取先进教学思想，在实践中积累大量宝贵教学经验；曾多次应邀到外地讲学，在全国中学化学教学会议上发表见解，受到好评；曾著书立说，在全国和地方专业性刊物上发表

大量专业性文章，参与大量的中学化学教学用书的撰写。退休后在病中，仍坚持参与"九年义务教育初三化学教学大纲"的编写工作，并担任副主编。

*石　钧　男，生于 1934 年，小学自然教师，1991 年被评为"北京市特级教师"，曾被授予"全国劳动模范"称号。热爱教育事业，热爱科学，为提高自然课教学质量利用课余时间自制教具，搜集废旧物品，节约资金，为学生创造了观察试验的条件。经过长期的努力，他制作了上百件教具，提高了教学质量。在课堂教学上不仅培养了学生的观察能力和创造能力，而且激发了学生热爱科学的兴趣。他的课多次向全国播放，赢得许多中外教育专家的赞许和肯定。

*石翠花　女，生于 1939 年，小学数学教师，1991 年被评为"北京市特级教师"。热爱教育事业，全面贯彻党的教育方针，模范履行岗位的职责。长期以来，潜心研究数学教学理论与实践相结合，总结出优化数学课堂教学的"五个和谐统一"，为学生生动活泼主动发展作出突出贡献。亲自实践并撰写的《数学学科教学管理整体优化》实验报告获教育科研成果奖。这项成果针对"五年欠债一年还"的现况，摸索出一套有效途径和方法，减轻小学六年级师生过重负担。《培养小学生创造思维》研究论文总结出的二十字培养法，即"激发兴趣，学活基础，教给方法，训练思维，启迪创造"，有效地促进了学生的智能发展。甘当人梯，无私奉献，创出一套培养优秀青年教师的"三梯队培养系列"，总结出适合崇文区情况的"七步培养法"，为培养优秀青年教师作出了突出贡献。主编《数学手册》等五十余部著作，发表论文多篇。曾获"北京市优秀教师"称号，享受国务院政府特殊津贴。

*刘玉裘　女，生于 1944 年，小学语文教师，1991 年被评为"北京市特级教师"。1989 年被评为"全国优秀教师"，并获"全国优秀教师奖章"。曾任第三届、第四届全国小学语文教学研究会理事，朝阳区政协委员。主持并参加"注音识字，提前读写"、"小学语文能力与发展有机结合"市级教研课程。为北京市、区及全国各地做公开课一百多节，二十余节录像课在全国发行；在中央和地方报刊、杂志上发表论文二十多篇，参加了北京市小学语文教材及教参的编写工作。担任校长后，始终把全面育人，和谐发展，注

重特色放在首位，为培养一支师德高尚、专业精良的教师队伍作出了贡献。

*刘劲武　男，生于 1931 年，中学英语教师，1991 年被评为"北京市特级教师"。作为 1956 年归国的华侨，几十年如一日热爱祖国，热爱教育事业，具有良好的职业道德和奉献精神，无论遇到什么挫折和困难，都未放弃为祖国造就人才的信念，全身心扑在教学工作上，作出了突出成绩。以校为家，勇于进行教改，闯出了一条以活教具、活图片为主，以听说领先，以创造情境为目标的英语教学路子，收到显著效果。先后荣获"北京市劳动模范"、"铁道部优秀教师"等光荣称号。

*刘宗华　男，生于 1933 年，中学历史教师，1991 年被评为"北京市特级教师"。曾任北京市第一中学代理校长、党支部书记、东城区教育局历史教研组组长、东城分院院长等职。热爱教育工作，具有较强的事业心与奉献精神。辛勤耕耘几十年，形成了自己独特的教学特点。业务功底深厚，教学效果突出，被国家教委聘为中小学教材审查委员会委员，被选为中国教育学会历史教学研究会、北京市历史学会常务理事、副秘书长。主编、参编二十余部书，发表文章数十篇，应邀到全国各地讲学，是一位德高望重的老教师。多次被评为"北京市先进工作者"、"东城区先进工作者"。

*刘振贵　男，生于 1936 年，中学化学教师，1991 年被评为"北京市特级教师"。热爱教育事业，具有良好的职业道德和奉献精神。善于培养尖子学生，先后有一百一十四人次获得区、市、全国化学竞赛的一、二、三等奖。在教学实践中不断提高科研能力，先后在《北京教育》《化学教育》等刊物上发表论文百余篇，撰写《中学实用化学词典》等多部著作。曾获"中国化学学会化学竞赛优秀辅导教师"、"北京市化学奥林匹克学校优秀指导教师"称号。

*刘德彰　男，生于 1931 年，中学心理学教师，1991 年被评为"北京市特级教师"。热爱教育事业，全面贯彻党的教育方针，模范履行岗位的职责。在多年的教学中，坚持把育人放在首位，挖掘教书育人的结合点，努力做到与学生感情相通、心理相容、潜移默化、润物无声。在教改方面，研究改革教学内容，以普通心理学为主干，融儿童心理、教育心理、管理心理四位一体，自编讲义，满足了中小学干部教师教育实践的需要。"七五"、"八五"、"九五"期间主持并参加国家、市区级科研课题，发表论文及编写著作多篇。曾获"全国教育系统劳动模范"和"北京市人民教师奖"、"北京市优秀教师"称号，1990 年被收入《中国教坛名人辞典》和《中国当代教育家大辞典》。

＊**孙玉惠** 女，生于 1937 年，小学语文教师，1991 年被评为"北京市特级教师"。忠诚党的教育事业，有良好的职业道德和奉献精神，以身作则，为人师表。作为语文教研员，通过有计划的教材介绍、听课、评课、研究课等形式使老师们从应试教育转变为素质教育观念的转化有了较大的突破，对提高教师语文教学水平起到积极的推动作用。积极培养中青年骨干教师，不但在教师的业务能力上加以指导，同时注重提高老师的思想素质。在任教期间曾先后被评为"北京市劳动模范"、"北京市教育系统先进工作者"、"北京市模范班主任"、"全国三八红旗手"。

＊**孙贵恕** 男，生于 1932 年，中学化学教师，1991 年被评为"北京市特级教师"。曾在北京气象专科学校任学科副主任。1974 年调入北京市海淀区教师进修学校，任副校长。四十年的中学化学教学生涯，深入浅出的教学艺术、风趣活泼的教学语言，给教师和学生留下了深刻的印象。在繁忙的中学教学教研工作和师资培训教学工作之余，撰写和发表了大量教育教学文章，撰写和出版了《高中化学解难手册》《基础化学实验大全》等多本教学用书。

＊**安志聪** 女，生于 1939 年，小学数学教师，1991 年被评为"北京市特级教师"。热爱教育事业，热爱教师工作，工作努力，勇于开拓进取。认真学习教学理论，提高自己的教学水平及个人素质。具有良好的职业道德和奉献精神，为人师表，以身作则。在门头沟工作期间，曾被评为门头沟科技拔尖人才；被评为"区级最佳教研员"，写过多篇论文，并获奖。工作中培养了多名青年教师并已成为区级或市级骨干教师，为门头沟教育事业的发展作出了重大贡献。

＊**阮燕君** 女，生于 1937 年，中学德育教师，1991 年被评为"北京市

特级教师"。曾任副校长、东城区教科研中心副主任、德育研究室主任等职。曾获"全国德育先进工作者"、"全国三八红旗手"、"北京市优秀教育工作者"（四次）、"东城区有突出贡献的优秀知识分子"等称号。热爱教育事业，勇于开拓，自找难题，带领业余研究员实验，潜心钻研，成果丰硕。多次在全国、市、区专业会议上做课题总结、论文发言，并在《中国教育报》上发表。主编出版"爱国主义教育丛书"、《中学职业指导课本》，应邀到各地讲学。市、区中学德育工作的带头人。

*吴昌顺　男，生于 1938 年，中学语文教师，1991 年被评为"北京市特级教师"。任校长期间仍兼语文课和选修课。热爱教育，热爱学生，善于独立思考，具备职业自豪感。教学风格为视点高远、教法灵活、富于激情。曾任三届市政协委员、第九届全国政协委员，现任高中教育专委会名誉副理事长、非智力因素研究会副会长、北京师范大学兼职教授。退休后仍参与全国中小学校长和骨干教师培训工作。曾被评为"全国优秀教育工作者"、"全国优秀教师"，享受国务院政府特殊津贴。

*吴树勋　男，生于 1938 年，幼儿师范美术教师，1991 年被评为"北京市特级教师"。热爱祖国、热爱党，热爱教育事业，具有良好的师德和奉献精神，是国家教育部艺术教育委员会首届委员，北京市政协第八届、第九届、第十届委员，曾任中国学前教育研究会学术委员，北京市美术教育研究会理事。北京市普教系统高级职称评审委员会委员及北京市美术家协会会员等职。出版发表美术作品、书籍四十余本。主编、参编及编审各类美术教材三十余本。参加了国家"九五"重点科研课题"教育史艺术教育卷"撰稿工作。多次到国内外讲学交流及长期培训指导教师工作。1985 年被评为"北京市普教系统先进工作者"，曾获"曾宪梓教育基金"奖励。

*应　飞　男，生于 1941 年，小学自然教师，1991 年评为"北京市特级教师"。1986 年被评为"全国教育系统劳动模范"，并授予"人民教师"奖章。坚持努力学习，不断提高自己的政治、业务理论水平和专业知识水平，1986 年获得"朝阳工会自学成才奖"。曾先后参加了国家《九年义务教育小学自然教材》《小学自然教师用书》，卫星电视教育小学教师培训教材

《小学自然教材教法》《小学自然教师手册》，中等师范教材《小学自然教学法》等书的编写工作。认真钻研业务，不断提高自己的教育教学能力。积累了丰富的教学、教研经验。观摩课、录像课多次在全国展示，电视台播放。先后被朝阳区委、区政府授予"朝阳名师"、"学术技术带头人""专业技术拔尖人才"等称号。注重教育科学的研究，80年代研究课题曾被纳入"北京市十年教改成果"项目，该课题经近二十年的教学实践，总结出"假说——演绎"的认识方法在教学中的应用。1995年被编入《中国著名特级教师教学思想录》一书中。

＊张书彪　男，生于1936年，小学体育教师，1991年被评为"北京市特级教师"。热爱教育事业，爱岗敬业，无私奉献。结合时代与学生素质的特点改编、创编了体育游戏，激发了学生的学习兴趣；摸索创造了"变难为易、化繁为简"的教学手段，提高了课堂教学的实效性。积极投入到教改和科研当中，"按体质分班进行教学"被评为"七五"教科研成果。曾先后荣获"全国优秀教师"、"北京市优秀教师"、"北京市先进工作者"等荣誉称号。

＊张光珞　女，生于1936年，小学语文教师，1991年被评为"北京市特级教师"。四十年的教学工作，积累了大量的经验，有五十多篇教学经验文章，发表在全国性和地方教育刊物上，其中有八篇文章获奖；参加编写的教学辅导书上千本，其中担任主编的有上百本。张老师下了很大工夫从事青年教师的培训工作，通过讲课、听课、评课和专题讲座，介绍教学经验，为海淀区教育事业培养了大批的小学语文骨干教师。

＊张国英　男，生于1932年，中学生物教师，1991年被评为"北京市特级教师"。为人忠实守信，对工作认真勤奋，兢兢业业，精益求精。备课认真细致，讲求教学方法，注重课堂效果，受到了学校、上级教研中心的多次表彰。1970年至1971年先后应邀参加北京市农基教材编写工作和北京市生物中心教研组《生物知识问答》和《中学生生物实验》编写工作，是北京市生物教学研究会第一届、第二届、第三届理事。多年从事基层工会工作，并取得显著成绩，曾被评为"北京市优秀工会积极分子"、"北京市普教系统先进工作者"、"北京市劳动模范"、"全国优秀教育工作者"，获"全

国五一劳动奖章"。

***张钧簴** 男，生于 1939 年，小学语文教师，1991 年被评为"北京市特级教师"。从教以来，把教学作为终生的追求：是学校快乐教育的创始者，科研实施者之一，是课堂改革的实践者，是快乐教育的经验提升、多篇论文的撰写者。在理论自学和教学自研的积淀中，提出"了解编者、理解作者、体现教者、锤炼学生"四心相通的全新观点；总结出"知文路、变心路、立学路"教学系列方法，形成了快乐教育的课堂特色：即"唤醒进入、激励深入、情感投入、运用出（文）入（世）"的"四入"式课堂结构；一篇课文分三课时教学的"知事写纲、知情（理）写得、知法练笔"的读写结合模式以及让学生"学有所得（知）、情有所融（情）、心有所动（意）、做有所向（行）、写有所法（真）"的"五获"实效。以上特色均在《草船借箭》诸多示范课、录像课及发表的多篇论文中有所体现。

***张培芳** 女，生于 1935 年，小学思想品德教师，1991 年被评为"北京市特级教师"。退休前任房山区良乡第二小学校长。热爱教育事业，在职时一直兼任思想品德课，重视学生思想品德教育，创设了一整套序列化教育活动，发挥德育功能作用，并总结明理—辨析—引导—评价的德育规律。关心学生文化素质，进行多项教学改革。历年所教学生以百分之百的合格率名列前茅。重视学校全方位管理，学校曾多次在全国、市、区级介绍经验，接受兄弟学校参观访问，学校被评为全国、市、区先进校、标兵校几十次，曾荣获全国、市、区先进称号三十余次，并培养指导多名青年教师走向各级领导岗位。

***张惠雯** 女，生于 1927 年，小学语文教师，1991 年被评为"北京市特级教师"。在教学管理工作中，尊重人、引导人、激励人、发现人的价值，发掘人的潜能，发挥人的力量，尽力彰显人性之美。在教学研究中，不断改革、创新，不断在教学中发现问题，总结、完善教学方法，持之以恒，"一步一个脚印"，在教师队伍建设和骨干教师培养中作出了突出贡献，学校教学成绩与日俱新，在北京市名列前茅，在宣武区走在前列，其所在的教研组荣获"全国三八红旗组"的光荣称号。

* **张　琪**　女，生于 1940 年，小学语文教师，1991 年被评为"北京市特级教师"。曾荣获"北京市优秀辅导员"、"北京市德育教育改革先进个人"、"北京市先进工作者"等荣誉称号。曾获北京市中小学"紫禁杯"优秀班主任一等奖，宣武区首届教师节"园丁奖"等。教学中坚持"读写结合"，使学生读有所得，写有所循，使所教的学生会读善写。坚持"课内外结合"以课内带动课外阅读，扩大阅读量，使学生知识丰富，视野开阔，思维活跃。为广大教师多次做语文教学经验介绍，并做了上百节公开课。参加编写语文教学参考资料，在各种报纸杂志上发表有关文章几十篇。由北京电教馆录制的语文课、思想品德课，在全市及全国交流。编写出版了《小学语文备课手册》《特级教师评改作文》《小学语文课伴读》等书。

* **张熙伶**　女，生于 1943 年，小学数学教师，1991 年被评为"北京市特级教师"。热爱教育事业，具有良好的职业道德和奉献精神。多年来一直致力于小学数学教学研究，著有《根据五至八岁儿童的年龄特征进行教育教学》。曾获得延庆县政府授予的"有突出贡献先进教师"、"教书育人标兵为人师表典范"等称号。多年来为延庆教育培养出一大批中、青年骨干教师。

* **张蕴芝**　女，生于 1943 年，小学语文教师，1991 年被评为"北京市特级教师"。热爱教育事业，全面贯彻党的教育方针，模范履行岗位职责。在教育教学工作中坚持正确的教育思想，培养出许多开拓创新型优秀教师；在班主任工作中她提出了"热爱学生，精心育人；遵循规律，科学育人；改革教学，激趣育人；内外结合，全面育人；为人师表，榜样育人"的教育理念，在教育实践中培养出一大批优秀学生。"七五"、"八五"、"九五"、"十五"期间，积极参加国家级、市区的科研课题研究，共撰写教育教学论文几十篇，并在《人民日报》《北京日报》等刊物上发表，编入《班主任工作新论》《教育科研》等书中。曾获"北京市劳动模范"、"北京市模范班主任"、"北京市优秀共产党员"、"北京市三八红旗手"等称号，任北京市教育学会班主任工作研究会理事等工作。

* **李大同**　女，生于 1938 年，小学思想品德教师，1991 年被评为"北京市特级教师"。曾任全国小学德育研究会常务理事、副理事长；全国小学思想品德课审查委员；北京市小学德育研究会常务理事；北京市中小学教材小学思想品德教材编写组副主编。曾获"全国中小学德育先进工作者"、"北京市少先队金质荣誉奖章"、"北京市优秀辅导员"等称号。主持过多项德育课题的研究。指导青年教师多次获得国家级、市级奖项。作为北京市作家协会会员发表儿童作品近百篇五十多万字，是有一定影响力的儿童文学作家。

*李友仁　女，生于 1937 年，小学音乐教师，1991 年被评为"北京市特级教师"。热爱教育事业，具有良好的职业道德和奉献精神。认为小学音乐教育不是培养音乐家，而是培养人，以培养音乐能力为目的，选编教材，改革教法，使知识、技能、技巧、趣味语言场训练融为一体。掌握艺术教育特点，渗透思想教育，摸索适合儿童特点的训练方法，不但使教学班整体声音和谐一致，音色明亮，音域扩宽，而且使变声期学生仍能保持良好的唱歌水平。曾任北京市第七届政协委员，并被评为"全国优秀教师"、"北京市优秀教师"、"北京市先进工作者"。

*李文丰　男，生于 1927 年，小学语文教师，1991 年被评为"北京市特级教师"。热爱教育事业，全面贯彻党的教育方针，模范履行岗位的职责。经过多年的研究和实践，总结出"改造主体，加强两翼，提高作文教学效率"的经验。崇文区委曾以文件的形式推广他的教学经验，《北京日报》也曾载文介绍他的做法。多年来，发表论文和参与编写著作多篇，撰写的《如何加强语文基础训练》一文被编入师范语文教学参考书，后被《语文教学法》和《阅读与写作》两书转载。曾获"北京市优秀青少年教育工作者"称号。

*李　先　男，生于 1938 年，小学数学教师，1991 年被评为"北京市特级教师"。热爱教育事业，具有良好的职业道德和锐意改革精神。不断探索教学规律，进行优化教学过程试验，注重对青年教师和特长生的培养，曾在省市级刊物上发表教育论文二十余篇，在北京市迎春杯数学竞赛中连续八年获远郊组冠军。1989 年被评为"全国教育系统劳动模范"，并获得"北京市人民教师奖"，享受国务院政府特殊津贴，一直担任北京市数学教学研究会理事。

＊**李宏泰** 男，生于 1935 年，特殊教育教师，1991 年被评为"北京市特级教师"。原任中国教育学会特殊教育分会秘书长、北京市第一聋人学校校长。曾当选为民进中央委员，北京市政协委员。一生心系第一聋人学校，情系特教，在探索我国聋校教育改革中有力地推进了特殊教育事业的进一步发展，赢得了社会各界的高度赞许。著有《聋童教育概论》《中国特殊教育的现状和发展》等论著。曾获"团中央五四奖章"、"全国优秀特殊教育工作者"、"北京市模范校长"等荣誉称号。

＊**李秉国** 男，生于 1940 年，中学历史教师，1991 年被评为"北京市特级教师"。热爱教育事业，具有良好的职业道德和奉献精神，曾担任北京市历史教学研究会常务理事，中国历史研究（教学）会理事。主编、参编过多部历史教学著作并撰写了多篇论文，参与"北京教育丛书"、中央电教馆教育资源中心中学历史教学及课件的编写工作。其中学历史图示法教学的理论和实践，推动了中学历史课堂教学改革，在全国范围内产生较大影响。被多所中学聘邀，指导青年教师成长。曾获得"北京市模范班主任"称号，享受国务院政府特殊津贴。

＊**李振纯** 女，生于 1918 年，中学数学教师，1991 年被评为"北京市特级教师"。从教几十年来，全身心投入到教育教学工作中，特别热爱教育教学工作，教书育人，为人师表，成绩显著，桃李满天下，多次被评为"西城区优秀园丁"。在平面、立体几何教学研究方面造诣较深。1983 年以来分别在《北京教育》《中学数学教学》杂志上发表了《谈谈有关学习立体几何的问题》《用模型助想象》等文章。1985 年以后撰写了《初中数学复习指导》《初级中学几何第二册教学参考》等著作，并与他人合著《中学立体几何教学》一书，收入"北京教育丛书"。

＊**李　埴** 男，生于 1933 年，中学化学教师，1991 年被评为"北京市特级教师"。有很高的课堂教学语言造诣，深受学生欢迎。精通教材、教学大纲，课堂效果好，在历届高考中，所教学生均获市、区良好成绩。20 世纪80 年代以来，他的学生二十六人获全国、市区各种竞赛奖项和三次集体奖，并为北京市选手四获国际化学奥林匹克奖牌作出贡献。主编《中学化学丛

书》等书籍十三本，在报纸杂志上发表论文十余篇，并在中央电视台等担任化学主讲教师，并多次在市级以上范围作教学经验介绍和教材分析辅导。有近三十名青年教师得益于李老师的指导，其中不少已成为所在学校的骨干教师。

*李裕德 男，生于 1936 年，中学语文教师，1991 年被评为"北京市特级教师"。曾担任北京市语言学会副会长、北京市速记协会副理事长、北京市海淀区学科带头人，享受国务院政府特殊津贴。在长期的语文教学当中，形成了特殊的教学方式。著有《科技汉语语法》《现代汉语实用语法》《新编实用修辞》等 14 部专著，参加《现代汉语实用搭配辞典》的编写工作，发表过研究现代汉语的文章一百余篇。退休后任国务院人事部公务员考试命题组专家、科利华软件技术公司顾问。

*杨东藩 男，生于 1931 年，中学美术教师，1991 年被评为"北京市特级教师"。曾获"北京市中小学美育工作先进工作者"荣誉称号。20 世纪80 年代先后参与编辑和主编北京市及全国中小学美术课本、教学参考用书。21 世纪初参与新课程标准和艺术教材的审定工作。受北京市教育局委托主持"北京金帆书画院"筹组工作，从 1997 年一直担任"北京金帆书画院"的领导工作。20 世纪 80 年代开始任北京教育学会美术教育研究会副理事长兼秘书长，几十年来全身心地致力于美术基础教育的教育事业。曾受北京市教委委托，主持北京市中小学美术教育优秀成果奖的评审工作，在全市大力表彰先进人物并用多种形式推广其经验，为推动北京市中小学美术教育事业的发展和改革作出了贡献。

*杨丽娜 女，生于 1944 年，小学语文教师，1991 年被评为"北京市特级教师"。东城区第六届、第七届政协委员。忠诚党的教育事业，在几十年的执教生涯中，积极探索，形成了独特的教学风格，深受广大学生喜爱，在教育界享有极高的声誉。致力于教学改革探索，参加了四省市中小学语文教材及北京市小学语文教材的编写工作，著书立说二百余万字，主持过多项科研课题研究，为东城区的教育事业作出了卓越的贡献，曾获"北京市教书育人先进个人"、"东城区三八红旗手"等光荣称号。

*杨绍波　女，生于1943年，小学数学教师，1991年被评为"北京市特级教师"。热爱教育事业，具有良好的职业道德和奉献精神。能将教育理论融入教育教学，教育教学成绩突出。多次担任西城区"金秋杯"数学教学评委，并担任区级教师培训任务，指导青年教师成长。曾获得"全国优秀教师"、"北京市普教系统先进工作者"、"西城区优秀园丁"、"西城区三八红旗手"等称号。在市、区以至全国数学教学方面具有一定的影响力。

*沈　重　男，生于1939年，中学美术教师，1991年被评为"北京市特级教师"。热爱教育事业，具有良好的职业道德和奉献精神。曾任实美学校多学科课程，高考辅导班，曾任北京师范大学、北京教育学院、北方交通大学客座教授、市高级职称评委，全国书法展评委等。作品名录入编"中南海珍藏书画集"，"世界名人录"等百余部辞书画册，并多次参展获奖。主编全国工艺美术专业"中国画"教材（高等教育出版社出版）、主笔"中国山水画教学与欣赏"、"什刹海历史变迁120米画卷"。5次参加中国艺术博览会，现任中华名人协会理事，书画名人院教授，美协、中国教育美术学会理事等。

*邵紫绶　女，生于1936年，校外音乐教师，1991年被评为"北京市特级教师"。热爱校外教育事业，师德高尚。在担任乐队指挥和钢琴教学工作中，注意提高学员音乐基本理论知识和鉴赏能力，辅导排练大量中外交响乐曲，注重洋为中用，排练、改编多首中国乐曲，多次进行专场演出。曾多次荣获"北京市教育系统先进工作者"、"北京市校外教育优秀辅导员"、"北京市先进儿童少年工作者"称号，中国音乐家协会、北京音乐家协会会员，北京教育协会、陶行知教育研究会会员。

*陈向荣　男，生于1935年，中学政治教师，1991年被评为"北京市特级教师"。以热爱教育事业为本，以勤奋、探索、奉献为信条，长期担任中学、干训和师训教学任务。在教书育人、教学改革、教材建设等方面有突出贡献。1980年以来，受国家教委聘任，多次参编或主编全国中学和中师思想政治课课程标准和教材、教参，并培训全国中学政治教师。先后被评为"全国优秀教师"、"北京市优秀教师"、"北京市优秀共产党员"、"北京市劳

动模范"。曾获"曾宪梓教育基金一等奖"。

*陈 汶 女，生于1938年，中学数学教师，1991年被评为"北京市特级教师"。热爱教育事业，治学严谨，注意运用灵活的教法启发思维，培养学生能力。参加过十几部专业著作的编写和教育部组织的中学实验教材的审定工作，在全国及省部级的会议或报纸杂志上发表过多篇论文，曾获"北京市普教战线先进工作者"称号。曾任北京市教育局教研部兼职教研员，宣武区政协常委和人大常委。曾连任三届民盟中央文化教育委员会委员，民盟北京市委委员和民盟宣武区工作委员会主任。

*陈育林 男，生于1935年，中学物理教师，1991年被评为"北京市特级教师"。专业知识扎实，文化底蕴丰厚，教学风格鲜明，治学态度严谨。忠诚党的教育事业，具有良好的职业道德和奉献精神。曾担任北京大学附属中学物理教研组组长，长期担任北京海淀区教师进修学校教研员、全国理科实验班教员、奥林匹克班主教练。参与编写和主编的书籍有《高中物理竞赛20讲》（该书获全国教育优秀图书奖）《高考指导丛书》《高中物理重点、难点、解析和训练》《物理实验指南》。

*陈俊辉 男，生于1942年，中学数学教师，1991年被评为"北京市数学特级教师"。爱岗敬业，探索创新。参加"五四"学制实验，编写数学实验教材；曾被国家教委派往也门担任智力援外专家组组长；组织开发小学数学系列教学软件并首批获得教育部审批；2001年领导北京师范大学南山附属学校参与新一轮课程改革，获得较好效果。长期担任北京数学教学研究会副理事长，全国中学数学教学专业工作委员会理事、常务理事、学术委员。受北京师范大学委派，创办北京师范大学南山附属学校，参与多个其他附校的创建工作，曾任北京师范大学泉州附中校长。

*陈春雷 男，生于1935年，中学物理教师，1991年被评为"北京市特级教师"。热爱教育事业，坚持实事求是的精神。作为北京市科学、技术、管理方面突出贡献专家，开发了高、初中物理、数学和高中化学教学软件系列，出版了《计算机在教学中的应用》和《计算机辅助教学45例》等专著和"以辩证唯物主义指导现代信息技术应用于教育改革研究"等论文。曾获

"全国优秀教师"称号，2009年，他的事迹收入《影响中国的500位专家》文集中。

*陈隆涛 男，生于1938年，中学历史教师，1991年被评为"北京市特级教师"。优秀的共产党员，全国有影响的中学历史教师。1983年至2000年，多次被中央电视台、中国教育电视台、中央广播电视大学师范部聘请为主讲教师，讲授《中国近代史》《中学世界史师资培训讲座》《中学历史课堂教学技能讲座》等课程，对全国中学历史教师教学技能和整体素质的提高作出建设性的贡献。撰写的《中学世界历史的教与学》一书，被中国教育学会历史教学研究会评为一等奖。他曾先后被评为"全国优秀教师"、"北京市优秀教师"；1998年获"曾宪梓教育基金会二等奖"。

*周沛耕 男，生于1943年，中学数学教师，1991年被评为"北京市特级教师"。曾获"全国优秀教师"、"北京市十大杰出教师"称号，享受国务院政府特殊津贴。国家奥林匹克集训队教练、北京队主教练、国家教委全国理科实验班授课教师，是多届国际奥林匹克数学竞赛金奖获得者的老师。多年参加全国高考试题分析与评价工作，担任《中国考试》杂志特约编委，参加教育部、北京市多项重点科研课题研究。任北京市特级教师评审委员会委员，任北京市优秀中青年骨干、北京市中青年数学教师带头人评审委员会委员，对国家级中青年骨干教师授课，任首都师范大学教育学专业硕士特聘教授，任国家级数学一级刊物《数学》《考试杂志》《中国考试》编委、审稿人。撰写多部专著，代表作有《怎样学好高中数学》《组合数学基础》《初等数学概论》等。

*周济源 男，生于1934年，中学物理教师，1991年被评为"北京市特级教师"。热爱教育事业，全面贯彻党的教育方针，模范履行岗位职责。长期以来，精通业务，严谨治学，在教学工作中坚持自主创新、理论探索。在教学中按认识论的规律，抓物说理，主持并参加国家、市区级的科研课题研究，用启发式以旧引新，善于总结规律，使学生广积而薄发。曾参加全国统编教材的审稿讨论工作，北京市高中物理教学研究组成员，北京市物理学会理事。发表论文及出版专著几百万字。曾在中南海得到国家领导人的

接见。

***孟雁君** 女，生于 1944 年，中学英语教师，1991 年被评为"北京市特级教师"。热爱教育事业，关注学生全面发展，致力于研究提高课堂教学效益的途径，在无硬性家庭作业的情况下，学生成绩在全国突出，被评为"全国优秀教育工作者"。专著《让学生在动中学会英语》收入"北京教育丛书"，该丛书获"全国五个一工程奖"；参与编写的《英语教学法》被评为 1991 年社会图书类一等奖。任国家英语课程标准组专家。

***明秀玲** 女，生于 1937 年，小学数学教师，1991 年被评为"北京市特级教师"。曾在丰台区南苑一小、时村小学等学校任教，在丰台教师进修学校小学教研室工作。多年来，以学科教材为中心，研究教材，创新教法，开展教学并组织教师进行培训，卓有成效地开展了教育教学与培训工作，在教学及教师培训方面取得优异成绩。近五十篇论文公开发表或获奖，参与多部小学数学教材的编写，受到政府多项表彰。

***明知白** 男，生于 1938 年，中学数学教师，1991 年被评为"北京市特级教师"。曾任北京数学会培训学校副校长、北京数学会常务理事、副理事长、首届中国数学奥林匹克高级教练。担任中国数学会《数学的实践与认识》《数学通报》《中学生数学》等刊物编委。参与十余项国家、市级课题研究，多项教材编写工作，参与制定教育部考试中心《数学科考试说明》，在全国一百三十多个市、县讲学四百余场。发表文章二百余篇，编书八十余部。为中国教育电视台、北京电视台组织教学讲座。事迹被《中国名师大全》《中国教育专家名典》等十多部书收录。

***林宝珍** 女，生于 1943 年，小学语文教师，1991 年被评为"北京市特级教师"。勤奋好学，锐意改革，热爱教育事业。曾依据儿童的学习特点，改革拼音识字教学，课上得生动扎实，有效地减轻了学生课业负担。曾参加北京市"注音识字提前读写"课题实验教材编写，执教和推广。参加了北京市义务教育课本及辅助教材的编写。录制了特级教师指导教学"小学语文一至四册"四十课时。曾获"全国三八红旗手"、"北京市优秀班主任"、"北京市教育系统先进工作者"等称号。

*林静华　女，生于 1936 年，幼儿教师，1991 年被评为"北京市特级教师"。热爱教育事业，具有良好的职业道德和奉献精神。曾发表过《幼儿音乐感受力的培养》《通过音乐促进幼儿全面发展》等论文，参与《优秀幼儿歌曲集》《小朋友心中的歌》等书的编辑工作。曾为来自全国各地的幼儿教师作公开教学。她曾获"全国三八红旗手"、"北京市模范教师"、"北京市模范园长"等荣誉称号，兼任过海淀区妇联副主任。

*郑春和　男，生于 1939 年，中学生物教师，1991 年被评为"北京市特级教师"。曾获得"全国优秀教师"和"北京市优秀教师"等称号，享受国务院政府特殊津贴。现受聘为国家基础教育高中生物课程标准研制核心组成员，人民教育出版社课程教材研究所兼职研究员，教育部北京师范大学基础教育课程研究中心兼职教授、北京教育学院生物系兼职教授，生物学通报编委。

*侯　令　男，生于 1944 年，小学美术教师，1991 年被评为"北京市特级教师"。热爱教育事业，全面贯彻党的教育方针，模范履行岗位的责任制。坚持美术教育理论学习，不断探索如何培养学生的创造性。在欣赏教学中，把国外的研究成果和中国的实际结合，在全国产生了较大的影响。"七五"、"十五"期间主持了市和国家级课题，发表过专著三本，任人民美术出版社版小学美术教材副主编，参与制定及修订了国家美术课程标准。曾获"北京市美术教学一等奖"和"北京市教育系统先进工作者"称号，享受国务院政府特殊津贴。

*姚尚志　男，生于 1935 年，小学数学教师，1991 年被评为"北京市特级教师"。任小学数学教师数学教研员三十年，任实验二小校长十二年，是广大教师所热爱的教育专家。曾荣获"全国教育系统先进工作者"、"北京市教育系统先进工作者"、"西城区拔尖人才"等光荣称号。潜心研究教学大纲、教材和教法，提出了"数学知识，数学方法，数学思想三位一体"的数学教学思想，形成了自己独特的教学风格，在教学改革上作出了重要贡献。任校长期间，始终坚持"管理就是解放生产力"的理念，以情感管理密切了干群关系，深受教职工爱戴。

*胡秉贤　女，生于 1945 年，小学数学教师，1991 年被评为"北京市特级教师"。从教三十八载，一直奋斗在教育工作第一线。有强烈的事业心和高度的责任感，勤奋学习，潜心研究，把真挚的爱献给了学生。获"全国优秀班主任"金质奖章。精通小学数学教学工作，撰写了多篇有广泛推广价值的论文，多次在市、区内做研究课、经验介绍和专题讲座。多年来，发扬无私的奉献精神，甘为人梯，做了大量的培养青年教师的工作。为北京市普教系统教育改革作出了突出的贡献。获"全国优秀教育工作者"、"丰台区十佳教师"、"丰台区劳动模范"称号；担任丰台区人大代表、北京市政协常委。

*荣景甡　男，生于 1935 年，小学美术教师，1991 年被评为"北京市特级教师"。热爱教育事业，潜心研究智、能、学、玩教学方法，深受中外学生欢迎。作为美术工艺和科普教育方面的专家在中央电视台和北京电视台主持"天地之间"、"奇思妙想"、"魅力科学"等儿童动手节目数百集。主编、参编了《小学手工劳动》《美术》《科学乐"淘淘"》等数十余册教材；主编《做、做、做》《荣景甡动手智慧的教育艺术》等书籍十余册。主持过多项科研课题，长期承担青年教师的培训任务，培养出多名市区级骨干教师。曾被聘为"北京科普大使"；曾获得"教育系统关心下一代先进工作者"称号。

*贺信淳　男，生于 1935 年，中学数学教师，1991 年被评为"北京市特级教师"。曾任北京市数学教学研究会学术委员会委员、东城区理科学会数学分会理事长、东城数学奥林匹克学校副校长。从教五十余年，致力于教材、教法研究，参与教学改革、教材改革以及考试改革，发表教学专著三十余种，在国家省市级刊物上发表论文三十余篇，在全国二十六个省、市讲学近百次。1997 年被聘为北京市数学实验教材常务编委，2002 年起被聘为北京市课程改革实验教材常务编委、分册执行编委。

*赵大悌　男，生于 1940 年，中学数学教师，1991 年被评为"北京市特级教师"。四十多年的教学生涯，一直在中学数学教学的讲台上，为北京市、区培训师资；作为高级教练员，为培训市区学优生，给学优生讲课；参

加修改全国数学教学大纲，为高等师范院校提前考试命题，审查《高考说明》和编写《会考说明》，北京市数学竞赛命题等。作为市数学学会常务理事，兼任《中学生数学》杂志和《中小学数学教学报》的编辑。

***赵之林** 男，生于 1936 年，小学语文教师，1991 年被评为"北京市特级教师"。热爱教育事业，热爱学生，为人师表，遵纪守法。多次被评为市、区、街道"教育系统先进工作者"。写有《加强朗读教学》《朗读与朗读训练》《加强语言文字训练，切实提高语文教学质量》《关于阅读教学改革的思考》等论文。1992 年至今参与北京市九年义务教育语文教材编写及修订工作。从 20 世纪 60 年代起在北京市各个区县，学校及各种培训班、骨干班介绍朗读教学经验。

***赵如云** 男，生于 1937 年，中学思想政治教师，1991 年被评为"北京市特级教师"。热爱教育事业，坚持爱国爱民、社会主义、共产主义的思想政治教育。注重知识、能力、觉悟的辩证统一。悟出"三高加一高"，"三高"是教学要使学生有高兴趣、高分数、高觉悟。"一高"是老师自己要有高警惕。长期努力从自己和他人身上正确地及时地吸取经验教训。著书一千多万字，主编书九千九百多万字，去过二百四十五座城镇讲学，有上百篇论文获奖，有一百三十多位徒弟。曾被评为"全国中小学德育先进工作者"。

***赵德民** 男，生于 1930 年，中学化学教师，1991 年被评为"北京市特级教师"。先后在女二中、东城分院等校任教五十余年。在应用设计性实验及协调知识、认知和能力发展三结构关系来启迪学生创新能力方面具有独特见地与教学实效。其教学录像在中央电视台及北京电视台播放。多次参与全国及北京市高考命题工作，编写大纲、课本（包括台湾大专课本）及著作百余部，发表论文四十余篇。历任教育部优质教仪审定委员、北京市奥林匹克领导小组成员及优秀高级指导教师、北京市化学教学研究会研究员及一些省市的教学顾问。

***钟维国** 男，生于 1926 年，校外音乐教师，1991 年被评为"北京市特级教师"。热爱音乐教育、钻研童声合唱艺术，师德高尚，视音乐如生命，是集教学、谱曲、创作改编、指挥于一身的童声合唱指挥家和音乐教育家。改编的《我们是共产主义接班人》被确定为中国少年先锋队队歌，《二小放牛郎》成为全国童声合唱的经典曲目唱遍大江南北。曾被团中央和教育部授予"全国优秀辅导员"称号，曾是中国音乐家协会会员、中国童声合唱协会创始人、中国童声合唱研究会会长。

*唐树德 男，生于 1933 年，中学物理教师，1991 年被评为"北京市特级教师"。从教三十八年来，忠诚党的教育事业，培养了诸多优秀的学生和教师。1959 年《北京日报》《光明日报》先后刊登了他的先进事迹，1960年被评为北京市、东城区先进工作者，1991 年北京物理学会授予他"工作多年，成绩卓著"荣誉证书，并受到全国物理竞赛委员会的表扬。曾担任《物理通报》中学部通讯编委，个人的论文论著曾多次在专业性、权威性刊物上发表。

*唐朝智 男，生于 1939 年，中学物理教师，1991 年被评为"北京市特级教师"。1993 年被评为"海淀区专业技术拔尖人才"。曾担任北京市物理教学研究会理事，北京市、海淀区物理学科兼职教研员，学科教学带头人，市、区中学教师系列职称高级评审委员会委员，参加了北京市的初中物理教材编写工作，并任编委。参加了教育部和北京市组织的高中物理教材编写工作。1997 年被评为"北京市优秀教师"，享受国务院政府特殊津贴。

*徐安德 男，生于 1936 年，中学政治教师，1991 年被评为"北京市特级教师"。出版专著《新时期德育工作的思考与实践》，主编《民族英雄》《敢问路在何方》《情系东城》。曾任"北京教育丛书"常务副主编，编辑名师经验专著六十四本。参加国家重点课题《整体构建学校德育体系研究》，主编研究成果《德育》《成长册》《当代家长》《高中实践导引》《和谐成长》等。曾任北京思想政治课研究会理事长。被市教委聘为"未成年人思想道德建设专家"。

*徐 栋 男，生于 1935 年，小学自然教师，1991 年被评为"北京市特级教师"。热爱教育事业，具有良好的职业道德和奉献精神。北京市教研部兼职教研员，山西省小学教师培训中心兼职教师，北京市教育学会理事。

参加修订了中小学自然大纲，多次在全市进行新教材介绍、教材分析、观摩课，所讲的录像课在全国范围内交流，多次受邀到外省市进行授课。参加了北京市低年级开设的自然课实验，并在全市推广。参加了全国统编教材和教师用书、全国九年义务教育教材、北京市实验教材共六十七册的编写及自然学科小制作和幻灯片的设计工作。论文获北京市一等奖，并在全市进行经验介绍。指导的多名教师获全国、北京市一等奖，本人获全国指导教学优秀奖、北京市指导教学一等奖。

*海 星 女，生于1929年，小学美术教师，1991年被评为"北京市特级教师"。热爱教育事业，关心儿童的成长，有系统、坚实的理论和专业知识，辅导的小学生绘画作品多次在国家、市区获奖，培养了大批知名画家和美术工作者。积极投身教学改革，大胆改革课堂教学结构，多次承担观摩教学，录像课在市教改成果会上展出。曾被评为"北京市先进工作者"。

*秘际韩 男，生于1930年，中学地理教师，1991年被评为"北京市特级教师"。曾荣获过"北京市科协先进积极分子"、"北京市普教系统教书育人先进工作者"、"北京市劳动模范"等荣誉称号。还担任过中国地理学会、北京地理学会教学和科普委员，北京地理教学研究会副理事长。专著有入选"北京教育丛书"之一的《中国地理课的教与学》。主编、参与过多次地理教科书、教参的编审工作。编写与监修的地理音像教材4部，为中国国际广播电台外播的《中国地理之最》的中文稿10多篇，发表在报刊上的地理教学论文和科普文章近20篇。

*翁博学 男，生于1933年，小学语文教师，1991年被评为"北京市特级教师"。热爱教育事业，具有良好的职业道德。在担任小学语文教研员期间，曾进行了培养学生自学能力的专题实验工作，该实验有完整的系统，实验效果明显，获得较高评价。撰写的论文《小学语文三环教学研究》收在市"八五"期间小学学科改革成果——《学科改革之路》一书中。曾荣获"全国优秀教师"称号。曾任北京市小学语文教学研究会常务理事、学术委员、四届通县政协委员、两届通县政协常委委员。

*郭玉学 女，生于1944年，小学体育教师，1991年被评为"北京市

特级教师"。一直从事小学体育教学工作，坚持在一线上课。积极进行教学改革，不断创新课间操，自编校园团体操。1998年出版教学专著《小学课间操教学》及《课间操教学》录像带均获"全国体育教学改革成果奖"。曾参与全国体育教材的编写和全国中小学系列广播体操的创编工作。并多次承担全区体育教师培训任务，指导年轻教师。曾获"全国优秀教师"、"北京市先进工作者"、"北京市优秀教师"称号。

  ***郭金铭** 男，生于1942年，校外美术教师，1991年被评为"北京市特级教师"。热爱教育事业，具有高尚的职业道德和奉献精神。中国书法家协会会员、北京市书法家协会会员、中国企业文化艺术评审委员会副主任、香港——海峡两岸文化艺术交流协会顾问、中国公关协会艺术委员会委员。著有《毛笔柳公权楷书入门与提高》《钢笔楷书入门与提高》《柳公权红模字字帖》《颜真卿红模字字帖》《书法艺术探幽》等多部书法教育书籍。从事教育工作四十年，先后培养了千余名学生，近百名在国际、国内各类书法大赛中获奖，被评为"教育事业有突出贡献的专家"，曾获"北京市校外教育优秀辅导员"、"北京市先进儿童少年工作者"、"北京市普教系统先进工作者"、"首都五一劳动奖章"等光荣称号。

  ***陶伯英** 男，生于1931年，中学语文教师，1991年被评为"北京市特级教师"。曾被评为"西城区有特殊贡献拔尖人才"。北京市社会科学界联合会委员，北京市语言学会副会长、学术委员，全国中学语文教学研究会学术委员。北京市教育科学"八五"重点课题组组长，课题研究获北京市"八五"普教科研优秀成果二等奖；参加人民教育出版社九年义务教育初中语文教材和新编高中语文教材编写；多次受聘参加国家教委考试中心全国高考语文命题工作。主要著作有《中学生新教学语法入门》；主编、合编的有《初中语文基本课文教学设计》《中学汉语语法实用读本》等。曾应邀赴香港、马来西亚参加研讨和讲学。个人业绩编入《中国专家大辞典》和《名师大典》。

  ***顾德希** 男，生于1940年，中学语文教师，1991年被评为"北京市特级教师"。热爱教育事业，具有良好的职业道德和奉献精神。北京市高中课改实验项目专家，主编北京版高中语文教材，在北京市正式实验。主持过多项科研课题的研究并长期承担全市语文教师培训任务，指导中青年教师成长。获"全国先进工作者"、"全国优秀教师"等称号，任中国教育学会中学语文教学专业委员会学术委员。

*高　磊　男，生于1925年，中学体育教师，1991年被评为"北京市特级教师"。热爱教育事业，具有良好的职业道德和奉献精神。作为体育教师，在教学中兢兢业业，用自己的言传身教，为北京市教育战线输送了大批体育工作者。在任体育教研室组长期间，结合师范特点进行教学改革。1985年，该体育教研组被评为"北京市普教系统先进集体"。两次被评为"北京市教育系统先进工作者"，1986年被评为"全国教育系统先进个人"，1987年被评为"全国教育系统劳动模范"。

*崔淑芳　女，生于1937年，小学数学教师，1991年被评为"北京市特级教师"。热爱教育事业，具有良好的职业道德和奉献精神。1989年至1991年间作为北京市课改实验工作成员，参编了多套小学数学实验教材。并长期承担丰台区指导青年教师成长工作。1989年曾被中华人民共和国国家教育委员会、人事部、中华教育工会全国委员会评为"全国教育系统劳动模范"并授予"人民教师"奖章，1989年被北京市人民政府文教办公室、中国教育工会北京市委员会授予"北京市优秀教师"称号。

*常　康　男，生于1939年，中学语文教师，1991年被评为"北京市特级教师"。热爱教育事业，具有良好的职业操守和默默奉献精神。无怨无悔把自己的爱和知识奉献给学生，奉献给人民的教育事业。从教四十二年，形成自己扎实、严谨的教学风格。曾参加国家"七五"重点科研项目"普及型汉字编码输入方案"研制工作及人民教育出版社《文言读本》的教学实验。曾获得"东城区有特殊贡献的优秀知识分子"、"东城区优秀师德教师"、"北京市百位师德优秀教师"等称号。热心社会工作，是北京市第八届、第九届政协委员。

*曹　侠　女，生于1932年，小学数学教师，1991年被评为"北京市特级教师"。编写小学数学教材和教参六套，其中主编的两套六年制小学数学教材，经审定委员会审查通过试用。编写中师教材《小学数学基础理论与

教法》。搞教研做专题研究，发表文章十余篇。任三届全国中小学教材审定委员会审查委员，小学数学召集人。审查修订《全日制小学数学教学大纲》，写修订说明。并主编《小学数学教学指导书》。主持编写《九年义务教育全日制小学数学教学大纲》，写大纲介绍。审查小学数学教材二十多套。

*章连启　男，生于 1937 年，中学音乐教师，1991 年被评为"北京市特级教师"。热爱教育事业，有良好的职业道德和奉献精神。曾任国家教育部基础教育司"音乐课程标准研制组"核心组成员。北京教育科学研究院教材编审委员会中小学音乐教材审查专家组成员，"海淀区专业技术拔尖人才"，海淀区教委名师工作站顾问。曾被聘为国家教育部和北京教科院专家组成员。编著、主要执笔和参编多套中小学音乐教科书，音乐课程标准解读，参加教育部"十五"计划重点课题"普通学校实施音乐审美教育的途径与方法"研究。曾授课于"国家级骨干教师培训者"培训班，为教育部组织的十三个省市骨干教师培训班授课，参与北京市海淀等七个城区音乐教师培训工作，曾指导三所中学教师音乐课录像比赛获得全国一、二等奖。

*黄文选　男，生于 1925 年，中学数学教师，1991 年被评为"北京市特级教师"。曾被评选为"北京市教育先进工作者"。四十年的教育工作，在中国共产党的领导下，勤勤恳恳，兢兢业业，在教育教学培养人才的工作中，获得优异成绩。与人合写的著作有《算术基础理论》《小学数学应用题解题思路训练》《小学生怎样提高解题能力》《小学数学问答手册》《小学数学学习词典》《课堂上的一万个为什么》。

*黄儒兰　女，生于 1936 年，中学化学教师，1991 年被评为"北京市特级教师"。曾任中国化学会理事，全国化学教学研究会副理事长、北京化学教学研究会理事长，《化学教育》刊物编委，清华同方教育技术研究院化学所所长。曾被评为"北京市普教系统先进工作者"、"北京市有突出贡献的科学、管理、技术专家"，享受国务院政府特殊津贴。被聘为北京市人事局选拔新世纪百万人才工程人才专家评委。主持市级科研课题"中学化学实验改革方案中间试验"和相关推广工作。多年来参加中考命题、全国高考和竞赛命题工作。目前参与教育部"十一五"规划重点课题《信息技术条件

下新课程教学方式实验研究》，任课题指导专家。

***傅 芳** 女，生于1934年，小学数学教师，1991年被评为"北京市特级教师"。工作中恪尽职守、尽心尽力，注重教学理论研究和青年教师的培养。对"具体到抽象与抽象到具体"、"求异思维与创造思维"、"敏捷与准确并重"等教学思想有较深刻的体会。大力提倡、推广"发展语言"、"重视操作"、"寓教于乐"等教学方法，均取得较好的教学效果。曾多次被评为"大兴区优秀共产党员"、"大兴区先进工作者"、"大兴区优秀教师"、"大兴区优秀知识分子"。

***傅 敏** 男，生于1937年，中学英语教师，1991年被评为"北京市特级教师"。三十五年来一直工作在教育教学第一线，具有良好的职业道德和奉献精神。论著有《初中英语教学法初探》《如何学好英语——傅敏答中学生一百问》《英语国际音标》，翻译出版了《傅雷家书》《傅雷译文集》《傅雷文集》《傅雷全集》《高老头》等名著，以及《约翰·克利斯朵夫》《贝多芬传》《米开朗基罗传》《巨人三传》《艺术哲学》《罗丹艺术论》《世界美术名著二十讲》等插图珍藏本，还编辑出版了《傅雷谈美术》《傅雷谈音乐》《傅雷谈翻译》《傅雷与傅聪谈音乐》《傅雷书简》等著作。

***琚贻桐** 女，生于1943年，幼儿教师，1991年被评为"北京市特级教师"。在工作中要求自己做到爱每一个孩子，让棵棵幼苗都茁壮成长。根据幼儿年龄特点，信奉"寓教于乐"、"寓教于一日生活之中"的教育理念。在小班利用桌面表演、木偶戏等形式，创编表演了"小鸭子幼儿园"系列故事。在中、大班开展"生鸡蛋和熟鸡蛋"、"让一让"、"在家也做好孩子"、"对歌比赛"、"棋类比赛"、"缝娃娃"等孩子们喜闻乐见的活动，使幼儿在快乐中得到了发展。尤其对一些行为问题较突出的幼儿，更注意因人施教，以爱为基础，使他们自尊、上进，成为大家喜爱的伙伴。

***程耀尧** 男，生于1936年，中学化学教师，1991年被评为"北京市特级教师"。从业五十年来潜心研究"启发式"、"学生主动学习"、"接受性与研究性学习相结合"等教学理念。著有《化学基础》《中学化学基本概念教学设计与辨析》、"特级教师指导学习丛书"等专业著作。参加《中学化学教学大纲》《进一步加强与改进北京市中学化学学科教学的意见》的审修工作。编写多部化学学科教材。帮助青年教师成长，热心社会公益教育，退休后十三年不遗余力再作贡献。

***蒋静芬** 女，生于1942年，小学语文教师，1991年被评为"北京市特级教师"。热爱教育事业，模范履行岗位职责。在教育教学工作中坚持自主创新、理论探索。在语文教学中提出"激情引趣，引趣激情"的教学理念；在班主任工作中提出爱生新内涵。主持并参加国家、市区级的科研课题研究，发表论文集出版专著数十万字。曾荣获"全国优秀班主任"、"北京市劳动模范"、"北京市十大新闻人物"等称号。

***谢惠娟** 女，生于1936年，小学音乐教师，1991年被评为"北京市特级教师"。热爱教育事业，热爱生活，师德高尚。几十年来一直活跃在音乐教研第一线，基础知识扎实，教学经验丰富。将国际先进教学方法与中国音乐教学实践相结合，改革创新，取得了显著成效，曾多次在全国和北京市的音乐教育研讨会上作专题发言和经验介绍，并在报纸杂志上发表文章。论文多次获得各种奖励。曾被评为"北京市优秀教育工作者"、"北京市学科教学带头人"、"北京市劳动模范"和"东城区优秀共产党员"。

***韩述仁** 男，生于1930年，中学体育教师，1991年被评为"北京市特级教师"。中国体育研究会委员，北京市体育总会委员，北京市中学体育协会委员，东城区政协委员，东城区篮球协会副主席。教学效果突出，成绩优异，先后培养出数十名为我国体育事业作出贡献的男女篮球运动员，为北京市体育师范学院及其他大学输送了大批有篮球特长的学生，多次带领学生参加全国比赛并取得优异成绩。

***解宗良** 男，生于1938年，小学数学教师，1991年被评为"北京市特级教师"。热爱教育事业，具有良好的职业道德和奉献精神。1982年参加怀柔县科协；曾任教育学会理事、小学研究会理事长、北京市小学数学教学研究会理事。主持过多项科研课题的研究并指导青年教师。曾获"北京市普教系统教书育人先进工作者"称号。

***鲍恩宠** 男，生于1929年，小学体育教师，1991年被评为"北京市特级教师"。热爱教育事业，具有良好的职业道德和奉献精神。在首届北京市创编徒手操评选中获一等奖。参加北京师范大学出版社出版的《小学体育教案》的编写工作，任编委及分册主编。主持了多项科研课题的研究，并撰写多篇论文获得市、区奖项。曾获"北京市优秀教师"称号，多次被评为"海淀区先进工作者"。

*裴新生　男，生于1931年，中学地理教师，1991年被评为"北京市特级教师"。曾任中国地理学会科普委员，北京地理学会及北京地理教学研究会理事。知识渊博，追求"美的教学"，勇于探索，注重"电化教育"。总结出地理教学图导法的理论，编写初中地理教材（地图版）以及地理教学理论、地理知识、参考资料等书刊约六十多篇（本），积累和编制了整套电教教材包，形成电教软件库。倾其全力培养青年教师，言传身教。在他的培养下，一批青年教师已担当地理教学重任。曾被评为"北京市科协积极分子"、"北京市优秀天文科技辅导员"。曾获北京市"八五"、"九五"科研成果奖和两项"胡楚南优秀中学教学成果奖"。

*颜家珍　女，生于1938年，中学历史教师，1991年被评为"北京市特级教师"。热爱教育事业，具有崇高的职业道德和奉献精神，教学效果突出。长期任海淀区兼职教研员。曾参加制定九年义务教育大纲，主编《案例教学丛书·历史》及多种教学参考书。发表多篇文章。近五十年坚持用圆明园遗址对学生进行爱国主义教育。中央电视台、北京电视台曾有专题节目介绍。写有专著《我国园林的瑰宝——圆明园》，获2007年"冰心儿童图书奖"。

*霍志杰　女，生于1936年，小学语文教师，1991年被评为"北京市特级教师"。热爱教育事业，具有良好的职业道德和奉献精神，工作一贯扎实认真勤恳。在教育教学工作实践中积累了丰富的经验，特别是在语文教学方面有坚实、系统的理论基础，有科学的专业知识水平，业务精通有专长并形成一定特色，取得显著成绩，有推广价值。在培养青年教师和提高教育教学方面都取得突出的成绩，所指导的青年教师在全国及市区的各项教学比赛中获奖。

＊**戴明淑** 女，生于 1940 年，小学语文教师，1991 年被评为"北京市特级教师"。热爱教育事业，具有良好的职业道德和奉献精神。善于激发学生学习语文的兴趣，注重对听、说、读、写能力的培养，教学扎实效果好。多次在市、区做观摩课、录像课。参与市级课题"注音识字提前读写语文教改实验"，并取得了较好成绩。长期承担语文教师培训任务，指导青年教师成长。多篇论文获国家级、市区级奖项。主持并参与低年级语文教学参考资料及教案的编写。曾获"北京市教育系统先进工作者"、"北京市普教系统教书育人先进工作者"、"北京市先进儿童少年工作者"、"北京市优秀班主任"、"朝阳区先进工作者"、"朝阳名师"等称号。

（4）1994 年评选的特级教师简介

＊**丁　榕** 女，生于 1944 年，中学德育教师，1994 年被评为"北京市特级教师"。始终注意以人格力量育人，在全国率先成立心理教育研究中心，以献身精神和创新精神开拓班主任工作新局面。发表论文三百余篇，著书十余册并多次在全国获奖。担任教育部班主任培训首席专家，市教委名班主任工作室、未成年人思想道德教育指导专家等，评为"全国优秀班主任"、"全国优秀教师"，享受国务院政府特殊津贴。北京市教委举办"丁榕班主任工作经验展"，教育电视台录制《情感科学艺术》丁榕班主任经验三集纪录片。

＊**马成瑞** 女，生于 1941 年，中学数学教师，1994 年被评为"北京市特级教师"。热爱教育事业，具有良好的职业道德和奉献精神。对数学学科有系统、坚实的理论知识和丰富的教学经验，先后在《人民教育》《北京教育》《教学通报》等报刊发表论文、经验和辅导性文章一百多篇，参编教学著作三十多本。曾获"全国优秀班主任"、"北京市先进儿童少年工作者"、"北京市优秀班主任"、"西城区优秀党员"称号。先后兼任北京市、西城区班主任研究会理事，北京市数学教法研究组组长，市教研部兼职教研员，西城区政协咨询委员。

＊**马雅良** 女，生于 1945 年，小学语文教师，1994 年被评为"北京市特级教师"。热爱教育事业，曾获"北京市优秀教师"称号，被评为"海淀

区专业技术拔尖人才"，多次被海淀区教师进修学校语文教研室聘为兼职教研员，编写的各种教辅书达二十万字。所写的教育、教学论文多次被评为市、区级一、二等奖。担任市、区语文学科职称评委十余年。退休之后，仍为语文课程改革及培养青年教师提供咨询指导。

＊**卞学诚** 男，生于 1931 年，中学化学教师，1994 年被评为"北京市特级教师"。全身心地投入到化学实验教学研究中。1990 年被聘为"北京市中学化学实验领导小组成员"；主编了北京市初级教师继续教育化学实验理论与技术两课的大纲和教材的编写。1991 年至 1999 年被聘为《化学教育》杂志编委。曾担任北京市奥林匹克化学学校教务主任兼海淀区分校校长。1993 年被评为"全国优秀教师"。

＊**方之朴** 男，生于 1942 年，中学数学教师，1994 年被评为"北京市特级教师"。热爱教育事业，具有良好的职业道德和奉献精神。在数学教学方面有较深造诣。在任教务主任、教学副校长期间，除担任教学行政管理工作，一直在一线任课。参加北京市教材编写和教学科研工作。撰写教学论文多篇，其中两篇获"北京市优秀论文奖"。1992 年被评为"北京市普教系统百名优秀教师"，1993 年被评为"北京市教育局机关党委系统优秀共产党员"。

＊**王人伟** 男，生于 1945 年，中学数学教师，1994 年被评为"北京市特级教师"。热爱教育事业，具有良好的职业道德和奉献精神。享受国务院政府特殊津贴，担任北京数学学会理事、中国奥林匹克高级教练、航空普教协会数学学组主任委员。以科研态度对待教学，同时在数学教学中重视数学思想。重视对青年教师的培训，提高数学教研组水平，热心社会公益活动。自 1987 年起担任北京市数学集训队常务教练，所辅导的学生中有十三人在国际数学奥林匹克竞赛获奖（十金三银），带领的北京队多次在全国数学奥林匹克竞赛中取得好成绩。

＊**王芃** 女，生于 1944 年，小学数学教师，1994 年被评为"北京市特级教师"。有较强的责任感，教学水平高，教过的毕业班成绩优秀，多次在北京市、区做公开课，并进行教学交流，为培养一大批青年教师做了大量

工作。曾两次在北京市、七次在东城区为学校介绍经验。有多篇文章在《北京日报》《人民教育》《北京教育》等刊物上发表，曾被评为"北京市先进工作者"，受到北京市特殊嘉奖。

＊**王小欧**（曾用名：王少欧） 男，生于 1936 年，中学语文教师，1994 年被评为"北京市特级教师"。从教四十余年，坚守教学岗位第一线。恪尽职守，颇受好评。历任宣武区学科带头人，宣武区中学语文教学专业委员会副理事长，宣武区教师高级职称评审委员会评委，北京市教师高级职称评审委员会学科组成员。业余坚持写作，曾在多家报刊上发表诗作。论文《中学生鉴赏阅读浅说》获北京市教育年会二等奖，论文《突破程式·探求新路·摸索规律》发表于《课程·教材·教法》杂志并入选《北京市首次评审专业技术职务优秀论文集》。论文《关于中学语文鉴赏阅读教学的美学思考与教法初探》编入《北京市中小学优秀教师教育思想与教学艺术评介丛书·语文卷》。另外与人合编出版《汉语修辞格大辞典》与《汉语修辞欣赏词典》。

＊**王长宏** 女，生于 1944 年，小学德育教师，1994 年被评为"北京市特级教师"。热爱教育事业，在工作中坚持"育人先育德"，通过开展多种活动培养学生良好品德，使学生在自我教育中快乐学习，健康成长。所带的班级多次被评为北京市、朝阳区先进班集体。撰写的多篇文章在报纸杂志上发表并多年承担区班主任培训工作。被评为"全国优秀班主任"获金质奖章一枚。曾获北京市"百名师德优秀教师"、北京市中小学"紫禁杯"优秀班主任、"北京市模范班主任"、"北京市劳动模范"等称号。

＊**王汉长** 男，生于 1945 年，中学语文教师，1994 年被评为"北京市特级教师"。热爱教育事业，具有良好的职业道德和奉献精神。长期担任语文教师培训任务，指导青年教师成长；在语文教学和汉语语法、词汇的研究方面进行了深入探索，取得了显著成绩；主持和参与多项科研课题的研究，发表和出版了论文及专著多种。曾获"全国优秀教师"和"北京市优秀教师"称号，获"曾宪梓教育基金奖"，享受国务院政府特殊津贴，现任北京市语文教学研究会副理事长。

　　*王仲生　男，生于 1937 年，小学体育教师，1994 年被评为"北京市特级教师"。热爱教育事业，热爱本职工作，不断钻研、探索，根据学生年龄特点，创出一套低年级的教学方法和模式，被树为北京市小学低年级体育教学的典型，北京市为其召开了"王仲生体育教学特色研讨会"。被评为"全国群众体育先进工作者"、"东城区十佳体育教师"，曾获北京市优秀体育课一等奖、东城区教育工作成果一等奖、东城区优秀体育课一等奖、北京市第一届体育学会论文报告会优秀论文奖等多个奖项，并发表多篇论文。

　　*王同瑞　男，生于 1940 年，小学德育教师，1994 年被评为"北京市特级教师"。热爱教育工作，刻意研究与实践符合少年儿童特征和少先队组织特征的教育观念和方法，潜心参与研究与实践"快乐教育"的理论和方法。工作中做到"坚持以人为本、坚持以情为依、坚持以理为据、坚持以实为的"。曾被评为"全国优秀少先队辅导员"、"北京市优秀辅导员标兵"、"北京市先进儿童少年工作者"。退休后，发挥余热，致力于少年儿童思想品德教育与研究，受聘于团中央《少先队小干部》杂志当顾问，主持的"童爷爷信箱"栏目，受到全国少先队辅导员和小干部的欢迎和喜爱。

　　*王丽龄　女，生于 1944 年，小学音乐教师，1994 年被评为"北京市特级教师"。注重学生对音乐的感悟、表现和创造。将技、情、趣统一于音乐教学之中，根据学生的年龄特点、认知规律和审美心理特征，把音乐课上得生动、活泼、有趣。注重学生创新能力的培养，启发学生即兴音乐创作和命题音乐创作，将自己对音乐的感受、理解、情感、思想通过音乐表现出来，提高了学生的音乐表现力，开发了学生的创造潜质。由于工作出色，曾荣获"北京市美育先进工作者"称号，并作为中国艺术代表团成员出席中美艺术教育会议。曾出版过《小学音乐教学浅谈》《技、情、趣统一的音乐教学》两本专著，担任中国大百科全书出版社《新课标小学生百科全书》一书的音乐学科主编并撰写文章多篇，还参加编写小学音乐教材的教师用书，多篇教学经验、论文发表在全国报纸、杂志上。

　　*王　宜　男，生于 1943 年，小学美术教师，1994 年被评为"北京市特级教师"。自 1975 年以来，共十八幅作品参加了十六次市级以上美展，多

次发表、获奖。多次参加小学美术教材、教参编写工作，任编委、副主编。出版了《小学美术教学研究》《当代儿童少年美术学习系列教程》，参与编写了《小学美育》《小学各科知识大全》等著作；多年来一直从事教育科研，论文多次发表、获奖。1992 年被评为"北京市美育先进个人"，2000 年被评为"全国学校艺术教育先进个人"，培养了一批颇具影响力的美术教师。

*王建民　男，生于 1939 年，中学数学教师，1994 年被评为"北京市特级教师"。享受国务院政府特殊津贴，中国数学奥林匹克高级教练。1994 年带领北京队夺得"陈省身杯"。曾被评为"北京市优秀教师"、"北京市普教系统教书育人先进工作者"、"北京市海淀区教育系统十佳共产党员"，连续担任五届海淀区人大代表。几十年的教学工作、科研工作，特别是教师培训工作都取得了很好的成绩，在北京市有很大影响。

*王治玉　女，生于 1942 年，中学心理教师，1994 年被评为"北京市特级教师"。主动送教下校义务为学校教师系统讲授教育心理学知识。昌平县办起了全国第一家县级电视家长学校，她主讲全部课程兼考核、管理工作，为全县家庭教育普及奠定了基础。主编、参编的七部教材正式出版发行。在多项改革实践的基础上，主编、参编的五部论著正式出版。潜心培养的青年教师多数成为市级学科带头人和昌平区各级干部。出色完成多项国家级、市级科研课题任务，在市级以上评审中获奖、发表论文近二十篇。作为中方代表连续三届应邀在《中美教育研讨会》大会上宣读论文、做专题发言、做专题主持人，引起国内外同行的关注与好评。坚守农村教育四十余年，曾被评为"全国优秀教育工作者"、"北京市优秀教育工作者"，获"曾宪梓教育基金优秀教师二等奖"、"首都五一劳动奖章"、"八五建功立业奖章"等多项奖励。

*王绍宗　男，生于 1938 年，中学化学教师，1994 年被评为"北京市特级教师"。热爱教育事业，曾荣获"全国优秀教师"、"海淀区拔尖人才"称号。对教育事业充满激情，积极参加教改成为北京市中学化学教学三大流派之一，编写著作二十三册。后担任首都师范大学附属育新学校校长兼党组书记，被评为海淀区十大模范校长，带领该校小学部成为海淀区示范校，中

学中考海淀区两次第一，高考进入海淀区前三到前五名。积极参与市区组织的各项教研活动，承担科研项目，成为教育教研的优级教师。

*王俊鸣　男，生于 1941 年，中学语文教师，1994 年被评为"北京市特级教师"。一直从事中学语文教学工作，在语文教学上取得了令人瞩目的成绩。享受国务院政府特殊津贴，获得"全国先进工作者"称号。教学口号是"为了使学生更聪明"。他坚持承认差别、提倡个性、鼓励创造的方针，在教学中精选典型，揭示规律，着重于思路的训练和语感的培养。教学理念和方法已产生了广泛的影响，带动和培养了一大批优秀青年教师。多次在中国教育电视台、北京电视台、中央人民广播电台讲座。主要著述有：《为了使学生更聪明》《优秀作文的成功途径》《通向大学之路》《写作与说话》（人民教育出版社实验教材，共六册，为主要执笔者）《语文教育与素质教育》（与人合著）等。

*王　勇　男，生于 1940 年，中学生物教师，1994 年被评为"北京市特级教师"。享受国务院政府特殊津贴。热爱教育事业，具有良好的职业道德和奉献精神。参加编写北京市生物教材、教学参考书。主编《课堂教学设计丛书》分册。多次在国家级刊物上发表教育教学论文，在教育部《中国考试》上发表关于高考试题分析等论文。多年担任高三理科实验班的教学。退休后多次接受邀请为老师进行讲座辅导，并从事扶贫地区的教师培训工作。

*王美文　女，生于 1941 年，中学化学教师，1994 年被评为"北京市特级教师"。曾获得"北京市优秀教师"、"北京市优秀科技园丁"等荣誉称号。热爱教育事业，具有良好的职业道德和奉献精神。兼任北京市课程改革实验工作专家指导组成员、国家级刊物《化学教育》编委、北京师范大学化学学院化学教育专业本科生、硕士生兼职教师。

*王家骏　男，生于 1932 年，中学化学教师，1994 年被评为"北京市特级教师"。为创建海淀区教师进修学校，提高海淀区教育质量，推动教育发展作出重大贡献。多次荣获市、区嘉奖，曾获"海淀区拔尖人才"称号，"北京市社会主义建设积极分子"（省级劳模）。退休后，1996 年参加北京市的民办教育工作，担任汇佳学校校长，2004 年该校被评为北京市民办先进

校。现为北京市民办教育协会副会长，北京教育科学研究院学术委员会委员，是出席第三次全国教育工作会议的唯一民办中小学代表。

*王振山　男，生于1938年，中学化学教师，1994年被评为"北京市特级教师"。曾被评为"全国优秀教师"。几十年来坚持不断更新专业知识，所有资料都无保留奉献。翻译和编著出版多部专著。曾讲授无机化学、分析化学、物理化学以及高等数学、结构化学等本专科课程，中学化学教学疑难问题专题研究、化学教学心理学等北京市教师继续教育内容。2001年被聘为中国科协教育专家委员会学术委员。目前仍在辅导参加全国化学竞赛的学生。参加2005年高考北京卷命题工作。2009年被聘为北京翱翔科学论坛评审专家。

*王露平　女，生于1942年，小学美术教师，1994年被评为"北京市特级教师"。热爱教育事业，具有良好的职业道德和奉献精神。曾担任人民教育出版社学科编写委员会委员和人民美术出版社出版的美术教材的编委工作，并多年作为人民教育出版社教材的培训专家到全国各地进行教师培训。还担任教育部《农村远程教育》美术学科的监理工作。曾对民族民间美术教育进行研究、探讨及总结，并获教育部的奖励。辅导的学生作品多次获国际、全国奖。曾被评为"全国优秀教师"、"北京市先进工作者"等。

*王　鑫　女，生于1938年，小学语文教师，1994年被评为"北京市特级教师"。热爱教育事业，全面贯彻教育方针，关心学生全面发展。三十八年来全身心地投入教育教学工作，热爱孩子，尊重孩子，严于律己做孩子的表率。所带班级学生的思想品德、学习成绩、体质都是其他班的榜样。1984年至1987年任副校长，抓教学，抓教师业务提高，抓教材教法考核，组织备课、讲课、评课，教师的业务提高很快。为全区做引路课推动全区的教学工作。任校长书记期间，学校多次被评为市级先进单位。

*冯士腾　男，生于1938年，中学数学教师，1994年被评为"北京市特级教师"。曾任北京数学会理事，《中小学数学教与学》和《高中数理化》编委。多年从事数学思维、数学教育和现代数学教学研究工作。主持和参编出版了《中学生数学思维能力培养》《中学数学教学指导丛书——立体几

何》《中学数学思维概论》《高中数学解析》《初中数学解析》《数学奥林匹克辅导与练习丛书》《初中数学解疑启思》等。热爱教育事业，具有良好的职业道德和奉献精神，重视培养青年教师。曾获北京市、宣武区首届园丁奖。

＊**冯　刚**　男，生于1944年，小学数学教师，1994年被评为"北京市特级教师"。编写多种关于小学生学习数学的书籍，编写过《小学教师远程培训》教材。海淀区小学数学奥林匹克学校创建人之一，曾被聘为《中小学数学报》编辑、北京市科协青少年辅导协会数学专业委员会的委员。1993年被评为"全国优秀教师"。现任海淀区名师工作站导师，在国家教育部课程中心，担任小学数学能力评价专题组副组长。

＊**冯禹川**　男，生于1942年，小学语文教师，1994年被评为"北京市特级教师"。在长期的教学和教研活动中刻苦钻研，勇于探索，具有良好的职业道德和奉献精神。先后多次为市、区、外省市做公开课，教材教法讲座及经验介绍，发表几百万字专著，论文多次在全国及北京市获奖，参与了"九五"重点音像出版及中华远程培训网络工作，应邀赴新加坡讲学，培训小学华文教师，任区第一届、第二届、第三届名师讲师团成员。曾荣获"全国德育先进工作者"、"北京市优秀教师"、"北京市劳动模范"等称号。迄今一直担任市、区家庭教育研究员，老教育工作者自愿服务队家庭教育志愿者。

＊**卢珊珊**　女，生于1945年，幼儿教师，1994年被评为"北京市特级教师"。热爱幼教事业，将爱国、爱党、爱幼儿的高尚情怀真正落实于幼儿教育工作中，具有良好的职业道德和奉献精神。作为北京市幼儿艺术教育研究会副会长，编写出版多套音乐教育书籍、教材，指导全国、省市级观摩课达数百次，对区、市、乃至全国幼儿音乐教育骨干和青年教师进行培训、指导，至今仍发挥示范作用。曾获"全国优秀教师"、"北京市教育系统先进工作者"、"北京市普教系统先进工作者"等称号。

＊**田毅然**　女，生于1940年，幼儿教师，1994年被评为"北京市特级教师"。热爱教育事业，模范履行岗位职责。在音乐方面有很高造诣，在培养幼

儿和谐统一歌声方面，形成了独特风格，受到国内外专家好评。她的六十多首歌曲由中央人民广播电台录制，并向全国播放。"六五"至"十五"期间，积极参与国家、市区级科研课题，发挥骨干核心作用，多次获得市区优秀科研成果奖，发表论文及教材数十万字。曾获"北京市先进工作者"称号。

***申士昌**　男，生于 1935 年，中学语文教师，1994 年被评为"北京市特级教师"。1993 年被评为"北京市优秀教师"，被聘为全国中小学教材审查委员会委员。在工作中，教书育人，为人师表。2002 年任北京市中小学教材审查委员会委员，中国语文报刊协会作文个性化教育工作委员会核心组成员。1995 年 8 月 6 日，中央电视台《新闻联播·中华学人》专栏报道了其教研工作业绩。主要著作有《专家谈语文学习》《中学生怎样学习语文》等，发表文章两百余篇。

***白家熹**　男，生于 1939 年，中学语文教师，1994 年被评为"北京市特级教师"。热爱教育事业，几十年如一日坚持科研创新，坚守教学第一线，为东城、北京以及宁夏、云南等边远地区培养了大批干部教师。作为核心成员参与北京中学语文教师"继续教育"大纲制定、教材编写、教学实施与管理。在全市首先创办以理论与实践紧密结合为特点的"新秀班"培训模式，学员大都成为教学骨干。退休十年坚持"名师导学团"工作，为提高基础薄弱校师资水平作出贡献，其经验曾在全市介绍推广。

***乔家瑞**　男，生于 1938 年，中学数学教师，1994 年被评为"北京市特级教师"。热爱教育事业，模范履行岗位的职责。长期以来，在教学工作中坚持创新性、教育性、发展性、示范性，形成了内容丰富、观点新颖、分析透彻、深入浅出、语言生动的教学特色。广泛参与各类教学实践，通过学习研究深化认识，用写作将认识物化为理论性成果。长年坚持教学研究写作，锲而不舍，先后出版各类教育教学著作两百余种。曾获"北京市优秀教师"称号。

***刘大凤**　女，生于 1946 年，小学语文教师，1994 年被评为"北京市特级教师"。热爱教育事业，具有良好的职业道德和奉献精神。作为市、区级语文兼职教研员，多次为市、区做研究课，介绍教学经验，为推动新教材的使用做示范。积极参与教育科研，其中《小学生全面发展教育实验》获市科研一等奖。现为区骨干教师工作室成员，主动承担导师带教工作。获得"全国优秀班主任"、"全国中小学德育先进工作者"等称号（享受部级劳模待遇）；曾获"北京市先进教育工作者"、"北京市教育系统先进个人"、"北京市教育育人先进个人"、"丰台区十佳教师"、"丰台区园丁奖"等称号。在职期间，曾任北京市教育学会常务理事、北京市中小学德育研究会理事。

***刘世栋** 男，生于1935年，中学地理教师，1994年被评为"北京市特级教师"。曾获"东城区优秀教育工作者"、"东城区优秀共产党员"、"东城区教育系统先进工作者"等称号。曾任北京市学科教学带头人、北京市地理教学研究会副理事长、东城区理科学会副理事长等职，主持过多项科研课题的研究，主编、参编近二十本学科专业书籍，发表十余篇教学研究文章。在东城区、北京市及全国地理学界都有影响，为地理教学及改革作出了突出的成绩与贡献。

***刘玉兰** 女，生于1940年，小学数学教师，1994年被评为"北京市特级教师"。师德高尚，热爱教育事业，严谨治学，为人师表，乐于奉献。从事教研工作十六年来在所研究的学科领域开拓进取，勇于创新，做过多场专题讲座，撰写的科研论文在有影响力的报纸杂志上发表。在"现代小学数学"研究中，所写的三篇论文获得全国、市、区一、二等奖。担任区小学教研室主任期间，主持召开过多场各学科教学研讨会，推广特级教师的先进教学经验，对推动全区各科教学改革，作出了贡献。

***刘立新** 女，生于1954年，特殊教育教师，1994年被评为"北京市特级教师"。热爱教育事业，具有良好的职业道德和奉献精神。在聋校工作期间曾多次参与全国特殊教育教材编审和《中国手语》编纂，是北京电视台、中央电视台第一任手语节目主持人。调入东城区教师研修中心后，主持过多项课题研究，多次被聘为北京市课程改革相关实验项目的评审委员，曾获"全国优秀教师"、"北京市三八红旗手"等称号。

***刘兆甫** 男，生于1932年，小学数学教师，1994年被评为"北京市特级教师"。热爱教育事业，全面贯彻党的教育方针，模范履行岗位的职责。

长期以来，在教学和教研工作中提出抓好教学"四要素"的研究。在此思想指导下，总结钻研教材的基本途径，制定教师提高基本功的要求，研究出课堂教学中提高学生学习积极性的几种方法等理论成果，在提高全区教学质量方面发挥重要作用。多年来，共编写数学活动教材和教学经验论文等二十余万字，编著《小学生数学学习方法》等八本书籍。曾获"国家教委新教材试验先进工作者"称号。

* **刘淑敏** 女，生于 1938 年，小学语文教师，1994 年被评为"北京市特级教师"。兢兢业业，努力钻研，勇于创新，形成了自己"融教育性、科学性、艺术性为一体"的教学风格，共做全国、市、区级公开课和观摩课近五百节，曾承担编写北京市小学语文一、二年级教材，语文教学参考资料的工作；曾任全国文字改革鉴定委员会委员，北京市小学语文教学研究会会员，北京市教育学院小学语文中心教研组研究员，东城区小学语文学科带头人，多次被评为区"教书育人好教师"及"先进工作者"。

* **刘静宜** 女，生于 1941 年，小学德育教师，1994 年被评为"北京市特级教师"。从教四十余年，具有良好的职业道德和求真务实的科学态度。坚持教书育人全面发展，发挥德育在素质教育中的重要作用，参与主持校内课堂教学中德育研究科研活动，市教育局曾两次召开小学现场会并将汇集该校教师科研论文的《丁香之路》发至全市每所小学以推广研究成果，该项研究获北京市"八五"教育科研成果二等奖。曾获"北京市劳动模范"、"北京市小学模范校长"称号。

* **刘德武** 男，生于 1946 年，小学数学教师，1994 年被评为"北京市特级教师"。热爱教育事业，具有良好的职业道德和奉献精神。曾获得北京市评优课一等奖和教学论文评比一等奖，并被授予"北京市优秀教师"、"北京市优秀教育工作者"和"宣武区拔尖人才"称号。身体力行，坚持亲自授课，供广大教师研讨。课程改革前后，设计、执教了三十多节不同类型的数学课，深受教师欢迎。重视青年教师实际工作能力的培养，先后两届在全国小学数学优秀课评比中指导参赛教师均获一等奖。

* **刘 毅** 男，生于 1936 年，小学语文教师，1994 年被评为"北京市特级教师"。1996 年先后接受《中国教育报》《北京教研》记者的采访。1996 年秋参加民进北京市委组织的赴安徽淮北市的讲学活动，课题是"作文教学随机性研究"。2001 年参加中联部与民进北京市委联合组织的赴陕西国定贫困县的支教活动。2003 年参与教育部语文出版社组织的"小学评语文新课标教材"（中年级段）的编写。

*吕　坚　女，生于 1941 年，小学数学教师，1994 年被评为"北京市特级教师"。热爱教育事业，模范履行岗位的职责。四十年来，在教学工作中坚持勇于探索，自主创新。先后参与"尝试教学"、"计算机辅助教学"、"培养学生数学逻辑思维能力和空间想象力"及"儿童全脑开发"等课题研究。多次在全市、全国教学研究示范课及中央电视台的教学讲座中获专家评优奖。在中国教育电视台和北京电视台录制播放教学公开课多节，为培训青年教师应邀担任中国教育电视台数学教学讲师。主持编写《名师指导》等专著五十余本，发表论文多篇，约上百万字。曾获"北京市普教系统先进工作者"称号。

*孙曾彪　男，生于 1939 年，中学数学教师，1994 年被评为"北京市特级教师"。曾在北京市中学中青年教师教学评优中获"优秀课"奖，其严谨扎实的教学设计给人深刻印象。发表论文多篇，曾参加人民教育出版社出版的《初中数学竞赛辅导（代数部分)》的编写，参加由北京市教育委员会组编的北京市高级中学实验课本中高中数学实验课本的编写工作，任编委。

*庄则栋　男，生于 1940 年，校外体育教师，1994 年被评为"北京市特级教师"。参加过第十七届、第二十六届、第二十八届、第三十一届世界乒乓球锦标赛，三次蝉联男子单打冠军，成为中国第一个在世界乒乓球锦标赛上荣获三连冠的人。1984 年任北京市少年宫乒乓球教练，潜心研究乒乓球技术，采用独特的直拍中近台两面快攻打法，使少年宫的乒乓球教学水平迅速提高，所培养的学员在国际、国内各项赛事中名列前茅。

*朱大鹏　男，生于 1938 年，中学数学教师，1994 年被评为"北京市特级教师"。热爱教育事业，具有良好的职业道德、丰富的学识和奉献精神。四十多年来一直工作在教学第一线，多年担任毕业班的教学工作，全身心投

入教育、教学工作，为门头沟区的教育事业的发展作出了不平凡的贡献。1995 年荣获"北京市劳动模范"称号，多次被评为"北京市教育系统先进教师"、"门头沟区模范教师"、"门头沟区十佳教师"、"门头沟区十佳共产党员"、"门头沟区科技拔尖人才"，曾任北京市数学教学研究会理事及教师高级职称评审委员会评委。

*朱尔澄　女，生于 1946 年，中学历史教师，1994 年被评为"北京市特级教师"。在宏观探求教学思想改革的同时，不懈地进行教学内容、教学过程、教学方法的微观摸索，着意于推动学生走向学习主体的启发式讨论教学和培养发展学生以历史思维为核心的学习能力的实验研究，逐步形成以知识、情感、哲理融为一体的教学风格。著述有《从情理交融到历史思维——我的教育之路》《朱尔澄历史教案精选》等专著及合著，《在历史教学改革潮流中的自我选择》《培养和发展学生历史思维能力的探索》等多篇论文，主持撰写多篇社会调研报告。1988 年获中国教育学会颁发的教学改革"金钥匙"奖。1989 年荣获"北京市劳动模范"称号。

*朱国平　男，生于 1945 年，小学自然教师，1994 年被评为"北京市特级教师"。热爱教育事业，具有良好的职业道德和奉献精神。长期以来致力于自制教具的研制工作，数十年来共制作自制教具四百余套件，其中有十一件获得了国家实用新型发明专利，对自然学科的教学工作起到了非常重要的推动作用，并带领青年教师尽快成长；获全国自制教具一等奖两件，二等奖一件；全国发明展银质奖两件。荣获"全国优秀教师"、"全国自制教具能手"、"北京市优秀教师"称号，享受国务院政府特殊津贴。

*朱蔼昭　女，生于 1939 年，中学语文教师，1994 年被评为"北京市特级教师"。热爱教育事业，具有良好的师德和无私奉献精神。曾被评为"全国优秀班主任"、"北京市模范班主任"，多次被评为"北京市优秀教育工作者"，事迹曾刊登在《北京教育》《北京日报》上。因文设法，因材施教，藏族学生汉语言表达能力普遍提高很快，其学生曾在北京市演讲比赛中荣获一等奖第一名。撰写并发表了多篇教学方面的论著，曾长期任中学语文教育学会北京市分会理事。

*纪晓村 女，生于 1943 年，小学数学教师，1994 年被评为"北京市特级教师"。曾荣获"全国优秀教师"、"全国教育系统劳动模范"、"巾帼建功标兵"、"北京市优秀教师"、"北京市劳动模范"、"北京市有突出贡献的科学、技术、管理专家"等荣誉称号，享受国务院政府特殊津贴。1980 年开始进行"激趣—探索"的教学方法研究。根据儿童的生理特点、心理特征和认知发展规律，以激发儿童的学习兴趣为突破口，诱发儿童强烈的求知欲，引导他们主动探索，生动活泼地学好数学。这项研究成果引起国内外的极大关注，国内不少新闻媒体进行了专题报道。日本电视台的工作人员曾专程来北京采访并录制了数学课，并以《意趣盎然的数学课》为题，向日本全国播放了四十五分钟，引起了强烈的反响，被誉为"纪氏教学法"。为全国各地教师做观摩课和专题讲座三百多场，还发表论文三十多篇，著书二十余本，带徒弟三十多名。

*吴文漪 男，生于 1946 年，小学音乐教师，1994 年被评为"北京市特级教师"。热爱教育事业，具有良好的职业道德和奉献精神。被聘为北京市音乐教育研究会常务理事、人教版音乐课标教材副主编。先后出版《音乐教学新视角》《文化与音乐教学》《小学音乐听觉思维训练》《小学音乐教学100 问》《小学音乐课堂教学艺术》等专著八本。辅导数十名青年教师在区、市、全国教学、论文比赛中获奖。曾获"全国优秀教师"、"北京市优秀教师"称号。

*吴方申 男，生于 1941 年，小学语文教师，1994 年被评为"北京市特级教师"。热爱教育事业，具有良好的职业道德和奉献精神。作为北京市小学语文教研中心组成员，参加了"阅读教学中的思想教育问题"、"字词句段篇的教学与思维训练"和"作文与课外阅读的关系"等专题研究。曾为四省市教材和全国统编教材撰写教师参考书。承担朝阳区小学语文教学指导工作，参与区教研课题的研究和优秀教师、骨干教师课堂教学改革的研究，参与青年教师的培养工作。曾获"朝阳名师"、"朝阳区学术、技术带头人"等称号。

*吴庆茂 男，生于 1936 年，中学体育教师，1994 年被评为"北京市

特级教师"。刻苦学习，勤于实践，具有良好的职业道德和奉献精神，曾受聘于人民教育出版社体育副编审、副主编、新世纪体育教材编委及国家 21 世纪体育课程标准核心组成员，是国家九年义务教育中小学体育教学大纲、教材、教参以及普通高中、中师、幼师体育教材、教参的主要编者之一。个人事迹曾收入《中国体育人才大典》《中国当代教育名人辞典》《中国百科学者战略》《中国世纪专家》等书籍。

*张立川　女，生于 1935 年，小学自然教师，1994 年被评为"北京市特级教师"。认真负责、勇于创新、勤奋好学、理论指导实践，求真务实，真抓实干，依靠群众，无私奉献。大力开展教学改革，转变教师教学指导思想。采用启发式、探究式教学、幻灯教学、分组实验、课内外结合。编写"教学目标要求"，"课堂教学评定量表"，管理教学。全区进行一至三年级增设自然课的实验，显著地全面提高了教学质量。进修、教研、科研相结合，显著提高了教师教育教学水平。参加审查教学大纲，编写教参，在市内外介绍经验，促进了教学质量的提高。

*张立珍　女，生于 1948 年，小学数学教师，1994 年被评为"北京市特级教师"。热爱教育事业，具有良好的职业道德和奉献精神。作为普教系统的教师，于 1988 年承担"弱智儿童随班就读"课题实验，进行了"分层教学"、"伙伴教学"、"合作教学"等综合教学模式的研究，取得了显著的成效。1998 年被聘请为北京市轻度智力残疾儿童随班教学教研组教研员，2001 年成为国家基础教育课程改革项目《分层评价方法研究》课题子课题实验教师。《合作学习中数学讨论题的设计原则与策略》一文在中国一体化教育学术讨论会上做展板交流。曾荣获"全国优秀教师"、北京市中小学"紫禁杯"优秀班主任一等奖、"北京市优秀教师"等称号。

*张　应　女，生于 1938 年，校外音乐教师，1994 年被评为"北京市特级教师"。热爱教育事业，始终如一地辛勤耕耘在教学一线。挚爱学生，以创造性的教学和雄厚的专业基础，创办了全国一流的"新月"童声合唱团。先后辅导外地二十多所中小学合唱团，推动了多个地区童声合唱的发展。多次为音乐教师举办声乐训练班，辅导青年教师授课，培养出多名青年

骨干教师。辅导的合唱团多次在国际、国家级、北京市区级比赛中获一等奖。

＊张志耀 男，生于1938年，中学音乐教师，1994年被评为"北京市特级教师"。热爱教育事业，具有良好的职业道德和奉献精神。积极参与教材编写，并两次在全国性教研会上讲公开课。1979年被评为"海淀区先进工作者"；1986年和1987年，两次被评为"海淀区教育系统优秀共产党员"；1992年被评为"北京市美育先进工作者"；1995年被评为"北京市先进工作者"。

＊张 凯 男，生于1946年，中学地理教师，1994年被评为"北京市特级教师"。热爱教育事业，模范履行岗位职责。教育教学、科研、培养青年教师与科普工作全面发展，编著文章、书籍多部（篇）。在教育教学实践中，秉持"和谐、兴趣、成功"的教学原则和"先做人、后成材"的育人原则。坚持"面对有差异的学生，实施有差异的教育，促进有差异的发展，培养有差异的人才"。曾任教育部高中教材审查组成员，教育部义务教育课标组（地理）成员，教育部农村远程教育资源建设监理专家，北京市地方教材审查组成员等。曾被授予"全国优秀教师"、"北京市优秀教师"称号，享受国务院政府特殊津贴。

＊张怡令 女，生于1939年，中学生物教师，1994年被评为"北京市特级教师"。忠诚教育事业。努力提高课堂教学质量，学生成绩优秀；广泛开展课外科技活动，使学生在实践中增长才干；注重对特长生的培养，把学生带到科学前沿；科研紧密结合教学。曾被评为"全国优秀教师"，并被授予"全国优秀教师"奖章，被评为"北京市优秀教师"，获"北京市科技园丁"奖。与他人合编的软件《细胞》经评审在全国推广，并获北京普通教育教学改革成果展览会优秀奖。因对获第四届国际生物奥林匹克竞赛金奖的学生进行了中学部分的培训工作得到北京市嘉奖。

＊张春条 男，生于1938年，中学数学教师，1994年被评为"北京市特级教师"。热爱教育事业，具有良好的职业道德和奉献精神。长期担任北京市华罗庚金杯赛教练组教练、主教练，市数学奥校教练员，兼任北京数学学会常务理事、西城区数学学会常务理事、民盟实验中学支部主委。曾获

"西城区科技积极分子"、"西城区优秀科技园丁"、"北京市优秀科技园丁"、"西城区教育科技论文一等奖"。

*张振英 男，生于 1935 年，中学语文教师，1994 年被评为"北京市特级教师"。热爱教育事业，有扎实的文化业务知识和教育理论功底。任中、小学教师二十年，在提高教学质量，做好德育工作、班主任工作方面，取得了突出的成绩。在提高全区教师教学水平，培养骨干教师，大面积提高教学质量，进行教学改革实验，撰写论文，组织学科研究会工作等方面，作出了显著成绩。曾多次获"全国优秀教师"、"北京市先进个人"、"北京市优秀教师"、"北京市劳动模范"等荣誉称号。

*李玉英 女，生于 1943 年，幼儿教师，1994 年被评为"北京市特级教师"。热爱教育事业，热爱孩子，热爱幼教工作，具有高尚的职业道德。曾被聘为北京市幼教系统"走进童心世界"学习研讨活动讲师团成员，撰写的《对幼儿教师语言特点的思考与探索》等文章均在市区进行交流，教育案例《李老师眼中的孩子》曾在《学前教育》多篇连载。组织的数学活动，抓住了儿童理解水平，心理特点，组织形式活泼，儿童乐于参与，深受听课教师赞扬。曾获"全国教育系统劳动模范"、"北京市人民教师奖"荣誉称号，享受国务院政府特殊津贴。

*李 刚 男，生于 1955 年，职业学校烹饪课教师，1994 年被评为"北京市特级教师"。热爱教育事业，模范履行岗位职责，以忘我的精神境界刻苦力学，致力于职业教育事业。学术造诣深厚，他的刀工技术"五步教学法"、菜肴制作"质感教学法"及教学经验和教学成果在全国推广。"九五"、"十五"期间主持并参加多项国家、市区科研课题研究。发表论文六十余篇，出版专著十二部，三项技术创新获国家专利。享受国务院政府特殊津贴，曾获"中国烹饪大师"、"北京市有突出贡献的科学、技术、管理专家"、"首都国宝级烹饪艺术家"、"北京市人民教师奖"、"北京市业务技术能手"等称号。

*李志瑷 女，生于 1938 年，中学地理教师，1994 年被评为"北京市特级教师"。热爱教育事业，具有良好的职业道德和奉献精神，长期担任宣

武区地理教师培训工作，并参与多项市级教师培训，创造性地完成任务；1986年应聘国家教育部参加九年义务教育全日制地理教学大纲的编写；主持和参编的《九年义务教育初中地理教材（北京版）》于1999年获"北京市首届基础教育教学成果"一等奖和1998年"胡楚南优秀中学教学成果奖"。曾任第六届中国地理学会理事，任北京市教育委员会中小学地方教材审定委员会委员。

*李其震　男，生于1938年，小学自然教师，1994年被评为"北京市特级教师"。中国科普作家协会会员。热爱教育事业，具有良好的职业道德和奉献精神。多次编写全国自然及综合实践课教材，多次为北京市及全国自然教师进行观摩课和教材分析，编著十几部少儿科普读物。多次在电视台、中国科技馆、索尼探梦馆为青少年演示科学实验，任北京电视台、中国科技馆科学顾问。曾获"北京市先进个人"、"北京市科技园丁"称号，2009年获全国青少年科技辅导员"终身荣誉"奖。

*李树德　男，生于1940年，小学数学教师，1994年被评为"北京市特级教师"。热爱教育事业，坚持教书育人，具有高度的事业心和责任感。从教三十余年，努力钻研数学教学，曾任北京市东城区奥数思维训练班负责人兼教练员，主持过多项数学学科的研究工作，参编多部数学教学作品和数学教材。曾获得"北京市普教系统教书育人先进工作者"、"东城区优秀党员"称号。

*李眉云　女，生于1944年，小学美术教师，1994年被评为"北京市特级教师"。以高度的敬业精神和对学生全身心的热爱，在美术教育园地辛勤耕耘，作出了突出贡献。不仅创立了大美术教育理论，并且在编辑教材、著书立说、论文撰写、经验推广等方面取得卓著的成绩。曾被授予"北京市劳动模范"称号，担任西城区第九届政协委员，国家教育部、北京市美术课本美术学具审定委员。创建的北京市西城区光明美术培训学校，更是在社会上有很高的知名度。

*李祖功　男，生于1941年，小学数学教师，1994年被评为"北京市特级教师"。热爱教育事业，具有良好的职业道德和奉献精神，在群众中有较高威望。中国数学奥林匹克委员会二级教练；北京市教研部小学数学高年级中心组成员；北京市数学教育学会会员。采取多种方式培养青年教师，进行教学改革研究，引导青年教师走出"科研带教研"的创新之路。多年来培养了大批优秀的学生和青年教师，多次被评为"北京市先进工作者"、"石景山区先进工作者"。享受国务院政府特殊津贴。

　　*李　烈　女，生于1954年，小学数学教师，1994年被评为"北京市特级教师"。现任北京第二实验小学校长兼党委书记，中国教育学会副会长，北京市人大代表。她的数学教学"实而不死，活而不乱，易中求深，情理交融"。1997年任校长以来，带领全校师生打造了"以爱育爱"为核心的学校"九大文化"，开创了独具特色的实施素质教育的模式，引起全国各方高度评价。曾先后荣获"全国劳动模范"、"北京市有突出贡献的科学、技术、管理专家"、"北京市人民教师奖"、"北京市首届十大杰出青年"、"首届首都楷模"、"香港柏宁顿孺子牛金球奖"中"杰出奖"等荣誉称号。并兼任教育部教育干部培训专家委员会委员，教育部教师培训专家委员会委员，北京师范大学教育学部特聘硕士生导师，国家教育行政学院兼职教授等职。享受国务院政府特殊津贴。

　　*杨子坤　男，生于1934年，中学历史教师，1994年被评为"北京市特级教师"。爱岗敬业、勤奋钻研、改革创新，教学特色鲜明，在素质教育、培养思维能力、探索教学方法等方面，取得了同行赞许的成果。曾参编"五四学制"课本，参写人教版多样教参，发表教学论文五十多篇，出版专著《特级教师点拨高考》等。一贯倾心帮助市区青年教师成长，促使本组教学质量不断提高。应邀在国内做教材辅导、培训师资、录制影像和交流经验等活动两百多场次。曾任北京教育学院历史系兼职教授、全国中学历史教学研究会学术委员、市历史教学研究会常务理事和《考试》杂志编委。

　　*杨志清　男，生于1938年，中学美术教师，1994年被评为"北京市特级教师"。热爱教育事业，具有良好的职业道德与奉献精神。曾被评为"海淀区教育之星"。编写审定了"中学生课外美术阅读丛书"及中学教学实用全书"美术卷"。1984年至1993年任北京市美术教育学会理事。1993

年被聘为海淀区中学高级职称评审委员会委员。1994 年在北京国际美术教育研究会上为外国专家做了公开课。

＊**杨树华** 男，生于 1936 年，小学数学教师，1994 年被评为"北京市特级教师"。热爱教育事业，具有良好的职业道德和奉献精神，参加过北京市教材的编辑工作、北京市小学评优课评委工作、北京市小学毕业考试命题工作等。曾被评为"宣武区优秀党员"。长期从事小学数学教研工作，在担任小学教研室主任工作中，总结过《改革课堂教学结构，提高教学质量》专题论文，被评为北京市及宣武区优秀论文，并在区教学刊物上发表。指导青年教师成长，曾获"北京市先进工作者"称号。

＊**杨雄生** 男，生于 1937 年，中学物理教师，1994 年被评为"北京市特级教师"。热爱教育事业，具有良好的职业道德和奉献精神。被授予"朝阳名师"称号。曾为朝阳区举办"青年骨干教师培训班"，为本区培养了一批青年骨干物理教师。1987 年至 1991 年被聘为北京市中小学教师职务评聘委员会中学物理学科评委。1987 年至 1997 年被聘为北京市朝阳区中小学教师职务评聘委员会中评委、教师高级职称评审委员会评委和物理学科组长。1982 年至今被《物理通报》聘为常务编委。参加《物理通报》主编的九年义务教育《初中物理》教材（1985 年至 2003 年版）的编写，任该教材副主编。

＊**杨鹏声** 男，生于 1937 年，中学体育教师，1994 年被评为"北京市特级教师"。热爱教育事业，模范履行岗位职责。从教五十年来，爱岗敬业、教书育人，治学严谨、务真求实。创建了"严、量、全"的汇文体育教育原则：将单纯的体育教学向全面育人的大教育观转化，为国家输送了一大批高水平运动员。为保持汇文中学的体育传统和发展特色体育作出了突出贡献。曾任中国田径裁判委员会副主任委员，多次担任国际国内田径比赛技术代表、技术官员、总裁判长、现场指挥等职务；多次承担全国晋升田径国家级裁判员考试的命题、主考、评审工作。曾获"全国优秀教师"、"全国体育卫生先进工作者"、"全国优秀田径工作者"、"全国优秀国家级裁判员"、"首都精神文明奖章"等荣誉称号，享受国务院政府特殊津贴。

*杨鹤龄 男，生于 1937 年，中学政治教师，1994 年被评为"北京市特级教师"。热爱教育事业，曾获"北京市优秀教育工作者"、"海淀区先进教育工作者"称号。在学校主持多项部级和市级科研课题，出版个人专著一本，参与编写北京市政治教材的教参等业务书籍二十六本。在省级和国家级报刊上发表论文七十多篇，论文多次获全国和市级一、二等奖。北京市教委师资处将他的教学和科研成果摄录成中学继续教育的录像教材，作为培训全市政治教师的教材。

*汪金城 男，生于 1942 年，中学数学教师，1994 年被评为"北京市特级教师"。热爱教育事业，全面贯彻党的教育方针，模范履行岗位的职责。担任班主任二十七年，所带的班级多次被评为"北京市先进班集体"，其班主任工作经验在市区和中央电视台教育频道交流。所进行的高中数学"寓自然辩证法于数学教学"的教学专题研究，有效激发了学生的学习兴趣，所带学生掌握了数学思想方法，不仅在全国高中数学竞赛、中美数学邀请赛取得优异成绩，班级高考成绩在全区乃至全市都名列前茅。坚持理论和实践的研究，发表论文和编写著作多篇。曾获"全国优秀班主任"、"全国德育先进工作者"、"北京市劳动模范"称号。

*汪耆年 男，生于 1938 年，校外航模教师，1994 年被评为"北京市特级教师"。热爱校外教育事业，从事航模辅导工作四十余年，潜心钻研航模技术，1988 年辅导学生研制的低空摄像装置，获国家专利、全国发明展金奖和国际博览会金奖。1992 年与国家测绘局合作研制微型摇感无人机，被列为国家级科研项目。多年来所辅导的学生在国内外航空模型比赛中均获得优异成绩。曾多次获"北京市优秀教师"称号，并一直担任北京航空学会常务理事。

*周汝泽 男，生于 1937 年，小学自然教师，1994 年被评为"北京市特级教师"。1997 年退休后一直抓青少年的科技教育，至今已从教五十余年。工作勤勤恳恳，无私奉献，成绩显著。在自然教学中，理论联系实际，重视直观教学，自制的教具多次获全国及市、区级奖励；辅导的学生多次在全市科技竞赛中获奖。曾获"北京市先进科普工作者"、"北京市先进科技辅导员"、"北京市科技园丁"等称号。

***周誉蔼** 男，生于1953年，中学物理教师，1994年被评为"北京市特级教师"。热爱教育事业，长期任北京市兼职教研员，为人民教育出版社编写教师参考书。退休后受聘人民教育出版社，是教育部师范司教师继续教育教材的初高中物理专题分析丛书的副主编，编写了《运动学》。参与人民教育出版社新课标高中教材的编写。主编配套的教师参考书、学生辅导书《同步解析与测评》和新课标高考总复习（物理）。参加全国和北京市的教师培训。组织并担任北京市物理学会中学物理专题组负责人，研究教学疑难问题，培养青年教师。

***林生香** 女，生于1938年，中学英语教师，1994年被评为"北京市特级教师"。1987年荣获北京市中青年教师评优课优秀课奖。自1974年以来，一直担任海淀教师进修学校兼职教研员。新英语课标颁布后，注意用新的教学理念引导教师贯彻落实。曾获"全国归侨优秀知识分子"、"全国优秀教师"称号，并获"全国优秀教师"奖章。1984年至1993年任海淀区人大兼职副主任，1993年至2003年任北京市人大代表。还曾担任北京市英语学科教师高级职称评审委员会主任、北京市英语学科特级教师评委会委员。

***林庆民** 男，生于1939年，中学物理教师，1994年被评为"北京市特级教师"。在工作中，撰写大量论文：《物理教学和学生素质的提高》《关于编撰和解答物理问题的思考》《关于物理概念教学》等获得北京市优秀论文奖；撰写出版论著《初中物理最佳学法》等。曾被海淀区委、区政府评为"专业技术拔尖人才"，被聘为中国科学技术协会教育专家委员会学术委员。

***林镜仁** 男，生于1939年，中学生物教师，1994年被评为"北京市特级教师"。热爱教育事业，具有良好的职业道德和奉献精神。曾参加人教版、北京版及北京课标版初中《生物学》教材的编写工作；参加了《中国中学大百科全书》（生物卷）的编写工作。主持过多项市级研究课题。指导朝阳区多位年轻教师的成长。曾获"北京市基础教育系统优秀教师"称号。曾任北京市生物教学研究会常务理事、副秘书长，并长期担任过北京市教育局教学研究部兼职教研员。

＊**武　琼**　女，生于 1954 年，小学语文教师，1994 年被评为"北京市特级教师"。热爱教育事业，模范履行岗位职责。长期以来，在教育教学工作中坚持自主创新、理论探索，重视德育和美育专题研究，根据语文学科的特点，把字、词、句、篇的知识，听、说、读、写的训练统一在爱与美的教育中，走出了一条融情感教育、审美熏陶、知识学习、能力提升、智力发展五位一体的教学新路，形成个人的教育教学风格。先后参与编写出版过《新课改下的语文课堂教学探索》等书籍和教学经验论文数十篇。倡导"我能行"教育，荣获"北京市基础教育教学成果奖"。曾荣获"北京市人民教师奖"、"北京市优秀教师"和"北京市优秀教育工作者"称号。

＊**范燕生**　男，生于 1941 年，中学语文教师，1994 年被评为"北京市特级教师"。热爱教育事业，勤奋工作。曾主持中师语文教学改革研究，并被教育部评为优秀科研成果。参加了多种师范语文教材编写。长期从事推广普通话工作，被评为全国语言文字先进工作者。出版了专著《普通话的教与学》，主编了《普通话水平测试指导用书》，参加了培训测试员工作。曾被评为"北京市劳动模范"。现担任北京市语言文字工作委员会和北京市语言文字测试中心专家委员会委员。

＊**郑家麟**　男，生于 1937 年，中学数学教师，1994 年被评为"北京市特级教师"。具有高尚的职业道德和奉献精神。业务精湛、品德高尚，深受同行、学生和家长的爱戴。作为丰台区声誉极高的教师，不仅业绩突出，还常年承担全区的教学指导、辅导工作。北京市数学学会、北京市教育学会会员，参与编写了大量参考资料，并在各种刊物上发表了许多卓有见地的研究论文。曾为市、区人大代表，三届区政协委员兼职副主席等。1984 年春节，作为北京市中学教师的代表，在中南海受到党和国家领导人的接见。

＊**南　林**　男，生于 1936 年，小学数学教师，1994 年被评为"北京市特级教师"。从教四十年，实践中形成了求实的教学风格。在指导教研中紧紧抓住教材核心，深入理解教材内容，教材介绍有新意，听课评课有建议，让讲课老师满意。同时注意引导教师改革课堂教学，更新教学观念。提出了激发兴趣，坚持两基训练，实施"三个主导"，做到"四个当堂"等教学主

张。在从事教研员的过程中，培养了大批优秀的教师，撰写了十余篇论文，在全国各级报刊上发表。

*姜　菲　女，生于 1941 年，中学历史教师，1994 年被评为"北京市特级教师"。投身中学各年级历史课教学近四十年，热爱教育事业，具有良好的职业道德和奉献精神。在教学中，备课力求史料翔实，史论涉新。授课力行平等互动，使学生在汲取基础知识的同时，形成初步历史学科思维能力，掌握学科知识结构，关注并独立评价史事时政。曾荣获北京市中学教学评比"优秀课奖"；主持中央电视台《中国近代史讲座》；参与人民教育出版社教师教学用书和音像制品等多项工作；参与编写北京市教委编写高中实验课本《世界近现代史》。

*胡云琬　男，生于 1940 年，中学政治教师，1994 年被评为"北京市特级教师"。热爱教育事业，模范履行岗位职责。在教学中始终把提高学生的思想觉悟放在首位。能将传授知识、培养能力、提高觉悟融为一体，既立足于现实，又着眼于未来。不断探讨教学方法和考试方法改革，大力改变注入式教学，实行启发式教学、开放式教学，改革成果明显。应国家教委聘请参加中学思想政治课程改革实验教材的编委工作，参加全国统编教材大纲敲定和教材工作编写及初三教材主编。曾获"全国优秀教师"称号。

*贺心滋　男，生于 1935 年，中学历史教师，1994 年被评为"北京市特级教师"。爱岗敬业、严谨治学，热爱教育事业，具有良好的职业道德和奉献精神。积极开拓、锐意改革，重视师资队伍建设，重视培养青年教师。主持开展全区历史学科目标教学实验，并编制了《历史教学评价方案》《历史学科课堂教学常规》《历史学科能力培养要点》。为培养学生"爱党、爱祖国、爱家乡"的思想情感，编写了《房山革命斗争史》。勤于著述，编写了《中学生文科知识辞典》，撰写了《乡土史的教育和教学》等著作。1990年被评为"全国优秀教师"。

*赵大鹏　男，生于 1942 年，中学语文教师，1994 年被评为"北京市特级教师"。热爱语文教研工作，重视青年骨干教师队伍的建设。治学严谨，精心研究课堂教学结构的优化问题，参加《义务教育初中语文教学大纲》及

人民教育出版社初、高中语文教材的编写，任张志公初中《语文》执行主编，教育部规划教材中等职业学校、高等职业学校《语文》主编，编写《中学生学语文》等几十种专著，撰写《阅读教学课堂的心理流向》等几十篇论文。任中国教育学会中学语文教学专业委员会学术委员、北京语言学会常务理事。

*赵亚玲 女，生于 1940 年，小学语文教师，1994 年被评为"北京市特级教师"。热爱教育事业，勇于探索，勤奋工作。主编、参编了"班主任工作"、"家教辅导"等多部丛书，发表了经验、论文八十多篇，向全国各地传播教育理念，授众近百万人。独立创编了一套小学人格课读本，这套书被众多专家公认为是一部"横向贯通、纵向衔接、分层递进、螺旋上升、步步深入"的新时期的人格培养教材。

*赵仰周 女，生于 1939 年，中学化学教师，1994 年被评为"北京市特级教师"。东城区兼职教研员。多次参加市区教材教法分析，编审习题。参加北京市高中化学智能纲要编写，辅导学生多人次化学竞赛获奖。荣获多项优秀教学科研成果奖。教学中重视学生学习积极性的调动，重视学生学习能力的提高。教育教学成绩突出，先后被评为"东城区教育系统先进工作者"、"东城区优秀党员"、"东城区优秀班主任"、"东城区十佳模范教师"等。

*赵秀春 女，生于 1940 年，中学数学教师，1994 年被评为"北京市特级教师"。热爱教育事业，德才兼备。在教育教学中肯于钻研，讲究方法，特点突出，成绩优异，形成了极具吸引力及感染力的独特教学风格。曾任北京市学科教学带头人，东城区数学学科指导组成员、业余教研员及理科学会会员，编写及参与编写了多部（篇）数学读物及文章，曾任东城区政协委员、妇联会员，曾获"东城区科技成果奖"及"东城区园丁奖"，1985 年获"北京市教育系统先进工作者"称号，1996 年被评为"东城区十佳模范教师"。

*赵恒启 男，生于 1933 年，中学心理教师，1994 年被评为"北京市特级教师"。原北京教育学院西城分院院长，开拓进取，勤奋敬业，曾被评为"北京市优秀教育工作者"。因成绩突出被母校北京师范大学授予"荣誉

校友"证书。任职期间坚持在第一线授课，曾为西城区、东城区、房山区、天津和平区及外地来京的校长培训班系统讲授《学校管理心理学》这门新兴学科。主持西城区中学校长研究班。负责编写和审定部分课程教学大纲和教学计划，为西城区和全市校级干部继续教育作出了积极贡献。负责的课题多次获北京市教育科研优秀成果奖。在《人民教育》《教育研究》发表多篇文章，为多部专著担任主编、编委。

赵景瑞 男，生于 1943 年，小学语文教师，1994 年被评为"北京市特级教师"。热爱教育事业，模范履行岗位的职责。长期以来，在教学工作中坚持理论研究与实践相结合，积极探索"语文教学中培育创新精神"、"小学语文学法策略"、"语文教学中的思想教育"、"主体性教学"、"现代教学艺术研究"、"作文与做人"、"作文程序改革"。在北京市委、市政府、市教育局主持编辑的"北京教育丛书"百部中著书一本《小学语文教学》。丛书荣获全国精神文明"五个一工程入选作品"奖。在全国教育报刊上公开发表论文四百余篇，约八十万字，参与编写的公开出版书五十余本，总计三百万字。曾获"北京市语言文字先进个人"、"北京市关心下一代先进个人"称号。

赵福中 男，生于 1936 年，中学政治教师，1994 年被评为"北京市特级教师"。讲授《马克思主义哲学》《教育哲学》《邓小平理论选讲》等七门课程。积极参加进修院校教材建设。参与编写《辩证唯物主义常识》（全国高中统一教材），及全国师院用本科教材和中专哲学教材多种，撰写了大量教育科研、科普读物，约百万字以上。作为一名"双肩挑"的干部，在主管教学、科研和学生思想政治工作方面，为提高教学质量和水平作出了一定的贡献。为人正直、善良、讲课生动、深入浅出，深受学生和同事们的喜爱和尊重，先后被评为"北京市继续教育先进工作者"、"西城区教育系统先进工作者"。

赵慕熹 男，生于 1938 年，教育学教师，1994 年被评为"北京市特级教师"。享受国务院政府特殊津贴。曾担任丰台区教科所所长和教育行政干校校长。被聘为北京市教育科学规划领导小组学科专家组成员等多项社会职务。主持多项市区级重点课题的实验研究工作。编著《普通教育行政概

论》等十数部专著或著述。多次获得各项优秀成果奖。其教育管理方面的研究成果和著述在北京和全国具有一定的影响力。

*夏克若　男，生于 1939 年，中学体育教师，1994 年被评为"北京市特级教师"。热爱教育事业，具有良好的职业道德和奉献精神。在业余训练方面成绩突出，校女排在第五届全国中学生运动会上获第三名，并连续多年获市第一名。担任《中学教材教法》系列影视片的体育部分编导、拍摄，在《体育教学》《新体育》等刊物上发表论文十几篇。兼任市教育学会体育研究会理事，北京市中小学体育协会委员，国家级田径裁判员，区政协第八届、第九届委员。曾被评为"全国千名优秀体育教师"、"第五届全运会精神文明裁判员"、"北京市优秀裁判员"、"北京市先进教师"、"全国千名优秀体育教师"。

*徐兆泰　男，生于 1935 年，中学政治教师，1994 年被评为"北京市特级教师"。从 1985 年起，先后参加全国高校招生命题工作十四年。撰写《北京市学思想政治课课堂教学评价标准》，编写北京市《中华传统美德》实验教材；组织并编写全国时政读本《关于经济体制改革的几个问题》，撰写了《注重能力培养，克服死记硬背》和《北京市思想政治课的教研工作》《能力培养与训练》等论文与中学多种辅导材料。1993 年被评为"北京市优秀教师"。

*徐汝庄　男，生于 1937 年，中学政治教师，1994 年被评为"北京市特级教师"。具有献身教育的"红烛"精神。身患肝癌仍一心扑在教学和科研上，有一流的教学水平，又是科研型教师。著书和发表论文约一百万字，曾获"中国教育学会教育改革金钥匙奖"、"曾宪梓教育基金会教师奖"、"全国政治学科论文评选一等奖"，参加国家级和市级多项重点课题研究，受国家教委聘请编写教材。曾任北京教育学院兼职教授、北京中学政治课研究会常务理事秘书长、北京市中学继续教育政治学科协调组组长、东城区政治学科教学指导组组长等职。在北京市乃至全国颇有影响力。

*耿玉惠　女，生于 1944 年，小学音乐教师，1994 年被评为"北京市特级教师"。全国音乐教师联谊会秘书长，以"民美童"声音与四声部合唱训练见长；以"音乐创造教学"和"创造性音乐活动能力教学法"著称；

她曾被原国家教委主任李铁映表彰为"创造开拓型优秀教师"；曾被《中国教育报》头版头条推广经验；曾指导北京市少儿合唱团访问日本公演成功；其先进事迹已载入大型纪录片《忠诚》之"探索篇"与三十余部中外名人录中。现任北京市教委音乐专业指导委员会专家；教育部文化部音乐学科专家评审委员；北京师范大学基础教育课程研究中心艺术课程工作室副主任；北京巨人学校艺术部主任总监顾问。

*常舒正 男，生于1937年，小学数学教师，1994年被评为"北京市特级教师"。热爱教育事业，多年来运用"探究研讨教学法"进行教学实践研究。制作运用了"奎逊耐木条"等大量的教具学具。在市区产生较大影响。多篇论文获奖，为市区讲座四十余次，撰写书籍十余部。把指导青年教师成长作为己任。经常上观摩课，公开课，听课人数达到千人次。曾获"北京市普教系统先进工作者"称号。

*梁学成 男，生于1941年，中学体育教师，1994年被评为"北京市特级教师"。曾获"全国教育系统劳动模范"称号，"人民教师"奖章获得者，被评为"全国优秀教师"、"海淀区学科带头人"。热爱教育事业，具有良好的职业道德和奉献精神，曾参与编写《中学教学实用全书——体育卷》等著作，有多篇论文在市级论文报告会上获奖。多次为市教育学院大专班、在职教师继续教育班、海淀中师体育班授课，任海淀区名师工作站体育组组长，为培养区、市级骨干教师和学科带头人做了大量工作。

*梅芙生 男，生于1937年，中学美术教师，1994年被评为"北京市特级教师"。热爱教育事业，具有良好的职业道德和奉献精神。先后被评为"全国优秀教师"和"全国特教优秀教师"。1987年创办了全市第一所残疾人职业高中，为培养残疾人向知识型和技能型发展走出了一条新路。

*黄秀芬 女，生于1942年，中学舞蹈教师，1994年被评为"北京市特级教师"。任第九届北京市政协委员，中国舞蹈家协会会员。被北京市舞蹈家协会授予"舞蹈艺术家"称号，并被聘为艺术顾问。曾连续多年被评为"北京市优秀教育工作者"、"北京市优秀教师"。宣武区首届学科带头人，并被聘为区中学教师系列高级评审委员会学科评委。她的舞蹈作品多次获全

国、市级比赛佳绩，论文、参与编写的辅导纲目也多次获得全国、北京市校外教育嘉奖。编排的舞蹈参加中央电视台、北京电视台、国务院侨办、北京市侨联等单位的近百次文艺演出。带领学员随市教委赴欧洲四国访问演出。曾被评为"全国归侨侨眷先进个人"，作为北京市唯一的归侨代表，曾为"北京市弘扬妇女自尊、自爱、自立精神讲演团"成员。

＊**龚克明** 男，生于1932年，小学体育教师，1994年被评为"北京市特级教师"。热爱教育事业，具有良好的职业道德和奉献精神。现任北京市中小学体育协会委员、专家委员会委员。曾参编"北京市小学体育教材"、"教学参考资料"、"农村小学复式班体育课本"，主持编写"农村小学体育游戏"、"课外体育游戏"1至3集；参编的"第四套少年儿童广播体操"在全国推行。注重青年教师培养，举办的宣武区中小学青年教师体育进修班，培养了一批青年骨干教师。曾参加第二、第三届全运会及其他一些大型活动的团体操编训工作；受国家体委委派，数次出国参加团体操援外任务，得到受援国的好评。曾获"北京市体育先进工作者"、"宣武区先进工作者"、"宣武区园丁奖"，荣获国家体委颁发的"体育荣誉奖章"。

＊**傅佑珊** 男，生于1936年，中学数学教师，1994年被评为"北京市特级教师"。热爱教育事业，教书育人，为中学数学教师继续教育作出重大贡献。有较高的业务水平和教学能力。能理论联系实际地写出较有特色的十几本著作，如《平面几何基本图形与解题分析》《怎样学好平面几何》《奇妙的类比》《中学数学重点课题教学研究》等。还在数学通报等杂志上发表十几篇论文，如《培养学生推广问题的能力》《类比推理与数学教学》《化归思想与数学教学》《平面几何基本图形的理论方法与教学实践》等，对中学数学教学都有直接的指导意义。

＊**程汉杰** 男，生于1937年，中学语文教师，1994年被评为"北京市特级教师"。热爱教育事业，具有良好的职业道德和奉献精神。1985年创立的高效阅读教学法在全国推广，受益学生逾百万。香港大学选编的《程汉杰高效阅读中文教学法》已在港、澳、台等地推广。现任中国教育学会"十一五"科研规划课题《语文高效阅读能力培养》总课题组组长。曾获"北京

市劳动模范"、"全国铁路优秀知识分子"、"全国优秀教师"等称号。

*董宝华　男，生于1938年，中学生物教师，1994年被评为"北京市特级教师"。曾任北京教育科学研究院基础教育教学研究中心常务副主任、北京教育学会副会长、北京生物教学研究会理事长、北京植物学会副理事长等职。多年从事生物教学的研究工作，主持"北京市中学生物教学现状调查"课题、创办"北京市生物青年骨干教师研修班"等。先后发表过《中学生物教研工作初探》《谈中学生物教学中的能力培养问题》等论文，主编过《中学生物教师手册》《北京市义务教育课程改革试验教材——生物》等书籍。曾获"全国教育系统劳动模范"称号，享受国务院政府特殊津贴。

*缪秉成　男，生于1935年，中学物理教师，1994年被评为"北京市特级教师"。老实做人，认真教书，受到学生和同行的好评。曾任北京市西城区物理教研员，北京市高中物理课程改革组成员，国家教委基教司高中物理选修实验课本编委。在国家级和省市级物理教学专业杂志发表文章七十余篇。其中五篇以优秀论文被收入《中学物理教学文选》。

*翟京华　女，生于1956年，小学语文教师，1994年被评为"北京市特级教师"。在教学上实行"课前求精、课中求活、课后求创"和"构建知识、能力、方法三条链和谐教学"，教学风格体现"情"、"趣"、"实"、"活"。主持的"小学超常教育研究"取得突出成就，连续五届在世界超常会议上介绍经验，并获得北京市第三届科研成果一等奖。著有《挚爱》《语文新课程研究性学习与审美教育》等。1998年起做校长，实施"以德立校、全面育人，教学促校、优质育人，科研兴校、科学育人，文体强校、文化育人，对外交流、开放育人"的治校方略，被评为"北京市杰出校长"。先后被评为"全国教育系统劳动模范"、"全国三八红旗手"、"北京市有突出贡献的科学、技术、管理专家"。北京市两届人大代表，现为北京市政协委员。

*蔡迪今　男，生于1938年，小学数学教师，1994年被评为"北京市特级教师"。热爱教育事业，爱岗敬业，工作始终踏踏实实，勤勤恳恳，具有良好的职业道德和奉献精神，业务能力较强，对小学数学教学的研究有一定的造诣，工作中一直坚持并亲自培养一支老中青相结合的教师队伍，为提高门头沟区数学教学质量打好基础，这支队伍已成为门头沟区教学的骨干力量。在门头沟区小学数学学科上有较深的影响，有一定的威望，为门头沟教育事业的发展作出了较大贡献。

*蔡福全 男，生于1955年，中学体育教师，1994年被评为"北京市特级教师"。先后任北京市第六十五中教师、副校长，北京市第五十五中校长。2002年至今任北京市东城区教委主任、北京市东城区政府教育督导室主任、全国基础道德教育委员会副主任、北京市政协教文卫体委员会副主任、北京市举重裁判委员会主任、国际裁判。曾荣获"全国优秀教师"、"全国群众体育先进工作者"、"北京市劳动模范"、"北京市体坛英豪教苑楷模"等荣誉称号。

*鞠曼萍 女，生于1945年，小学数学教师，1994年被评为"北京市特级教师"。热爱教育事业，积极进行教学改革。多次参与数学教材的编写、实验及教师培训工作。做大型公开课一百余节，两次获北京市评优课一、二等奖。有多篇论文在国内及北京召开的国际教学研讨会上交流。多次在北京广播电台、电视台介绍教学经验。曾任北京市数学理事会常务理事、东城区学科指导小组成员、区学科带头人。曾获全国少先队创造杯优胜奖，荣获"北京市教育系统先进工作者"、"北京市优秀教师"、"东城区教书育人园丁"、"东城区优秀共产党员"等荣誉称号。

（5）1998年评选的特级教师简介

*丁益祥 男，生于1951年，中学数学教师，1998年被评为"北京市特级教师"。热爱教育事业，为人师表，勇于奉献。主编或参编《高中数学大全》《高中数学补充教材》《中学数学名师教学艺术》等书籍五十余部，在《中国数学教育》《数学通报》《现代高等教育》等报刊上发表文章一百八十余篇。主持过多项课题研究，有十九篇论文获国家或市级奖。指导的青年教师在全国讲课比赛中有五人获奖。获得"北京市优秀教师"称号，北京市高中课程改革学科专家指导组成员，北京中学数学兼职教研员，中国科协教育专家委员会学术委员，中国管理科学研究院特约研究员，首都师范大学特级教师工作中心兼职硕士生导师。有关事迹曾在《中国教师报》作过

报道。

* **丁淑英** 女，生于 1944 年，中学音乐教师，1998 年被评为"北京市特级教师"。任职北京教育学院丰台分院教研员。在从事音乐教育的实践中，突破旧的模式，改革传统的唱歌教学方法，加强欣赏教学，努力开展器乐教学，强调情感的特点，加强对音乐教学过程的研究，通过不同的方式提高了音乐教学的质量。组织全区音乐教师开展了多项卓有成效的工作。获得市、区及全国数十种奖项。在推动音乐教育水平的提高方面起到了应有的作用。

* **于宪敏** 女，生于 1945 年，小学语文教师，1998 年被评为"北京市特级教师"。热爱教育事业，重视教书育人，师生关系民主、平等、和谐。在小学低年级儿童教育教学中经验丰富，重视发展学生的思维，重视营造丰富多彩的语言环境。教学方法灵活多样，紧紧抓住了儿童语言发展的关键期，从一年级开始，组织学生开展课外阅读，进行说话、写话的训练，成绩显著。找到了一条低年级语文课学得生动活泼、学得又快又好的途径。获"首都五一劳动奖章"和"北京市人民教师提名奖"，先后被评为"北京市德育先进工作者"及北京市中小学"紫禁杯"优秀班主任特等奖。

* **马　成** 男，生于 1950 年，幼儿音乐教师，1998 年被评为"北京市特级教师"。中国音乐家协会会员。热爱教育事业，具有良好的职业道德和奉献精神。积极进行科研、教研，主编了多本全国幼师、幼儿园教材，创造了"钢琴伴奏构建法"这一科研成果；作为幼儿音乐教育的专家，潜心钻研幼儿音乐，创作和发表幼儿歌曲和器乐曲三百余首，幼儿游戏剧十部，并著有《幼儿歌曲创编》《幼儿律动音乐》《幼儿打击乐活动》等音乐专著。

* **马淑冬** 女，生于 1945 年，中学英语教师，1998 年被评为"北京市特级教师"。热爱教育事业，具有良好的职业道德和奉献精神。从事高中英语教学工作三十余年，有着丰富的临考辅导经验。1996 年获"第二届全国中小学外语教师园丁奖"。1994 年赴美国学习并讲学，1998 年赴台湾交流学习并讲学，1999 年荣获"首都五一劳动奖章"。曾参与中国教育电视台主办的英语高考辅导讲座，出版过多种书籍，发表过多篇论文。

* **尹濬淼** 男，生于 1939 年，中学数学教师，1998 年被评为"北京市

特级教师"。热爱学生，忠于职守，具有良好的职业道德和奉献精神。注意发现、扶植学生的个性发展。提出的"鼓励，是教育的一项基本原则"、"一种新的思维方式：反省思维"、"适当采用讨论法进行课堂教学"等先进的教育观点及论著，富有前瞻性、实践性，对推动素质教育有重要意义。曾获"西城区优秀园丁"、"西城区学科带头人"称号。在指导青年教师、班主任等方面均有显著成绩。

*戈海宁　女，生于 1958 年，小学数学教师，1998 年被评为"北京市特级教师"。有做教师、做校长、做教研室主任的经历，在教书、治校、引领教学研究的岗位上作出了突出贡献。连续三期主持东城区小学数学工作室工作，是北京市吴正宪小学数学工作站专家组成员。为东城区的课程改革和课程建设总结了宝贵经验，指导东城区的数学课题研究成果获得北京市教学成果一等奖；主持并参与编写的首套东城区地方课程教材《走进东城》通过北京市课程教材的审定，获东城区教学成果一等奖。

*毛桂芬　女，生于 1956 年，中学物理教师，1998 年被评为"北京市特级教师"。热爱教育事业，具有良好的职业道德和奉献精神。长期在教育教学一线工作，在教育质量、教学研究、教育科研等方面都有出色成绩，曾获得"北京市科学技术进步"三等奖，第一届"全国物理教学大赛"一等奖，获"全国模范教师"、"全国十杰中小学中青年教师"、"北京市三八红旗奖章"、"北京市中青年骨干教师"、"北京市优秀教师"等称号，享受国务院政府特殊津贴。

*王大绩　男，生于 1942 年，中学语文教师，1998 年被评为"北京市特级教师"。热爱教育事业，热爱语文教学、热爱学生、辅导青年教师，积极推进课程改革工作。参与北京市教材编写，十多年来主编《阅卷纵横》。在阅读和写作教学中有独到建树和全国性影响。数十篇论文获市区级奖项。坚持实事求是的原则，坦诚直言，三次获得五部委全国"保护明天"优秀作品一等奖。

*王天开　男，生于 1947 年，中学化学教师，1998 年被评为"北京市特级教师"。热爱教育事业，具有良好的职业道德和奉献精神。从教后一直在教学一线，长期担任奥校教练和区名师讲学团专家，培养的教师多次在全

国青年教师评优课、北京市青年教师评优课等活动中获一等奖，辅导的学生在全国化学竞赛中获全国联赛银奖。在电视台进行讲座，并出版多部著作，发表多篇论文，参与全国中小学教师远程课题研究，曾获"北京市优秀教师"称号，享受国务院政府特殊津贴。

﹡王文辉　男，生于 1939 年，中学生物教师，1998 年被评为"北京市特级教师"。热爱教育事业，具有良好的职业道德，工作踏实认真，淡泊名利，具有开拓和奉献精神。北京市初中生物教材副主编；与祁乃成（特级教师）应邀合编台湾中等专业学校《护用生物学》教材；另与他人合作出版过十多种生物知识普及读物和教学指导用书；连续数年为北京高中生物会考命题组组长，并参与过全国高考生物试题的审查工作；经常深入教学第一线热心指导教学，为青年教师的成长作出了应有贡献；曾获"北京市优秀教师"称号。

﹡王乐君　男，生于 1944 年，中学英语教师，1998 年被评为"北京市特级教师"。热爱教育事业，专业能力强。被评为"宣武区拔尖人才"。1993年至 2000 年任宣武区和北京市高级教师职称评审委员会评委。2001 年任北京市高级教师评审委员会主任，任北京市特级教师评审委员会评委。1996 年应北京市教材编审部邀请编写北京市小学英语教材，审核北京市中学教材。曾在中国教育电视台、北京电视台做高考系列讲座、高考点拨。有英语语法专著。曾主编、撰写了一千六百万字的教辅书，包括中、高考模拟试卷、教材同步讲解练习册、阅读、写作，均由北京和全国各大出版社出版发行供全国各地学生使用。

﹡王占元　男，生于 1941 年，中学数学教师，1998 年被评为"北京市特级教师"。在北京市中、小学教材编写组工作期间，先后参加北京市、华北四省市数学教材编写工作。在北京教育学院工作期间，讲授空间解析几何等课程，在北京电视台讲授初等数学专题讲座六讲。在北京市教育局教研部、北京教科院基教研中心任教研员期间，曾主持市级科研项目——平面几何入门实验达八年，共七轮，其成果获北京市优秀科研论文一等奖，参加、主持北京市中考数学命题共十八次。2001 年退休后，一直参加北京市九年义务教育初中数学教材编写工作，任常务编委，几何组组长；参加北京市义务教育课程改革实验数学教材编写工作，任编委。参加工作四十年来，先后在科学出版社等单位出版《怎样学好初中数学》等专著十多本；在《教育科学研究》等杂志上发表《教学三则》等论文三十余篇。

***王永惠**　男，生于 1940 年，中学生物教师，1998 年被评为"北京市特级教师"。从教四十余年，言传身教，教书育人。能站在哲学的高度上驾驭教学。课堂教学生动活泼，妙趣横生，教学效果显著。参与全国和北京市生物教材、教参的编写工作，主编和编写多部专业著作，录制高中生物教学的录像带、光盘多部，并在中央电视台播出。曾任北京市生物学科兼职教研员，学科教学带头人，首都师范大学教育硕士专业学位研究生指导教师。曾获"全国中学生生物奥林匹克竞赛优秀教练员"、"北京市科技园丁奖"、"西城区优秀园丁奖"称号。

***王寿沂**　男，生于 1941 年，中学语文教师，1998 年被评为"北京市特级教师"。长期致力于中学语文教学工作，忠于职守，热爱学生，热爱教学，勤于学习与思考。在长期的教学实践中形成了自己的风格特色，尤其在诗词教学和语言运用方面具有独到的见解和训练方法。曾多次在国家、省、市、地区各级别会议上以及国家、省市各级别媒体上作专题介绍，发表了《中学生读诗津梁》《追求语言表达》等一批论著，受到有关部门和业内人士的褒奖。曾获"全国优秀教师"、"北京市优秀教师"称号。

***王　岚**　女，生于 1958 年，小学数学教师，1998 年被评为"北京市特级教师"。曾获"北京市优秀青年知识分子"称号。热爱教育事业，具有良好的职业道德和奉献精神，多年来致力于《小学数学课堂教学培养学生创新能力的行动研究》，科研论文获国家课题一等奖，北京市论文一等奖，《创造思维在三个结合中前行》等多篇文章在《光明日报》《北京教育》《北京教育科研》等杂志上发表，研究成果获"北京市教育教学成果二等奖"。现任北京师范大学兼职导师。

***王　岱**　女，生于 1953 年，中学英语教师，1998 年被评为"北京市特级教师"。热爱教育事业，具有良好的职业道德和奉献精神。在高中英语教学中，注重理论与具体教学环境相结合，培养学生的综合能力。曾参与全国、市、区级培训教师的工作，参加教材和学法指导的编写工作，担任青年教师和学生学科指导工作。曾入选市、区两级跨世纪优秀人才工程，获市首批"为首都建设作出突出贡献的统一战线先进个人"。现任北京市中学英语教育学会会长。

***王能智**　男，生于 1942 年，中学地理教师，1998 年被评为"北京市特级教师"。热爱教育事业，具有良好的职业道德和奉献精神。作为"首都基础教育名家"、首都师范大学和北京教育学院特聘教授，多年来始终致力于青年教师专业发展规律的研究与实践。主持的课题《青年教师综合实践教学能力培养策略的研究》成果，在北京市第二届基础教育教学成果评选中荣获特等奖。众多青年教师在他的指导下健康快速成长。鉴于他的突出贡献，2003 年 9 月 10 日，中共北京市委教育工委、北京市教委向全市教育系统作出了《关于开展向王能智同志学习的决定》。

***王晨华**　女，生于 1954 年，特殊教育教师，1998 年被评为"北京市特级教师"。热爱教育事业，为特教事业的发展倾注了自己全部的爱。清晰、准确、别具风格的手语受到了各界的赞誉。潜心探求聋校语文教学规律，主持多项科研课题并身体力行地带领团队为聋校高中教育的发展和提高尽心竭力，为青年教师的成长不遗余力。"北京市第四聋人学校"已在全国高中聋校中享有盛名，学校的教育教学质量得到了学生、家长及社会的充分认可。曾获"北京市三八红旗奖章"、"全国特教先进工作者"等称号，享受国务院政府特殊津贴。

***王富友**　男，生于 1941 年，中学历史教师，1998 年被评为"北京市特级教师"。毕生从事中学历史教学、教研工作，热爱学生，热爱教育事业。具有坚实的专业功底和丰富的教学经验，教学中善于激发兴趣，启发思维，引导学生探究问题。担任教研员时，与广大教师合作，摸索出一条"科学、高效"的高三历史复习备考的思路和方法。曾参与《中学历史教学大纲》、多套历史教材及教学参考书的编写，撰写有关教学、教研、考研的著作四百余万字。多次在中国教育台、中央电视台进行历史高考复习专题讲座及现场咨询。

***王 新** 女，生于 1944 年，小学数学教师，1998 年被评为"北京市特级教师"。工作深入扎实注重实践，锐意改革不断进取。曾主持多项课题研究及两项教材改革实验。撰写及指导的论文、经验总结三十余篇，分别在全国、北京市、东城区获奖、交流或在刊物上发表。参与了多套教材、教参及配套教辅的编写，多次在全市介绍教材培训教师，为北京市教材建设和教学改革作出了贡献。主编并参与编写《小学数学课堂知识手册》等书。连续多年被中央教育科学研究所聘为全国小学优质观摩课评委。两次被评为"东城区优秀共产党员"，曾任区学科指导小组组长及"东城区学科教学带头人"。

***冬镜寰** 女，生于 1942 年，中学化学教师，1998 年被评为"北京市特级教师"。多年来潜心致力于化学教学国家级、市级科研课题的研究和实践，善于用教科研成果指导全区化学教学工作，充分发挥老教师的引领作用，满腔热情培养中青年教师，为全区化学教学质量的提高作出了贡献。多年任教育部考试中心全国高考试题评价专家组成员，多次参加教材、《考试大纲》及有关教学文件的起草、修改，在《中国教育报》《中国考试》《化学教育》等报刊上发表了对北京乃至全国化学教学有指导性的论文或文章五十余篇。

***冯 朋** 男，生于 1940 年，中学化学教师，1998 年被评为"北京市特级教师"。热爱教育事业，勇于创新，对中学化学教育及教师培训有深入研究，并取得突出成果。曾六次获北京市、朝阳区政府及教育部门表彰，七次被全国、市、区学术团体评为先进个人，任各级学术兼职达十项之多。主持参与编写化学教材、化学教学研究及学生读物三十余册，主持、参与各级教育研究课题十余项，发表（含获奖）论文二十余篇。

***卢桂兰** 女，生于 1945 年，中学政治教师，1998 年被评为"北京市特级教师"。热爱教育事业，具有良好的职业道德和奉献精神，有很强的教育教学能力，编写政治教学参考书，长期担任海淀区教师进修学校政治学科兼职教研员。

*史旭恩　男，生于 1940 年，小学数学教师，1998 年被评为"北京市特级教师"。自 1958 年从北京市来到顺义支援教育事业以来，先后担任二十六年的小学班主任工作及十六年的教研员工作，任教研员期间以小学数学教材为载体，着重激发学生学习兴趣，掌握数学思想方法的指导思想，培养顺义区小学数学教师，不断提高他们的教学能力，取得了良好效果，使得全区小学数学教学质量得以明显提高。因此被评为"全国优秀教师"、"北京市优秀教师"、"顺义区学科带头人"。

*田雨新　男，生于 1942 年，中学语文教师，1998 年被评为"北京市特级教师"。早年师从于启功先生，主攻隶书和行楷。多年来在北京大学、中国人民大学等高等院校从事书法教学及书法理论研究。应邀为中国人民大学撰写了《大学生书法教程》（三十万字），为《中国少年百科全书》撰写全部书法词条。出版有毛笔、硬笔书法字帖。现为全国政协书画室特邀书法家、中国书法家协会会员、中国人民大学书法客座教授、中国书法艺术研究院教授、中国和平统一促进会书画家联谊会理事。

*白彬华　女，生于 1956 年，小学美术教师，1998 年被评为"北京市特级教师"。被评为"国家级骨干教师"、"北京市学科教学带头人"。现任北京美术教育研究会常务理事，西城区美术专业委员会会长，西城区教育研修学院美术教研员，人民教育出版社美术教材编委，人民美术出版社全国、北京版美术实验教材及教参副主编。《中国教育报》曾对其教学情况进行过专题报道。曾主持研究全国教育科学规划重点课题并予以推广；编著《小学美术教学研究》《儿童版画》等书；撰写的文章多次在报纸杂志上发表。相关论文多次在国际、全国、北京市论文评选中获一、二等奖；任教期间曾获全国美术教学录像课一等奖、北京市教师教学基本技能竞赛四项全能一等奖第一名；多次被中国教育电视台、北京电视台聘请为美术主讲教师；辅导的教师曾多次在全国、北京市教学评优中获一等奖。多年来，在不同类型的国际、全国、北京市青少年书画大赛中做评委。

*白福秦　男，生于 1936 年，中学化学教师，1998 年被评为"北京市特级教师"。热爱教育事业，具有良好的职业道德和奉献精神。作为北京市

化学教学研究会副秘书长、理事，教学仪器研究会学术委员会委员，撰写各种专业技术书籍二十多部；发表学术论文五十多篇；研制改进教学仪器三十多项，数套教学仪器被中学教材选用，列入教委中学实验仪器目录。被评为"全国教育系统劳动模范"，获教育部"人民教师"奖章、国家教委"曾宪梓教育基金奖"、"胡楚南优秀中学教学成果奖"。退休后一直从事课程改革实验研究与师资培训。主编并参加编写了多套化学实验教参与培训资料。2007年获北京市教育学院"十五"继续教育工作院外专家特殊贡献奖。2009年被北京市教育学院聘为教授。

*石荣贵 男，生于1942年，小学体育教师，1998年被评为"北京市特级教师"。从教三十八年，热爱学生，热爱体育工作，把全部精力投入到体育教学改革之中，逐渐形成规范、活泼、入情的教学特色，创编的学生操屡屡获奖，其中的"旗操"被联合国教科文组织收藏，模仿动物操列为北京市小学推广操等。多年担任市、区体育学科兼职教研员工作，分别到北京市各区县讲学并指导教学。2002年退休至今，一直为培养青年教师发挥余热。

*乔荣凝 男，生于1942年，中学数学教师，1998年被评为"北京市特级教师"。获得"北京市优秀教师"称号，曾荣获"苏步青数学教育奖"。在北京师范大学附属中学任数学教师，并担任数学教研组组长，北京师范大学基础教育对外合作办学指导委员会委员。北京市宣武区成立有"乔荣凝教育工作室"。曾担任《数学通报》编委、中央电教馆教育资源开发部专家、中国教育学会教育发展研究中心基础教育研究室专家等职务。多次参加国家级和北京地区的教育科研项目，多篇基础教育教学论文荣获中国教育学会和北京市优秀论文一等奖。编著有《基础数学学习》《特级教师授课启示录》《中学实用数学辞典》《高考宝典》等书目。并多次参加北京市中学数学补充教材的编写。

*任光辉 男，生于1940年，中学数学教师，1998年被评为"北京市特级教师"。曾任北京市立新学校数学高级教师、教研组长、海淀区教师进修学校兼职教研员。曾任第一届北京数学会理事，历任北京市教研部兼职教研员。1991年被评为北京市海淀区学科教学带头人，2002年被聘任为中国

科学技术协会教育专家委员会学术委员。曾发表多篇论文，编写了北京教育学院主编的全册《立体几何》教案及北京市教研部主编的《北京市数学总复习》的立体几何部分。

＊刘千捷　男，生于 1939 年，中学物理教师，1998 年被评为"北京市特级教师"。热爱教育事业，具有良好的职业道德和奉献精神。作为兼职教研员，主编、参编了《奥林匹克物理教材》《高中物理的学习方法》《探索解好物理习题的奥秘》等多套物理教材。参加了《高中物理能力大纲》课题的全部研讨及编写工作。在中学物理课程教材体系的改革，提高课堂教学质量方面作出了突出贡献。是首批高级教师，也是首批西城区学科教学带头人。曾获"西城区教育系统先进工作者"称号。

＊刘世昌　男，生于 1943 年，中学体育教师，1998 年被评为"北京市特级教师"。在中学体育战线工作四十一年，热爱教育事业，具有良好的职业道德和奉献精神，成绩显著，业务水平高超；曾担任北京市中小学体育教研组成员，曾参与编写中学体育教师参考书，丰台区体育中心组成员，指导多名青年教师在北京市评优课中取得优异成绩。退休之后仍为丰台区的体育工作发挥余热，参与北京市农村工作站教师培训的听评课工作，为学校体育工作贡献自己的力量。

＊刘正己　男，生于 1937 年，中学物理教师，1998 年被评为"北京市特级教师"。热爱教育事业，具有良好的职业道德和奉献精神，曾长期担任北京市和丰台区高中物理兼职教研员，主持过"CAI 课件制作与应用"课题的研究。主编、参编过多部物理教学著作和撰写了多篇论文，被中国教育学会连续聘为年会论文评审专家。被多所中学聘邀，指导青年教师成长。曾获得"北京市科技园丁"称号，被中央教育科学研究所主办的"全国青少年未来工程师竞赛"聘为副总裁判长。

＊刘永胜　男，生于 1946 年，小学语文教师，1998 年被评为"北京市特级教师"。热爱教育事业，模范履行岗位职责。倡导"我能行"教育课堂学习基本理念，形成了"我能行"课堂教学特色。主持并参与国家、市区级的科研课题"小学低年级乐教、乐学、乐考教学实验的理论研究""我能行

教育评价策略与方法的研究""提高课堂教学效益策略与方法的研究",出版专著《教育造就成功的人生》《"我能行"教育的思考与实践》《小学日常评价与期末考试改革的探索》《为了光明的明天》等。曾荣获"全国模范教师"、"全国教育系统先进工作者"、"北京市普教系统先进工作者"、"北京市有突出贡献的科学、技术、管理专家"称号,荣获"首都精神文明奖章",享受国务院政府特殊津贴。

*刘庆海 男,生于1938年,中学政治教师,1998年被评为"北京市特级教师"。热爱教育事业,具有良好的职业道德和奉献精神,曾被评为"北京市优秀教师"、"北京市师德模范"。作为北京教育科学研究院兼职教研员、北京市教育学院兼职教研员和《中国教育报》考试月刊专家组成员,参与北京市中学政治高三教参的编审,是国家教育部和人民教育出版社"九五"课题主持人,编写论文论著百万字。多次参与北京市初高中教材教法辅导和中国教育电视台的高考辅导和答疑。从恢复高考以来,连续三十年在高三任教,曾培养出北京市高考文科状元,高考成绩在北京市名列前茅,并参与了北京市政治学科会考命题。应邀到全国五十多个省市讲学。培养出三十多名中青年教师,其中两人已被评为特级教师。辅导中央电视台组织的国情知识竞赛,获北京市第一名,辅导"瞭望杯"时事竞赛,连续四年获北京市第一名。

*刘 坤 男,生于1937年,中学数学教师,1998年被评为"北京市特级教师"。爱岗、敬业、负责、奉献。"数学教学科学化"是他的奋斗目标。把"教材、教法、学法整体优化"作为实施手段。多次主持市区相关课题的研究,发表论文近四十篇。提出的"参与在数学学习中的作用"、"系统进行数学学法教育"、"全面数学教育"等观点在全国影响深远,相关论文三次被评为全国一等奖。参与研究、编写人民教育出版社数学实验教材。主编的《北京四中高中数学讲义》全套6册,在北京四中替代人教版教材,使用了十余年。代表作《高中数学教学改革的实践与认识》被列为"北京教育丛书"。担任北京师范大学数学教育硕士生导师多年。多次为教育部全国骨干教师培训班授课。

***刘治平**　男，生于 1938 年，中学数学教师，1998 年被评为"北京市特级教师"。知识丰富，业务精通，勤奋工作，为人师表。长期从事数学教学，教学研究和教育科研。被评为"北京市教研工作先进个人"，曾获北京市首批"胡楚南优秀中学教学成果奖"。出版《数学教学与智能发展》等专著四部，参编新课程标准《数学》教材、教参，主编教辅读物，参录《名师辅导光盘》《名师课堂网上讲座》，在报刊上发表文章六十余篇。

***刘保丽**　女，生于 1945 年，小学自然教师，1998 年被评为"北京市特级教师"。热爱教育事业，师德优良，以锐意改革敬业奉献精神致力于教改和教科研，形成"整体优化教学过程，探究—指导法"。曾获"全国优秀科技辅导员"、"北京市劳动模范"等市级以上奖励几十次。1992 年出版专著《小学自然课堂教学与课外活动》（入选"北京教育丛书"）。在房山区教科所，主持多项国家、市级课题实验，负责全区课题管理，培训指导干部教师，多篇论文获全国、北京市级奖。

***刘彭芝**　女，生于 1945 年，中学数学教师，1998 年被评为"北京市特级教师"。现任中国人民大学附属中学校长，人民大学副校级干部、博士生导师。将人大附中提升为国内领先、国际一流的名校；主持或参与三十多项国家级课题研究，主编教材、书籍七十多本，出版著作《人生为一大事来》；被聘为上海、北京普教系统校长培养基地主持人、国家中长期教育改革和发展规划纲要咨询专家，享受国务院政府特殊津贴。

***刘福增**　男，生于 1939 年，中学语文教师，1998 年被评为"北京市特级教师"。工作期间担任班主任工作二十六年，教科研室主任六年，在海淀教师进修学校担任语文教研员九年。参加联合国教科文亚太地区"提高中学生学习质量联合革新计划"（JIP），任陕西、山西、北京实验区语文学科总负责人。本人撰写的实验论文获北京中学语文教学专业委员会语文大赛一等奖。被人民教育出版社聘为外审编辑，参加初中语文过渡教材和九年义务教材和教参的编写，历时二十余年。在编写过渡教材时和东城区教研中心的赵大鹏（语文特级教师）共同编写了一套六期的《新课型设计》。参加了语文教育专家张志公先生主编的初中语文教材和教参的编写以及指导教学实验的工作。

***刘锦春** 男，生于 1938 年，中学德育教师，1998 年被评为"北京市特级教师"。热爱教育事业，是师德的表率，育人的模范，工读教育的专家。从事工读教育二十余载，勤于研究，善于积累，在工读教育方面有系统的理论知识，在德育教育方面有丰富的经验，在班主任工作方面有突出的专长。注重教师的培养，特别是指导青年教师成长效果显著。任中共海淀区第三届至第八届党代会代表，曾获"北京市优秀教育工作者"、"北京市优秀党支部书记"、"全国工读模范校长"等荣誉称号。

***吉通海** 男，生于 1939 年，职业学校美术教师，1998 年被评为"北京市特级教师"。热爱教育事业，具有良好的职业道德和奉献精神。长期担任北京市职教美术校际教研负责人，教学、教材专家评委。为教育部职教处、高等教育出版社起草了供编写教材用的《工艺美术专业教学计划》，参与教材审定并长期担任教材顾问工作。1993 年被聘为国家艺教委委员，1992年起连续四届担任中国职教协会美术研究会理事长。专业优秀，为中国美术协会会员，作品被选入教材。出版有《吉通海水彩》《吉通海速写》等画集。曾获"北京市优秀教育工作者"称号。

***吕 品** 男，生于 1942 年，中学计算机教师，1998 年被评为"北京市特级教师"。热爱教育事业，具有良好的职业道德。在职期间开发了多个优秀教学软件，如主持编制的"教学软件编著系统"，在当时居国内领先地位。培养了多名国际信息学奥林匹克竞赛中获金奖的学生，在培养 IT 特长生上作出了突出贡献。1988 年起任全国中小学计算机教育研究中心研究员，1993 年起任全国中小学教材审定委员会审查委员，直至退休。

***孙心若** 男，生于 1940 年，校外科技教师，1998 年被评为"北京市特级教师"。被评为"北京市有突出贡献的科学、技术、管理专家"，享受国务院政府特殊津贴。2009 年获得全国青辅协"终身荣誉称号"奖。潜心创造教育研究，利用克服创造心理障碍的机制，结合所教电子专业，创新出一些有特色的辅导法，辅导学生获国际和全国发明奖百余项，造就了不少科技特长生。发表了不少有关《创造学》、电子等科普读物和教学示范光盘，还在中国教育电视台、央视科教频道主持 1200 余集节目，《车轮与圆》获得国际科教影视节目金牌，《肥皂泡与张力》获得东京都国际电视台教育节目"放送文化基金奖"。近期又开发出"创造教育专家备课新媒体系统软件"，为开展创造教育提供丰富的教学经验、信息资源和可操作的教学方法。

*孙连众　男，生于 1938 年，中学数学教师，1998 年被评为"北京市特级教师"。热爱教育事业，全面贯彻党的教育方针，模范履行岗位的职责。从教四十余年，潜心钻研教学方法，探究理论并应用于教学实践，形成了融会贯通，驾驭自如，深入浅出，风趣幽默，师生互动的教学特色。在教师培训中，参与制定北京市数学教师继续教育大纲，首开数学教师继续教育微格课程。首创设立课堂教学技能课，亲自讲授并录像，在北京市各区、县播放。主持编写的《中学数学教学技能》一书被全国多家教师培训单位选定为培训教材。曾获"北京市优秀教育工作者"、"北京市优秀教师"称号。

*孙蒲远　女，生于 1943 年，小学语文教师，1998 年被评为"北京市特级教师"。热爱教育事业，在教育部、北京市、北京师范大学、全国各地组织的各种班主任、教师培训中作报告三百多场。在各报纸杂志发表文章一百多篇，出版三本教育著作，其中《美丽的教育》获北京市优秀教育成果一等奖。曾获"全国少先队优秀辅导员"、"北京市先进儿童少年工作者"、"北京市三八红旗手"等称号，获北京市中小学"紫禁杯"优秀班主任、"北京市关心下一代工作奖"等荣誉。

*庄仪珍　女，生于 1944 年，小学语文教师。1998 年被评为"北京市特级教师"。热爱教育事业，具有良好的职业道德和奉献精神，先后编写北京市九年义务教育语文教材、教参（5 至 12 册）。长期担任海淀区花园村二小等五所学校的语文教学指导工作。从 1991 年至 1999 年被聘为北京市职称评定委员会学科组成员，海淀区职评委员会委员，第四届、第五届政协委员。曾获"全国优秀教师"、"北京市优秀教师"称号。

*朱滇生　男，生于 1942 年，小学数学教师，1998 年被评为"北京市特级教师"。在丰台区小学数学教研工作和北京市小学数学教师的业务培训中，作出了突出贡献。1992 年开始，先后参加了《北京市小学实验课本》

《九年义务教育六年制小学实验课本》等的编写工作。在省市级教育刊物上发表了数十篇文章。撰写了《培养小学生的数学素养》一书并全国发行。2004 年开始，应北京教育科学研究院的邀请，参加了《北京市义务教育教学质量监控与评价测试》的命题工作。

*祁德渊 男，生于 1947 年，中学音乐教师，1998 年被评为"北京市特级教师"。热爱教育事业，在近四十年的教学生涯中，一直承担着中、小、幼教师的培养和培训工作。公开发表的论文、各类教材、教参（包括有声教材）、丛书等约百万字。多年来承担的国家级、市级课题，多次获奖。长期担任国家和市级各类比赛的评委。近些年一直担任全国、北京市中小学音乐教材的审查工作。现任中国音乐家协会会员、北京市音乐家协会理事、教育部艺术教育委员会委员、教育部全国中小学音乐教材审查委员会委员、北京教育学会常务理事、北京教育学会音乐教育研究会会长。

*纪 诚 女，生于 1947 年，中学数学教师，1998 年被评为"北京市特级教师"。热爱教育事业，具有良好的职业道德和无私奉献精神，以先进的教育理念指导教学，寓教于趣，以趣促思，多年来所辅导的学生在全国、市、区比赛中成绩显著。参与实验教材的编写工作，多篇教案及评析选用在《特级教师教案精选》中。作为宣武区名师讲学团成员，至今仍工作在教学的第一线，培养了大批青年教师。被评为"北京市先进工作者"及"宣武区拔尖人才"。

*许瑛国 男，生于 1939 年，中学心理学教师，1998 年被评为"北京市特级教师"。热爱教育事业，具有良好的职业道德和奉献精神。在教学中针对不同对象，合理组织教材内容，方法灵活多样，通过"讲、读、练、议、评"深入浅出地传授心理学理论知识；通过案例教学，学员编写案例、设计工作方案、实际参观考察、撰写和交流论文等形式，强化理论联系实际，教学效果显著。主编和参与编著多部书籍，几十篇论文发表和获市、区奖。曾获"北京市优秀教师"、"北京市继续教育先进工作者"称号。

*齐渝华 女，生于 1955 年，中学历史教师，1998 年被评为"北京市特级教师"。热爱教育事业，多年从事中学历史教学研究与指导工作，参与教育部考试中心全国高考历史试题评价工作，参编多册中学历史教科书，科研成果获"胡楚南优秀中学教学成果奖"、"北京市优秀教育科研成果二等奖"、"北京市优秀教学成果奖一等奖"、"教育部全国教师教育优秀课程资源奖"等。任中国教育学会全国历史教学研究会学术委员、全国教师教育学会区县级教师培训机构协作委员会会长、首都师范大学硕士研究生兼职指导教师、北京师范大学历史学院兼职教授。

***何大齐**　男，生于1940年，中学美术教师，1998年被评为"北京市特级教师"。热爱教育事业，具有良好的职业道德和奉献精神。参加北京市中小学美术课程改革的教材编写、教学参考书的编写和审查工作，任教学参考书的副主编，中小学美术、书法课程改革教材的审查委员。参与北京市中学美术课程标准的起草和编审工作。退休后从事老年大学的书法、美术教学工作，出版老年大学书法教材"隶、楷、行、草、篆"五本。2009年被全国老龄委评为"全国先进老年教育工作者"。

***何凤楼**　女，生于1943年，中学化学教师，1998年被评为"北京市特级教师"。在教学一线辛勤耕耘三十多年，全身心致力于学生全面素质的提高，曾被评为"海淀区优秀知识分子"、"海淀区先进教育科研工作者"、"海淀区化学学科带头人"等，曾担任学校副校长，北京市中学化学教学研究会理事，北京市化学奥校高级教练员等，获奖和发表论文多篇，编写书籍二十多本，有录像在电视台播放。曾参加全国高考命题和北京市高中化学会考命题工作。

***何贤景**　男，生于1946年，中学语文教师，1998年被评为"北京市特级教师"。获得"全国优秀语文教师"称号，2004年获北京市委市政府"对首都建设有突出贡献的百名统战人士"嘉奖，同年被评为"享受国务院政府特殊津贴专家"。曾任北京市第十五中学校长；北京市第十一届、第十二届人大代表；宣武区人大代表，人大常委会委员；民进北京市委常委，宣武区民进工委主任。长期致力于中学语文教学研究，北京市中学语文教学研究会副理事长。2000年至2004年被聘为首都师范大学教育学硕士专业兼职导师。先后出版《语词·语境·语感》等三本个人著作，获市级、全国奖及在专业刊物上发表论文十余篇，参编《新华同义词词典》等五部辞书。曾长期担任教育部、国家规划教材《中职语文》编写及副主编工作。现任教育部"农远工程专家监理组"成员，北京市中小学地方教材专家审读组成员，兼市政府督学室督学，宣武区"名师工作室"成员。

　　*吴凤英　女，生于1955年，中学化学教师，1998年被评为"北京市特级教师"。先后任顺义区杨镇一中化学教师、杨镇一中副校长、牛栏山一中副校长、顺义区教委副主任，2003年起兼任顺义区教育研究考试中心主任。多次承担市级研究课题，多次参与市教研部试卷、丛书及教材的编写工作，有三十余篇论文在《北京教育》《人民教育》等市级以上报刊上发表，曾获得"全国教育系统劳动模范"、"北京市教育系统师德标兵"等荣誉称号，"人民教师"奖章获得者。

　　*吴正宪　女，生于1954年，小学数学教师，1998年被评为"北京市特级教师"。现任北京教育科学研究院基础教育教学研究中心小学数学室主任，国家教育部中小学教材审查委员会委员，全国小学数学专业委员会副理事长，北京教育学院兼职教授，北京市政协常委、民进中央委员。曾获"全国模范教师"、"北京市人民教师奖"、首批"首都基础教育名家"、中共中央统战部"先进个人"等称号。享受国务院政府特殊津贴。是一位受学生欢迎、教师尊重、专家认可的教师，用行动实践了党和国家对特级教师的要求，成为师德的表率、育人的模范、教学的专家。

　　*吴是辰　男，生于1942年，中学物理教师，1998年被评为"北京市特级教师"。教学的专家、育人的模范、师德的楷模。教学注重学生能力的提高和素质的培养，注重学科逻辑与学生认知逻辑的贯通，语言幽默，风格独特，深受学生欢迎。尤其在中学物理实验研究方面有独到之处，多次担任全国性比赛评委。主持市区多项科研课题，撰写论文、专著一百五十万字。2004年以来入选北京教育考试院专家库，一直承担相应工作，为北京市高考改革作出贡献。培养的青年教师中，有多名获得全国及北京市教学大赛一等奖。曾获得"北京市优秀教师"、"东城区有突出贡献的优秀知识分子"等多项荣誉，曾兼职于多个国家级学术团体。

＊**张兆生** 男，生于1938年，中学物理教师，1998年被评为"北京市特级教师"。其所著《教育、教学、科研一体化育人模式》获"北京首届教科研成果奖"。《脊椎动物单侧优势与科里奥利力》发表于《力学与实践》后，被清华大学选为阅读指南。《科式力导致哺乳动物左右不对称发展的假说》发表于《科学》，引起钱学森、冯元桢等人关注。从教五十年，荣获"全国教育系统劳动模范"、"北京市师德楷模"、"北京市首届精神文明奖"等称号和奖项。曾获国务院授予"教育事业突出贡献"专家证书及政府津贴，事迹被多种媒体报道并录入多种国内外名人辞书。

＊**张先敏** 女，生于1946年，校外舞蹈教师，1998年被评为"北京市特级教师"。热爱校外教育事业，师德高尚，教学中敢于改革创新，运用创编的八层次教学法，对学员进行了颇见成效的教学，创编的一百多个儿童舞蹈在全国或地区比赛中屡屡获奖，多次在中央或地方电视台播出，还多次参加在国内外颇具影响的各种大型文艺演出的编导工作，如庆祝香港回归、残奥会开幕式、《复兴之路》等。多次获"北京市优秀教师"称号，现任中国舞蹈家协会儿童工作委员会委员、中国儿童音乐学会副秘书长、北京金帆艺术团专家委员会委员。

＊**张 兵** 男，生于1938年，中学地理教师，1998年被评为"北京市特级教师"。任海淀区教师进修学校中学教研室主任，在教学研究、教师培训方面成绩显著，被评为"北京市优秀教师"，获教育部颁发"曾宪梓教育基金奖"。任北京地理学会理事、首都师范大学资源环境与旅游学院兼职教授、教育部"高中地理课程标准"审议委员、中国科协教育专家委员会学术委员等职。参与《中学教学实用全书·地理卷》等书籍的编写工作。

＊**张思明** 男，生于1957年，中学数学教师，1998年被评为"北京市特级教师"。长期担任一线教学（三十四年）和班主任工作（十八年），以数学建模和数学课题学习为特色的教学实践，曾两次获得"北京市基础教育教学成果一等奖"，成为国家高中数学课程标准研制组的核心成员和高中数学新教材的副主编。全国自学成材的先进典型，2004年被评为"全国模范教师"，2005年被评为"全国十杰中小学中青年教师"，2006年被评为"北

京市有突出贡献的科学、技术、管理专家"。享受国务院政府特殊津贴。

***张美良** 女，生于 1946 年，小学美术教师，1998 年被评为"北京市特级教师"。热爱教育事业，具有良好的职业道德和奉献精神。以自然、生活为源，用创新意识予人宝贵的童年真、善、美的感知；启迪其主体在稚趣表现时激发思维、培养技能；于创作境界中发现和挖掘自我优势，修养情操和品德，塑健康心性。教研成果入选《中国当代教研成果大典》，主编《小学美术教学参考用书（普及版·试用本）》《中学美术教学参考用书（普及版·试用本）》等。观摩课在中国教育台播映，制成国家教委卫星示范课。获"北京市美术教学成果"一等奖、"北京市先进工作者"称号。

***张铁城** 男，生于 1937 年，中学英语教师，1998 年被评为"北京市特级教师"。热爱教育事业，具有良好的职业道德和奉献精神。先后被聘为教育部中央电教馆资源中心研究员、北京市高考英语口试考官、全国教育软件大奖赛专家。主持和参编北京市特级教师说课、高一辅导光盘，多次在中国教育电视台、搜狐网、CCTV 百家讲坛、北京电视台、北京广播电台、新浪网主讲高考动态。出版了多套高考专著，主持多项课题研究。长期担任北京科技大学附中专家组成员，承担全校教师培训任务，指导青年教师成长。

***张敏莹** 女，生于 1946 年，校外舞蹈教师，1998 年被评为"北京市特级教师"。以高尚的职业道德和无私奉献的精神，投入自己终身热爱的教育事业中。1987 年应用我国最新科研成果"定位法舞谱"进行少儿舞蹈教学改革的实践。针对其实践成果，1990 年在儿童活动中心西城区教育局与艺术研究院舞谱中心联合举办"儿童舞蹈教学改革汇报会"。1988 年入选参加文化部主办的"定位法舞谱及舞谱应用国际研讨会"，并在研讨会上宣读论文。撰写的论文多次在《北京校外教育》《中国艺术研究科技动态》等刊物上发表。1992 年编写的《中小学生舞谱舞蹈兴趣小组活动参考纲要》获"优秀科研成果奖"，1996 年申报的"定位法舞谱语言在小学形体课教学中应用的实验研究"，被审定为北京市"九五"重点科研课题。创作的儿童舞蹈作品参加市、区汇演全部获奖，多次应邀参加电视台文艺晚会主题歌舞节目的编导与演出工作。

*张静莲　女，生于 1946 年，小学数学教师，1998 年被评为"北京市特级教师"。热爱教育事业，积极奉献，甘当人梯。任北京市宣武区课程改革专家组成员，名师讲学团成员，青年教师专业发展指导专家。参加编写的数学教材在北京市及全国正式使用，主持或参与的科研课题研究项目曾多次荣获教育科学研究成果奖，主编并参与编写了《数学教学创新说》《数学精品课堂》《智慧教师》《生命课堂》等著作。曾获"北京市优秀教师"称号。

*李方烈　男，生于 1942 年，中学数学教师，1998 年被评为"北京市特级教师"。热爱教育事业，具有良好的职业道德和奉献精神。长期从事数学教育理论与实践研究，积累了丰富经验，取得了丰硕成果。数篇论文获奖，并撰写有多本著述。参与和主持多套教材的编写，参与"普通高中课程标准实验教科书"的编写工作。指导数名青年教师获"全国优秀课评比"一等奖。曾获"北京市优秀教师"称号，并长期担任北京数学教学研究会常务理事。

*李竹君　女，生于 1941 年，小学数学教师，1998 年被评为"北京市特级教师"。热爱教育事业，理解信任和尊重每一个学生，潜心研究儿童心理和规律，形成了"充分感知、活跃思维"的教学特色。参加的小学数学教材教法的实验研究成果获"全国首届教育科学优秀成果"一等奖（十二名获奖者之一）。多篇论文及教案获奖并发表，录像课被选用为培养青年教师的录像教材在全国播放。获得"全国优秀教师奖章"和市、区"先进工作者"称号，至今仍工作在教学第一线。

*李志锋　男，生于 1938 年，职业学校德育教师，1998 年被评为"北京市特级教师"。从事工读教育三十多年，有突出贡献。坚持改革创新，在全国工读系统率先创办职教，实现"五年一贯制"办学模式，为工读学生铺垫了成才之路。他不断探索德育规律与途径，主持科研，撰写论文，培养青年教师。多次参加国内外研讨会，高校讲课。获"全国工读教育系统先进工作者"、"北京市德育先进工作者"、"东城区有突出贡献的优秀知识分子"等称号。任中国教育学会工读教育分会副会长。

*李常凌　男，生于 1943 年，中学数学教师，1998 年被评为"北京市特级教师"。热爱教育事业，全面贯彻党的教育方针，模范履行岗位职责。是学者型的教师、师德的表率、育人的模范、教学的专家。精通业务，严谨治学，在教学工作中坚持自主创新、理论探索，教育教学效果特别显著，进行"数学单元结构教学"的教改实验，获得"胡楚南优秀中学教学成果奖"。在北京市教委网上开辟了特级教师工作室，介绍数学学习方法和思想。多次参加北京市高中数学会考命题工作。主持并参加国家、市、区级的科研课题研究，发表论文及出版专著几百万字。曾受到温家宝总理、时任国务委员陈至立及原教育部部长周济等国家领导人的接见。曾被评为"全国教育系统劳动模范"，荣获"人民教师"奖章，两次被授予"北京市优秀教师"称号。享受国务院政府特殊津贴。

＊**李彭龄**　男，生于 1940 年，中学数学教师，1998 年被评为"北京市特级教师"。热爱教育事业，具有良好的职业道德和奉献精神。热爱和尊重学生，激励学生自主学习，精心创设问题情境，培养学生创新能力，并以自己的敬业行动、教改的创新实践和诲人不倦的热情，为培养和提高中青年教师作出了显著成绩。曾在《数学通报》《高中数理化》等刊物上发表论文三十余篇，编著（译）出版数学教学和科普著作二十六种（约四百余万字）。主持昌平区教委设立的数学特级教师工作室。曾获得"全国优秀教师"、"北京市优秀教师"、"昌平区劳动模范"等称号，北京市第十一届人大代表。

＊**杜士森**　男，生于 1941 年，小学语文教师，1998 年被评为"北京市特级教师"。热爱教育事业，具有良好的职业道德和奉献精神。实验研究的"阅读教学的学法指导"课题成效显著，获得专家的高度评价，出版专著和其他多种教学著作。培养青年骨干教师效果突出。受聘为北京师范大学首都基础教育研究院"信息技术与小学语文课深层次整合"课题组顾问。曾获"北京市优秀教师"称号。

＊**杨正川**　男，生于 1941 年，中学物理教师，1998 年被评为"北京市特级教师"。从教以来能把国家未来的发展与自己的教学紧密联系，追逐教育改革的浪潮前行。1987 年获首届"中青年教师教学评优活动"优秀奖，

1988年主编论文集《高中物理课程中的方法与技巧》，1997年发表《培养学生科学素质的尝试——关于"科学实践课"的思考和尝试》论文，被教育部定为"研究性学习"必修课程。1998年发表论文《关于人大附中"名师工程"的初步设想》。

*杨满银　男，生于1941年，中学政治教师，1998年被评为"北京市特级教师"。热爱教育事业，具有良好的职业道德和奉献精神。作为北京教育学院政治教研室高中政治中心教研组成员、通县高中政治中心教研组成员，在北京市、通县教研组活动中发挥了重要的作用。多次承担或组织举行市级研究课和区、校级研究课。主持或承担多项国家级、市级重点教科研课题的研究。主编、参编及培训指导的多套政治参考读物、学习教育理论在全国发行。在任通州潞河中学教务主任和副校长期间，对推动学校教育科研及教学改革工作作出显著贡献。曾获"北京市普教系统先进工作者"、"通县优秀教育工作者"等荣誉称号。

*沈心燕　女，生于1954年，幼儿教师，1998年被评为"北京市特级教师"。曾担任过幼儿教师、业务园长，教研室主任，中国学前教育研究会游戏与玩具专业委员会秘书长等职务。在"六五"至"十一五"期间，承担或主持了多项国家级和市区级科研项目的研究。多项研究成果在全国幼教系统交流，多篇论文获全国及市级一等奖。近年，参加了教育部主持的《中国儿童发展指南》和《北京市幼儿园贯彻纲要实施细则》的编写工作。任北京市西城区教育研修学院教学研修中心学前部主任。

*肖尧望　男，生于1940年，中学生物教师，1998年被评为"北京市特级教师"。重视教育科学规律的探讨研究，在教材编写、教法、学法、学生心理等领域均有论述。曾作为北京市生物教学研究会的常务理事、北京市生物学科兼职教研员参与了全国、北京市初中生物教材和教师用书的编写。曾参与全国高考命题，以及全国及市级奥林匹克生物学科竞赛的辅导、命题、阅卷及组织工作。荣获"东城区优秀教育工作者"、"生物学科带头人"等称号。退休后被教育部北京师范大学基础教育课程研究中心聘为兼职教授，并任北师大版新课标生物学教材副主编，为新课程改革作出了贡献。

*苏效民　女，生于 1947 年，小学自然教师，1998 年被评为"北京市特级教师"。自 1970 年开始从事北京市小学自然教材的编写、低年级自然课实验、科技活动课程实验和学科教学研究等工作。1984 年，参加了联合国教科文亚太地区办事处在泰国曼谷举办的"发展理科教学材料"的培训班，并受中国联合国教科文组织的委托，主持了 1985 年在中国的后续活动。研究论文分别在全国或北京获奖。曾参加国家 1986 年、1992 年、1994 年自然教学大纲的多次修订和人民教育出版社出版的九年义务教育自然教材的编写。从 2000 年至今，担任北京市基础教育课程改革《科学（3—6 年级）》实验教材（首师大版）的主编。曾任中国教育学会小学自然教学专业委员会第一届、第二届常务理事、秘书长；第三届常务理事、副理事长兼秘书长。1994 年被评为"中国教育学会系统先进个人"，1997 年被评为"北京教育学会系统先进个人"，1997 年被授予"北京市优秀教师"称号。

*辛　旸　男，生于 1942 年，中学德育教师，1998 年被评为"北京市特级教师"。热爱事业，爱国敬业。任《北京教育》副总编等职务期间，出版《中国班主任学》等专著一百多万字，发表《天人合一生态道德是人类公德》等论文几十篇；统稿《北京中学德育大纲》等文件。曾任北京市班主任研究会副秘书长，2008 年被教育部聘为"国家中长期教育改革和发展规划纲要"第十一战略组专家组成员。曾获"全国德育先进工作者"称号。

*邵光砚　女，生于 1943 年，中学数学教师，1998 年被评为"北京市特级教师"。具有崇高的职业道德，爱生敬业，曾获"北京市科技园丁"称号。任中国数学奥林匹克高级教练员，培养的学生获得国际数学竞赛四枚金牌。教学和科研并重，教学效果突出，获市级优秀课奖，在省级以上刊物发表过多篇论文。曾任区兼职教研员，学科带头人，并参加北京市重点中学高中数学和人民教育出版社（新课标）数学 B 版教材的编写工作。享受国务院政府特殊津贴。

*陈天敏　男，生于 1940 年，中学语文教师，1998 年被评为"北京市特级教师"。热爱教育事业，具有良好的职业道德和奉献精神。多年进行中学学制及教材教法改革，主持、审定北京师范大学附属实验中学初中、高中

语文教材并参编约八十万字。十多年来，先后在北京市各区县及全国十多个省介绍教改经验和培训师资，并在中国教育台、北京电视台、辽宁教育台的专栏节目中讲授语文。担任教研组长以来，语文教研组连续多年被评为"西城区先进集体"，1994年被评为"北京市先进教研组"。1996年被评为"北京市劳动模范集体"。曾获"西城区优秀园丁"称号。

*陈宝富　男，生于1940年，中学语文教师，1998年被评为"北京市特级教师"。以教育事业为终生事业，在语文教学园地辛勤耕耘四十三年。在教学中，重视知识的传授、思维的训练、能力的培养；努力调动学生学习的积极性，在广阔的文学背景中，丰富并提高学生的文学素养。担任十余届高三毕业班的教学工作，历届高考均取得优良成绩。热爱学生、尊重学生，努力成为学生的良师益友，积极培养、完善高尚的道德情操。1992年被评为"东城区百名师德优秀教师"，同年被授予"北京市普教系统百名师德优秀教师"的光荣称号。长期从事教育工作，成绩优异，为培养青年教师、推动语文教学的发展作出贡献。

*陈绍贞　男，生于1940年，中学历史教师，1998年被评为"北京市特级教师"。热爱教育事业，全面贯彻党的教育方针，模范履行岗位职责。在长期的教学实践中，治学严谨，坚持自主创新，理论探索，对"能力型教学"有深入的研究，根据历史课的特点运用"问、答、评、导教学法"和"逻辑直观教学法"，注重学生解答问题能力的培养，所教学生曾获得北京市高考历史单科状元，所讲授的历史课收录在北京市特级教师授课二百讲录像带中，并在全国发行。"八五"、"九五"期间参加国家、市、区级科学理论研究。出版、著述及发表论文近百万字。曾获得"北京市历史教学研究优秀论文奖"。

*陈焱午　男，生于1939年，中学数学教师，1998年被评为"北京市特级教师"。曾任东城区数学学科指导组长、北京市教师继续教育数学学科协调组组长。长期从事师资培训工作，担任《高等数学》多门课程的教学任务，教风严谨，经验丰富。曾参与北京市中学教师继续教育培训计划和教学大纲的制定，任教材编委、审定组成员。参与小教大专高等数学考试大纲的

制定及高教自考科目《高等数学基础》的教材编写、命题工作。出版著作《高等数学基础》（线性代数）《经济数学》（决策的数学方法）及初、高中复习指导书等。

*卓 立 男，生于 1944 年，小学数学教师，1998 年被评为"北京市特级教师"。不断开拓，辛勤耕耘，提出了"一切为了孩子，一切为了明天"的办学指导思想，创立"和谐教育"的办学特色，成果显著，荣获首届"全国十大明星校长"、"北京市杰出校长"、"北京市先进工作者"、"北京市德育先进工作者"等称号。任北京市政协委员，北京市人民政府专家顾问团顾问，国家教育行政学院兼职教授，教育部小学校长培训中心暨北京师范大学教育管理学院兼职教授，中国教育学会基础道德教育委员会常务理事等职务。

*周又之 女，生于 1941 年，中学数学教师，1998 年被评为"北京市特级教师"。热爱教育事业，认真执行党的方针、政策，具有良好的职业道德和奉献精神。开展了"大面积提高非重点校普通高中教学质量"的改革试验，采取"起点低，坡度缓，步步高"的方法，开发学生的智力和非智力因素，使学生由"失败者"变为"胜利者"。通过近十年三轮的试验，总结出一套具有推广价值的教学方法，所撰写的论文在 1995 年全国中学数学教学第七届年会上交流，并获得一等奖，论文还被中国教育学会中学数学教学专业委员会编入《面向二十一世纪的数学教育》一书。1989 年获"北京市优秀教师"称号，1993 年获得"北京市优秀教育工作者"称号，1995 年获得"北京市先进工作者"称号。

*孟广恒 男，生于 1938 年，中学历史教师，1998 年被评为"北京市特级教师"。曾任市级教研员和教研室主任，并兼市历史教学研究会理事长等职，在任职几十年间，为我市培养了一大批有影响的历史学科带头人。参与主编、编写了历史教材、教参和各类历史教学指导书，共计二百多万字。数十次为我市和十多个省市历史教师作教研报告。获得"全国历史教学研究会优秀工作者"、"北京市教育局机关党委优秀共产党员"称号。

*郑乃强 男，生于 1946 年，小学科学教师，1998 年被评为"北京市

特级教师"。热爱教育事业，探索出热爱自然—热爱科学—热爱学习—热爱祖国"智德相长"的素质教育模式。曾获得"全国劳动模范"、"全国教育系统劳动模范"、"北京市百名师德优秀教师"等称号，"首都五一劳动奖章"获得者。在职期间，部分参编北京市小学科学教材，培训指导全市小学科学教师教材辅导。参与并指导西城区青年教师成长工作，多年组织西城区科学教师赴野外多学科考察，提高科学教师特有的素质，使之成为西城区优秀科技辅导员。曾多年、多次由区教委、区教工委组织向全区普教系统教师宣讲"毕生信念铸师魂"的个人事迹报告。

*郑孙平　男，生于 1938 年，中学化学教师，1998 年被评为"北京市特级教师"。热爱教育事业，模范履行岗位职责。教学中刻苦钻研教材，重视对学生整体素质的培养，讲课生动有趣，既富有哲理又富有激情。重视现代化教学手段的运用，积极参加教学软件的制作。编著有《首都名校学生素质能力同步训练与测评》《教学目标学习辅导达标训练丛书》和《尊重学生主体作用培养学生能力》。积极参加讲学交流，曾先后赴甘肃、陕西、贵州等地培训教师。曾获"北京市优秀班主任"、"全国化学竞赛北京市优秀指导教师"称号。兼任北京化学会理事、北京市化学奥林匹克学校教练，曾任北京市中学高级教师职称评委、中国化学会论文评审委员会委员。

*郑忠斌　男，生于 1946 年，中学化学教师，1998 年被评为"北京市特级教师"。具有良好的师德，教学思想端正，教学态度认真；正确的人才观、质量观，使不同水平的学生都有较大提高。坚持少而精和高效率，学生学习负担轻，教学效果好。担任化学奥校兼职教练员工作，所辅导的学生，在各层次竞赛中多次获奖。被国家教委基础司聘为"高中化学新大纲"编写组成员，参与了调查、编写、送审等工作。被聘为北京市中学高级职称评委会主任（化学、生物专业），至今还担任中国教育学会化学教学专业委员会副理事长。

*金玉俊（曾用名：金毓骏）　男，生于 1945 年，小学自然教师，1998 年被评为"北京市特级教师"。热爱教育事业，具有良好的职业道德和精湛的业务能力，在海淀区、北京市乃至全国小学科学教育业内具有一定的

影响力。先后参与了多套教材的编写，出版了二十多本教学、教辅、科普著作。曾任小学副校长、北京市海淀区名师工作站小学综合组组长，受聘为人民教育出版社综合理科室特聘专家。

*倪楚棠　男，生于 1941 年，中学数学教师，1998 年被评为"北京市特级教师"。热爱教育事业，具有良好的职业道德和奉献精神。国家教委"九五"重点课题中学数学教改组组长；北京市继续教育协调组成员；参与了多项国家教委重点课题；其论文连续多届在全国专业年会上宣读并发表。长期承担北京市、石景山区各级各类数学教师培训工作，指导青年教师成长。培养的教师中有多位老师的课获全国评比一等奖，多节录像课在马德里国际数学大会上播放展示并获好评。

*姚家祥　男，生于 1938 年，中学语文教师，1998 年被评为"北京市特级教师"。潜心于高中语文教学指导研究，多年参加北京高考语文阅卷领导小组工作。任中国当代语文研究会学术委员、北京市语文教学研究会理事、中国教育学会中学语文教学专业委员会学术部长等职务。多次被评为海淀区优秀教师。被民进北京市委评为优秀会员。勤于著述，撰写、参与编写和发表大量文章论著，多为语文教学和高考备考指导方面内容，并多次获得省、市级优秀奖。

*柯毓璧　男，生于 1943 年，中学化学教师，1998 年被评为"北京市特级教师"。热爱教育事业，敬业精神强，精通业务、治学严谨，教学成绩突出。1987 年获"北京市中青年化学教师评优课优秀奖"。曾先后指导四位青年教师获市、区教学评优课优秀奖。获"全国优秀教师"、"全国师德先进个人"和"北京市普教系统教书育人先进工作者"等称号。曾被评为"北京市师德楷模"，曾获"全国侨联爱国奉献奖"、"首都五一劳动奖章"、"北京市精神文明奖"等奖项。享受国务院政府特殊津贴。海淀区名师工作站顾问兼化学学科指导教师。

*柳　麒　男，生于 1940 年，中学体育教师，1998 年评为"北京市特级教师"。从 1982 年开始，实行以体育课时为龙头的体育改革，学生参加体育活动的兴趣有很大提高；改革以往运动会的模式，每年春季举行体育文化

节；将体育与文化有机结合，把体育活动作为全面实施素质教育的一个组成部分。他积极参加社会工作，曾被聘为北京市教育学会体育研究会理事，长期担任全国体育论文评选委员会评委，是国家级田径裁判，经常参加各种类型田径运动会裁判工作。海淀区名师工作站成员，曾多次获"北京市优秀教师"称号。

＊**段云鑫**　男，生于1939年，中学数学教师，1998年被评为"北京市特级教师"。热爱教育事业，全面贯彻党的教育方针，模范履行岗位的职责。在教学工作中坚持自主创新、理论探索。数学专业基础理论坚实，勤于钻研，授课深入浅出，启发性强，注意知识的形成过程与应用。历任北京市、崇文区兼职教研员，参加北京市教材、教参编写工作。撰写三十多本论著，发表四十多篇论文。1987年起多年担任北京市教师高级职称评审委员会评委。把国际上流行的"问题解决"理论引入课题教学，在北京市尚属首创，有关专家给予高度评价。甘当人梯，在崇文区、校担任青年教师导师，做好传帮带，被首都师范大学聘为兼职硕士生导师。

＊**洪安生**　男，生于1940年，中学物理教师，1998年被评为"北京市特级教师"。长期从事中学物理教学工作。主持《中学教学实用全书·物理卷》编辑。参加北京市初中物理教材、北京市21世纪高中物理教材编写，主持多种中学物理教学参考资料书籍编写；参加教育部组织的"全国中小学教师继续教育专业必修课教材"编写，执笔撰写《热现象》。曾担任中国教育电视台"中国考生"主讲教师，中国教育电视二台"决胜高考"理综主讲教师。

＊**胡新懿**　男，生于1949年，中学化学教师，1998年被评为"北京市特级教师"。曾任副校长、区教委副主任。具有丰富的教学和管理实践经验，用先进的教育理念引领全区中学工作。北京市政府督学；教育部特聘课程改革专家、基础教育质量监测中心专家；国家教育行政学院特聘教授，为教育局长、校长进行课程改革培训和工作指导；中国教育学会化学教学专业委员会常务理事、北京化学教育研究会理事长。曾获"北京市首届中青年教师教学比赛"一等奖、"北京市优秀教师"称号。

*赵汝兴 男，生于 1939 年，中学物理教师，1998 年被评为"北京市特级教师"。在工作中爱岗敬业、教书育人、为人师表。1987 年带领教研组获北京中师自制教具展"集体奖"，两件自制教具在《物理教学》和《物理通报》杂志上作了介绍。1990 年至 1998 年连续四届被聘为北京教育科学研究院基础教育教学研究中心中师物理学科兼职教研员。在省、市级以上报刊上发表教学文章一百二十余篇，参加《中学物理教师教学基本功讲座》等书籍的编写工作，1993 年获"北京市优秀教师"称号。

*赵纯礼 男，生于 1939 年，中学美术教师，1998 年被评为"北京市特级教师"。曾任北京市美术教研会理事，参与市教研室教改及教材编写等工作。北京市教委组织的特级教师说课录像带三册在全国发行，出版教师指导丛书两册，在指导教研活动期间率先在朝阳区将电脑美术设计引入中学课堂。2002 年在中国美术馆举办了个人画展，作品曾被全国文联出版社收入"中国油画全集"。2007 年被国家教育部评为"全国优秀美术教师"，受到李岚清副总理和教育部部长的接见。

*赵树椿 男，生于 1938 年，中学语文教师，1998 年被评为"北京市特级教师"。曾入选大兴县《优秀知识分子风采录》，先后参与《九年义务教育全日制初级中学语文教学大纲》的制定工作，市初中语文教材、教参及内定教材《作文》的编写工作。出版专著《初中快速作文方法与技巧》《初中语文阅读能力培养》等八本，并参加《中华唐诗鉴赏辞典》（初中版）等三十余本书的撰写工作。1979 年与张巨龄一起创办大兴县初中生课外读物《星雨报》，任主编二十一年。

*徐正纲 男，生于 1945 年，小学语文教师，1998 年被评为"北京市特级教师"。热爱教育事业，认真钻研业务，以其优秀的师德表现、系统坚实的教学理论、丰富的教学经验受到大家的尊重，被评为"北京市优秀园丁"，成为师德的表率、育人的模范。多次在市区做语文教学观摩课，多篇教学论文获全国、市级一、二等奖，专著、论文出版、发表。主持和参加过多个国家级、市级教育科研重点课题。曾多次被聘为全国、北京市科研课题的评审、评委，当选为教育学会理事等。2002 年被授予"西城区有突出贡

献拔尖人才"称号。

***徐定冼** 男，生于 1939 年，中学生物教师，1998 年被评为"北京市特级教师"。热爱教育事业，锐意生物教学改革，具有良好职业道德和奉献精神。历任北京海淀区生物学科带头人、兼职教研员，曾获"海淀区优秀教师"、"北京市教学改革先进个人"等称号，被聘为中国科协学术委员、教育专家。出版专著《我怎样上生物课》（入选"北京教育丛书"），合著《高中生物自学之友》等十多本，发表《光合作用过程的教学》论文等四十余篇，北京教委主编特级教师说课"遗传与变异"录像多部。

***徐谦恕** 男，生于 1945 年，小学语文教师，1998 年被评为"北京市特级教师"。对学校管理、小学语文教学、信息技术与学科整合以及教师培训有深入的研究，发表相关文章百余篇，出版书籍十余本，主编多种教学课件。担任国家标准《GF0013—2009 现代常用独体字规范》（已颁布执行）和《教学用通用键盘汉字字形输入系统评测规则》（待发布）课题组副组长。被聘为北京教育科学研究院小学语文教学指导委员会专家、北京出版集团教材中心培训专家、北京教育学院院外继教专家。享受国务院政府特殊津贴。

***晋泉增** 男，生于 1941 年，小学数学教师，1998 年被评为"北京市特级教师"。多次被评为"海淀区教育先进工作者"。曾参加中央教育科学研究所研究工作，成果《小学生数学能力的测查与评价》获得"全国优秀专著"一等奖。曾任北京市小学数学教材编委、义务教育课程改革实验教材编委、小学数学第九至第十二册执行编委，参加编写课本及教学参考书。在省、市级以上刊物上发表六十余篇文章，出版论著《小学数学教材教法研究》等二十多本。

***涂克昌** 男，生于 1940 年，中学物理教师，1998 年被评为"北京市特级教师"。曾被评为"全国优秀教师"、"北京市先进工作者"、"北京市优秀教师"、"海淀区优秀共产党员"。先后被聘为北京市教育学院专家工作室导师，研究现代信息技术与课程整合，参与物理骨干教师的培训；被聘为中国科学技术协会教育专家委员会学术委员。清华同方教育技术研究院物理所所长，中国多媒体教学学报中学物理分册主编。

*秦旭明　女，生于 1943 年，小学美术教师，1998 年被评为"北京市特级教师"。热爱教育事业，教书育人，为人师表。在工作中一贯积极主动，全身心投入到教育教学工作中。创造了"空间开放模式美术课"，一改传统的美术课教学模式。充分发挥以"教师为主导，学生为主体"的教育理念，使学生爱学、会学、乐学，促进了学生的全面发展。教学效果显著，影响面大，推动力强，给教学改革带来了丰硕的成果。

*郭正权　男，生于 1936 年，中学地理教师，1998 年被评为"北京市特级教师"。毕业于北京师范学院地理系专修班，曾任中学教师、市教材编审处编辑、市级教研员。从事地理教育四十多年来共编写七套中学地理课本，多套教学参考书；参加过中学地理教学大纲及多份地理教育文件起草工作；参加过高考及高中会考命题工作；撰写发表地理教学论文三十多篇，出版地理教育专著《现代中学地理教学研究》；在中学地理教材建设和推动中学地理教学改革方面成绩显著。

*郭家瑞　女，生于 1944 年，小学数学教师，1998 年被评为"北京市特级教师"。热爱教育事业，从教 40 年，致力于教书育人工作，尽职尽责，锐意改革，以课堂教学高水平赢得赞誉，受到教师、家长及学生的爱戴。曾多次承担科研课题研究和教材编写工作，培养青年教师成绩突出。曾被授予"北京市优秀教师"称号。

*郭献林　男，生于 1936 年，中学政治教师，1998 年被评为"北京市特级教师"。热爱教育事业，具有良好的职业道德和奉献精神。曾任国家职教政治教材、北京市政治教参、中学政治教学词典等编写组成员。曾任全国和北京市高考命题组成员，北京师范大学良乡附中、房山区长沟中学等学校政治科教学顾问，指导青年教师。北京市第一届中学政治教学研究会理事，中宣部《时事报告》杂志社终身荣誉顾问。曾获"全国首届百名优秀政治教师"称号，"首都五一劳动奖章"获得者。

*陶小芳　女，生于 1946 年，小学数学教师，1998 年被评为"北京市特级教师"。热爱教育事业，在从事小学数学教学的研究中，经过十几年勤奋扎实的亲身实践，积累并总结了一整套提高教师数学教学能力的途径和方

法。参与北京教育科学研究院组织编写的《北京市九年义务教育六年制小学数学实验课本》，指导并录制了上百节示范课，在全市推广及电视台教育频道播放，受到广泛好评。编辑出版了《小学数学学习指导》《马芯兰数学教学法推广实验》等论著，由于工作成绩突出，被评为"朝阳区优秀教师"。

*顾谊群 男，生于 1943 年，中学地理教师，1998 年被评为"北京市特级教师"。立足改革实践，坚持教育科研，坚持整体改革观，从开展地理野外观察课入手，创制教学手段，研究地理学法，学科教学与课外活动相结合，全面改革地理教学。自 1982 年开始地理课"指导——作业方式"的实验研究，1997 年应用辩证分析方法提出"中心协调原理"，合著有《顾谊群地理"指导——作业方式"及其原理》一书。"十五"期间，主持了国家级课题"'中心协调理论'与'指导——作业方式'及其应用的深入研究"。

*高志秋 男，生于 1947 年，小学语文教师，1998 年被评为"北京市特级教师"。从教 43 年，热爱教育事业，严谨治学。承担小学、中学语文教学工作，将青春年华奉献给贫困山区教育事业。后半生潜心小学语文教学研究和教育科学研究。主持了怀柔区小学"教育整体改革"、"促进小学生主动学习"等区域性教育改革。先后在省市级专业报纸、杂志上发表教学经验、教育论文近四十篇。多项成果获市级以上奖项。四次在国家教委、跨省市学术会议上做专题报告或经验交流。曾先后担任怀柔区小学教研室主任、怀柔区教科所所长、怀柔区教育学会副会长、北京市教育学会常务理事。1989 年被评为"北京市优秀教师"。

*高景丽 女，生于 1944 年，中学美术教师，1998 年被评为"北京市特级教师"。以现代教育理论为基础，不断进行美术课堂教学改革试验。教学成果曾多次在区、市乃至全国获奖。编著出版教育丛书《美术教学改革的思考与实践》。事迹曾被多家报纸和杂志报道，并载入《中国教育名人辞典》《中国名师荟萃》。曾获"全国教育系统劳动模范"、"全国优秀美术教师"称号，"人民教师"奖章获得者，并受到党和国家领导人的接见。

*康玉彩 男，生于 1939 年，小学语文教师，1998 年被评为"北京市特级教师"。扎根边远农村小学三十二年，从事语文、数学等学科教学工作二十二年，后历任教学副主任、教学副校长等职。潜心教学改革，提出教学要做到"六好"，即好听、好看、好想、好说、好做、好写，从而激发学生的学习兴趣，充分调动学生的学习积极性，使学生真正成为学习的主人。研究成果获"北京市优秀论文"二等奖，并在全县交流。所负责的教学工作质量一直处于较高水平，总结的教学经验，在市区交流近二十次，教学论文获奖二十余次。七次被评为"顺义区先进教育工作者"称号。1984 年，当选中共顺义县第五次党代会代表，同年，荣获"北京市先进儿童少年工作者"称号。退休后撰写的《我的人生词典》一文入选由市教育系统所编印的《老教师寄语中小学生》一书中。1999 年至 2008 年度被评为"顺义区教育系统老干部先进个人"，受聘为"顺义区教育系统关工委五老志愿者"。

*康振明　男，生于 1937 年，中学政治教师，1998 年被评为"北京市特级教师"。曾任中学副校长、区教研中心副主任等职。热爱教育事业，工作勤奋，不求名利，卓有成效。精通业务，严谨治学，具有"教书育人、生动活泼"的教学特色，评优课及教学论文多次获北京市、东城区一等奖。多次参加国家教育部多套教材及专业书籍的编写，前后共二十余本，出版近二百万字。长期承担政治教师培训任务，指导青年教师成长，先后到二十多个省市进行交流活动。曾获"全国优秀教师"、"北京市优秀教师"、"东城区先进工作者"等称号。

*康强声　男，生于 1944 年，小学语文教师，1998 年被评为"北京市特级教师"。热爱教育事业，具有良好的职业道德和奉献精神。作为教学研究人员，对小学语文教学的各个方面进行了长期、有效的研究。自 1981 年至今共出版语文方面的各种书籍和专著四十八本，发表多篇论文，共计六百多万字。自 1984 年至今在全国十五省市讲学一百五十多场次。多年来主持及参与多项课题研究。近二十年指导青年教师六十多人，取得良好效果。曾获"北京市优秀教师"称号。

*曹福海　男，生于 1940 年，中学数学教师，1998 年被评为"北京市特级教师"。先后在教师进修学院，师范学校和中学担任数学教师十七年，后历任北京教育学院教研部中学数学教研员，北京市教育局教研部（现北京教育科学研究院基教研中心）主任，北京市教委基教一处处长。曾兼任中国教育学会中学数学教学专业委员会副理事长，北京市教育学会数学教学研究会理事长。发表数学教学方面的论文三十多篇；主持编写了北京市义务教育中、小学数学教材三套，高中数学补充教材一套；主持的科研课题获得"全国教育科学优秀成果"二等奖。1995 年 9 月被授予"北京市优秀教育工作者"称号。享受国务院政府特殊津贴。

*梁　捷　女，生于 1945 年，中学语文教师，1998 年被评为"北京市特级教师"。热爱教育事业，坚持理论联系实际，深入进行课程改革实践。参加国家"七五"至"十一五"教育科研重点科研课题研究，多项成果通过全国教育科学规划领导小组鉴定，多篇论文获全国、市、区一等奖。被评为"北京市优秀教师"，荣获"胡楚南优秀中学教学成果奖"、"东城区优秀教师"、"东城区十佳教师"、"东城区有突出贡献的优秀知识分子"。参加人教版教材及香港高中教材编写。主编、参编有关著作三十余部。现任北京市教育学院兼职教授、人民教育出版社教材培训教师和北京市名师工作室指导教师，长期承担全国及北京市语文教师培训任务，指导青年教师成长。连续三届任北京市政府特约教育督导员。

*梅永勤　女，生于 1948 年，幼儿音乐教师，1998 年被评为"北京市特级教师"。热爱幼教事业，具有高尚的师德和无私的奉献精神。作为研究型、专家型园长，主持参与多项市级课题研究，并指导、培养中青年教师。潜心研究教育教学，音乐教育研究成果在全市范围内推广。撰写的科研、管理论文多次获奖或发表。曾任怀柔区第九届人大代表，常务委员会委员，北京市幼儿教育研究会理事。曾五次被评为"北京市先进工作者"，并被评为"怀柔区科技管理拔尖人才"。

*隆　震　男，生于 1941 年，小学体育教师，1998 年被评为"北京市特级教师"。热爱教育事业，具有良好的职业道德和奉献精神。始终坚持在体育教学第一线，精心上好每节体育课，学校课间操独具特色，学校体育达标工作名列前茅。所训练的田径队学生在市、区运动会中取得优异成绩，为国家输送几十名运动员。并长期承担全市区体育教师培训任务，指导青年教师工作。曾获"全国优秀教师"、"北京市优秀教师"、"北京市先进体育教师"等称号。

***龚正行** 男，生于 1941 年，中学生物教师，1998 年被评为"北京市特级教师"。热爱教育事业，具有良好的职业道德和奉献精神。担任校长期间，由于在学校管理、学习科学研究和中学超常教育实验上取得突出成绩，1997 年享受国务院政府特殊津贴，2003 年被评为"北京市有突出贡献的科学、技术、管理专家"。兼任全国青少年心理卫生专业委员会副主任，全国超常人才专业委员会副理事长，北京教育学院兼职教授，北京市人民政府顾问。专著有《给新校长的 50 条建议》和《中学校长工作实录》等。

***储瑞年** 男，生于 1941 年，中学数学教师，1998 年被评为"北京市特级教师"。热爱教育事业，具有良好的职业道德和奉献精神。参与北京市"九五"重点课题研究，分工负责高中部分的起草工作，受到课题组负责人的充分肯定。曾获"西城区先进班主任"称号，获北京市中小学"紫禁杯"优秀班主任一等奖。任原国家教委中小学教材审定委员会中学数学学科审查委员，北京市高中实验课本编委会副主编，原国家教委考试中心"高考等值命题研究"课题组成员，北京市普通高中毕业会考命题组成员。

***程　刚** 男，生于 1953 年，中学语文教师，1998 年被评为"北京市特级教师"。具有良好的师德和一定的教学水平，关心学生，热爱学生，在学校学生评价教师的活动中，受到好评。在学校长期开设有关东西方文学和文化的选修课，并自编教材于 1993 年正式出版。开设选修课为教学改革作出很有意义的探索。作为主管教学的副校长，认真工作，善于管理，调动广大教师的积极性，不断提高学校的教育教学水平。

***蒋乃平** 男，生于 1943 年，职业教育教师，1998 年被评为"北京市特级教师"。于 20 世纪 90 年代初推出的"宽基础，活模块"课程模式及其后续研究，对推进教育部 2001 年和 2009 年两轮中等职业学校教学改革起到了积极作用。主持了教育部颁布的中职德育必修课《职业道德与职业指导教学大纲》（2001 年）和《职业生涯规划教学大纲》（2009 年）的开发工作，主编了相应国家规划教材。主持和主研了多个国家和北京市教育科研规划课题，多次获奖。现担任教育部全国中等职业教育教学改革专家咨询委员会委员，中国职教学会学术委员会委员，中华职教社专家委员会委员等工作。

　　*蒋宏涵　男，生于 1942 年，中学物理教师，1998 年被评为"北京市特级教师"。1964 年于北京师范学院数学系本科毕业，后到北京一二三中学任物理教师，1983 年 4 月，调到进修学校任物理教研员，退休前任海淀区课程改革领导小组秘书长，2002 年 7 月退休。一生奋斗在普教战线，热爱教育事业，任劳任怨，不辞辛劳，为海淀课程改革，为普教事业，贡献了毕生精力。

　　*蒋佩锦　男，生于 1940 年，中学数学教师，1998 年被评为"北京市特级教师"。曾任北京数学会理事，北京市中学数学兼职教研员，中央电教馆资源中心研究员。现任《数学通报》编委，人民教育出版社（新课标）高中实验教材（A 版）编委会核心组成员，人民教育出版社新教材培训团专家，北京五中教学顾问等。长期以来，一直从事教学、教研和青年教师培养工作。至今已发表教研论文近百篇，正式出版专著六十余部。1996 年 9 月区、校曾共办"蒋佩锦数学思想研讨会"。在东城四校曾收徒七人，其中一人已是特级教师，四人是市级骨干教师，还指导过五人获"全国高中数学青年教师评优活动"一等奖。

　　*解宝柱　男，生于 1944 年，小学自然教师，1998 年被评为"北京市特级教师"。热爱教育事业，爱岗敬业，任劳任怨，曾应北京市教育科学研究院基础教育教学研究中心聘请做副主编，编写"北京市九年义务教育科学教材"和教参，并承担北京市的新课程培训任务。曾在"九五"、"十五"、"十一五"期间主持多项国家级重点课题、分课题研究，并取得优异成绩。培养出多名特级教师、中学高级教师。曾多次被授予"全国优秀教研员"、"北京市优秀教研员"、"北京市优秀教师"等称号。

　　*韩梦熊　男，生于 1940 年，中学美术教师，1998 年被评为"北京市特级教师"。热爱教育事业，具有良好的职业道德素养和无私奉献精神。现为北京市美术家协会会员。曾在《光明日报》等发表论文十五篇。编写北京市中学教师继续教育教材美术篇。出版发行了《中学生漫画》《怎样开展中

学生漫画活动》等著作。并在各种报纸、杂志创作、发表漫画作品六百多幅。指导的青年教师已成为区、市级骨干，指导学生发表漫画作品一千七百多幅，三百七十五幅入选中国美术馆。曾获"北京市教育系统先进工作者"称号，享受国务院政府特殊津贴。

*韩　萍　女，生于1960年，中学物理教师，1998年被评为"北京市特级教师"。热爱特殊教育事业，具有良好的职业道德和奉献精神，从1983年至今一直从事残疾人教育。在北京盲校物理教学、盲人计算机教学、视力残疾儿童随班就读工作指导、盲校教具制作、盲文应用等方面有一定的实践和研究。主持或参与了多项有关残疾人教育的课题，曾获"北京市首届基础教育教学成果"二等奖。"十五"期间任中国—联合国儿童基金会"有特殊教育需要儿童的教育"项目国家级专家组成员。是三个有关中国盲文的国家标准的主要起草人之一。曾获"全国优秀特殊教育工作者"、"全国中小学实验室和仪器工作先进工作者"、"首都统战系统参与奥运、服务奥运先进个人"等称号。

*裴伯川　男，生于1940年，中学生物教师，1998年被评为"北京市特级教师"。热爱教育事业，具有良好的教师素养和奉献精神，长期承担着培养生物学科青年骨干教师的任务。作为北京版生物教材副主编，承担教材编写与培训指导等工作。主持过多项课题研究，曾担任中国教育学会生物专业委员会"十五"课题"信息技术与生物教学整合"的负责人。近年来被聘为首都师范大学生物系客座教授、教育硕士指导教师，北京教育学院兼职教授。先后担任中国教育学会生物教学专业委员会常务理事兼秘书长、学术委员会常务副主任等工作。

*简国材　男，生于1931年，中学化学教师，1998年被评为"北京市特级教师"。热爱教育事业，有良好的职业道德和奉献精神，培养了大批优秀学生。1958年任北京市中学化学教师培训班指导教师，1959年在北京千人教师大会上作"关于提高教学质量"经验介绍，1974年指导学生建成北京市首座实验性沼气池和燃具，自1977年起担任海淀区教师进修学校教研员。1960年编写北京市中学化学课外活动教材，1978年主编《化学辅导

员》，1990 年独自编写《中学化学计算的技能与技巧》。中国化学学会会员。

*臧龙光　男，生于 1940 年，中学数学教师，1998 年被评为"北京市特级教师"。热爱教育事业，师德高尚。作为北京市中学数学教学学科带头人，积极引领和参与教育改革，成果显著。参与编写原国家教委《高中数学教学指导书》，自著、合著数学教学书籍十六本，发表论文四十余篇。曾任北京市高级教师评审委员会委员，中小学教材审查委员会委员，北京市第九届、第十届、第十一届人大代表。曾获"全国优秀教师"、"全国教育系统劳动模范"称号，享受国务院政府特殊津贴。

*谭晓培　男，生于 1954 年，小学数学教师，1998 年被评为"北京市特级教师"。长期从事小学数学教学与教研工作，热爱教育事业，热爱学生，不断进取，兢兢业业。1997 年调到西城区教育教学研究中心。1988 年职评中第一次被破格评为小学高级教师，1992 年又破格被评选为中学高级教师，2000 年被推荐参加教育部主办的国家级骨干教师培训。在北京市和西城区小学数学领域有较大的影响力，多次参与北京市质量监控、学科职评、教师培训工作。主持过多项国家、市、区级教育科研课题。

*潘克明　男，生于 1947 年，校外电教教师，1998 年被评为"北京市特级教师"。在北京电化教育馆历任教研员、主编、主任、副馆长、馆长、书记。现任中国教育技术协会副会长，教育部中小学现代教育技术实验学校工作专家指导委员会委员，教育部考试中心全国中小学教师教育技术水平考试委员会委员，国家新闻出版总署音像制品引进审查委员会委员。担任全国教育技术研究"八五"至"十一五"总课题组专家，公开发表学术研究文章数百篇，在二十七个省作学术报告数百场。

*娄湘生　男，生于 1939 年，小学语文教师，1998 年被评为"北京市特级教师"。从事小学语文学科教学教研工作三十余年，主编并参编的《小学语文教学研究》《小学语文教学概论》填补了我国师范院校文科专业教材的空白。自 2001 年至今，为小学语文 A 版课标教材主要编写人。多年来为北京市和外省市培养高水平的小学语文教师作出贡献。北京市级小学语文骨干教师研修班指导教师。有多本著作出版，多篇论文获奖。

*薛文叙** 女，生于 1943 年，中学数学教师，1998 年被评为"北京市特级教师"。热爱教育事业，具有良好的职业道德和奉献精神。曾获"胡楚南优秀中学教学成果奖"、"全国中学数学教育论文"一等奖。近年被聘为北京教育考试院高考试题评价组成员、北师大版高中课程标准实验教材编写组核心成员、清华同方教育技术研究院专家。参加数学高考试卷的评价，新课标实验教材的编写，教师的培训以及教育部课题"信息技术条件下，新课程教学方式实验研究"的工作。

（6）2001 年评选的特级教师简介

*丁玉山** 男，生于 1957 年，中学体育教师，2001 年被评为"北京市特级教师"。热爱教育事业，具有良好的职业道德和奉献精神。先后被聘为全国学生体质健康标准推广活动组委会特邀专家、北京市课程改革试验专家组成员、教材培训专家，参与编写的体育与健康教材在北京市正式实验。主持参与了全国、市、区级多项科研课题的研究。并承担教育部、西部农村地区、北京市教师培训任务。曾获中宣部、教育部和国家体育总局等十部委授予的"特别贡献奖"，获"北京市优秀教师"、"北京市普教系统先进工作者"、"海淀区有突出贡献专家"等称号。

*万 福** 男，生于 1944 年，中学数学教师，2001 年被评为"北京市特级教师"。热爱教育事业，具有良好的职业道德和奉献精神。先后被聘为国家教育行政学院兼职教授，中国教育学会数学教育研究发展中心年会理事长，北京师范大学附校数学教师职称评委。参与"国家区域特色发展项目"、"有效教学与有效研修"等教师项目的研究，以及北京市科研规划课题立项与成果评审、北京市地方教材与其他科研项目的评审工作，参与北京青少年科技创新学院"翱翔"与"雏鹰"计划的研究工作。迄今一直担任教育部教师综合素质培训项目办副主任，北京市学习科学学会副会长，北京市教育学会监事，宣武区教育委员会顾问。

*马乃根** 男，生于 1943 年，小学社会教师，2001 年被评为"北京市特级教师"。热爱教育事业，具有良好的职业道德和奉献精神。作为国家课程改革《品德与社会课程标准》编写组核心成员、教材培训专家，参编及培

训指导的多套社会课教材、《品德与社会》教材、《生命·健康·安全》教材在全国正式使用。主持过多项教育科研课题的研究。长期承担北京市和国内教师的培训任务，指导青年教师成长。

* **马复华** 男，生于 1946 年，中学语文教师，2001 年被评为"北京市特级教师"。热爱教育事业，全面贯彻党的教育方针，模范履行岗位职责。在从事语文教育的四十年实践中，坚持自主创新和理论探索。论文《关于高中作文教学的两点构想及其实践》《把课堂提问的权利交给学生》均表现出素质教育的理念。2003 年春，在 SARS 病毒流行期间，在北京市教委开播的"空中课堂"中讲授《林黛玉进贾府》《石钟山记》等课文，在特殊时期为教育事业作出贡献。曾获"全国优秀教师"称号。

* **马荣花** 女，生于 1954 年，小学英语教师，2001 年被评为"北京市特级教师"。根据中国小学生学习英语的特点，在课堂上创设宽松愉悦的学习氛围，让孩子们敢说、会说、爱说，并注重良好学习习惯、兴趣的培养，注重学生学法的指导，注重师生情感的交流，课堂活动设计有层次、细致，注重实效性，为孩子们的终生学习打下良好的基础。坚持以科研理论指导教育教学工作，"用档案袋评价的方式，促进学生的发展"的实践与研究取得实效。曾获"全国优秀教师"、"北京市优秀教育工作者"、"北京市优秀教师"、"首都巾帼之星"等荣誉称号。

* **孔祥旭** 男，生于 1948 年，小学自然教师，2001 年被评为"北京市特级教师"。多年来恪尽职守，潜心研究学科教学，为基层学校、教师发展服务，取得显著成绩。曾获"北京市首届优秀科技园丁奖"、"北京市优秀教师"、"宣武区有突出贡献的科教、技术、管理人才"等称号。现任全国教师教育学会综合实践活动学科委员会常务理事，北京市中小学综合实践活动研究会副理事长，教育部教育科学出版社小学科学教材编写顾问，宣武区名师工作室、名师讲学团成员。

* **尹振水** 男，生于 1942 年，中学语文教师，2001 年被评为"北京市特级教师"。热爱教育事业，政治信仰坚定，师德崇高，毕生战斗在语文教学第一线。教学风格严谨、细腻、务实、求是；善于营造学习氛围、激发学习兴趣、指导学习方法、培养学习能力是他的教学途径；使学生成为语文学习的有心人、全面提高语文素养是他的教学成果。多次获得"全国优秀教师"、"北京市普教系统教书育人、管理育人、服务育人先进工作者"、"房山区劳动模范"等称号，获"全国优秀教师奖章"。

*方晓山　男，生于 1943 年，中学语文教师，2001 年被评为"北京市特级教师"。多年来在写作指导方面潜心钻研，取得了突出的成绩；在培养青年教师上作出突出贡献，多次被评为"海淀区优秀教师"。受聘开明出版社任市高中语文教材主编，参与中央教科所高中语文教材编写，曾任《实用阅读》编委，参加编写语文工具书《中学教学实用全书·语文卷》《现代汉语辨析字典》。民盟盟员，任海淀区人大代表，北京市语文学会常务理事。

*王天谡　男，生于 1942 年，中学物理教师，2001 年被评为"北京市特级教师"。热爱教育事业，具有良好的职业道德和奉献精神。长期从事中学物理教学，参加全国统编教材的审定、编写教学参考书和选修教材等。组织教师参加教育科研课题，成果获得市、区奖励。主持东城区名师工程，培养市区骨干教师。1990 年组织研制计算机教学网络，获"国家教委第二届基础教育教学仪器优秀研究成果"二等奖。1998 年被评为"全国优秀青少年科技辅导员"。曾被评为"北京市'十五'时期继续教育工作先进个人"。

*王　欢　女，生于 1962 年，小学语文教师，2001 年被评为"北京市特级教师"。从事教育工作二十八年，把全部的热情都倾注在所钟爱的教育事业上，是北京市首批"名校长工作室"成员，主持东城区"王欢小学语文工作室"工作。曾参与文化部主编的系列丛书《追着美文成长》两册书的全部编写工作，参与商务印书馆《小学生字典》的编写工作。曾被评为"全国优秀教师"、"国家级骨干教师"，"首都五一劳动奖章"获得者。现为北京市政协委员、东城区人大代表。

*王英民　男，生于 1954 年，中学英语教师，2001 年被评为"北京市特级教师"。从教三十二年，主编和参编多种教学用书。主持和参与过多项研究课题。长期担任海淀区教研员。所教学生多次在全国及北京市获奖。先后被聘为中国科学技术协会教育专家委员会学术委员，北京市教育学会学术

委员会委员，国家基础教育实验中心外语教育研究中心学术委员会委员，海淀区名师工作站英语导师组组长，首都师范大学兼职硕士研究生指导教师。

＊**王珉珠** 女，生于 1947 年，中学物理教师，2001 年被评为"北京市特级教师"。中国人民大学附属中学分党委书记兼副校长，国家基础教育资源共建共享联盟副主席，《北京教育》杂志理事会常务理事，北京市名师工作站导师。曾主持或参与十余项国家、市、区"十五"、"十一五"重点科研课题，撰写专著及参编教材十余部，发表论文数十篇。先后荣获"全国教育科研杰出校长"、"北京市三八红旗奖章"、"北京市基础教育课程改革先进个人"、"北京市优秀教育工作者"、"海淀区有突出贡献专家"、"海淀区师德标兵"、"海淀区教育系统优秀党支部书记"、"海淀区教育系统优秀教育工作者"、"海淀区教育科研先进工作者"、"中国人民大学优秀共产党员"等荣誉和称号，享受国务院政府特殊津贴。

＊**王 敏** 女，生于 1945 年，中学物理教师，2001 年被评为"北京市特级教师"。热爱教育事业，具有良好的职业道德和奉献精神。长期从事理科资优生的物理教学工作，全面培养学生的学科能力，采用引导学生解决问题的教学模式，开拓思维。曾获"北京科技园丁"、"北京市优秀科技辅导员"、"西城区教育系统先进工作者"、"西城区科技先进工作者"、"西城区科技园丁"、"西城区物理学科带头人"等称号。

＊**王曼怡** 女，生于 1956 年，小学英语教师，2001 年被评为"北京市特级教师"。坚持把微笑带给孩子、把兴趣带进课堂、把夯实带到平实、把竞争带到多元、把激励带给全体、把期待带给家长的"六带"理念与做法，以情感人，以活动吸引人，以评价鼓舞人，激发学生创新精神，体现了情、实、活、新的教学特色。撰写了《小学英语学习评价方案》，出版专著《和学生一起走进 ABC》，主编了《新奥林匹克基础知识及系统教育》丛书一套。参加了教育部小学英语教材审查工作。荣获"北京市教书育人先进个人"、"北京市优秀教师"称号。

＊**王惠弟** 女，生于 1949 年，中学生物教师，2001 年被评为"北京市特级教师"。热爱教育事业，具有良好的职业道德和奉献精神。先后被聘为

北京市生物教学研究会常务理事，北京教育科学研究院基础教育教学研究中心（市教研部）生物教研室兼职教研员，海淀区教师进修学校生物组及海淀区教科所兼职教研员。做市、区级示范课、研究课数十节，北京电视台播放过课堂实录。《生物学通报》曾介绍过两节研究课。1998年研究课《生物学的研究方法》代表北京市的教改成果在全国生物教学年会上交流。指导编写的多套教材通过了初审。论文多次在国家级学术刊物上发表。主持了多项科研课题的研究。担任校专家组成员，承担全校教师培训任务，指导青年教师成长。曾获"海淀区德育先进工作者"、"海淀区优秀教师"、"海淀区教育科研先进工作者"称号。

*王　薇　女，生于1956年，中学生物教师，2001年被评为"北京市特级教师"。国家课程改革标准组《生物学（高中）》、北京市义务教育课程改革实验教材《生物》编委，高中新课程远程研修团队核心成员，参编多套生物学教材。曾任中学校长、区教育学院副院长。一直担任《生物学通报》常务编委、中国教育学会生物教学专业委员会常务理事及学术委员会委员。主持市区级等多项课题研究。曾获得"北京市优秀教师"等称号。

*田名凤　女，生于1956年，中学数学教师，2001年被评为"北京市特级教师"。爱岗敬业，辛勤育人，勇于探索。用情感激发学生的创新精神，引导学生探究性学习并形成了"顺应学生思维，引导学生探究"的独特教学风格。教学成绩突出，所教学生一人获"全国数学联赛"一等奖，一人高考数学满分。作为东城区名师工作室主持人、专家指导组成员，多次应邀赴外地讲学支教，参与了十几部专业书籍的编写工作。曾获"北京市优秀青年教师"、"东城区人民教师"、"跨世纪人才"等称号。

*白幼蒂　女，生于1948年，中学历史教师，2001年被评为"北京市特级教师"。热爱教育事业，具有良好的职业道德和奉献精神。先后被聘为北京教育科学研究院基础教育教学指导委员会历史学科指导专家，北京师范大学历史学院历史学专业兼职导师，宣武区名师工作室导师。主编的历史教材在北京市正式使用。主持参加了"历史教育心理研究与教学对策"等多项科研课题的研究。长期担任全市历史教师培训任务，指导青年教师成长。多

年担任北京教育学会中学历史教学专业委员会副理事长。

*刘玉华 女，生于 1956 年，中学化学教师，2001 年被评为"北京市特级教师"。热爱教育事业，具有良好的职业道德和奉献精神。作为北京市特级教师评委会评委和北京市高级教师评委会评委，多次参加高级教师和特级教师的评审工作。受北京市教育学院"绿耕工程"之约为市级骨干教师授课。参编及培训指导高中化学新课程指导意见的编写和实施工作，编写多套高中化学高考备考书籍在全国发行。主持参加过多项国家级、市级、区级科研课题的研究工作，并长期承担全区化学教师培训任务，指导培训骨干教师和学科带头人成长。曾获"北京市骨干教师"、"北京市学科教学带头人"、"北京市优秀教师"称号，并一直担任中国教育学会中学化学教学专业委员会理事。

*刘运秀 女，生于 1955 年，中学语文教师，2001 年被评为"北京市特级教师"。热爱教育事业，师德高尚。从事超常教育工作近二十年，注重培养学生自学能力，提高课堂效率，四年完成八年的教学任务，教育教学成果突出。独立编写《中学超常教育语文教学大纲》，承担多项课题研究。参与全国及北京市教材编写工作，曾担任全国中学语文教学研究会理事，北京市中学语文教学研究会副理事长，曾被评为"国家级骨干教师"，"全国优秀教师"、"北京市学科教学带头人"，享受国务院政府特殊津贴。

*刘 莹 女，生于 1949 年，小学英语教师，2001 年被评为"北京市特级教师"。勤于学习，甘于奉献，忠诚教育事业。曾被聘为教育部教材审查委员，教材培训专家，参编的英语教材在北京市使用。参与多项课题研究，担任远郊区县教师培训学科指导专家，承担全市及西部小学英语教师培训任务，指导青年教师成长。曾获"海淀区师德标兵"，至今担任北京教育科学研究院教学指导委员会小学外语学科指导专家。

*刘铁铮 男，生于 1945 年，中学语文教师，2001 年被评为"北京市特级教师"。热爱教育事业，具有良好的职业道德和奉献精神。作为一名学者型教师，笃学好研，教书育人。教育理念先进，教学成绩突出；教改成果丰硕，独创的"语文坑式教学法"有较大影响；教科研意识强，撰写论文数

十篇，编著二十九本，编著文字逾五百万字；善于培养青年教师，其中多人被评为市、区级学科带头人。目前任昌平中学语文教学研究会会长，并在昌平教委开办的"特级教师工作室"工作。曾获"全国优秀教师"、"科技教育拔尖人才"、"昌平名师"等称号。

*孙二女 女，生于1949年，小学语文教师，2001年被评为"北京市特级教师"。曾任小学教师、小学语文教研员、小学教研室副主任、主任、进修学校副校长。曾进行"小学语文'一条龙'教学改革"、小学"自互"教学模式等课题研究。三十余篇论文先后在国家、省市级报刊上发表、获奖，参与了《应用文》等七册书的编写，多次去外省市及北京市讲学；"质疑卡""教学日记"等设计均成功推广。曾获"全国优秀教师"等称号。

*祁京生 男，生于1964年，中学数学教师，2001年被评为"北京市特级教师"。热爱教育事业，敬业爱生，无私奉献。出版的数学教育专著《在过程中学习、创造、发展：加强数学知识形成过程教学的实践与思考》曾获"第三届北京市基础教育教学成果"二等奖。曾被评为"全国模范教师"、"北京市先进工作者"、"北京市优秀青年知识分子"，曾荣获"首都劳动奖章"和"北京市五四奖章"。作为北京市高中新课程自主排课实验项目组成员，为推动北京市高中新课程实施作出了积极的贡献。

*许　鑫 男，生于1943年，中学地理教师，2001年被评为"北京市特级教师"。热爱教育事业，具有良好的职业道德和奉献精神。在多年的地理教学工作中兢兢业业，严谨治学，形成自己独特的教学风格。主持《初中地理实践活动课程的研究与实践》课程改革实验，于2004年获"北京市第二届基础教育教学成果奖"。与他人共同主编《朝阳》地方教材，该教材已在朝阳区实施并获得市区好评。参加朝阳区名师工程，积极热情帮助青年教师成长，总结教改经验，认真著书撰写论文，并在媒体、刊物上发表。

*闫梦醒 男，生于1947年，中学化学教师，2001年被评为"北京市特级教师"。热爱教育事业，具有良好的职业道德和奉献精神。被聘为北京市、区教研员，北京市化学教学研究会理事等。受聘编写北京市初中和全国高中新课程标准等化学教材四册已使用。参与指导学生两人获国际化学奥林

匹克竞赛金银牌。发表论文一百八十一篇次。六项教科研成果获全国一等奖，出版个人专集《中学化学教学教育文集》。被中国教育学会等授予"全国基础教育科研先进个人"称号。

　　*余　兰　女，生于1950年，中学化学教师，2001年被评为"北京市特级教师"。长期在普通中学教学一线任职，具有较高的教学水平和良好的职业道德。曾多次参与教育部"普通高中学校招生全国统一考试"的化学科"考试说明"、"考试大纲"的修订，北京市考试说明的修订工作。承担云南、青海、新疆、陕西、河南、安徽等地高三化学教师的培训任务。曾获"北京市优秀教师"称号。

　　*余明忠　男，生于1949年，中学语文教师，2001年被评为"北京市特级教师"。热爱教育事业，具有良好的职业道德和奉献精神。长期工作在教学一线，潜心从事语文教学实践研究，发表教育教学论文一百多篇，编写出版专著十余部。作为北京市丰台区课程改革实验工作专家指导组成员，积极承担项目研究和培训指导工作。一直承担市区、校语文教师培训任务，指导青年教师成长。长期关注和组织指导学生文学社团活动，多次被中国教育学会中学语文教学专业委员会评为"校园文学优秀指导教师"。曾获"丰台区人民教师"称号。现为北京市中学语文教学专业委员会理事和丰台区中学语文教学专业委员会副会长。

　　*吴玉清　女，生于1946年，中学语文教师，2001年被评为"北京市特级教师"。胸怀对事业执著的爱、对工作忘我的爱、对学生慈母般的爱，让四十年的教育生涯洒满阳光、洒满爱。长期致力于小学中高年级课堂教学、作文教学研究，编写出版了《特级教师教作文》《小学生作文手册》《中华作文教程》《快乐作文大本营》《小学语文课堂教学设计》等书籍。参与了国家"十五"课题研究，所撰写的论文均获全国科研论文一、二等奖。曾获北京市中小学"紫禁杯"优秀班主任一等奖、"北京市优秀教师"、"北京市优秀教育工作者"等奖项。

　　*张立新　男，生于1955年，中学体育教师，2001年被评为"北京市特级教师"。热爱教育事业，全面贯彻党的教育方针，模范履行岗位的职责。

长期以来坚持"健康第一"的指导思想，以学生发展为中心，帮助学生学会锻炼，奠定终身体育的理念。在教学工作中高度重视合理地安排运动负荷，强调"教、学、练"有机结合。在培训教师工作中提出"正、研、践、思"的培训模式，培养出一大批优秀教师。"九五"、"十五"、"十一五"期间，参加国家、市、区级的科研课题研究，发表多篇论文。参与多本教师用书的撰写工作。曾获"北京市先进体育教师"称号。

*张志文 男，生于 1947 年，中学生物教师，2001 年被评为"北京市特级教师"。热爱教育事业，勇于探索，曾承担北京教育科学"十五"规划重点课题"在初中生物教学中培养学生探究素养的实验研究"，研究成果获"北京市第二届基础教育教学成果"二等奖。2001 年至 2007 年，其执笔或主笔的论文发表九篇（其中七篇刊于《课程·教材·教法》等国家级核心期刊），获奖八篇。

*张振威 男，生于 1946 年，中学数学教师，2001 年被评为"北京市特级教师"。从事教育教学工作四十二年，曾任副校长，兼任中国科协教育专家委员会学术委员，北京市数学会第六届、第七届理事，北京市中小学数学教育研究会常务理事等职务。先后在多种杂志报纸发表论文三十余篇，出版《应用与开放问题》《中学数学能力及培养途径》等论著。在指导数学教学上有丰富经验，曾多年主抓全区高三教学工作。2000 年被评为"北京市劳动模范"，享受国务院政府特殊津贴。

*张继达 男，生于 1947 年，中学物理教师，2001 年被评为"北京市特级教师"。热爱教育事业，具有良好的职业道德和奉献精神。长期工作在教学一线，担任学校教学管理工作后仍始终担任一个班的教学工作。曾获"北京市普教系统先进工作者"称号。参加教育部高中物理课程改革实验课题组工作，是课程改革实验教材主要编著者之一。北京教育科学研究院基础教育教学指导委员会物理学科指导专家，参加北京市新课程培训及相关工作。海淀区名师工作站指导教师，指导中青年教师成长。长期参加北京市高考工作，同时参加多项相关科研课题的研究。曾任全国中学生物理竞赛委员会委员，迄今一直担任北京市物理学会常务理事，北京市中学生物理竞赛委

员会常务理事。

　　* 李凤石　男，生于 1947 年，小学体育教师，2001 年被评为"北京市特级教师"。先后在小学、丰台区体育运动学校、北京教育学院丰台分院工作。2007 年起任北京教育科学研究院基础教育教学研究中心体育学科兼职教研员。多次获得全国、市、区各级奖励。受聘担任"全国教育学院系统体育研究会"理事等十余项社会职务。参编著作《中国教育资源库——小学体育学科素材需求文件》（中央电教馆制作）等十余本。论文获全国多项奖励。被授予"全国优秀教师"金质奖章和多次市、区级"普教系统先进工作者"称号。

　　* 李世瑜　女，生于 1958 年，中学化学教师，2001 年被评为"北京市特级教师"。热爱教育事业，具有良好的职业道德和奉献精神。作为国家教育部教材评审委员，参加了新课程改革以来所有课标教材的评审工作。主持过多项科研课题的研究，其中"中学化学实验教学中创新素质培养的探究"获得北京市"胡楚南优秀中学教学成果奖"和"西城区优秀课题奖"，所撰写的论文多次获得全国和市、区级一等奖。在教学工作中，长期担任指导青年教师的任务，曾获全国化学会颁发的"全国高中化学竞赛决赛学生培训工作中作出突出贡献奖"、"北京市第四届胡楚南优秀中学教学成果奖"、"朝阳区三八红旗手"、"朝阳区优秀共产党员"、"朝阳区教育系统优秀党员教师标兵"、"朝阳区普通中学 1998—2000 年优秀教研组组长"、"2000 年度朝阳区专业技术拔尖人才"、"朝阳区优秀中、青年知识分子"。1997 年被评为"北京市中青年骨干教师"。一直担任"中国化学会"成员。

　　* 李冬梅　女，生于 1961 年，中学信息技术教师，2001 年被评为"北京市特级教师"。受聘为北京市基础教育教学指导委员会指导专家，首都师范大学硕士生导师，北京教育学院兼职教授，国家基础教育信息技术课程标准研制组核心成员，全国中小学教师教育技术水平考试专家委员会委员，海淀名师工作站信息技术导师组组长等职务。著作十余部，主编教材多套，论文三十余篇。1994 年获"全国中小学计算机教育先进工作者"称号。

　　* 李龙文　男，生于 1941 年，小学语文教师，2001 年被评为"北京市

特级教师"。热爱教育事业，热爱学生。坚持为学校服务，为教师服务，为学生服务。精通小学语文教学，能把握小学语文教改方向，能指导小学语文教师的教学和教学研究。撰写的论文多篇在全国、市、区获奖，编著的《多读书　勤练笔　重写字》《小学生轻松作文》等在全国、市、区都产生了一定影响。曾被评为"西城区优秀党员"，多次被评为"西城区教育系统先进个人"。

李　存　男，生于1942年，中学音乐教师，2001年被评为"北京市特级教师"。在教学一线工作四十年，用音乐特有的魅力感染学生，使学生在美中陶冶情操。潜心进行教育教学研究，不断更新观念，意识超前。1980年为高中开设音乐课，在当时是全国首例。利用现代化教学手段编写了大量相应教材，开展了大量课内外活动。坚持让所有学生参与活动，发展他们的潜质，获得艺术上的成就感。形成了较完整的、特有的教学艺术思想。参加了全国音乐教学大纲的修改工作以及国家音乐教育课程标准的起草工作，为音乐教育事业作出突出贡献。被聘为全国音乐教师培训专家，并赴全国各地讲学。

李达荣　男，生于1944年，中学英语教师，2001年被评为"北京市特级教师"。从教四十四年，具有丰富的教学研究与中考、高考指导经验，多次担任电视台高考指导讲座，在全国二十多个省市举办高考讲学百余场，教学科研著作二十本，深受教师和学生的欢迎和好评。被国家教育考试中心聘为特约高考评论专家，中国科协教育专家委员会学术委员。曾任北京市英语学科教学带头人，北京市中学外语高级职称评审委员会委员，现任北京市东城区外语学会会长，北京市外语教学研究会常务理事，华北区及全国外语教学研究会理事。荣获"东城区人民教师"称号。

李　佳　女，生于1956年，中学化学教师，2001年被评为"北京市特级教师"。原宣武区人大代表，现宣武区政协副主席，中国民主同盟北京市委常委，民盟北京市宣武区工委主委，北京市教育学会常务理事，北京市化学教学研究会常务理事。担任高中化学教学工作三十年，先后五次参加全国、北京市、宣武区教学评优课，均获得一等奖。在全国、北京各区县多次做高考教学分析，参加了国家级课题研究，部分项目已有成果，出版论著几十篇，编制教学课件多个，部分已被编入国家重大科技攻关项目——软件资料库。2002 年 5 月获"首都五一劳动奖章"，2002 年 6 月获"中国教育学会化学教学专业论文评选"一等奖，2003 年 3 月被评为"北京市中青年学科教学带头人"，2004 年 5 月获"宣武区有突出贡献的科学、技术、管理人才"称号，享受国务院政府特殊津贴。

*李明赞　男，生于 1952 年，中学历史教师，2001 年被评为"北京市特级教师"。热爱教育事业，具有良好的职业道德和奉献精神。主编、参编北京市和人民教育出版社多种历史教科书及配套历史地图册。主持的科研课题获"北京市第三届基础教育教学成果"一等奖。指导本组教学连续六年获北京四中学生评教第一名，教研组获"北京市模范集体"称号。北京市历史教学研究会常务理事，中国史学会第八届理事会理事，北京师范大学历史学院和北京教育学院兼职教授。

*李松文　男，生于 1939 年，中学数学教师，2001 年被评为"北京市特级教师"。曾任中学数学教师、教导主任、区教研中心室主任。热爱教育事业，具有良好的职业道德和奉献精神，业务上精益求精、努力钻研，关注课程改革，把现代教育理念应用于实际工作中，不断提高教学水平。多年来，任北京市教育学会数学教学研究会常务理事兼副秘书长，中国科协教育专家委员会学术委员，先后在北京市和外省市交流数学教学和高三毕业班工作经验。

*李　奕　男，生于 1968 年，中学地理教师，2001 年被评为"北京市特级教师"。热爱教育事业，具有良好的职业道德和奉献精神。主持多项教育科研创新项目，取得大量论文、专著成果和专利，多项成果已推广应用，产生了良好社会、经济效益，为推动教育信息化和教育评价领域的创新作出贡献。被评为"北京市师德标兵"、"北京市有突出贡献的科学、技术、管理专家"，荣获"北京市五四奖章"、"北京市精神文明奖章"，任北京市第九届党代会代表，中国地理学会教育委员会委员，北京市地理学会副会长，教育部课程改革项目、高考评价专家组成员。

*李春旺 男，生于 1945 年，小学语文教师，2001 年被评为"北京市特级教师"。热爱教育事业，具有良好的职业道德和行为规范。从 1971 年开始，组织并参加了北京市小学语文几套教科书的编写工作，并承担教材培训等任务。主编有《名师谈小学语文学科教学常规》《语文自读课本》等多套读物。主持过"小学生汉字书写规范化实验研究"、"信息技术与学科教学整合"等多项课题研究，长期承担指导全市的小学语文教学研究。撰写的多篇论文在全国中文核心期刊发表并获奖。曾获北京教育科学研究院"优秀共产党员"、中国教育学会小学语文教学专业委员会"先进工作者"等称号。现任中国教育学会小学语文专业委员会副理事长，北京教育学会小学语文教学研究会理事长。

*李炳琦 男，生于 1949 年，小学美术教师，2001 年被评为"北京市特级教师"。多年进行"发挥美术教育优势，培养学生审美素质，促进健康心理和潜在智能发展"专题研究，形成"情感、文化、自由、兴趣"的教学特色。策划、主持的北京市东城区和平里第四小学历届书画艺术节，参与学生达两万人次，接待五百人次观摩；组织指导学生参加国内外绘画比赛，有数百人获奖，学校形成美育办学特色。作为东城区第二届美术名教师工作室的主持人、学科带头人和"十佳模范教师"，在东城区美术教育中起到引领和示范作用。

*李家声 男，生于 1950 年，中学语文教师，2001 年被评为"北京市特级教师"。热爱教育事业，具有良好的职业道德和奉献精神。多年任学校语文教研组组长，被聘为市、区兼职教研员。多次参加中学语文教材的编写工作，编写《北京四中文言文阅读校本教材》，有关于中学语文教学和中国古典文学的研究论文在国家级刊物上发表。有研究专著《诗经全译》《斜川集校注》《中学古文故事集》等。1996 年被评为"北京市优秀教师"及"北京市学科教学带头人"。

*李晓风 男，生于 1958 年，中学历史教师，2001 年被评为"北京市特级教师"。热爱教育事业，具有良好的职业道德和奉献精神。长期从事高中历史教学，成绩突出。受聘为教育部课标修订组成员，北京市课程改革专家指导组成员、教材培训专家，主持和参编多种历史教材和教师教学用书。为全市历史教师新课程培训的主讲教师。兼任中国教育学会历史教学专业委员会理事，北京教育学会学术委员会委员，北京教育科学研究院教学指导专家，北京师范大学兼职教授。

*李新黔　男，生于1945年，中学化学教师，2001年被评为"北京市特级教师"。热爱教育事业，先后被聘为北京市化学会理事、高中化学竞赛委员会委员，海淀区学科带头人、兼职教研员。多年任教研室主任，在教学科研课题研究、培养青年教师等方面，作出了突出贡献。退休后，主持"希望之光"打工子弟学校教师培训的公益行动，受到北京市教育系统关工委的表扬。

*李　镗　男，生于1948年，中学语文教师，2001年被评为"北京市特级教师"。获得"全国优秀教师"荣誉称号，区教育学院副院长。受聘为北京考试院高考评价组成员，首都师范大学教育硕士导师，中央教育科学研究所访问学者。兼任中国教育学会中学语文教学专业委员会学术委员会委员、中国高等教育学会语文教学研究会教学评价中心秘书长。曾两次获得国家教育基金奖。研究成果显著。参加人民教育出版社初中、高中新课程教材编写和教材培训工作。参与组织国内、国际研讨会等多项活动。现为教育部基础教育课程发展中心实验校课题指导专家。

*杨嘉栋　男，生于1946年，小学美术教师，2001年被评为"北京市特级教师"。热爱教育事业，具有良好的职业道德和奉献精神。为人民教育出版社新课标、新教材培训特聘专家，先后为人民教育、人民美术等四家出版社，创编了美术教材、教参三百余课；为全国十余省市三万名中小学教师培训新课程、新理念；为中央电视台、中国教育电视台、中国教师研修网录制示范课例、专题讲座等六十余集；撰写出版中国画及工艺制作类书籍三十余种。自任北京教育学院客座教授以来，还为近千名来自世界各地的教师、学生介绍中国民间艺术。曾获"北京市基本功大赛"一等奖、"第三届北京市基础教育教学成果"一等奖等十余种奖项。

*杨惟文　男，生于1941年，中学物理教师，2001年被评为"北京市

特级教师"。在从教的四十七年中，实施教改，勇于创新，形成了以培养学生理论型逻辑思维能力为主，以创造性思维为核心的联合启发式教学为主要教学形式，以促进学生认知结构发展为目的的教学风格。所教学生在高考和全国中学生物理竞赛中成绩优异。曾被评为"东城区教育系统优秀共产党员"、"东城区十大师德标兵"、"东城区优秀教育工作者"等荣誉称号。

*邴介夫　男，生于1942年，中学数学教师，2001年被评为"北京市特级教师"。热爱教育事业，具有良好的职业道德和奉献精神。潜心钻研教育教学理论并在实践中取得突出成绩，授课富有启发性、哲理性、探究性和趣味性，教学效果突出。北京市高中数学补充教材编委，编写《开放与探究性问题》一书。市高中示范校教学评委，"央视网站"特邀嘉宾。在市级以上核心刊物上发表教学论文、专著约二十篇（部），代表作有《高中数学能力培养》《数学教学中的乐学教育》《高考数学解题思路从何而来》《数学解题决策及其教学途径》等。

*陈正宜　男，生于1944年，中学生物教师，2001年被评为"北京市特级教师"。长期担任市、区教研员。主编《人类遗传学》面向国外发行，出版著作一百余种。担任《中学教学大百科全书》常务编委，获全国优秀图书奖。曾为人民教育出版社拍摄特级教师辅导光盘百余张，现行高中课本生物每册封底都附有十小时的光盘。为全国各省教育厅、教科所、教育学会组织的教师进修担任主讲数百场，受到普遍欢迎。当选两届区人大代表，任法院、检察院监督组组长。民进会员。1998年被评为"区级学术技术带头人"。

*周国彪　男，生于1946年，中学英语教师，2001年被评为"北京市特级教师"。1960年公派留学，20世纪90年代初赴美国访问学者，通晓英语、西班牙语。第九届、第十届北京市政协委员。从教三十八年，爱心满怀，学术造诣精湛，深谙外语教学的内在规律，形成了独具特色的"以学为本、教学做合一"的教学风格。作为北京英语名师工作室主持人、北京市高中课程改革学科教学专家指导组成员，培养弟子出类拔萃。教学专著丰硕，影响力大。荣获"全国优秀教师"、"北京市优秀教师"、"东城区有突出贡

献的优秀知识分子"、"东城区十佳模范教师"、"功勋教师"等称号。

***周 晔** 女，生于1963年，特殊教育教师，2001年被评为"北京市特级教师"。在推进素质教育中提出了"有爱无碍、教育康复、和谐发展"的办学理念。多篇论文获奖并在国际会议交流。参与编写了《中国手语》和《为了聋儿的明天——聋童教师培训教材》。曾获"北京市十大杰出青年"、"市人民教师"、"北京市杰出校长"、"全国少数民族团结进步模范"等称号。享受国务院政府特殊津贴，中共十七大代表，任中国教育学会特教分会聋教育专业委员会主任。

***苑玉台** 男，生于1941年，中学英语教师，2001年被评为"北京市特级教师"。热爱教育事业，治学严谨，兢兢业业，勇于创新。曾连续十年担任宣武区举办的高考英语强化训练班的主讲教师，成绩显著。主编、编写了一千多万字的中小学英语教材和教辅用书；组织编写了北京市高中英语选修课教材《阅读》《写作》《听说》。为北京市小学英语的普及和提高以及中青年骨干教师的培养作出了突出贡献。主编的《北京市九年义务教育小学英语教材》先后荣获"北京市首届基础教育教学成果"二等奖及"北京教育科学研究院学术建设贡献奖"。曾获"北京市普教系统先进工作者"称号。

***范永利** 女，生于1946年，中学数学教师，2001年被评为"北京市特级教师"。热爱教育事业，具有良好的职业道德和奉献精神。积极参加课程改革研究和指导工作，是首都师范大学数学实验教材、北京市义务教育课程改革实验教材的编委、执行编委，承担相应的教材及教学参考资料的编写工作。担负初中课程改革的教师培训工作，经常到各区县指导课程改革和课题研究，指导青年教师成长。多次承担北京市中考命题工作，是2008年数学命题组组长。任北京数学学会中学数学教学专业委员会理事。曾荣获"北京市教书育人先进个人"称号。

***范登晨** 男，生于1944年，中学数学教师，2001年被评为"北京市特级教师"。多年任数学教研组组长。教学效果优秀，指导的青年教师多次在全国、市、区获奖。在计算机辅助教学、几何画板及图形计算器的应用方面贡献突出，有论文及著作多部，多次获区、市、全国奖项，并获得"胡楚南优秀中学教学成果奖"和"苏步青数学教育奖"。积极投身课程改革，担任"人教 B 版课件制作"组长和数学"必修"的主编。多年参加全国重要考试的命题工作，有丰富的命题经验，现任海淀区名师工作站导师和中国"信息教学学校中学数学版"的主编，继续为教育事业贡献力量。

　　*郑克强　男，生于 1955 年，中学化学教师，2001 年被评为"北京市特级教师"。热爱教育事业，具有良好师德和较高的专业水平，教学研究方向为中学教师培养和高中化学教学，发表论著二百多万字。区教师研修中心副主任，区中学教研室主任。荣获"北京市优秀教师"、"北京市优秀人才"称号。现任北京教育学院兼职教授，北京教育科学研究院课程改革专家组成员，北京教育考试院考试评价组专家，中国化学会理事，《化学教育》《高考》杂志编委会委员。

　　*姚卫东　男，生于 1959 年，中学体育教师，2001 年被评为"北京市特级教师"。坚持"教、学、研、改"相结合，力求"明、辩、思、创"的教改思路，形成了"新、趣、活"与"严、细、实"相结合的教学风格。曾参与多项国家级和北京市重点课题研究，主编学校体育管理软件《体育教师备课系统》和朝阳区地方教材《分享奥林匹克》，参与《体育与健康标准指导用书》和《体育健康》等书籍编写。主持《朝阳区中小学奥运课程建设与实践研究》获得北京市基础教育教学成果奖。曾获"全国学校体育工作先进个人"、"全国奥林匹克教育先进个人"等称号。区教研中心副主任，北京市教育学会理事、学术委员会委员。

　　*姚　岚　女，生于 1958 年，中学历史教师，2001 年被评为"北京市特级教师"。在二十六年来的教研生涯中，提出教师专业发展的"四通"理念，开创学科教研新途径，体现教研的求真、求实、求发展的特色。参编、指导了多套历史教材的实践和地方教材《朝阳》。组织或参与科研课题，与同行合作获得第一届、第二届"北京市教育科研成果"一等奖。撰写数十篇论文在国家级刊物发表。发挥引领、指导作用培养青年教师并多次荣获全国、北京市一等奖。曾获"北京市优秀教师"称号。

　　*施月林　女，生于 1955 年，小学自然教师，2001 年被评为"北京市

特级教师"。热爱教育事业，遵守职业道德，具有奉献精神。提出明确的办学理念和办学目标。善于调动积极因素，具有号召力、协调力、凝聚力和亲和力。培养干部、指导青年教师。担任"春雨"指导教师和区中高、特级教师评委工作。论文在全国、市、区获一等奖。两次在 ESD 国际论坛讲演。工作成绩显著，获"国家级骨干教师"、"全国学校管理创新典范校长"、"北京市杰出校长"等荣誉称号。

*胡国燕　女，生于 1954 年，中学英语教师，2001 年被评为"北京市特级教师"。热爱教育事业，具有良好的职业道德和奉献精神。作为始终坚守在课程改革实验第一线的特级教师，一直坚持追求高标准的师德风范和力求取得精湛的教学效果。不但以身作则，而且带领外语组的全体教师积极探索、实践新课标新理念。主持过多项科研课题的研究并积极指导青年教师成长。任全国基础教育外语学术委员会（北京）主任。曾获"全国优秀教师"称号。

*胡继昌　男，生于 1941 年，教育学教师，2001 年被评为"北京市特级教师"。热爱教育事业，有高度的敬业精神、强烈的进取心和责任感。在师训、干训教育理论学科的教学工作中，有明确的教学思想，即"以人为本，教学相长；尊重规律，按需施教；以德育人，积极奉献"。有坚实的专业知识基础和突出的教学能力。在教书育人、教学改革、教育科研等方面成绩显著，对西城区乃至北京市的中小学干部培训工作作出了突出贡献。1993年被评为"北京市优秀教师"，1994 年获"曾宪梓教育基金会高等师范专科院校教师奖（三等奖）"。

*赵继宗　男，生于 1944 年，中学综合实践教师，2001 年被评为"北京市特级教师"。热爱教育事业，在课程改革，特别是综合实践课程研究阶段曾担任过西城区综合实践活动协会理事长。从教四十年一直热衷于学校的科技教育，近十年来辅导学生的优秀科技作品在区、市乃至全国的竞赛中每年都有获奖。曾被评为"全国优秀教师"、"全国优秀科技辅导员"、"北京市劳动模范"、"北京市科技教育先进工作者"、"北京市电化教育先进工作者"等荣誉称号。

＊**赵 聪** 女，生于 1957 年，中学政治教师，2001 年被评为"北京市特级教师"。热爱教育事业，具有良好的职业道德和奉献精神。长期从事中学政治课教学，曾任政治课教师、区教研员。20 世纪 90 年代开始参加国家课程标准、教材、教学参考、教学资源编写等工作。曾任初一教材主编，参与课程标准的制定与修订工作。国家级教材审查，参与编写《毒品预防专题教育大纲》，参与全国高中课程、北京市初中课程改革培训工作，多次承担全国中小学品德课程评选工作。

＊**郝 澎** 男，生于 1944 年，中学数学教师，2001 年被评为"北京市特级教师"。爱岗敬业，进行过"发现法的教学"等十一个重点课题研究，《创新教育与数学教学》等六篇论文获全国或市级奖励。《研究性学习的教学研究》等几十篇文章在国家级期刊上发表。曾任北京市数学教学研究会常务理事，多次做电视讲座，一直参与教育部考试中心的命题研究及教学大纲的制定工作。荣获"北京市教研工作先进个人"、"东城区'十佳'模范教师"等称号。

＊**钟作慈** 男，生于 1948 年，中学地理教师，2001 年被评为"北京市特级教师"。热爱教育事业，具有良好的职业道德和奉献精神。曾任北京教育科学研究院基础教育教学研究中心主任、基础教育课程教材发展研究中心主任。作为北京市基础教育课程教材改革实验工作领导小组的主要成员和专家指导组的主要成员，参加了北京市多项有关政策文件的制定，对各区县和学校进行经常性课程改革实验工作指导，担任了多次市级、区县级和许多学校的干部、教师培训任务，还负责北京市义务教育课程改革实验教材编写和修订的组织协调工作，负责北京市编写的普通高中新课程实验教材的立项、编写、送审和实验工作，是地理新课程实验教材的主要编写人员。曾获首届"北京市基础教育教学成果"一等奖。享受国务院政府特殊津贴。

＊**项 红** 女，生于 1954 年，小学语文教师，2001 年被评为"北京市特级教师"。为教育事业甘于奉献，曾被评为北京市"孟二冬式优秀教师"及"全国优秀教师"。主持过多项科研课题的研究。是北京市语文教材审读委员及校本课程核心组成员，参与京版全套小学语文教材审读并多次承担市

及各区县有关课程管理的培训。连任三期东城区语文特级教师工作室及名校长工作室主持人。任小学校长期间，引领一所布局调整合并校实现了跨越式发展。

　　*夏　芳　女，生于1957年，中学地理教师，2001年被评为"北京市特级教师"。热爱教育事业，具有良好的职业道德和奉献精神。长期工作在教学一线，市、区级新课程改革核心指导组成员，参与市、区级教师培训。首都师范大学资源环境与旅游学院兼职教授和首都师范大学特级教师工作中心兼职硕士研究生指导教师。曾获"北京市优秀青年教师"、"西城区有突出贡献拔尖人才"、"西城区十大科技女杰"等荣誉称号。担任中国教育学会中学地理教学专业委员会理事、北京市教育学会学术委员会委员。

　　*徐百合　男，生于1957年，小学数学教师，2001年被评为"北京市特级教师"。热爱教育事业，多年来一直从事教师培训及教学研究工作，主持过多项课题的研究，并多次承担平谷全区小学数学教师培训任务，指导青年教师成长。他编写的《集合与数》一书曾作为北京市小学数学高级教师继续教育必修课教材。为开发小学生的智力、提高解题能力还编写了《小学数学拓展提高教程》等书。曾获得"北京市小学中青年骨干教师"、"北京市小学中青年学科带头人"、"北京市优秀教师"等称号，"首都五一劳动奖章"获得者。

　　*桂富荣　女，生于1955年，中学政治教师，2001年被评为"北京市特级教师"。热爱教育事业，具有良好的职业道德和奉献精神。先后参与政治课教材、教辅的编写，并担任地方课程《朝阳》教材的主编，主持多项科研课题的研究。从教三十八年，其中政治课教学二十六年，教师培训工作七年，曾获北京市中小学"紫禁杯"优秀班主任一等奖，曾被评为"优秀班主任"、"优秀教研组长"、"北京市学科教学带头人"。现任北京市思想政治课教育研究会副理事长，朝阳区教科所所长，朝阳区教育学会秘书长。

　　*海倩雯　女，生于1955年，中学音乐教师，2001年被评为"北京市特级教师"。热爱教育事业，模范履行岗位职责。长期教学实践形成了活泼有序、互动愉悦的课堂风格。严厉不失风趣，激情不失理智，将音乐情感教

育和情境创设融在学生主体体验，寓德于美的教学之中，使她的教学独具艺术特色。努力培养孩子们在懂得欣赏、享受音乐过程中学会理解爱、奉献爱，肩负起自己的责任。"七五"至"十一五"期间参与国家课题研究工作，录制并全国播出多节课例，为北京及外省市教师培训讲座百余讲，多篇论文发表并获得市级奖励。曾获"北京市优秀教师"、"北京市优秀指挥"、"首都教育系统奥运工作先进工作者"等称号。享受国务院政府特殊津贴。

*郭立昌　男，生于 1944 年，中学数学教师，2001 年被评为"北京市特级教师"。一直从事中学数学教学及研究工作。曾任北京教育科学研究院基础教育教学研究中心中学数学教研室主任。中国教育学会数学教学专业委员会副秘书长、常务理事、学术委员。北京市教育学会数学教学研究会秘书长，中学工作委员会主任。担任北京市 21 世纪中学数学教材副主编，北京市义务教育课程改革数学实验教材副主编，实验指导组组长，北京市高中数学补充教材副主编。三十多年来主编或参加编写数学教育书籍共三十多册，执笔二百多万字。在市级以上杂志、报纸上发表论文、文章一百九十多篇，五十多万字。曾被评为"北京市普教系统先进工作者"、"北京市优秀教师"。

*郭铁良　男，生于 1954 年，中学语文教师，2001 年被评为"北京市特级教师"。从事中学语文教学三十八年，热爱教育事业，具有良好的职业道德和奉献精神。2000 年被北京市教委推荐参加教育部"园丁工程"——首批国家级骨干教师培训班，2000 年被北京市教委评为"北京市中青年语文学科带头人"。2007 年被聘为北京市教育科学规划办公室学科专家组成员，任中国教育学会中学语文教学专业委员会教学改革研究中心理事，主持了多项科研课题的研究。发表作文专著二十五部，其中专著《中学作文教学想象能力的培养》一书，是"北京市教育丛书"之一，2002 年获北京市教委"优秀教科研"成果奖。

*郭　璋　男，生于 1943 年，中学数学教师，2001 年被评为"北京市特级教师"。热爱教育事业，师德高尚，业务精深，曾获得"苏步青教学教育奖"，数学方法论的教育方式特殊贡献奖，多篇论文在全国和北京市获得一等奖。在从事数学教研工作中，培养出多名优秀教师，如特级教师吴江媛、邱继勇、全国青年教师讲课大赛一等奖获得者白雪峰老师、尚爱军老师，还有多个市级学科带头人和骨干教师。终生从事初等数学研究，编写教材和数学著作二十多部，在《数学通报》《中等数学》等刊物上发表论文二百多篇。

*郭震仑　男，生于1942年，中学物理教师，2001年被评为"北京市特级教师"。热爱教育事业，有高尚的师德。注重理论学习，业务精湛。长期主持西城区物理教研室和高考备考工作。狠抓教师队伍的建设，善于找到理论和实践的结合点，进行深入的研究，并有效地指导教学。西城区中学物理教学有稳定的教学秩序和稳定的高质量，他对此作出了重要贡献。撰写物理教学研究文章数十篇，还主编统稿、编写了十几本书。在全国中学物理教学领域有一定的影响力和知名度。作风朴素，淡泊名利，热情诚恳，在教师队伍中有较强的凝聚力。

*陶昌宏　男，生于1955年，中学物理教师，2001年被评为"北京市特级教师"。热爱教育事业，具有几十年课堂教学实践经验。提出《物理教学的基本特征》的教学理论。多项研究课题获奖，其中《高中物理教学理论与实践研究》获得第三届"北京市教育教学成果奖"。多本专著、合著出版，其中《高中物理教学理论与实践》的教学专著受到广泛关注。在《物理教师》等刊物发表数十篇文章。在开展"高中物理教学理论与实践研究"课题研究过程中，建构了相应的物理教学理论，建构体现现代物理教学的基本概念系统，形成体现物理学科特征的基本课型。在教学理论的指导下，指导一线教师完成优秀教学案例，开发了一批优质的教学资源。研究成果产生很大作用，使北京市的物理教学出现生机，初步形成首都物理教学的特色。1998年获得"全国优秀教师"称号。

*崔琪　女，生于1956年，中学语文教师，2001年被评为"北京市特级教师"。严于律己、竭诚奉献，勤于思索、大胆创新。一直工作在教学一线，深厚的学识和高尚的人格，受到师生的广泛好评。著述颇丰，有研究阅读与写作的专著与论文获得市区奖励，并出版发表。参加了人民教育出版

社新课程"选修"教材的编写与审定工作。首批"国家级骨干教师",曾获"北京市优秀教师"称号。

＊**曹保义**（曾用名：曹宝义）　男，生于 1957 年，中学生物教师，2001 年被评为"北京市特级教师"。具有良好的职业道德和奉献精神。任中学校长职务期间，仍兼任高中生物教学工作。近些年来，参与了人民教育出版社高中生物教材的编写，参与了新课程教材培训，担任全国生物教学研究会副理事长，参与生物教学研究工作。主持学校新课程自主排课改革实验，参与西城区新课程改革实验，多次在市、区介绍新课程改革实验方案、进展等经验。

＊**梁丽冰**　女，生于 1956 年，中学英语教师，2001 年被评为"北京市特级教师"。作为教研员，通过授课、听评课、讲座、课题研究、论文撰写、导师带教等方式，在教学研究、教育科研、课堂教学改革、考试研究和区市级骨干教师队伍建设等方面做了卓有成效的工作。作为北京市课程改革实验工作专家指导组成员，承担了市级新课程的培训与实施工作。曾获"丰台区突出贡献人才"称号，并一直担任北京市教育学会常务理事。

＊**傅宝环**　女，生于 1954 年，小学音乐教师，2001 年被评为"北京市特级教师"。从事小学音乐教育三十多年，一直致力于小学音乐课堂教学模式的探索与研究。以务本求实的态度，兢兢业业地对待自己热爱的音乐教育事业。2000 年被评为"国家级骨干教师"、"北京市学科教学带头人"。参加了国家课程标准和人教版国家课程标准新教材的编写工作。论文《如何构筑音乐与心灵之间美的桥梁》《以新的思维方式，重新定位音乐教学模式》分别获第二届、第三届"全国音乐教育论文"评选一等奖。创作的八首歌曲曾在北京文艺台播放。曾获得"北京市美育先进个人"、"北京市优秀教师"、"北京市优秀音乐教师"等荣誉称号。

＊**彭　香**　女，生于 1960 年，小学自然教师，2001 年被评为"北京市特级教师"。热爱教育事业，具有良好的职业道德和奉献精神。作为北京市学科教学带头人，曾获得优秀教师称号，参加过多项科研课题研究工作，参与多套教材编写及国家、北京市区的教师培训工作，出版课程改革教师教学

案例及评析等书籍。在课程改革推进过程中被教育部课程中心聘为教学设计评选专家。一直担任中国教育学会小学科学专业委员会（现名为"中国教育学会科学教育分会"）理事。

*彭梦华　男，生于1954年，中学物理教师，2001年被评为"北京市特级教师"。热爱教育事业，具有良好的职业道德和奉献精神，在课堂教学、物理实验和物理竞赛方面取得了辉煌的成就。所上物理课在人民教育出版社等多家出版社发行录像。设计制作了几百件教具，多次在北京市和全国获奖。培养出多名"北京市物理竞赛"和"全国物理竞赛"一等奖的学生，并有一名学生获得"国际物理奥林匹克竞赛"金奖。主持并参加了多项国家级课题和市级课题的研究。现任市、区物理兼职教研员，北京市物理学会理事，西城区教育学会副会长，西城区物理教学研究会理事长。受聘为北京师范大学和首都师范大学研究生导师。在北京市和全国都有一定的影响力。

*童长江　男，生于1948年，中学心理学教师，2001年被评为"北京市特级教师"。热爱教育事业，模范履行岗位的职责。长期以来，致力于中小学心理健康教育工作的宣传和推广。在中小学干部、教师及心理辅导员的专业培训中，始终坚持理论与实际操作相结合、教学与科研相结合、育人与育心相结合，逐步形成了"理解、感悟、体验、成长"的教育教学理念，使学员在培训中不断实现自我完善和自我成长。"八五"至"十一五"期间，主持并参加了多项市区级重点科研课题，发表论著、论文五十余篇。

*童嘉森　男，生于1955年，中学数学教师，2001年被评为"北京市特级教师"。热爱教育事业，具有良好的职业道德和奉献精神。对数学学科具有系统的理论基础知识和丰富的教学经验，教学成绩显著。从教三十五年来著述一百多万字，签约指导青年教师三十多名。在教育科研和培养青年教师课堂教学方面有突出的成绩，曾获"北京市优秀教师"、"北京市学科教学带头人"等称号，"首都五一劳动奖章"获得者。

*董晨　女，生于1964年，中学政治教师，2001年被评为"北京市特级教师"。从教二十多年来，坚持教书育人，为人师表。全面关心学生健康成长，自觉用良好的师德风范和良好道德行为影响教育学生。热爱、忠诚

教育工作，有敬业、奉献、创新精神，长期从事农村教育工作。教育理念先进，积极投身高中思想政治课教学的改革。在教材建设方面，参与了教育部新课程改革中高中思想政治课程标准的研制工作；教育部委托人民教育出版社出版的全国《政治生活》必修模块教材的编写，《政治生活》教参的副主编和作者；《国家与国际组织》教参的编写；《政治生活》学生用书的主编和作者；北京市初三教材、教参的副主编和作者。

*鲁 彬 女，生于 1956 年，中学数学教师，2001 年被评为"北京市特级教师"。热爱教育事业，模范履行岗位职责。长期以来，坚持教育教学理论与学术的学习、探索，培养了数十名优秀教师。"七五"至"十一五"期间，主持并参加国家、市区级的科研课题研究，发表论文及出版书籍数十万字，参与了新课标人教版 A 版教材的编写及培训工作。曾获"全国优秀教师"、"北京市优秀教师"称号，荣获"苏步青数学教育二等奖"。

*蔡 雯 女，生于 1946 年，特殊教育教师，2001 年被评为"北京市特级教师"。热爱教育事业，具有良好的职业道德和奉献精神，先后参与全国弱智学校新课程改革方案的研制，并作为联合国儿基会贫困地区随班就读项目组专家，多次到贫困地区指导随班就读工作。在学校管理中，确立了"一切为了残疾儿童的生存与发展"的办学宗旨和明确的办学思想，带领老师们不断探索特殊教育发展规律，针对特殊儿童的特点，研究、创建多种办学形式，并创办了大龄智障学生职业教育，最大限度地促进特殊儿童的发展，使宣武区特殊教育跻身全国特殊教育先进区的行列。曾获"全国优秀教育工作者"、"北京市优秀共产党员"、"北京市特殊教育先进教师"等称号，迄今一直为宣武区特殊教育指导专家顾问团成员。

*薛川东 男，生于 1945 年，中学语文教师，2001 年被评为"北京市特级教师"。十五岁参加教育工作，锐意进取，自学成才，师德高尚，甘为人梯，教育理念先进，文化底蕴丰厚，在教学、科研、教材建设诸方面均有佳绩，潜心文学教育研究与实践并产生较大影响。作为国家人事考试中心和北京教育考试院专家组重要成员，多次圆满完成政府授命的各项任务。北京作家协会会员、市教育学会学术委员、东城区课程改革专家指导组负责人。

*薛川坪　男，生于 1941 年，中学数学教师，2001 年被评为"北京市特级教师"。从教四十余年，教风严谨，热爱学生，让学生享受学习数学的乐趣，体验数学与思维科学之美，激发整体素养的提升是他几十年教育教学不懈的追求。1998 年赴台湾参加"海峡两岸中小学教材教法研讨会"并在台南女子高中作观摩课，深受与会专家一致好评。非典期间为北京市教委主办的《空中课堂》作数学专题讲座。在任教研组组长期间教学组的团队建设、教学改革成绩显著，教研组被评为"北京市先进数学教研组"。

（7）2005 年评选的特级教师简介

*丁博敏　女，生于 1958 年，中学地理教师，2005 年被评为"北京市特级教师"。热爱教育事业，为人师表，严于律己，合作育人。主持和参与过多项科研课题研究，主编、参编的可持续发展和地理教材在北京及部分外省市使用。作为北京市"普通高中新课程实施后高考考试内容与形式的试测"项目专家指导组成员、高考评价组成员、新课程培训专家，为北京市多个区县地理教师讲座、培训、指导，促进青年教师成长。曾获"北京市学科教学带头人"称号。

*于荣学　男，生于 1954 年，中学德育教师，2005 年被评为"北京市特级教师"。热爱教育事业，具有优良的职业道德和奉献精神。出版《山区班主任工作》《班主任工作实用方法》等四部专著，撰写论文三十多篇，并有二十多篇获奖。主持过多项科研课题的研究，其中《农村中学班主任培训模式研究》的成果报告获"北京市第五届教育科学研究评比"基础教育专项奖。曾获"全国校园文化建设示范校长"、"全国学校管理创新典范校长"、"全国科研型杰出校长"、"第二届全国十大明星校长"、"北京市杰出校长"、"北京市青少年教育先进工作者"、"北京市优秀德育工作者"等称号。2009 年被评为"怀柔区享受政府特殊津贴的高层次人才"。兼任中国教育学会中学德育专业委员会常务理事，北京教育学院教育管理系兼职教授，北京师范大学首都基础教育研究院特聘专家，怀柔区中学德育研究会理事长等职。

*马丁一　女，生于 1963 年，小学品德教师，2005 年被评为"北京市特级教师"。执教的思想品德课曾荣获北京市评优课一等奖和全国优质课奖。参与多项市、区专题研究，参与编写的多本品德学科教材、教师用书及德育教育读本在全国发行。撰写的多篇论文发表并获奖。参与指导的多名青年教师已成为市区骨干教师并取得优异成绩。曾获"北京市首批中青年骨干教师"、"北京市优秀青年教师"、"北京市骨干教师"、"北京市德育先进工作者"、"北京市思想品德课先进教师"等荣誉称号。

　　*马延年　男，生于1955年，中学生物教师，2005年被评为"北京市特级教师"。热爱教育事业，具有良好的职业道德和奉献精神。曾多次参加国家理科综合能力测试生物部分的考试大纲和考试说明的修改工作。参加了北京市义务教材的编写工作，主持过多项科研课题的研究。长期承担丰台区生物教师培训任务，指导青年教师成长。主持的研究曾获"北京市科学进步奖"。北京教育学院丰台分院生物教研员。

　　*马丽英　女，生于1962年，小学语文教师，2005年被评为"北京市特级教师"。作为北京市中青年语文学科带头人，热爱教育事业，为人师表，尊重学生，积极关注学生的可持续发展。业务精通、治学严谨，对小学语文学科具有系统的理论基础知识和丰富的教学经验，在北京市教师专业技能大赛上获得优异的成绩。善于学习，勇于创新，积极探索教育教学改革，从语文教学过程、教学内容、教学理念、教学手段等方面全方位进行了一系列的改革实践，在新课程改革中起到了很好的示范作用。现担任学校语文教学管理工作，带领教师一起实践学校教学理念，继续语文教学的实践研究，为青年教师的成长铺路搭桥。

　　*马志雄　男，生于1950年，中学英语教师，2005年被评为"北京市特级教师"。热爱教育事业，具有良好的职业道德。为解决英语学习两极分化严重的问题，多年潜心研究品质、情感、心理等非智力因素与学业成败的关系，理论结合实际，在实践中努力培养学生的综合素质和学习能力。作为北京市英语学科课程改革实验中心组成员，参与多项科研课题的研究实验。曾获"北京市优秀教师"称号。

　　*文　岩　女，生于1960年，中专体育教师，2005年被评为"北京市

特级教师"。热爱教育事业，具有良好的职业道德和奉献精神。在体育教学中，努力探索素质教育的新途径，在教中研，研中改，积极实践新课程标准，形成了"趣、实、活、新"的教学风格，被誉为"健美操教坛上的一颗明星"。坚持走"科研引路，教改助教"的路子，多篇教研论文在国家、省、市、县二十多家教育教学刊物上发表或获奖。所主持的"全脑型幼师体育教学模式的实验与研究"作为教育部重点课题的子课题，通过了专家组的评审，荣获一等奖，并于 2005 年 9 月起，作为推广性实验的负责人，在北京市几所幼儿园中进行推广性实验。曾先后获得了"曾宪梓教育基金奖"、"北京市优秀青年骨干教师"、"北京市优秀教育工作者"等称号。

＊王　平　女，生于 1953 年，校外美术教师，2005 年被评为"北京市特级教师"。曾任宣武区少年宫美术教师、教研室主任，宣武区校外教研室副主任，国际美术教育研究会会员，北京市儿童美术教育研究会副秘书长，北京市校外教育教科研顾问。多年获"教育部艺术教育司美术教学指导一等奖"，美术教学评优课获北京市一等奖，主持市级课题获一等奖，参加《全国青少年校外教育培训教材》等著作的编写工作。曾获"北京市优秀教师"、"北京市骨干教师"、"宣武区学科带头人"、"宣武区模范教师"等称号。2008 年受聘于宣武区名师工作室，至今负责宣武区校外教科研工作。

＊王　苹　女，生于 1964 年，中学政治教师，2005 年被评为"北京市特级教师"。热爱教育事业，全身心地热爱政治课教学、热爱学生。参与新课程的全国培训，主编、参与编写地方课程、北京市教材，主持、参与多项科研课题，获得"第三届北京市基础教育教学成果奖"二等奖。曾获"全国先进工作者"、"全国优秀教师"、"北京市先进工作者"、"北京市师德标兵"、北京市中小学"紫禁杯"优秀班主任特等奖称号。

＊王　钢　男，生于 1956 年，中学物理教师，2005 年被评为"北京市特级教师"。热爱教育事业，具有良好的职业道德和奉献精神。曾经担任北京市高级职称评定委员会物理学科副主任，现在作为北京市物理教师继续教育领导小组成员，主编、参编过多套物理教师所用的教学参考教材。主持过多项北京市科研课题的研究。长期承担全市物理教师培训任务，指导青年教

师成长。曾获"北京市优秀教师"称号。现在担任北京市物理学会理事。

*王　琦　女，生于 1960 年，中学物理教师，2005 年被评为"北京市特级教师"。业务精湛，博学多才，先后被聘为北京市物理专题组成员，北京市中学生物理竞赛委员会委员。多次获得"全国中学生物理竞赛优秀辅导员"称号，是超常教育和信息技术辅助物理教学方面的专家。曾在英国做访问学者，多次代表中国出席国际教育研讨会和论坛，曾考察多个国家的高中教育，现在中国人民大学附属中学中外合作项目任中方副校长兼全英文 A – Level 课程的物理教学教师。

*王大堃　男，生于 1947 年，中学语文教师，2005 年被评为"北京市特级教师"。作风正派，为人正直，具有良好的素养和师德。作为学科带头人，率先提出"抓基础，重能力，大密度，高收效"的语文课堂教学"十二字"方针。撰写多本专著，编写多种高考复习资料。担任北京市高中课程改革语文学科指导组成员、《教学通讯》执行主编等多项工作，积极参与高中课程改革和教学研究活动，在北京市中学语文教育界有广泛影响。曾获"全国模范教师"称号。

*王书香　女，生于 1963 年，中学化学教师，2005 年被评为"北京市特级教师"。所写论文有多篇获国家、市、区级奖励，并有专著出版。1992年当选市人大代表，1996 年起一直担任市区中学教师高级职称评审委员会评委，2007 年担任市学科带头人评选评委。曾获"全国优秀教师"、"北京市优秀教师"等称号。两次被评为"北京市优秀知识分子"，同时享受北京市政府颁发的奖励津贴。2006 年被评为"北京市新世纪百千万人才工程市级人选"。现担任首都师范大学硕士研究生兼职导师和区名师工作室导师。

*王文杰　男，生于 1946 年，中学数学教师，2005 年被评为"北京市特级教师"。1988 年至今担任东城区研修中心高中数学兼职教研员，参与编写了 1998 年、2002 年至 2010 年东城区研修中心高三总复习用书。多年参加东城区高三模拟试题命题工作。1991 年获"北京市优秀教师"称号，2004年被评为"北京市中学骨干教师"，1999 年被聘为东城区第三届学科指导组成员，2006 年、2008 年两次被东城区教工委、东城区教委批准担任"王文

杰数学教学工作室"（名师工作室）主持人。

　　*王伟光　男，生于 1947 年，中学生物教师，2005 年被评为"北京市特级教师"。热爱教育事业，具有良好的职业道德和奉献精神。被评为"北京市学科教学带头人"，北京市生物学科兼职教研员，并一直奋战在教学第一线。先后被聘为人民教育出版社"21 世纪义务教育生物新教材编委会委员"，教材培训专家，中央教育科学研究所"青少年科技后备人才创新能力培养师训计划"项目专家组成员，北京市生物教学研究会理事等。参与多项国家级课题的研究并获国家级奖项。参加编写新课程教材。所写多篇教科研文章在国家级期刊上发表。曾获"北京市中学生生物特长生培训突出贡献奖"等。

　　*王保东　男，生于 1966 年，中学数学教师，2005 年被评为"北京市特级教师"。热爱教育事业，具有良好的职业道德和奉献精神。主编《高中数学精析精练》等六部著作，参与编写《北京市高级中学实验课本数学教学参考资料第一册（下）》等九部著作，二十余篇论文获奖或发表。注重理念更新和发挥辐射作用，指导青年教师成长，主持过多项科研课题的研究。曾获"全国优秀教师"、"北京市先进工作者"、"北京市五四奖章"、"北京市中小学十佳班主任"等荣誉称号。

　　*王树清　女，生于 1956 年，中学历史教师，2005 年被评为"北京市特级教师"。热爱教育事业，具有良好的职业道德和奉献精神。作为一直从事高中历史教学工作的一线教师、班主任，培养了大批优秀学生，主编或参编了多部历史教学资料，指导了多名青年教师，参与或主持过多项科研课题的研究。曾获"北京市中青年骨干教师"、"北京市中青年学科教学带头人"、"顺义区学科首席教师"称号。现兼任北京市历史教育学会理事和顺义区名师工作室主持人。

　　*王淑香　女，生于 1956 年，中学英语教师，2005 年被评为"北京市特级教师"。一贯热爱教育事业，具有良好的职业道德和奉献精神。对业务精益求精，为全国高职教材录制多盘示范录音。先后参与编著过《英语幽默与口语表达训练》《新起点》等多部著作和教材。多年来一直担任全国优秀

特长生选拔赛评委、北京市海淀区教师高级职称评审委员会评委。任北京市海淀区名师工作站导师。

*王燕春 男，生于1954年，中学数学教师，2005年被评为"北京市特级教师"。热爱教育事业，有良好的师德和为事业奉献的精神。在从事基础教育教学研究工作的几十年中积淀了深厚的数学造诣和理论功底及丰富的实践经验，参与多项国家级重点课题研究和主持"北京市基础教育课程改革监控与评价研究"项目。长期主持北京市中考、高中会考命题及阅卷工作，有较强的组织管理能力和深厚的业务素质。公开发表多篇论文和论著。曾获"北京教育科学研究院优秀共产党员"称号。兼任中国教育学会中学数学教学专业委员会副理事长等职务。

*付 华 女，生于1955年，中学语文教师，2005年被评为"北京市特级教师"。热爱教育事业，具有良好的职业道德和奉献精神。在近三十年的语文教学中，逐步探索出"阅读知识与写作知识相互融通、有机结合，集学生思想道德素养、科学文化素养训练为一体"的教学模式，形成了自身的教学风格。参与教材编写，撰写与语文教学相关的论文、专著等共计百余万字。多次作为北京市相关培训项目的指导教师，指导青年教师效果显著。

*冯惠燕 女，生于1954年，幼儿教师，2005年被评为"北京市特级教师"。兼任三所幼儿园的园长及三个学前教育工作室的主持人，开拓进取，努力创新，在办园体制、人事制度、课程模式改革中有突破进展。主持过多项科研课题的研究，主编、参编过多部著作和论文，其管理、教育经验辐射全国，特别是"英汉整合"双语课程和"综合艺术"课程模式处于学前教育的领先地位。曾获"全国教育系统先进工作者"称号，享受国务院政府特殊津贴。

*田玉凤 女，生于1957年，中学化学教师，2005年被评为"北京市特级教师"。热爱教育事业，具有良好的职业道德和奉献精神。是北京市课程改革实验工作专家指导组成员、教材培训专家，参加了山东科技版的《普通高中课程标准实验教科书·化学》的编写及教育部的新课程远程培训工作

等。主持和承担的关于"促进学生探究学习中学化学教学"科研课题研究，成果显著。多篇论文获国家级、市级一等奖，被评为"北京市优秀教师"，享受国务院政府特殊津贴。

*田立莉　女，生于1957年，小学数学教师，2005年被评为"北京市特级教师"。敬业爱岗，充满爱心；勤奋钻研，勇于实践；崇尚感恩，积极奉献；成绩显著，赢得好评。先后被聘为市、区课程改革专家组指导成员，教育评估专家组成员，数学教师培训兼职教师，名师工作站导师。主编、参编、自撰多部著作并出版。主持多项课题研究。先后获得"北京市先进工作者"、"海淀区优秀班主任"等称号。

*田树林　女，生于1958年，中学生物教师，2005年被评为"北京市特级教师"。2004年被评为"北京市学科教学带头人"，同年获"北京市基础教育教学成果奖"二等奖，2006年当选中共北京市第十次党员代表大会代表，2007年获"北京市百名优秀校长"称号，2008年获"第三届全国十佳中学校长"称号，2008年11月入选报道中国杰出妇女生平的大型画册《巾帼风采》第三卷，2009年获"全国教育科研杰出管理者"称号。兼任北京师范大学研究生院硕士生导师。

*申小瑾　女，生于1958年，中学英语教师，2005年被评为"北京市特级教师"。热爱教育事业，热爱学生，具有良好的职业道德和奉献精神。担任班主任工作长达二十六年，踏踏实实在第一线教书育人。所带的教研组2007年被评为"丰台区先进集体"。注重培养青年教师，培养的青年教师多次在市、区的教学比赛中获奖。带着英语组全体成员参加了全国教育科学"十一五"规划教育部重点课题"中国基础英语素质教育的途径与方法"实验基地的工作，积极组织并参与课题实验研究。主持过三项科研课题的研究并取得较好的效果。撰写的论文在全国和北京市获过一等奖和二等奖。2008年组织编写的校本教材受到学生的欢迎和喜爱。长期承担丰台区导师带教团的导师和区英语兼职教研员的工作。

*白　洁　女，生于1959年，中学地理教师，2005年被评为"北京市特级教师"。曾任中学教师，区教师进修学校教研室主任。参加"北京市高中新课程选修模块网络资源开发与实施项目"，获得 2009 年"北京市基础教育教学成果奖"二等奖。论文《谈提高网络教学效率的策略——以虚拟课堂的教学实践为例》发表在国家核心期刊《中小学信息技术教育》上。现为北京市地理教学研究会常务理事。

＊**白无瑕** 女，生于 1951 年，中学化学教师，2005 年被评为"北京市特级教师"。热爱教育事业，具有良好的职业道德和奉献精神，模范履行教师职责。多年来潜心于教研与科研相结合，将素质教育与能力培养渗透到教学中。作为北京市学科教学带头人，西城区"九五"、"十五"的市级课题核心组成员，主要研究成果有"问题推进"和"实验探究"的教学设计、实验设计和创新思维的培养方法，较有特色。曾是北京市高考命题组成员，在青年教师培养方面的成效尤为突出。

＊**白素云** 女，生于 1956 年，中学语文教师，2005 年被评为"北京市特级教师"。热爱教育事业，为人师表。被聘为北京教育科学研究院基础教育教学指导专家，首都师范大学兼职导师。在各类刊物上发表文章四十余篇；主持并参与多项国家级、市级重点课题；连续两届获北京市政府颁发的"北京市基础教育教学成果奖"二等奖；参与教育部教材的编写工作；个人专著《文学鉴赏能力的培养》被推荐为北京市普教系统重点阅读书目。

＊**石桂梅** 女，生于 1965 年，中学地理教师，2005 年被评为"北京市特级教师"。热爱教育事业，具有良好的职业道德和奉献精神。在教研工作中，利用五级教研网络，引领地理教师专业水平的提升。深入探索教师成长规律，针对教师成长的不同阶段，采取多种形式，促进教师专业发展，指导的多名中青年教师已成为市、区级骨干。主编、参编地方教材及教学专著多部；主持过多项科研课题的研究，2002 年荣获第四届"胡楚南优秀中学教学成果奖"。

＊**边　境** 女，生于 1957 年，中学语文教师，2005 年被评为"北京市特级教师"。热爱教育事业，为人师表，谦虚勤奋，忠于职守，模范履行教师职责。具有扎实的语文学科专业知识和教学理论功底，并具有一定的文化底蕴和思想见识。精通学科业务，治学严谨。具有十五年一线教学实践经

验。曾被评选为"北京市学科教学带头人"。北京市语文学科课程改革研究组成员，高考阅卷领导小组成员。担任中国教育学会中学语文教学专业委员会理事。曾主持教育部考试中心"语文能力检测"、中国教育学会中学语文教学专业委员会"语文教学资源的开发与利用"等课题研究，多次参与教材编写，发表教学论文数十篇。多年主持西城区初高中语文教研工作，多次在北京各区县及各地支教讲学，讲座及工作获得普遍认可，教学经验被广泛借鉴。

*乔亚孟　女，生于 1954 年，小学语文教师，2005 年被评为"北京市特级教师"。热爱教育事业，具有良好的职业道德和奉献精神。先后参与了北京市，高等教育出版社、人民教育出版社多套教材、教师参考用书的编写工作。其口语交际与习作系列研究论文获五项全国及北京市评比一等奖。指导的青年教师多次在全国及北京市教学评比中获一等奖、特等奖。曾被评为"北京市学科教学带头人"，被教育部课程教材研究所评为"教材培训专家"，在人教版义务教育课程标准小学语文实验教科书六年实验工作总结评比活动中荣获"优秀教研员"称号，并担任中国教育学会汉语拼音研究会理事。

*任　弘　女，生于 1953 年，小学音乐教师，2005 年被评为"北京市特级教师"。热爱教育事业，具有良好的职业道德和奉献精神。先后被聘为国家重点课题"儿童音乐与能力研究"兼职研究员，并担任海淀区"名师工作站"导师。参与编写了《与名师同行》《备课与思考》等多部教材和教师参考用书，撰写个人专著《在新课标指导下的音乐教学》。长期承担北京市及海淀区音乐教师培训任务，培养了大批青年优秀教师，为海淀区艺术教育作出突出贡献。曾获得"北京市劳动模范"、"北京市优秀教师"等光荣称号。

*刘　敏　女，生于 1957 年，中学物理教师，2005 年被评为"北京市特级教师"。热爱教育事业，具有良好的职业道德和奉献精神。主持或参与过多项国家级、市级课题研究。论文多次获国家级、市级奖项，并在学术会议上交流，在刊物上发表。长期从事教材培训和课程改革工作，指导青年教

师成长。曾获"北京市骨干教师"、"北京市学科教学带头人"、"北京市优秀教师"等称号，曾入选国家级骨干教师培训班。

* **刘月娥**　女，生于 1955 年，小学美术教师，2005 年被评为"北京市特级教师"。师德高尚、品行端正，热爱教育事业，具有奉献精神。能够将教育理论融入教育教学实践活动中，教育教学成绩突出。担任全国和北京市美术教材编委以及承担全国、北京市、西城区教师培训任务，并任北京市教委评估院专家组成员。曾获得"北京市优秀教师"、"西城区十佳女教师"、"西城区优秀园丁"等称号。在西城区、北京市乃至全国美术教学方面具有一定的影响力。

* **刘可钦**　女，生于 1961 年，小学数学教师，2005 年被评为"北京市特级教师"。曾参与国家义务教育数学课程标准研制和新世纪小学数学教科书编写，长期深入实验区指导教学，先后主持多项课题研究。担任教育部小学校长培训中心兼职教授、北京师范大学特聘硕士研究生导师、中国教育学会小学教育专业委员会秘书长等职。曾获"全国教育系统劳动模范"、第三届"全国十杰中小学中青年教师"称号，享受国务院政府特殊津贴。其专著《刘可钦与主体教育》入选教育部组编的"教育家成长丛书"。

* **刘存惠**　男，生于 1955 年，中学美术教师，2005 年被评为"北京市特级教师"。热爱教育事业，具有良好的职业道德和极强的业务能力，作品曾先后三次在国际大展中荣获金奖，在北京电视台及中央电视台主讲中国画技法十余年。先后编著出版各种美术教材及电子读物数十种，并总结出"三十二字"中国画技法表现规律，2009 年在中央电视台《五洲同春》海外春节晚会上进行书画表演，受到国内外各界的好评。多年来，刘存惠的艺术成就被编入数十种名人录、辞典及年鉴。2002 年全国政协主席李瑞环出访欧洲时，将其作品《富贵图》作为国礼，赠与乌克兰总统库奇马。

* **刘启宪**　男，生于 1954 年，中学生物教师，2005 年被评为"北京市特级教师"。热爱教育事业，具有良好的职业道德和奉献精神。积累了多年高中生物教学经验，潜心钻研教材内容和教学规律，专注于互动式教学策略以及高三综合学习教学策略研究，多篇论文在国家核心刊物上发表。作为北京市课程改革教材培训专家，参与教材编写及教师的教材教法培训讲座等工作。多年担任《生物学通报》编委等职，被评为"北京市学科教学带头人"。

*刘 进 男，生于1953年，中学德育教师，2005年被评为"北京市特级教师"。具有良好的职业道德和奉献精神，一直致力于教育科研的探索与改革，主持"德育生活化"、"教学设计研究"、"学科专题课型"等多个国家、市、县级课题，多篇论文在市级以上刊物发表和获奖，主编出版了《德育读本》《和谐成长》等教材及《课堂教学设计的研究》等论著。获得"全国百名德育科研专家"等多项荣誉称号，为延庆教育教学质量的提升作出了突出贡献。

*刘美伦 男，生于1945年，中学数学教师，2005年被评为"北京市特级教师"。从事中学数学教育教学、教研工作三十八年，被评为"北京市学科教学带头人"，曾任北京教育科学研究院基础教育研究中心中学数学室主任。主持北京市高中数学新课程实验工作，主持北京市中学数学课堂教学方式课题、高中数学会考命题与评价等研究工作。指导北京市中青年数学教师课堂教学和课题研究取得显著成效，深受一线教师的爱戴。主持开展"北京市示范高中数学教学研讨活动"，效果突出，论文论著成果丰富。

*刘德水 男，生于1963年，中学语文教师，2005年被评为"北京市特级教师"。热爱教育事业，多年担任班主任、教研组长，在工作岗位上兢兢业业。曾被中国教育学会中学语文教学专业委员会评为"全国优秀教师"，被评为"北京市骨干教师"、"北京市学科教学带头人"，连续两次被评为"顺义区首席教师"。参与北京高中语文实验教材（顾德希主编）及教师用书的编写。连续两届主持顺义区"刘德水名师工作室"。作为顺义区教研员，参与北京市及顺义区的课程改革工作。几十年来，读写不辍，在《中学语文教学》《语文学习》《中国青年报》等报刊上发表文章数百篇，编著出版《现代散文阅读》《超越阅读》《三馀斋杂写》《诸子新说（评注本）》等十余部专著。现任中国教育学会中学语文教学专业委员会理事、北京市杂文学

会理事。

***成学江** 男，生于 1963 年，中学历史教师，2005 年被评为"北京市特级教师"。热爱教育事业，具有良好的职业道德和奉献精神。担任教育部新课程培训远程研修项目专家团队核心成员，北京教育科学研究院基础教育教学指导委员会兼职教研员。指导多名青年教师成长。曾获得"首都五一劳动奖章"，先后在国家级报纸、刊物上发表了几十篇教育教学研究文章。《中学历史教学参考》杂志特约研究员，《光明日报》《考试》杂志专家组成员和学科编审。

***朱小娟** 女，生于 1958 年，幼儿教师，2005 年被评为"北京市特级教师"。热爱幼儿教育事业，模范履行岗位职责，在教师专业培养、探究式科学教育、环境育人等方面形成了自身的教育风格与特色。"六五"至今三十年间主持、参与"贯彻《规程》教改实验"、"教师反思研究"等二十余项国家、市区重点立项课题。获市政府颁发的"北京市基础教育教学成果奖"一等奖等市级以上科研成果奖九项。发表论文并主编、参编幼儿教育专著数百万字。曾获"全国教育系统劳动模范"、"全国模范教师"、"北京市人民教师提名奖"、"北京市有突出贡献的科学、技术、管理专家"称号。

***朱凌霞** 女，生于 1958 年，小学语文教师，2005 年被评为"北京市特级教师"。热爱教育事业，具有良好的职业道德和奉献精神。善于研究，勇于实践，勤于总结，指导全区的语文教学工作，教学研究取得了显著的成绩。主持并参与了多项科研课题研究，多篇论文获奖并发表。潜心做好名师工作，培养的青年教师已经成为市级、区级骨干教师，在市、区各项比赛中多次获奖。2000 年在中国少年儿童出版社出版并发行了《中国小学生作文成功法——景物作文技法与实例训练》一书，2007 年在北京市首届教研员录像课评优中荣获一等奖，2008 年被评为"北京市语言文字工作先进工作者"，2009 年被评为"怀柔区享受政府特殊津贴的高层次人才"。曾获"中国教育学会小学语文教学研究会系统先进工作者"，担任北京市小学语文教学研究会理事、怀柔区小学语文教学研究会理事长。

***江建敏** 女，生于 1956 年，中学生物教师，2005 年被评为"北京市特级教师"。热爱教育事业，具有较强的奉献精神。长期坚持教学改革，在课内外教学实践中提高了学生的探究能力及综合素质。曾参加《高二生物教案》《高考一本通》等书籍的编写工作。撰写的论文有十余篇分别获国家、市级一、二等奖。主持过多项市级科研课题，其中"创建生物情景教室，促进生物教学改革"的研究获北京市基础教育成果一等奖。利用特级教师工作室的平台指导青年教师成长。曾获"全国优秀教师"、"北京市先进工作者"称号。

*许铁成　男，生于1959年，中学物理教师，2005年被评为"北京市特级教师"。具有良好的师德，自改行投身教育工作以来，抵制外界种种诱惑，坚守教学岗位，曾作为北京市教育系统师德之星到海淀、大兴等区作巡回报告。教学经验丰富，能深入浅出地开展教学工作，深受学生喜爱。多年来一直担任兼职教研员，参与全县的教学研究和评课活动，曾在全国农村中小学优秀教师代表座谈会上作经验介绍，事迹被《人民日报》等多家媒体报道，受到温家宝总理接见。曾获"全国优秀教师"、"北京市人民教师奖"、"孟二冬式优秀教师"等称号。

*邢　军　男，生于1956年，中学历史教师，2005年被评为"北京市特级教师"。热爱教育事业，具有良好的职业道德和奉献精神。从教三十四年，长期担任高三教学工作，先后送走十五届高三毕业班。主要著作有：教育部全国教育科学规划重点科研课题、主体参与型教学《中学新教案全书·历史卷》，任副主编；参编《中国近代现代史地图册》（上、下册），作为人民教育出版社高中历史教科书（试验修订本）的配套用书；参编"全国中小学教师继续教育丛书"中的《计算机辅助历史教学》；参编香港高中新课标历史辅助教材《探究中国历史·高阶思维训练》等。曾被评为"北京市优秀教师"。

*闫长珍　女，生于1953年，中学政治教师，2005年被评为"北京市特级教师"。热爱教育事业，具有良好的职业道德和奉献精神。作为长期在教学一线工作的骨干教师，曾经被评为"北京市优秀教师"、"东城区优秀班主任"、"东城区师德标兵"、"东城区学科带头人"；多次承担青年教师的培养、培训工作，曾被评为培养青年教师的区级"优秀师徒"。作为多年担

任毕业班政治教学工作的优秀教师，高考成绩多次在市、区高考中名列前茅。曾经担任北京市东城区学科指导组成员、兼职教研员。作为有研究精神的教师，多篇论文、文章在国家级刊物上发表。

***何乃忠** 男，生于 1946 年，中学数学教师，2005 年被评为"北京市特级教师"。热爱教育事业，具有良好的职业道德和奉献精神。用爱心对待学生，用心做教育，以学生的发展为本，用科研的态度对待教育教学工作，努力促进自身的专业化发展。大胆进行教学改革，培养学生创新精神，开展辅导学生撰写数学小论文的活动。甘为人梯，努力培养青年教师。参编多本书籍，多篇论文获奖或发表。还曾获得"全国先进工作者"、"全国模范教师"、"北京市中学模范班主任"、"北京市优秀教师"、"苏步青数学教育奖"北京市提名奖、"昌平区名师"等称号。

***何墨荣** 女，生于 1954 年，中学美术教师，2005 年被评为"北京市特级教师"。获全国和北京市"优秀培训者奖"，多次承担北京市及外省市教师培训专家讲座，指导教师在全国、市级各项教学评比中获多个奖项。作为北京市基础教育课程改革专家委员会学科专家，曾任多套全国课程改革教材、教师参考用书及教学投影片主编、副主编、主要编委。撰写论文获全国及市级评比多个奖项，创作的美术作品多次参展、发表。以良好的职业道德和专业素养，为美术教育和教师研修工作作出贡献。

***吴　琼** 女，生于 1955 年，中学化学教师，2005 年被评为"北京市特级教师"。多年从事海淀区高中化学教研工作。曾任北京市化学会理事、北京市化学教学研究会理事等职。作为北京市高考评价组成员，参与北京市高考评价与分析工作。主持或参加了多项全国、北京市的课题研究，并多次获奖。在《中国考试》《化学教学》等刊物上发表文章数十篇。教学上思想领先，善于创新，方法得当，并深度关注学科发展及青年教师成长等教育发展的前瞻性问题。

***吴伟民** 男，生于 1946 年，中学语文教师，2005 年被评为"北京市特级教师"。大兴县教师进修学校中学语文教研员、教研组组长。先后有多篇论文发表或获市级以上一等奖，参加三种教材、教师参考用书的编写或修订。曾获"北京市语言文字先进工作者"、"大兴县先进教育工作者"、"大兴区优秀共产党员"、"中国教育学会先进工作者"、"大兴区十佳教师"等称号。历任市级教师高级职称评审委员会评委、大兴区名师工作室导师、北京市迎奥运征文评委，现任中国教育学会中学语文教学专业委员会常务理事。

＊**吴江媛**　女，生于 1956 年，中学数学教师，2005 年被评为"北京市特级教师"。热爱教育事业，具有良好的职业道德和奉献精神。参编初中、高中数学课程标准实验教科书，作为人教版课程标准初中数学实验教材培训团专家，承担部分省市培训任务。主持部级课题子课题等研究并取得成果。长期担任数学教师培训工作，指导青年教师成长。曾获"北京市经济技术创新标兵"等称号，担任北京数学会理事。

＊**吴国通**　男，生于 1945 年，小学德育教师，2005 年被评为"北京市特级教师"。热爱教育事业，被评为"全国优秀教育工作者"、"全国德育先进工作者"、"宣武区模范校长"，并先后担任宣武区教育学会副会长、首都师范大学初等教育研究所兼职研究员、教育部小学校长培训中心北京师范大学管理学院兼职教授、中国教育学会学术委员、中国教育学会中小学整体改革专业委员会常务副主任兼副秘书长、国务院学位办全国教育硕士专业学位教育指导委员会委员等社会职务。

＊**吴继烈**　女，生于 1955 年，中学语文教师，2005 年被评为"北京市特级教师"。热爱教育事业，具有良好的职业道德和奉献精神。立足一线教学，执著追求教学的高境界。著有多本个人专著。作为北京市东城区课程改革专家指导组成员参与并主持了多个教研课题研究与教程改革实验的项目。参与了多本课程改革教材的编写。长期承担指导青年教师的工作，并在全市范围内努力发挥特级教师的辐射作用。曾受到温家宝总理的接见。

＊**宋　立**　女，生于 1958 年，中学生物教师，2005 年被评为"北京市特级教师"。热爱教育事业，模范履行岗位职责。长期从事高中生物教学和教研工作，在"核心概念的教学"、"多种教学方式优化"、"学科学习策略"、"教学评价"等方面积累了丰富的经验，形成特色；参与"北京市新

课程高中生物学科教学指导意见"的编写和相关的培训工作；"七五"、"八五"、"九五"、"十五"、"十一五"期间，主持并参加国家级、市区级的科研课题研究，发表论文及出版专著。研究成果获得"北京市第三届基础教育教学成果奖"二等奖，曾获"北京市优秀教师"等荣誉称号。

* **张　泉**　男，生于1945年，小学德育教师，2005年被评为"北京市特级教师"。四十几年如一日，热爱教育事业，师德高尚，业务精良，具有极强的理论功底，尤以儿童教育学见长。1990年开始文学创作、纵论教育。先后在国家级、省部级重要报刊上发表教育散文、随笔、诗歌近二百篇。著有儿童故事集《我们这一代》，教育随笔集《山花无闻自绽香》和《小草不争春自来》，并主编《春雨》《坐上历史老人的车》《芳草茵茵》等多部著作。任北京市作家协会会员，北京市教育评估院专家组成员。

* **张　毅**　女，生于1966年，中学数学教师，2005年被评为"北京市特级教师"。被评为"全国优秀教师"、"北京市优秀共产党员"、"北京市学科教学带头人"。享受国务院政府特殊津贴。曾获北京市中小学"紫禁杯"优秀班主任特等奖、"苏步青数学教育奖"一等奖、"北京市基础教育教学成果奖"一等奖、"北京市优秀青年知识分子"称号，被授予"北京市五四奖章"。主持并参与多项国家、市、区重点科研课题的研究，培养出了大批品学兼优的拔尖创新人才。

* **张　军**　男，生于1951年，中学信息技术教师，2005年被评为"北京市特级教师"。热爱教育事业，具有良好的职业道德和奉献精神。多次参加信息技术教材的编写工作。2009年被北京师范大学聘为免费师范生的兼职导师，被西城区教委聘为信息技术和通用技术学科指导组成员。两次被中央电视台教育节目部聘为电视讲座的主讲教师。已被教育部教育管理中心"中国教育信息化专家数据库"收录。分别被市、区人民政府和教育部门授予"北京市骨干教师"、"北京市优秀教师"、"西城区优秀园丁"等称号，在北京市电脑作品评选中被北京市教委评为"优秀科技辅导教师"和"北京市学科教学带头人"，并担任兼职教研员。

* **张　鹤**　男，生于1964年，中学数学教师，2005年被评为"北京市特级教师"。热爱教育事业，具有良好的职业道德和奉献精神。先后被聘为北京教育科学研究院中学数学学科的兼职教研员、北京市高中数学课程改革培训指导组的主要成员、人民教育出版社普通高中课程标准实验教科书编委会成员、海淀区名师工作站导师组组长。参加了人民教育出版社组织的普通高中课程标准实验教科书的编写工作。曾被授予"北京市优秀教师"的称号，2008 年荣获第八届"苏步青数学教育奖"二等奖。

　　＊张文清　男，生于 1949 年，教育学教师，2005 年被评为"北京市特级教师"。2001 年较早在全国对校长进行了"个性化培训"，2002 年较早在国内进行了"学校组织文化自我诊断"。2004 年出版了这两项成果的专著，并于 2002 年获得"首都五一劳动奖章"、于 2004 年获"北京十五干训创新成果奖"等荣誉。主持指导"校本研究与学校组织变革"重点课题。2005 年以来，用"学习共同体"的方式，组织校长进行"初中工程"等多项研究和实施被评为全国一等奖。2007 年，主持教育部十一五规划课题"培养未成年人尊重意识和行为的途径及方法"取得突出成果。

　　＊张文琦　女，生于 1954 年，中学美术教师，2005 年被评为"北京市特级教师"。38 年来始终担任中学一线美术教学工作，以良好的职业道德和认真负责的精神，对全体学生进行美育教育。初中美术课程《大家动手做条龙》，在全国美术课现场大赛中获得一等奖。代表北京市美术教师，参加了"首届全国基础教育课程改革资源博览会"展览。获得"北京市优秀教师"、"北京市中小学学科德育优秀教师"等称号。担任西城区教育学会学术委员会委员、西城区教育委员会艺术教育委员会委员、西城区中学美术学科兼职教研员、西城区普教系统学科带头人。

　　＊张世义　男，生于 1946 年，中学物理教师，2005 年被评为"北京市特级教师"。在 20 世纪 80 年代任教师及教务主任期间曾参与及主持多项课题研究，其中"物理教学非智力因素研究"获得北京市基础教育十年成果奖。作为校长，先后在东里中学、运河中学和潞河中学大力推进教育教学和科研工作，在提高教师队伍整体水平、课程建设和学校发展等方面成绩显著。曾获"全国教育系统先进工作者"、"北京市优秀教育工作者"、"北京

市有突出贡献的科学、技术、管理专家"等荣誉称号。被国家行政学院聘为兼职教授。

***张民兰** 女，生于 1960 年，中学思想政治教师，2005 年被评为"北京市特级教师"。一直从事中学思想政治课教学工作，为人师表，爱岗敬业，乐于奉献。作为通州区和北京市思想政治学科兼职教研员，在北京市高中新课程改革过程中承担市级教师培训任务。作为通州区思想政治学会副理事长，多次承担通州区新教师和班主任培训工作，承担通州区思想政治学科命题工作。指导多名青年教师。撰写的论文分别发表在《中国民族教育》《北京教育》等杂志上，并多次获奖。承担各类研究课和观摩课。荣获"通州区优秀共产党员"、"通州区名教师"等称号。

***张亚红** 女，生于 1963 年，中学音乐教师，2005 年被评为"北京市特级教师"。兼任北京市音乐教研员。热爱教育事业，师德高尚，教育教学成果显著。担任教育部基础教育课程教材发展中心"普通高中新课程远程研修项目"音乐课程团队核心成员、首都师范大学音乐学院校外导师、北京市金帆艺术团专业委员会委员；主持了多项市区科研课题的研究，主编和参编多部教育教学论著。多次为全国、市区骨干教师进行观摩课和教法培训。连续多年获"海淀区优秀教师"称号。

***张 国** 男，生于 1959 年，中学物理教师，2005 年被评为"北京市特级教师"。热爱教育事业，模范履行岗位职责。讲授知识逻辑清晰，语言精练，生动形象，深入浅出，环环相扣，旁征博引，调动每个学生的思维潜能，使学生愉快而高效地汲取知识精华，尽情享受探索新知识的快乐，教育教学业绩突出。在北京市第一届物理教学创新大赛上荣获一等奖，作为国家级教科研重点课题《信息技术与物理课程整合》和《信息社会条件下学与教方式的开发和应用研究》课题中心组成员，多篇论文获全国、北京市一、二等奖。曾被授予"全国模范教师"、"北京市人民教师奖"、"北京市优秀教师"等称号，"首都五一劳动奖章"获得者。

***张建中** 男，生于 1955 年，中学体育教师，2005 年被评为"北京市特级教师"。热爱教育事业，具有良好的职业道德。从教近四十年，多次获得北京市优秀课，承担多项国家级、市级课题研究，主持多部体育教学书籍的编写工作，多篇论文获得国家、北京市优秀论文奖。2000 年被评为"国家级骨干教师"，多次获得"北京市优秀教师"称号。作为北京市课程改革实验工作指导组专家，承担北京市教师培训和教学技能考核工作。目前担任北京市教育学会体育研究会理事，北京市教育教学指导委员会体育学科指导专家。

*张　杰　女，生于 1955 年，中学语文教师，2005 年被评为"北京市特级教师"。热爱教育事业，具有良好的职业道德和奉献精神。作为北京市课程改革实验工作专家指导组成员、教材培训专家，主编、参编及培训指导的多套语文教材在北京市正式实验。主持过多项科研课题的研究。并长期承担全市语文教师培训任务，指导青年教师成长。曾获"北京市优秀教师"称号，并担任中国教育学会中学语文教学专业委员会理事，北京市中学语文教学专业委员会副理事长。

*张增甫　男，生于 1953 年，小学语文教师，2005 年被评为"北京市特级教师"。热爱教育事业，多年来参与北京版课程改革实验教材小学语文 1 至 12 册课本及配套教学参考用书的编写。参与过多项市级科研课题的研究，多篇论文在北京市及中国教育学会小学语文教学专业委员会论文评选中获奖或发表。长期承担北京市小学语文骨干教师培训班授课任务及市级课程改革教材培训任务。曾获"全国模范教师"称号。长期担任北京市小学语文教学研究会常务理事。

*李玉华　女，生于 1956 年，中学语文教师，2005 年被评为"北京市特级教师"。在多年的教育教学工作中，独自编著《古代诗歌鉴赏》，参编语文教材、百科辞典、高中文言文阅读训练等教学用书二十多部；在省级以上核心期刊发表论文二十多篇。荣获北京市中小学"紫禁杯"优秀班主任一等奖；被评为"北京市优秀教师"、"北京市骨干教师"、"北京市学科教学带头人"、"海淀区优秀教师"、"海淀区优秀班主任"。

*李有毅　女，生于 1955 年，中学数学教师，2005 年被评为"北京市特级教师"。具有良好的职业道德和奉献精神，始终致力于数学教育规律的

探索和实践研究，所教学生多位在全国及市级奥林匹克竞赛中获奖，发表多篇学术论文。担任校长后，在管理上提出"求真、崇善、唯美"三足教育理念，倡导以人为本的教育。主持国际合作项目《借鉴多元智能理论，塑造学生健全人格》课题，《探究·实践》等多部著作公开出版，所提出"四问"教学模式在全校推广。担任北京市第十三届人大常委，民盟丰台区委员会副主委，2008 年获"全国五一劳动奖章"，2009 年获"全国三八红旗手"，被评为"北京市巾帼建功标兵"，获"首都五一劳动奖章"。

*李明新　男，生于 1968 年，小学语文教师，2005 年被评为"北京市特级教师"。为教育事业无私奉献，提出了"实"与"活"的教学思想，得到语文教育专家的充分肯定，被评为"北京市劳动模范"，"北京市五四奖章"获得者、"北京市优秀青年知识分子"，获"陈香梅校长奖章"。主持国家级课题研究，目前任中国教育学会中小学整体改革专业委员会学术副主任、中国现代语文教学委员会常务理事，出版《语文教学活力说》等专著。享受国务院政府特殊津贴。

*李俊和　男，生于 1947 年，中学英语教师，2005 年被评为"北京市特级教师"。热爱教育事业，具有良好的职业道德和奉献精神。从教三十多年来，坚持培养学生自学能力，注重激发兴趣，形成了深受学生欢迎的独特的教学风格。作为全国英语基础教育培训专家委员会成员，在西城区、北京市和全国各地多次承担教师培训任务，并长期在中国教育电视台主持中学英语教学节目。主持过多项科研课题的研究，并在教学实践中取得良好效果。曾获"全国优秀教师"、"北京市优秀教师"称号。

*李树方　男，生于 1952 年，中学语文教师，2005 年被评为"北京市特级教师"。热爱教育事业，具有良好的职业道德和奉献精神。长期承担房山区中学语文教学研究和中学语文教师培训任务，指导青年语文教师成长。参加编写的开明出版社义务教育课程标准实验教科书已经全国中小学教材审定委员会审查通过并开始正式试验使用。主持了初中语文教学设计、初高中新课程教材文言文等多项课题研究并取得了成果。曾任北京市高级教师评审委员会委员和房山区高级教师评审委员会委员。2008 年被区政府聘为教育督

导工作兼职督学。曾获"房山区优秀教研员"称号，曾多次获"房山区教育系统先进工作者"、"房山区教育系统优秀共产党员"等称号。迄今一直担任房山区教育学会理事。

＊**李桂英** 女，生于1955年，中学音乐教师，2005年被评为"北京市特级教师"。热爱教育事业，具有良好的职业道德和奉献精神。被聘为北京市教育学会第七届专家委员会专家、北京市教育学会音乐教育研究会理事、朝阳区骨干教师导师；任朝阳区教师合唱团团长、指挥。主编《中外音乐欣赏》《中外合唱作品欣赏》等专业书籍。撰写论文、文章等几十篇，获全国、市、区级一、二等奖。主持、参与过多项科研课题研究并取得成果。长期承担全国、市、区音乐教师培训任务。多次指导、指挥师生和社会团体合唱团进行国内外交流、演出与比赛，数十次获得全国、市、区一等奖；指挥的合唱曾多次在中央电视台、北京电视台播出。曾多次在全国、市、区做过公开课、观摩课、讲座，在教学中体现新的教学意识和特色。曾三次被评为"北京市优秀教师"，获得"北京市骨干教师"、"朝阳区名师"称号。事迹曾登载在《光明日报》《北京晚报》《北京教育报》上。

＊**李耀民** 男，生于1953年，小学数学教师，2005年被评为"北京市特级教师"。爱岗敬业，为人师表，严谨治学，有较强研究能力，带出一支有凝聚力、执行力、竞争力的教研团队。在区域研修一体的工作模式、操作方式和工作方法上发挥引领作用，努力做服务型、学者型、科研型的教学研究人员。主持西城教育研修网工作，创新"教师网上研修引领方式和组织模式"，被有关专家评价处于国内领先水平，在全国、全市的现场会进行宣传推广。2007年以来，研修网通过课题研究取得新的发展，2007年获"西城区政府科技进步"三等奖，2008年获"北京市第五届教育科学研究成果奖"二等奖，2009年获"北京市第三届基础教育教学成果奖"一等奖。

＊**杜毓贞** 女，生于1959年，中学政治教师，2005年被评为"北京市特级教师"。热爱教育事业，具有良好的职业道德和奉献精神。先后被聘为中小学教师国家级培训计划"普通高中课程改革实验省教师远程培训项目"培训专家、北京市新教材培训专家、北京市学科教学带头人、骨干教师、高

中思想政治研修班导师、海淀名师工作站政治导师组组长（被评为优秀学科组）；参编的政治教材在北京市正式实验，参编了多本教师参考用书。论文、公开课分获国家、市、区一等奖。曾被评为"清华大学先进工作者"。

杨广馨 男，生于 1955 年，中学美术教师，2005 年被评为"北京市特级教师"。热爱教育事业，具有良好的师德和奉献精神，对其所学专业有较深的研究。主编有北京市义务教育课程改革实验教材《美术》《写字》，曾主持过多项科研课题的研究。长期承担全市美术、书法教师培训任务。2002 年获"北京市首届中青年德艺双馨艺术家"称号，2003 年获"北京市优秀教师"。2009 年申报的北京市中小学《写字》教学实验课题获"北京市第三届基础教育教学成果奖"一等奖。兼任中国教育学会美术教学专业委员会理事、中国书法家协会会员、民进中央文化艺术委员会委员、全国青少年书画研究会副会长、北京书法家协会副主席、北京市书法美术研究会副秘书长等职。书法作品多次参加国际、全国大展和书画名家邀请展，部分作品被中国军事博物馆等几十家博物馆收藏。

杨红兵 女，生于 1962 年，小学语文教师，2005 年被评为"北京市特级教师"。热爱教育事业，具有良好的职业道德和奉献精神。作为北京市学科教学带头人，在课程改革实验中发挥引领作用，多次承担市区语文教师培训任务，指导青年教师成长。曾参与《自读课本》《帮你学语文》《三维阅读》等书的编写。主持过多项市区科研课题的研究并取得显著成果。曾获"北京市优秀青年教师"称号，并担任北京市教育学会语文教学研究会理事。

杨建宇 男，生于 1948 年，中学语文教师，2005 年被评为"北京市特级教师"。热爱教育事业，始终工作在教学第一线，教书育人，教学经验丰富，理论知识扎实，形成自己的教育思想和教学方法。注重学生能力的培养，被学生评为"我最喜爱的老师"。对思维的形式、思维与语言的关系有深入的研究，论文多次获奖。参加人民教育出版社新课标教材的审定工作。曾获"北京市优秀教师"称号。担任北京市中学语文教学专业委员会理事和海淀区名师工作站导师。

杨瑞珵 男，生于 1950 年，中学美术教师，2005 年被评为"北京市

特级教师"。参加北京市初中、高中美术教材的培训、指导、实验工作。主持过多项科研课题的研究。长期承担丰台区中学美术教研及培训工作。美术作品多次参加全国、市级展览并获奖，在报纸杂志上发表美术作品一百余幅。获"全国优秀教师"、"北京市优秀教师"称号，担任北京教育学会美术教育研究会常务理事，北京美术家协会会员。

*杨德伦　男，生于 1960 年，小学语文教师，2005 年被评为"北京市特级教师"。在 30 余年的教学教研工作中，教书育人，为人师表，潜心研究，锐意创新，先后培养出一大批市县级骨干教师，先后编著出版《情境作文教学研究》《从职业走向专业》等十几部教学著作，在省市级以上报刊发表《以读为中心的教学模式不能动摇》《要探究教学模式，但不能搞模式化》等教学论文或教学指导文章四百余篇。曾获密云县委、密云县教育工委"优秀共产党员"称号。

*汪亚勤　女，生于 1952 年，小学品德与社会学科教师，2005 年被评为"北京市特级教师"。曾被评为"北京市优秀教师"、"西城区优秀园丁"、西城区普教系统"我心中的好老师"。参与国家、市级科研课题，多篇论文获奖并在国家级刊物上发表。国家课标教材《品德与社会（冀人版）》《品德与社会（首师大版）》《小学生安全与自护（首师大版）》等教材、教师指导用书的主要编写者。主编《品德与社会新课程探究学习主题教学实例》和《品德与生活学习指南》。多次参与教育部、北京市的教学评析、优秀课例评选等活动及国内外教学研讨交流，先后去新疆、河南、河北支教。

*沙晓燕　女，生于 1965 年，小学品德与社会教师，2005 年被评为"北京市特级教师"。热爱教育事业，一直致力于农村小学教育的实践与研究，形成了"循循善诱，润物无声"的教学风格，在北京市和全国青年教师现场教学评优中获一等奖，参与编写北京市课程改革教材和全国家庭教育丛书。为了让农村的孩子同享优质的教育，带领团队，务本求实、开拓创新，走出了一条促进农村小学教育现代化发展的成功之路。曾获"全国优秀教育工作者"、"北京市杰出校长"等荣誉称号。

*苏万青　女，生于 1964 年，中学历史教师，2005 年被评为"北京市特级教师"。热爱教育事业，为人师表。现担任学校历史组组长，承担高三教学工作，兼科研处主任。先后十三年担任毕业班教学工作，成效显著；指导二十多位青年教师的教育教学工作，发挥了特级教师的引领作用；先后在二十余种公开刊物上发表论文八十余篇；主编、参编著作十余部，约一百五十万字。2007 年 9 月被教育部授予"全国优秀教师"称号；获"北京市优秀教师"、"北京市中小学学科德育优秀教师"等荣誉称号五十余项。

***苏明义**　男，生于 1962 年，中学物理教师，2005 年被评为"北京市特级教师"。曾任北京市物理学会理事、《中学物理》杂志副主编。主持《基础教育现代化教学基本功丛书——物理卷》《高中物理热点问题辨析》《中学物理教学建模》等编写；国标初中《物理》教材副主编；参加教育部重点课题"高中物理课程改革与实验"研究，现任中国教育学会物理教学专业委员会常务理事兼副秘书长。在多种杂志上发表了数十篇教学论文。

***谷　丹**　女，生于 1958 年，中学数学教师，2005 年被评为"北京市特级教师"。2004 年被评为"北京市学科教学带头人"，2008 年曾获"苏步青数学教育奖"。热爱教育事业，具有良好的职业道德和奉献精神。参与人民教育出版社新数学教材 A 版的编写工作，承担人民教育出版社 A、B 版教材的教师培训工作。主持过多项科研课题的研究，承担西城区兼职数学教研员的工作，担任北京四中数学教研组组长，积极推进教研组建设，指导青年教师成长，为教育事业作出了突出的贡献。

***连春兴**　男，生于 1954 年，中学数学教师，2005 年被评为"北京市特级教师"。除从事日常高中教研工作外，长期参与北京市数学学科带头人、数学骨干教师以及"春风化雨"进修班的培训工作。在《数学教育学报》《数学通报》《中学数学教与学》《北京教育学院学报》《中小学数学》等刊物上发表研究成果几十篇，代表作有《再次呼唤中学数学教学的返朴归真》《数学目标教学法的演变、异化及扬弃》等。

***邱继勇**　男，生于 1963 年，中学数学教师，2005 年被评为"北京市特级教师"。热爱教育事业，以"爱心永驻，育人无痕"为教育理念，有良好的职业素养。在多年的教学实践中，积极探索，逐步形成了"起点低，触点广，落点准，立意深"的教学风格，效果显著，并在专业期刊上发表了数十篇数学教育研究论文。倾心扶助青年教师成长，多次做有关中学数学教学研究和青年教师成长的报告。曾获"北京市优秀教师"称号，全国"希望杯"数学邀请赛命题组成员。

*陆剑鸣　女，生于1959年，中学数学教师，2005年被评为"北京市特级教师"。积极进取，师德高尚，潜心研究，富有开拓创新精神。曾被评为"北京市师德标兵"。曾参与全国义务教育课程标准实验教材初审工作。参加了北京市九年义务教育课程改革实验教材和教师参考用书的编写及教师培训工作。曾任北京市教师论坛学术委员会委员，现任《中学生数学》编委，首都基础教育发展研究院兼职导师，海淀区名师工作站导师。多次为区县教师培训进行讲座。

*陈　红　女，生于1964年，中学历史教师，2005年被评为"北京市特级教师"。深爱教育事业，被聘为新课程改革实验教材培训专家，参与国家新课程改革教科书和教师参考用书撰写。论著、教材多部，论文多次获国家、市区级奖励，近年代表中国多次参加"中、日、韩三国历史教育交流"。担任海淀区兼职教研员和名师工作站导师，指导青年教师，北京市历史教育学会理事，先后被评为"北京市骨干教师"和"北京市学科教学带头人"。

*周　岗　男，生于1956年，中学物理教师，2005年被评为"北京市特级教师"。在基层学校任教期间体现新的教学意识和特色，效果显著。在教研工作中发挥指导、参谋作用。1996年带领朝阳区的物理学科代表队获北京市青年教师教学基本功物理学科竞赛中唯一的单科优胜奖和个人全能奖。所辅导青年物理教师在多次大赛中获全国特等奖、全国一等奖、北京市一等奖和二等奖。倾心培养青年教师，一些教师已成为市级骨干教师。主持或参加多项各级教科研课题，并有多篇论文和报告发表。曾参加多次北京市高中物理会考的命题工作和2003年北京市空中课堂的授课工作。

*周　放　男，生于1955年，校外科技教师，2005年被评为"北京市特级教师"。热爱教育事业，具有良好的职业道德和奉献精神。曾获"全国校外教育名师"、"北京市科普教育先进个人"、"全国校外教育优秀理论工

作者"、"北京市优秀德育工作者"等荣誉称号。辅导学生共获得全国、市级奖多项。主持和参加区级以上科研课题多个，主编或参与撰写校外和科技教育专著多种。并一直被聘为北京市校外教研员、北京市青少年科技教育协会理事。

*周又红 女，生于1960年，校外科技教师，2005年被评为"北京市特级教师"。热爱教育事业，具有良好的职业道德、奉献精神和创新精神。撰写或主编了六百万字著作和教材，承担国家级的科研立项课题和培养青年教师的任务，每年讲座近百场。曾获得"全国环境教育先进个人"、"全国先进科普工作者"、"全国少年儿童优秀理论工作者"、"全国十佳优秀科技教师"、"西城区十佳女教师"等称号。一直担任中国科协青少年部专家委员会委员、中国科学院老专家演讲团成员等职务。

*周爱东 男，生于1960年，小学数学教师，2005年被评为"北京市特级教师"。顺义区教研中心小学数学教研员。热爱教育事业，具有良好的职业道德和奉献精神。曾被评为"北京市先进工作者"、"北京市骨干教师"、"北京市经济技术创新标兵"。指导的教师多人被评为市级骨干教师。多篇论文获市级以上奖励，三十余篇文章发表在《数学教学报》和《中小学数学》杂志上。参与编写数学思维训练的论著和电子出版物六套。

*周德林 男，生于1950年，特殊教育教师，2005年被评为"北京市特级教师"。热爱教育事业，具有良好的职业道德和奉献精神。作为特殊教育教研员，从"九五"期间开始主持市级和国家级特教课题研究，成果先后被评为市政府二等奖和一等奖。在带领课题组研究过程中，培养出了市级学科带头人及多名市、区级骨干教师；编著并出版了《让阳光照遍每一个角落》《走进全纳》两册图书；还应邀到北京市部分区县及云南等八个省市讲学，产生很大影响。曾获得"北京市特殊教育先进工作者"称号，先后被区委、区政府评为"昌平区优秀教师"、"昌平区教育科技拔尖人才"。

*孟宜安 男，生于1966年，中学数学教师，2005年被评为"北京市特级教师"。热爱教育事业，为人师表，爱岗敬业。课堂教学注重数学思考，师生交流自然流畅，深受学生欢迎。主持的"规划主导、互助跟进、持续改

进的校本教研模式实践"获"北京市第三届基础教育教学成果奖"。2004 年被评为"全国优秀教师"。作为特级教师，能团结和带领身边的教师共同进步，为延庆教学质量的提升作出了巨大努力。

*季　燕　女，生于 1952 年，中学英语教师，2005 年被评为"北京市特级教师"。热爱教育事业，具有良好的职业道德和无私的奉献精神。作为北京市继续教育学科指导小组成员，参编的两套英语教材被教育部师范司评审为全国中小学教师继续教育教材；承担了全市英语教师培训任务。主持多项科研课题的研究，其成果《轻松、快速、有效学英语》及《ESST 英语拼读技巧》被全国部分省市、区、县采用，取得了显著成果。曾获"北京市优秀教师"称号，一直主持朝阳区"特级教师季燕工作室"工作。

*林德森　男，生于 1959 年，中学体育教师，2005 年被评为"北京市特级教师"。热爱教育事业，模范履行岗位职责。先后总结出"以体育人、以情感人、以心唤人、以德服人"的教育理念和"尊重、合作、沟通、创新"的工作理念。始终将育人放在首位，不断探索适合学生心理的教育方法，注意开发学生的智力，根据学生的接受能力采用迁移、诱导的教学方法来调动学生的积极性，教学效果显著。担任北京市教育学会体育教学专业委员会理事，田径国家级裁判员，培养多名优秀运动员在全国比赛中获奖。曾获"全国《国家体育锻炼标准实行办法》先进工作者"、"北京市体育传统项目学校先进个人"、"全国百名优秀体育教师"称号。

*范桂英　女，生于 1954 年，中学历史教师，2005 年被评为"北京市特级教师"。在教育岗位上工作近四十年，热爱教育事业，热爱、关心学生，具有良好的职业道德。几十年来勤勤恳恳、兢兢业业、无私奉献。先后被评为"北京市骨干教师"、"北京市学科教学带头人"以及获得"宣武区模范教师"、"宣武区优秀教师"等荣誉称号，并被评为"宣武区有突出贡献的科教、技术、管理人才"。承担了首都师范大学历史学科国家级骨干教师培训班讲师；多年来参与了多项科研课题的研究。在教学科研领域不断探索，形成独特教学风格，在教学工作中特别是高考复习工作中成绩斐然。主编和参与多种历史理论著作和历史复习指导资料编写工作。多年来一直指导和培养青年教师，甘做人梯，使之迅速成为教育教学的骨干。

***郑小平**　女，生于 1956 年，小学语文教师，2005 年被评为"北京市特级教师"。热爱教育事业，师德高尚。做过大量示范课。所带徒弟三次荣获"北京市小学阅读教学观摩大赛"一等奖并代表北京市参加全国比赛。撰写论文四十多篇，出版了《汉字强力纠错》《阅读教学例谈》两本专著。先后获得"北京市课程改革实验先进个人"、"北京市模范班主任"、"北京市优秀教师"、"密云县人民满意教师"等四十多项荣誉称号。

***郑宁华**　女，生于 1956 年，中学英语教师，2005 年被评为"北京市特级教师"。热爱教育事业，具有良好的职业道德和奉献精神。在教学工作中，注重学生学习兴趣和语言应用能力的培养，逐步形成了自己的教学风格，并有较强的创新意识，多年来一直致力于外语教学改革的探索与实践工作，并取得突出成绩。作为市、区骨干教师积极参加课程改革的培训和实践工作，指导本校和远郊区县青年教师成长。主持并参与过多项科研课题的研究。

***金宝铮**　男，生于 1957 年，中学数学教师，2005 年被评为"北京市特级教师"。热爱教育事业，具有良好的职业道德和奉献精神。作为北京市课程改革实验工作专家指导组成员、教材培训专家，参编及培训的北京市数学义务教育课程标准教材在北京市正式实验。主持过多项科研课题的研究并长期承担市级、区级数学教师培训任务，指导青年教师成长。任北京市数学学会理事，西城区数学学会理事，中国教育学会中学数学教学专业委员会理事。

***姚春平**　女，生于 1962 年，小学品德与社会教师，2005 年被评为"北京市特级教师"。现为北京市教育学院丰台分院教研员。长期致力于一线小学品德与社会教学工作，参与多部教科书和教师指导用书的编写，并赴多省市进行教学培训。参与拍摄教育部《品德与社会课程标准解读》录像片。参与国家"十一五"重点课题的研究。多次承担国家、市、区公开课、研讨课。曾获"北京市优秀教师"、"北京市学科教学带头人"等称号。任北京市第九届政协委员；北京市第十届、第十一届政协常委。

＊**姜利民**　女，生于 1954 年，小学数学教师，2005 年被评为"北京市特级教师"。热爱教育事业，热爱学生，为人师表，执著地进行着教育教学研究。主持的多项课题研究成果在全区推广，编写了《小学生思维拓展训练》校本教材，近百篇论文、随笔和经验材料在国家、市区级刊物上发表或交流。经常带领吴正宪小学数学教师工作站大兴分站的成员到农村学校及河南、内蒙古等地进行交流。

＊**姜淑琴**　女，生于 1953 年，中学历史教师，2005 年被评为"北京市特级教师"。热爱教育事业，具有良好的职业道德和奉献精神。积极参加课程改革、教改研究，为本地区及外省市的部分学校师生做教改、校本培训、教师专业发展、学生学习方法等方面的报告及讲座六十余场；为高三做"迎高考"体验式培训及初中"感恩父母"内容的培训二十余场；主持过多项科研课题的研究；撰写课程改革及科研内容的专著四部，对本校及现任职学校的师生进行"阶梯式教育"研究实践卓有成效。组建并培养、指导青年骨干教师队伍百余人，促进一批青年教师迅速成长。曾获"全国优秀教师"称号，并一直担任中国教育学会中学历史教育学会理事。

＊**柏继明**　女，生于 1962 年，小学数学教师，2005 年被评为"北京市特级教师"。热爱教育事业，具有良好的职业道德和奉献精神。作为特级教师，潜心研究小学数学，撰写教学论文特色教案多次获奖并发表。出版个人专著两本，合编著作四本。从 1986 年起，尝试着不给学生留书面家庭作业，收到很好的教学效果。先后被二十多个省市邀请去讲课作报告。近几年为全国各地教师做观摩课三百多节，听课人数达十万多人次。被一线教师誉为"平民专家"。曾获得"全国优秀教师"、"北京市劳动模范"等荣誉称号。

＊**段宝明**　男，生于 1964 年，中学物理教师，2005 年被评为"北京市特级教师"。热爱教育事业，吃苦耐劳，勇于奉献。担任平谷区教育科研中心主任并兼任高中物理教研员。主持过多项区级、市级、国家级教育教学改革的科研课题研究。长期承担全区物理教师的培训任务，指导培养青年教师成长。2004 年 9 月任北京市中青年教育理论工作者研究会常务理事。任平谷教育学会中青年骨干教师研究会会长。平谷区第一届青联委员。曾获"平谷

区优秀青年知识分子"及"感动平谷60人"等称号。2006年被北京市教育委员会评为"自制教具先进工作者"。

*胡明亮 男，生于1951年，小学美术教师，2005年被评为"北京市特级教师"。在教育教学工作中，钻研教材、锐意进取，将漫画教学引入小学课堂，有效地实施素质教育、创新教育，教学效果显著，获"北京市首届基础教育成果奖"。多次被评为"北京市优秀教育工作者"及"东城区师德标兵"。第二十个教师节，胡锦涛等中央领导同志到胡明亮家中慰问，肯定了他的教学功绩。

*胡凌燕 女，生于1960年，中学体育教师，2005年被评为"北京市特级教师"。热爱教育事业，具有良好的职业道德和奉献精神。作为北京市骨干教师，多次承担市级研究课，主持和参加过多项科研课题的研究、撰写论文及教材编写，并长期担任北京市中小学教师继续教育学科指导组成员，指导青年教师成长，2006年被授予"朝阳名师"荣誉称号。国家级田径裁判，2008年参加奥运会裁判工作，被中共北京市委统战部授予"首都统战系统参与奥运、服务奥运先进个人"称号。并一直担任全国教育学院系统体育研究会理事。

*荆林海 男，生于1968年，中学生物教师，2005年被评为"北京市特级教师"。热爱教育事业，具有良好的职业道德和奉献精神；先后参加初、高中课标教材的编写工作；评优课曾获全国、北京市一等奖；教学论文曾获全国、北京市一等奖，多篇论文在国家级刊物上发表；研究课题曾获"全国研究成果"特等奖；多次参加北京市高考、会考的命题工作等。

*赵 科 男，生于1956年，中学英语教师，2005年被评为"北京市特级教师"。三十多年里，热爱教师工作，恪守教师职责，一直工作在教育教学第一线，曾担任过初中、高中、师范英语专业班、大专英语班及教师继续教育的英语课程，并取得了优异的成绩。曾为本区和十几个区县的英语教师授课，一些课程被选为全国或市英语教师培训课程，并参与编写出版了英语教师培训教材和高中英语实验教材教师用书十多本。

*赵 铮 男，生于1945年，中学德育教师，2005年被评为"北京市

特级教师"。热爱教育事业，具有良好的职业道德和奉献精神。从教四十年，对学校德育工作具有系统、坚实的理论和丰富的教育经验。在学生基础道德建设、自主教育、潜能教育、班主任工作、师德建设等方面有较深入的研究并形成了自己的理论体系，主持国家级和市区重点课题，长期担任各省市及全市德育干部培训任务，指导青年干部教师成长，被推荐为北京市教育学会班主任工作研究会常务理事，并撰写了《班主任》《铮鸣》等书，曾获"首都五一劳动奖章"，"西城区先进工作者"、"西城区优秀校长"等称号。

＊**赵子余**　男，生于 1961 年，职业学校烹饪教师，2005 年被评为"北京市特级教师"。热爱教育事业，恪守教师天职，倾心每一个学生的成长，努力做人民满意的教师。编著了系列烹饪丛书及农民培训教材，主编了十余本全国高等职业院校和全国中等职业学校烹饪类教材，主持了十余项科研课题的研究，撰写及发表了十余万字的教学论文。曾担任北京教育科学研究院职成教育研究所市级兼职教研员、北京市职业技术教育学会烹饪专业委员会理事和北京市职业技术鉴定中心高级考评员。获得"北京市优秀教师"、"北京市培训系统优秀教师"称号。

＊**赵书梅**　女，生于 1959 年，中学英语教师，2005 年被评为"北京市特级教师"。热爱教育事业，具有良好的职业道德。作为培训专家、培训教师，担任北京高中课程改革培训工作、教育部远程培训工作、教育部西部教师培训工作。主持过教育部科研课题的研究，参与过国家级重点课题研究，所获成果被收录在《北京市中小学优秀教师教育思想与教学艺术评介丛书》中，个人专著《英语教学中的任务设计》由北京教育出版社出版。

＊**赵向军**　男，生于 1953 年，中学化学教师，2005 年被评为"北京市特级教师"。爱岗敬业，师德高尚。教育教学经验丰富，效果显著，所送历届毕业班的高考化学成绩优异。指导青年教师成绩突出。发表和获奖论文多篇，参与编写教材或教学用书多部。现任北京市教育学会化学教学研究会理事、顺义区名师工作室主持人。获得"全国科研先进教师"、"北京市优秀教师"和"顺义区学科首席教师"等称号。

＊**赵美荣**　女，生于 1962 年，小学数学教师，2005 年被评为"北京市

特级教师"。热爱教育事业，具有崇高的职业道德和无私奉献精神。参与了"北京市马芯兰教改实验"、"研修一体制度体系与运行机制的研究"等市级规划课题的研究，参与国家教育部"小学数学能力的评价研究"并被聘为理论中心组成员。指导多位青年教师在市级以上论文评比、课堂教学评优活动中获一、二等奖。曾获"全国优秀教师"、"北京市优秀教师"称号。

*唐桂春　女，生于1964年，中学地理教师，2005年被评为"北京市特级教师"。现任通州区教师研修中心高中地理研修员，兼中心副主任。热爱教育事业，具有良好的职业道德和奉献精神。作为研修员她致力于教师的指导和培养，促进全区高中地理教学质量的提高，指导多名教师参加市级以上教学竞赛和论文评选获奖二十余项；参与《课外地理》《小学社会》等教学用书编写，担任《通州区地理》教材主编，2007年该教材被中国教育学会推荐为优秀地方课程资源。曾获"北京市中青年骨干教师"、"通州区名教师"等称号；2008年被北京教育科学研究院聘为北京市基础教育教学指导组地理学科专家。

*唐富春　女，生于1955年，小学语文教师，2005年被评为"北京市特级教师"。热爱教育事业，具有良好的职业道德和奉献精神。被评为"北京市学科教学带头人"、北京教育科学研究院小学语文学科兼职教研员，指导青年教师在北京市小学语文教学大赛中连续多次获得一等奖，在"全国第七届阅读教学竞赛活动"中获得特等奖。曾获"北京市师德先进工作者"、"教育部课程改革优秀教研员"称号，并担任北京市小学语文教学研究会常务理事。

*徐　玮　男，生于1947年，校外科技教师，2005年被评为"北京市特级教师"。坚持以教师职业道德标准严格要求自己，认真负责，踏实苦干，任劳任怨，以严谨的工作态度，饱满的工作热情，创新的精神面貌，认真履行自己的职责。任中国航海模型运动协会宣传普及指导委员会委员和北京市校外海模教研组组长期间撰写海模教材，培训科技辅导员，指导青年教师成长。曾获"全国教育先进工作者"称号，获"全国五一劳动奖章"、"首都五一劳动奖章"。

*徐伟念　男，生于 1955 年，中学化学教师，2005 年被评为"北京市特级教师"。热爱教育事业，积极探索、甘于奉献，具有先进的教学理念和独特的教学风格。在化学特长生培养方面成绩显著。主持了多项教科研课题研究。参与新课标下新教材的编写工作及对全国教师的培训工作。指导青年教师多人在全国教学比赛中获一等奖。所带教研组被评为全国课程改革实验区优秀教学团队。担任北京市化学教学研究会理事。获得"全国师德先进个人"、"首都五一劳动奖章"、"北京市先进工作者"等称号。

*索玉华　女，生于 1959 年，中学体育教师，2005 年被评为"北京市特级教师"。热爱教育事业，具有良好的职业道德和奉献精神。现任北京石油学院附属中学体育教研组组长，中学高级职称评审委员会学科委员，海淀区名师工作站体育学科导师组组长。北京体育教育协会理事，北京教育科学研究院基础教育教学指导委员会中小学体育学科市级兼职教研员，北京市教师资格认定体育学科评委。参加了多项省部级课题研究，参与并编写了《新课程下体育教学方式的研究》《信息技术与体育整合的研究》、普通初级中学课程标准实验教材《体育与健康》等书，发表多篇论文，在市区级论文评比中获奖，取得良好成绩。多次承担全国、市、区研究课和观摩课，先后被评为"北京市优秀教师"、"全国百名优秀体育教师"。

*袁志勇　男，生于 1958 年，中学语文教师，2005 年被评为"北京市特级教师"。中国农工民主党党员，第四届中国写作学会青少年写作研究专业委员会学术委员会委员，获得"国家级骨干教师"、"北京市骨干教师"称号，被评为"北京市学科教学带头人"。自 1982 年起一直进行中小学作文教学之素质教育的探索，自 1991 年开始从事教师培训工作，拥有较丰富的中小学作文教学经验、教师培训经验。曾经出版论著百余部、数千万字，多家报刊、电台、电视台曾经报道过其教学、科研成果。

*诸葛梅　女，生于 1962 年，小学数学教师，2005 年被评为"北京市特级教师"。热爱教育事业，全面贯彻教育方针，关心学生全面发展。二十几年的艰苦实践和不断探索，被教育部授予"全国优秀教师"称号，曾先后被评为"北京市优秀教师"、"北京市教书育人先进教师"、"北京市普教系

统青年教师师德之星"、"门头沟区两个文明建设百颗星"。在教学上多次承担市级公开课。文章《我的教学经验》分别刊登在《北京教育》《北京教工》《工人日报》上；教案分别编入《北京市小学中年级教案汇编》。为青年教师的成长和提高无私奉献着自己宝贵的教学经验，成为更新教师教学理念的一名引路人。

*高　萍　女，生于1961年，小学数学教师，2005年被评为"北京市特级教师"。热爱教育事业，爱岗敬业，甘于奉献。作为北京教育科学研究院基础教育教学指导委员会小学数学学科市级兼职教研员，曾多次承担全市的培训和指导任务，主持过多项国家级科研课题的研究。并长期承担小学数学的教师培训，先后指导的五十余位青年教师成长为市、区骨干教师。曾获"北京市先进工作者"、"北京市优秀教师"等称号，并一直担任北京市朝阳区教育学会的理事。

*高　华　女，生于1952年，小学音乐教师，2005年被评为"北京市特级教师"。作为北京市音乐学科骨干教师，师德高尚，甘于奉献，以满腔的热情投入于小学音乐教育中，用自己高超的教育艺术培养出一批批热爱音乐、具有较高音乐素养的学生。专业底蕴深厚，教学严谨扎实，教学方法生动形象，学生训练有素。最早把五线谱引入小学音乐课堂，教给学生正确的发音方法，使学生受益终身。积极发挥带头作用，悉心指导青年教师，带出了一批音乐教学骨干。

*高玉丽　女，生于1966年，小学品德教师，2005年被评为"北京市特级教师"。热爱教育事业，主持"九五"、"十五"国家级、市级课题研究，《优化素质结构，促进小学生全面发展》结题报告获"北京市第四届教育科学研究优秀成果奖"一等奖，《学习方式与学生发展性评价的研究》获"北京市第三届基础教育教学成果奖"一等奖。积极探索学校德育工作，撰写了《走向主体性德育》和《建设学校精神家园》两本专著，其德育思想与实践在多家媒体进行过报道，在区、市乃至全国产生了一定影响。

*商晓芹　女，生于1960年，中学化学教师，2005年被评为"北京市特级教师"。热爱教育事业，模范履行教师职责，有很强的事业心和奉献精

神，教育和教学能力强，业绩突出。被评为"北京市学科教学带头人"。获得"全国模范教师"、"北京市德育先进工作者"、"北京市优秀教师"等称号。多次获市、区级评优课一等奖，撰写的论文多篇获国家级、市级评比一、二等奖。先后被聘为全国"青少年走进科学世界"学术专家顾问委员会成员、北京市化学教学研究会理事。参编的化学教材被国家级出版社出版并在全国发行。主持和参加了多项区级、市级和国家级科研课题的研究，并承担全市化学教师培训任务，指导青年教师成长。

*崔占国　女，生于 1963 年，中学政治教师，2005 年被评为"北京市特级教师"。热爱教育事业，具有无私的奉献精神。作为北京市课程改革实验工作专家指导组成员和思想政治学科人民教育出版社教材培训专家，多次为教师们做教材、教法和新课程培训，指导的青年教师有多名已成为区、市级骨干教师。曾获"平谷区爱国立功竞赛标兵"、"平谷区十大青年教师敬业模范"、"平谷区十大模范共产党员"、"平谷区师德标兵"等称号，今年又当选为"新中国成立 60 年，感动平谷 60 人"。

*梁　侠　女，生于 1953 年，中学政治教师，2005 年被评为"北京市特级教师"。热爱教育事业，具有良好的职业道德和奉献精神。作为教育部课程改革专家指导组成员、课程培训专家，参加思想政治课课程标准制定，主编、参编相关教材、教师参考用书，为全国各地课程改革实验区进行过多次新课程培训；多次帮助贫困地区的教学工作，受到好评和欢迎。指导青年教师成长卓有成效。主持过多项科研项目并获奖；在各类报纸及杂志上发表文章一百余篇。

*梁丽平　女，生于 1970 年，中学数学教师，2005 年被评为"北京市特级教师"。热爱教育事业，具有良好的职业道德和奉献精神，先后被聘为中国人民大学附属中学数学教研组组长、海淀区名师工作站导师，被评为"北京市学科教学带头人"，在国家级刊物上发表十余篇论文，编写课标版教材《初等数论》，与他人合著北京市补充教材《概率统计》，曾多次参与北京市高中毕业会考命题，参与北京市新课程数学教学指导意见的编写。

*梁志顺　男，生于 1955 年，中学综合教师，2005 年被评为"北京市特级教师"。热爱教育事业，具有良好的职业道德和无私奉献精神。作为国家级综合实践活动课程专家，多次参与综合实践活动研究和科技活动指导工作，主持过多项科研课题研究。出版发行《综合实践活动课程的理论与实践》《给学生插上创造的翅膀》《奥林匹克知识·漫画教育读本》。指导的青年教师已成为北京区级、市级骨干教师，指导学生参加科学研究获奖千余人次。曾获"国家级骨干教师"、"全国优秀科技辅导员"、"全国优秀教师"等称号。2009 年又当选为"新中国成立 60 年，感动平谷 60 人"。

***梁学军**　男，生于 1962 年，中学物理教师，2005 年被评为"北京市特级教师"。严于律己，勤于奉献。先后被评为"全国模范教师"、"北京市优秀教师"、"北京市学科教学带头人"，以及"顺义区学科首席教师"。被聘为市兼职教研员、首都基础教育研究院兼职导师，第四届宋庆龄少年儿童发明奖评审委员。主编《新课程有效教学疑难问题操作性解读初中物理》一书；所承担课题获北京市一等奖；所辅导学生、教师多人获全国一等奖。所带物理组校本教研案例送教育部备案。

***隋丽丽**　女，生于 1957 年，中学数学教师，2005 年被评为"北京市特级教师"。热爱教育事业，用自己的教育行为和个人的教学风格感染学生，具有良好的师德和奉献精神。先后被评为"北京市先进工作者"、"北京市学科教学带头人"。参编新课程标准数学教材及教师参考用书，参编《数学之眼看世界》《思维与创造》《中学数学建模的理论思考与教学实践》等多部书籍，参与"九五"、"十五"、"十一五"国家级、市级科研课题研究，曾被邀请参加第十届国际数学建模研讨会议。曾被聘为高中新课程数学学科骨干培训者国家级培训主讲专家。

***董华林**　男，生于 1949 年，中学语文教师，2005 年被评为"北京市特级教师"。热爱教育事业，具有良好的职业道德和奉献精神。作为北京市课程教材重点课题组主要研究成员参加"新课标课程理念的实践研究"；多年参加北京市中考命题和中考语文考试说明修订工作；作为教材研究专家，参编的中学语文教材、教参（任编委、责编、编者）在北京市正式实验，并多次赴外地进行教材辅导；长期承担全区语文教师进修、培训、教研指导任务。

*董晓平　男，生于 1947 年，中学语文教师。2005 年被评为"北京市特级教师"。从教三十余年来，在课堂教学研究、教材编写和考试研究方面有所建树。曾参加人民教育出版社多套语文教材的编写工作，先后承担教育部考试中心和北京市考试院组织的考试命题、试题评价、编写修订《考试大纲》等方面的工作。出版专著若干，撰写论文亦多次获奖。

*蒋金生　男，生于 1947 年，中学数学教师，2005 年被评为"北京市特级教师"。热爱教育事业，全面贯彻党的教育方针，模范履行岗位职责。在长期一线教学中，深感解决好教与学的矛盾至关重要，熟悉学生特点，掌握认知规律，狠抓双基，留有余地，是其一贯的教学风格。所教学生曾获北京市高考理科状元。2000 年曾在中央电视台作高考数学辅导讲座，论文《灵活运用主体式课堂教学》获华北五省市二等奖，曾获"中国奥林匹克一级教练员"等称号。

*韩　磊　女，生于 1959 年，中学地理教师，2005 年被评为"北京市特级教师"。热爱教育事业，具有良好的职业道德和奉献精神。被聘为北京市高考评价专家组成员和北京市课程改革实验工作专家指导组成员及培训专家。主编或参编《北京市高考试题评价研究报告》《"3＋X"高考导练》《地理多媒体教学参考》《高中双综合能力培养与研究》，地方教材《朝阳》等专业书籍。所写论文几十篇获全国、市、区级一、二等奖。主持过多项科研课题研究。长期承担全市地理教师培训任务，指导青年教师成长。曾获"全国优秀中学地理教育工作者"、"北京市优秀教师"、"北京市学科教学带头人"、"北京市骨干教师"称号，并一直担任北京市地理教学研究会常务理事。

*韩　玲　女，生于 1956 年，中学体育教师，2005 年被评为"北京市特级教师"。热爱教育事业，具有良好的职业道德和奉献精神。坚持课堂教学和课余训练两手抓，培养出大批全面发展的合格毕业生，向大学输送百余名二级女排运动员。参与主编多部教材、教辅。科研能力强，多篇论文获全国和北京市一等奖。曾获"北京市优秀教练员"、"西城区普教系统青年教

师新秀"等称号，并担任西城区政协委员、北京教育学会体育研究会第五届理事会理事、北京教育科学研究院基础教育研究中心体育与健康学科市级兼职教研员、北京市高中新课程培训工作。

***靳忠良** 男，生于1955年，中学政治教师，2005年被评为"北京市特级教师"。热爱教育事业、钻研教学、敢于创新。担任全国政治新教材教师用书编写，全国形势教育大课堂主讲教师，CCTV中学生频道主讲教师，承担过北京市重点科研课题负责人，出版专著论文三百万字，被评为"北京市新长征突击手"、"国家级骨干教师"和"北京市学科教学带头人"。2005年获得"全国中小学思想道德建设优秀成果奖"特等奖，2006年获得北京市校本教材设计一等奖，2009年获得"海淀区教育科研创新奖"。

***蔚国娟** 女，生于1955年，中学政治教师，2005年被评为"北京市特级教师"。热爱教育事业，具有良好的职业道德和奉献精神，先后获得北京市中小学"紫禁杯"优秀班主任一等奖、"宣武区模范教师"、"宣武区有突出贡献的教科、技术、管理人才"，并入选宣武区名师讲学团。被评为"北京市学科教学带头人"。多次在国家核心教育教学期刊上发表研究论文，参与《空中课堂丛书·高中文综》、高中新课标《生活与哲学》实验教科书教学参考用书等的撰写工作。2007年至2009学年被聘为北京市骨干教师研修班指导老师；2009年被聘为北京师范大学免费教育师范生兼职导师、人民教育出版社高中政治培训团专家。

***谭天静** 女，生于1966年，中学音乐教师，2005年被评为"北京市特级教师"。曾获全国音乐课、论文、教案评比一等奖；北京市首届初中教师基本技能竞赛全能冠军；所辅导校合唱团曾获法国艺术节金奖；曾参加省部级科研课题研究六项，出版学术专著（合）六部；主持过全国中小学教师教育技术水平考试音乐学科的命题工作；在北京市具有较高知名度。曾获"全国优秀教师"、"北京市先进工作者"、"北京市优秀青年知识分子"、"北京市优秀教师"等称号。2004年受到温家宝总理接见。

***穆秀颖** 男，生于1955年，中学语文教师，2005年被评为"北京市特级教师"。热爱教育事业，模范履行岗位的职责。长期以来，在教学工作中坚持自主创新、理论探索。先后提出了"三级语文阅读教学"、"高中研究性阅读教学"、"语文教学中的人本教育研究"的基本构想；在作文教学中引导学生联系自己的生活实际写出真善美的作文；在高考复习中提出了专题式研究、板块式结构、蚕食式方法、滚动式前进的策略。主持并参加多项国家、市区级的科研课题研究，发表论文及出版专著几百万字。曾获"北京市优秀教师"称号。

***薛 贵** 男，生于 1953 年，中学体育教师，2005 年被评为"北京市特级教师"。热爱教育事业，为人师表，教书育人，在体育教学的平凡岗位上兢兢业业、踏踏实实地工作。具有扎实的体育学科基础知识和体育技能，潜心研究先进的教学方法和手段，课堂教学严谨扎实，表现出高超的教学能力和水平，取得突出的业绩。担任学校体育教研组组长，指导全组教师教育教学水平大幅提高。曾获"全国优秀教师"、"全国青少年体育先进工作者"、"北京市优秀教师"、"北京市劳动模范"、"通州区名师"称号。曾担任首都体育学院客座教授、北京体育教育协会理事。

***薛晓光** 女，生于 1954 年，小学语文教师，2005 年被评为"北京市特级教师"。热爱教育事业，敬业笃志，治学求真。在新课程中，提出"字理为本，多元识字，促进阅读"、"长文短学，提高语文常态教学实效性"等教学主张并作出成功探索，主持多项课题研究，获"北京市第三届基础教育教学成果奖"一等奖、"北京市优秀教师"、"北京市先进工作者"称号。出版专著《小学识字教学研究与实践》，主编《新课程背景下语文课堂教学研究》《值得叙说的故事，发人深省的反思》等教学专集；一直担任中国高等教育学会语文教学研究会字理教学研究中心秘书长。

（8）2009 年评选的特级教师简介

***万 平** 女，生于 1962 年，小学语文教师，2009 年被评为"北京市特级教师"。以文载道，以教养德，润物无声，曾获得"全国优秀教师"、"全国中小学优秀班主任"、"北京市中小学十佳班主任"、"北京市学科教学带头人"等荣誉称号。2007 年任教育部国家级班主任远程培训教师。参编北京市地方德育教材《弟子规新解》，完成个人教育专著《教育是温暖的》，

点评出版学生日记专著《马方日记》。参与多项教科研课题研究，多次获国家级论文评比一等奖。

　　*马红民　女，生于1964年，中学语文教师，2009年被评为"北京市特级教师"。热爱教育事业，具有良好的职业道德和奉献精神。被评为"北京市学科教学带头人"，从事高中语文教学二十多年，教学成绩显著，经常承担各类公开课、示范课、观摩课，长期培养青年教师，在本市区及全国范围内做教材培训和教育教学讲座近三十场，主持参与了多项国家级、市级科研课题，有十几篇论文获市级以上奖或在国家核心刊物上发表，出版专著《高中语文教与思》，主编或参与编著各类书籍六部，2008年被北京市政府授予"北京市人民教师奖"，"全国五一劳动奖章"获得者，先后被评为"全国三八红旗手"、"北京市师德标兵"，获北京市中小学"紫金杯"优秀班主任特等奖、"怀柔区享受政府特殊津贴高层次人才"等荣誉称号，是第九届、第十届北京市政协委员。

　　*马丽红　女，生于1963年，中学信息技术教师，2009年被评为"北京市特级教师"。具有良好的职业道德和奉献精神。参与编写北京市初中信息技术教材及多本教学用书，多篇论文获市级奖项，出版四张教学光盘，参与《北京市高中新课程信息技术学科教学指导意见和模块学习要求》等北京市教委文件制定。为全市信息技术教师做过多次的教材辅导，指导多名青年教师获奖，参与四项国家级课题的研究工作。市兼职教研员，被评为"北京市学科教学带头人"、"北京市中小学实验普及工作先进个人"、"北京市基础教育课程教材改革实验工作先进个人"。

　　*马希明　男，生于1962年，小学数学教师，2009年被评为"北京市特级教师"。在28年的教育教学实践中，严格要求自己，具有良好的职业道德和奉献精神，被评为"北京市师德标兵"。多篇文章在各种教育刊物上发表和获奖。指导的青年教师多人次分别在北京市评优课活动中获一等奖，在全国小学数学课堂教学优质课评优活动中获一等奖，指导教师发表文章近百篇。被教育部课程教材发展中心聘为核心团队成员，参与教育部远程培训工作，被聘为命题专家和市级兼职教研员。

＊马思勇 男，生于1953年，中学体育教师，2009年被评为"北京市特级教师"。具有良好的职业道德和奉献精神，师德高尚，深受学生及家长敬爱。先后培养出国家一级跳高运动员十名，所辅导的学生多次在亚洲和世界学生运动会上获得冠军。承担了教育部"十一五"规划课题"普通中学田径后备人才培养现状及发展对策研究"。撰写的科研论文多次获国家一等奖，并在国家级重要刊物上发表。先后荣获"全国优秀教师"、"全国百名优秀体育教师"称号。

＊马　凌 男，生于1959年，中学体育教师，2009年被评为"北京市特级教师"。热爱教育事业，具有很高的政治觉悟和职业理想。出版专著四部，参与编写书籍十余部，发表文章二十余篇，参与多项国家教育规划课题。现任全国中小学体育教学指导委员会委员、中国高等教育学会与中国教育学会体育卫生分会常务理事、北京市人民政府教育督导室兼职督学等多项社会兼职工作，被北京师范大学和东北师范大学等多所高校聘为兼职导师和客座教授。

＊马桂君 女，生于1964年，中学物理教师，2009年被评为"北京市特级教师"。热爱教育事业，踏实谦虚，态度一丝不苟。一直从事物理教学、竞赛辅导工作，还担任全国中学数理化名师百人俱乐部常务理事，是北京市物理学会专题组成员。善于学习，潜心钻研，精益求精，不断创新，并将教科研与教学实践有机地结合起来，先后有几十篇论文、著作获奖或公开发表。在物理教学、竞赛辅导及培养青年教师方面都取得了优异的成绩。

＊孔繁华 女，生于1965年，中学英语教师，2009年被评为"北京市特级教师"。甘为人师，乐于奉献，师德高尚，深受学生及家长敬爱。编写了义务教育课程标准实验教科书《新起点》等多部著作，所著《高中英语过程写作行动研究》等多篇论文获全国、北京市一、二等奖。探索出"大班合作学习"、"写作过程学习"等有效的英语课堂教学模式。曾任北京市农村中小学教师研修站导师、海淀区名师工作站导师。被评为"北京市学科教学带头人"，获得"海淀区优秀共产党员"称号。

＊支　梅 女，生于1972年，中学化学教师，2009年被评为"北京市

特级教师"。师德高尚,在教师岗位上勤奋钻研,取得了较为突出的业绩。在北京市化学教学界崭露头角,具有较高的知名度和影响力。在教师培养上,工作面较广,既担任面向全国课程改革实验区的远程培训,也承担"春风化雨"、导师带教等丰台区初、高中的教师培训工作,特别关注青年骨干教师培养,成效显著。先后完成二十余本化学著作撰写任务。曾获"北京市优秀教师"、"北京市经济技术创新标兵"、"北京市学科教学带头人"、"北京市骨干教师"、"丰台区青年优秀人才"等称号。

***王冬梅** 女,生于 1964 年,中学生物教师,2009 年被评为"北京市特级教师"。热爱教育事业,热爱学生,师德高尚,乐于奉献。教育教学成绩优异,《物质出入细胞的方式》一课为北京市百节名师风采课,由中国教育电视台播出并公开出版。参与多项课题研究并取得良好成果,参编《可持续发展教育基础教程》《论学习策略教育》等专著和教材,《"细胞的结构与功能"的教学组织》等多篇文章发表于《生物学通报》。曾获"北京市优秀教师"、"教育促进可持续发展开拓者"称号。

***王志江** 男,生于 1972 年,中学数学教师,2009 年被评为"北京市特级教师"。具有良好的职业道德和奉献精神。在《数学通报》《中学数学教学参考》等核心期刊上发表教育教学论文 30 余篇,多篇论文与研究报告在各级评选中获一、二等奖。出版专著《寻找生命的枝枝蔓蔓》《七步研课法与三对话课堂》。曾获"北京市优秀教师"、"丰台区优秀教育工作者"、"丰台区十佳青年教师"、"丰台区教育创新标兵"等多项荣誉称号。现为丰台区政协委员、丰台区青联委员。

***王佩霞** 女,生于 1958 年,小学数学教师,2009 年被评为"北京市特级教师"。热爱教育事业,始终工作在小学数学教学一线,悉心学习,潜心研究,勇于实践,赢得学生、家长和老师们的赞誉。为教师、学生和家长编写小学数学读物近 80 余万字;多年教学经验结晶,著有《吾为人师启人智慧》一书。撰写的多篇论文分别获国家级、市级一等奖或在 CN 刊物上发表。主持或参与的国家级、市级课题均取得良好成果。曾被评为"全国优秀教研员"、"北京市优秀教师",多次获得"崇文区先进教育工作者"、"崇文区优秀指导教师"等称号。培养的多名教师被评为市、区级骨干教师。

＊王建宗 男，生于1955年，中学德育教师，2009年被评为"北京市特级教师"。承担了"中小学校长生存发展状态及行为建构研究"、"整体构建学校德育体系的研究与实验"、"以人的发展为本的教育动力学的研究与实践"等多项各级课题的研究。撰写了心理教育专著《架设心桥》，与日本学者合著的《临床教育学》（日文版）以学术著作类别在日本出版。在首届全国中小学校长评选活动中获"卓越校长"称号，三次荣获宣武区委、区政府授予的"模范校长"等荣誉称号。是北京市第十三届人大代表，北京师范大学教育管理学院兼职教授，国家教育行政学院兼职教授，中国教育学会中小学整体改革专业委员会学术委员会主任，北京教育学院名校长工作室研究员。

＊王春秀 女，生于1958年，小学数学教师，2009年被评为"北京市特级教师"。具有良好的职业道德和奉献精神。编著了《我们这样教数学》。提出了教研员"真心做事，爱心交流，以研促教，追求实效"的工作宗旨。与团队共同撰写的"发挥教研室的专业职能促进农村小学数学教师专业成长的实践研究"报告获"北京市基础教育教学成果奖"。曾获"全国优秀教研员"、"北京市优秀教师"、"北京市学科教学带头人"、"昌平区学科名师"等称号。

＊王 顺 男，生于1959年，中学数学教师，2009年被评为"北京市特级教师"。具有良好的职业道德和奉献精神，从教二十七年来，一直工作在教学一线。多次主编《高三数学总复习教程》，撰写的教学论文曾经获得市级一等奖和国家级二等奖。所带的学生多次获得北京市应用数学竞赛一等奖。2001年至今连续三轮被评为"北京市骨干教师"，曾获"北京市爱国立功标兵"、"延庆县优秀教师"、"延庆名师"称号。

＊王萍兰 女，生于1961年，中学英语教师，2009年被评为"北京市特级教师"。热爱教育事业，具有良好的职业道德和奉献精神，曾荣获"全国优秀教师"称号。被评为"北京市骨干教师"。主持过多项市、区级科研课题，在培养学生综合运用语言能力方面取得优异成绩。组织编写英语作文

集，创办英语校报等。主持并参与多套英语教材的编写。指导青年教师迅速
成长并多次在全国获奖。

＊**王德明** 男，生于1955年，校外武术教师，2009年被评为"北京市
特级教师"。具有良好的职业道德与敬业精神。教育教学中在继承传统武术
的基础上不断探究新的教学模式并逐渐形成自己的教学风格，培养出多名优
秀运动员获得二百六十项市级比赛第一名，深受学生、家长及同仁的敬重。
担任北京市武术协会副秘书长，主编了《中国武术基础教程》、示范DVD
《八卦掌基础教程》系列教学专辑，指导中小学校创编武术校本课程。曾获
"全国校外教育名师"、"北京市优秀教师"等称号，代表北京队、国家队参
加第一届、第二届世界传统武术赛获八卦掌、刀第一名。

＊**王 蕾** 女，生于1969年，中学生物教师，2009年被评为"北京市
特级教师"。多次获北京市优秀人才、北京市立项课题经费资助。参与义务
教育生物课标研制，承担义务教育新课标生物教科书等教材部分章节编写工
作。十余次承担市级以上新课程培训任务，两篇论文在《生物学通报》上发
表。担任中国遗传学会科普教育委员会委员，教育部高中新课程国家级远程
培训生物团队核心成员。获新世纪百千万人才工程市级人选、"全国十佳优
秀科技辅导员"、"北京市学科教学带头人"、"北京市先进工作者"等。

＊**邓 虹** 女，生于1964年，中学语文教师，2009年被评为"北京市
特级教师"。热爱教育事业，爱岗敬业，甘于奉献。业务水平高，教学能力
强，在语文教学实践中形成了鲜明的教学风格。被评为"北京市骨干教师"
和宣武区学科教学带头人、区科研带头人，多次组织和参与区、市、国家级
语文教改活动。在全国鲁迅作品教学评比中获金奖第一名，数篇论文、课
例、教学设计获全国一等奖，系列论文、教学案例、研究报告发表于《人民
教育》《中学语文教学》《语文建设》等核心刊物上。出版多部著作，编写
京版实验教材。2008年在《北京晨报》、新浪教育频道、北京电视台科教频
道、北京新闻广播"教育面对面"联手举办的评选活动中，被选为北京
"金牌教师"。

＊**卢凤琪** 男，生于1960年，中学地理教师，2009年被评为"北京市

特级教师"。先后被评为"中国地理学会全国优秀中学地理教育工作者"、"北京市学科教学带头人"、"北京市优秀教师"。其参加和主持的教学成果分别获"北京市第三届基础教育教学成果奖"一等奖和二等奖。主编地方教材《顺义地理》和教辅读物《导学·测评·拓展》丛书地理分册。在全国核心期刊及全国公开出版图书中发表数篇文章。指导多名教师和学生在全国及北京市竞赛中获一等奖。

*左玉霞 女，生于 1960 年，小学数学教师，2009 年被评为"北京市特级教师"。师德高尚，业务精湛，师生爱戴。著有《生命价值教育》，主编《尊重差异，开发潜能》《探索》等书。提出并实践独特的教育思想——生命价值教育，赢得了国内外教育专家与同行的关注与认可。曾先后被评为"全国文化管理创新校长"、"北京市优秀教师"、"北京市经济技术创新标兵"等多项市级以上荣誉称号。北京市小学电化教育专业委员会常务理事。

*田福春 男，生于 1953 年，中学语文教师，2009 年被评为"北京市特级教师"。热爱教育事业，恪尽职守，甘于奉献。既有丰富的一线教学实践经验，也有较高的教学研究水平。多篇教研论文被评为市级一等奖和优秀奖，多篇教学文章在报刊上发表。主编或编写多本语文教学书籍，参加北京市高中新课程语文教材编写。北京市教委高中新课程专家指导组专家，曾多次参加北京市高中语文会考命题工作。主持国家级课题研究。曾被中国教育学会中学语文教学专业委员会评为先进工作者。

*乔秀芹 女，生于 1963 年，中学生物教师，2009 年被评为"北京市特级教师"。具有良好的职业道德和奉献精神，有扎实的专业功底和丰富的教学经验，坚持做学者型、研究型的教研员，为一线教师提供优质的指导和服务。主编了《顺义生物》《中学生物教育教学实践与思考》。曾先后被评为"北京市优秀教师"、"北京市中青年学科教学带头人"、"北京市学科教学带头人"。先后担任过北京市第十届人大代表、北京市生物教学研究会理事。

*任炜东 男，生于 1969 年，中学物理教师，2009 年被评为"北京市特级教师"。师德高尚，深受学生及家长敬爱。提出了"师生同行，感悟物

理，走向科学"的教学理念，构建了"一条主线，两个依据，三个建构"的教学框架。曾承担多项课题研究，录像课和论文获全国物理教学研究会、北京市评比一、二等奖十余次，先后完成物理教学相关著作九部。曾获得"全国模范教师"、"北京市先进工作者"、"北京市优秀教师"等荣誉称号。

*刘长明　男，生于1970年，小学语文教师，2009年被评为"北京市特级教师"。热爱教育事业，具有良好的职业道德和奉献精神。作为景山学校21世纪小学语文实验教材编委、教辅副主编，参编及培训指导的景山版语文教材在全国正式实验。多次上各级研究课，曾获"北京市第四届小学语文阅读教学大赛一等奖"。指导多名青年教师在各级赛课中获奖。曾先后三次获"北京市骨干教师"称号。2008年担任北京市教育学会小学语文专业委员会理事。

*刘　畅　女，生于1962年，小学德育教师，2009年被评为"北京市特级教师"。具有强烈的事业心和高度的责任感，深受师生和家长的钦佩和拥戴。参与十余项国际、全国、市级课题研究，撰写发表五十余篇具有研究价值和指导意义的学术论文和调研报告，出版《教人幸福地生活》，完成七本教育著作，主编教材十余本。创新地进行"自主教学"实践研究。获"全国教育系统先进工作者"、"全国中小学德育先进工作者"、"全国三八红旗手"、"北京市优秀教育工作者"等称号。

*刘　悦　女，生于1964年，小学语文教师，2009年被评为"北京市特级教师"。把"修身为本、正己为先"作为道德追求。具有清晰严谨而富于情感的教育教学特色。曾荣获北京市中小学"紫禁杯"优秀班主任一等奖、"西城区优秀教师"等荣誉称号。两次被评为"北京市学科教学带头人"。主持过各级研究课题，撰写的多篇论文和亲自指导的教师均在全国和市级比赛中多次获奖。注重研究课堂教学中的实际问题，管理并带领着西城区小学语文骨干教师正在语文教学改革之路上前进。

*刘　朗　男，生于1952年，幼儿教师，2009年被评为"北京市特级教师"。热爱教育事业，具有良好的职业道德和奉献精神。在32年的一线音乐教学中，努力探索素质教育的新途径，形成了求真务实、生动鲜活、成绩能力并重的教学风格。创作百余首幼儿音乐，创新"时钟唱法"填补了幼儿教师唱法的空白。多篇教科研论文在国家、省、市等教育教学刊物上发表获奖，撰写上百万字专著，论文《北京市幼儿师范学校——音乐对提高学生综合素质的作用》获教育部、体卫司、中央教科所"十五"全国学校科研课题一等奖。编著《幼儿园综合艺术教育活动设计 100 例》获中国可持续发展（ESD）项目"十五"科研成果专著优秀奖。2007 年被评为"北京市骨干教师"，2008 年荣获中共北京市教育工作委员会、共青团北京市学生联合会授予的"首都教育系统奥运工作先进工作者"荣誉称号。

*刘　葵　女，生于 1968 年，中学语文教师，2009 年被评为"北京市特级教师"。待人宽和友善，工作倾情投入。尊重学生，关注学生身心发展，希望将学生带入更广阔的生活。与组内老师在"信息技术与语文课程的整合"方面进行了历时近五年的不懈实践，运用信息技术跨时空特点，组织学生开展丰富多彩的语文读写活动，与老师们一起积累了一定数量的有价值的案例。在北京市新课程实施中起到了良好的示范作用。

*吕雪晶　女，生于 1967 年，中学语文教师，2009 年被评为"北京市特级教师"。热爱特殊教育事业，师德高尚，深受学生的敬爱。积极探索适合听障学生特点的教学方式，不断改进课堂教学模式，注重教学方法的改革与创新。在聋校写作教学及聋人手语教学等方面有较系统深入的研究，并在特殊教育领域产生了积极的影响。曾获"全国优秀教师"、"北京市优秀教师"、"北京市先进工作者"、"北京市人民教师提名奖"、"北京市特殊教育工作先进个人"等荣誉称号。

*孙建国　男，生于 1960 年，小学体育教师，2009 年被评为"北京市特级教师"。具有强烈的事业心、责任感和进取精神。注重开展教育科研，努力开发学生运动潜能，促进学生身心健康成长，三十余年为体育专业院校输送近百名体育后备人才。被评为全国、北京市优秀教练员、"全国模范教师"，被授予"首都五一劳动奖章"，被评为"朝阳区政府学术技术带头人"，为中西部农村义务教育学校国家级远程培训主讲教师。2008 年出版个人教育著作《体育之光辉》。

*安彩凰　女，生于 1957 年，中学数学教师，2009 年被评为"北京市特级教师"。曾先后被授予"全国优秀教师"、"北京市模范班主任"、"北京市先进工作者"等荣誉称号，北京市及宣武区教委曾联合召开了"安彩凰成长之路研讨会"，总结了她在长期教学实践中形成的鲜明的教学风格和特色。致力于教学课程改革，积极参加"十五"和"十一五"科研课题研究，论文多次获得各级一、二等奖，多篇发表在国家、市级教育刊物上，其《名师讲座》DVD 光盘正式出版后热销全国各地。曾被国内诸多媒体重点报道，中央电视台"七色光"栏目、《北京晚报》头版头条、《光明日报》"名师介绍"专栏，都曾给予重点推介。

*朱德友　男，生于 1954 年，中职美术教师，2009 年被评为"北京市特级教师"。具有良好的职业道德和奉献精神。参加《国家基础教育美术课程标准实验教材》编写工作；编写了《初中信息技术教学范例教与学——电脑美术小博士》；主编校本教材《山村速写画技法》。担任中华书画学会理事、门头沟区文联理事、门头沟区美协副主席，门头沟区政协副主席。曾获"曾宪梓教育基金会三等奖"、"全国优秀教师"、"中国职业院校教学名师"、"北京市先进工作者"称号。

*吴　甡　男，生于 1954 年，中学德育教师，2009 年被评为"北京市特级教师"。具有良好的职业道德和奉献精神，在实践中坚持用正确的教育价值观引领学校工作，提出了"用生命影响生命"的办学思想，创造了多种形式开展德育工作。先后出版《教育价值观的思考与实践》《铸就心灵筋骨》《没有音乐照样跳舞》等教育著作。发表《市场经济条件下中学生人格教育研究》《以学生发展为本，实现学校可持续发展》《德育：培育生命的精彩过程》等多篇论文。2008 年被选为北京市人大代表，曾被评为"全国优秀教育者"，获得"首都精神文明建设奖"。

*宋德武　男，生于 1955 年，中学技术教师，2009 年被评为"北京市特级教师"。爱岗敬业、乐于奉献，曾在深山区担任化学教学工作 20 年。2004 年以来先后完成了十本地方教材与学校课程用教材的编写工作。在本学科教研方面有自己独特的研究思路，并取得了一批研究成果。2007 年被评为

"北京市骨干教师"，曾先后荣获"全国中小学劳动技术教育优秀教研员"、大兴区颁发的"作出突出贡献的优秀教师"等称号。

＊张友红　女，生于1968年，中学数学教师，2009年被评为"北京市特级教师"。具有良好的职业道德和奉献精神；致力于教育教学改革的研究——如何进行学生调研，以及在学生调研基础上如何设计出适合学生发展的单元教学设计的专项研究，形成了自己的教育教学特色，有多篇文章发表在《北京教育》《教育前沿》和《基础教育课程》上；积极推广实践成果，多次做市级示范课、观摩课和各类型讲座。曾被密云县教育工会评为"巾帼十杰"和"优秀共产党员"。

＊张亚安　女，生于1965年，中学英语教师，2009年被评为"北京市特级教师"。师德高尚，深受学生及家长敬爱。用自身的人格魅力，感染、引领学生。爱岗敬业，甘于奉献。曾先后被评为"北京市学科教学带头人"、"北京市骨干教师"、"顺义区英语学科首席教师"、"顺义区学科教学带头人"、"顺义区优秀科技工作者"、顺义区"张亚安英语工作室主持人"等。曾参与编写《教师英语》一书；多篇论文在全国、市、区范围内获奖；多次辅导并带领学生参加英语竞赛，取得优异成绩。曾参加中央电视台《希望英语》师生挑战赛，获得"全国年度总决赛亚军"。

＊张　华　女，生于1956年，中学生物教师，2009年被评为"北京市特级教师"。热爱教育事业，具有良好的职业道德。教学经验丰富，教研工作扎实而有特色。编写义务教育生物学教材、科学教材，编写教育部审批通过的人教版高中生物教材。多年承担北京市生物学科课程改革实验指导和培训工作。主持多项科研课题，参与考试评价工作并获北京市奖项。指导青年教师成绩显著。担任中国教育学会生物学教学专业委员会常务理事。

＊张　红　女，生于1959年，小学语文教师，2009年被评为"北京市特级教师"。热爱教育事业，关心热爱学生，具有良好的职业道德和奉献精神。先后被评为"北京市骨干教师"及"北京市学科教学带头人"；主持并参与了多项科研课题的研究，论文多次在区、市获奖，撰写并出版了《让学生享受快乐的作文学习》的个人教学专著；长期担任市区校语文青年教师的

指导工作，帮助青年教师成长。曾获"北京市教书育人先进教师"、"北京市支教优秀教师"称号。

***张胜荣** 女，生于 1962 年，小学数学教师，2009 年被评为"北京市特级教师"。爱岗敬业，甘于奉献。北京市农村中小学教师研修工作站指导教师及丰台工作站学科负责人。所培养的青年教师已成为市、区骨干。参加了国家级重点课题的研究，多篇论文获奖。被聘为北京市丰台区小学规范化建设指导团专家。曾获"北京市优秀教师"、"北京市学科教学带头人""丰台区优秀教育工作者"、"丰台区教育系统优秀共产党员"称号。

***张斌平** 男，生于 1972 年，中学历史教师，2009 年被评为"北京市特级教师"。具有良好的职业道德和奉献精神。曾经获得全国高中历史课堂教学竞赛一等奖，参加编写国家历史课程标准实验教科书。先后主持"十五"东城区高中教学综合化研究，负责"十一五"校本研训与教师专业发展课题研究。担任北京教育学会高中新课程实验项目专家、北京市高中新课程教师培训主讲教师、教育部高中新课程教师远程培训专家。先后荣获"全国优秀教师"和"北京市优秀教师"称号。

***张景浩** 男，生于 1953 年，小学品德教师，2009 年被评为"北京市特级教师"。学高身正，深受学生、家长敬爱。先后出版《饿死的梭鱼》《探索》两部专著。北京教育学院兼职教授、"中国希望工程教师培训"特邀讲师、"北京市名校长工作室"入室研究员。曾获"全国家教园丁奖"、"北京市优秀教育工作者"、"大兴区有突出贡献专业技术人员"等荣誉称号。迄今到全国各地讲学三百场。

***张鲁静** 女，生于 1971 年，小学英语教师，2009 年被评为"北京市特级教师"。师德高尚、爱岗敬业。参加了人民教育出版社《新起点英语》教材的编写工作，参与了国家 A 级重点课题《小学英语教材编写实践与教师发展的研究》。主编了《英语教学设计指导与案例》、分册主编了《自主交流英语教学实践研究》。任北京市农村教师研修站、远郊区县小学英语教师培训及带薪脱产项目指导专家、人民教育出版社教材培训团专家。2006 年被评为"北京市优秀青年知识分子"。

*张福林　男，生于 1961 年，中学物理教师，2009 年被评为"北京市特级教师"。提出了"创设情景、启发思维、领会思想、掌握方法"的教学策略。获奖或发表文章二十余篇，参与研制《北京市物理学科德育指导纲要》《北京市普通高中新课程物理学科教学指导意见》，编写出版《新课程理念下的物理教育研究与实践》等四部书籍，教学成果"在高中物理教学中培养学生科学素质的研究"获北京市政府颁发的教学成果奖。曾获"北京市学科教学带头人"、"北京市优秀教师"、"顺义区首席教师"称号，为北京市市级兼职教研员。

*张增强　男，生于 1949 年，中学历史教师，2009 年被评为"北京市特级教师"。北京市课程改革专家指导组成员、教材培训专家，主编、参编了国家和北京的多套历史教材；长期承担全市历史教师培训工作，指导全市教师成长。曾因研究高考内容改革，获北京市教育委员会颁发的突出贡献奖。长期担任北京教育学会历史教学研究会常务理事，曾任市级骨干教师培训项目指导教师、北京教育考试院兼职学科秘书。

*李永茂　男，生于 1957 年，中学语文教师，2009 年被评为"北京市特级教师"。始终深爱学生，专心教学，潜心教研，放眼教育。先后进行了多项关于语文教学方面科研课题的研究，形成了"激发兴趣，引导探究，掌握规律，提高能力"的教学理念，并取得优异成绩。出版了多部语文教学方面的著作，多篇文章在核心期刊上发表，参与了教育部语文版全套新教材及参考书编写，先后被评为"全国优秀教师"、"全国科研优秀教师"、"北京市骨干教师"、"北京市学科教学带头人"、"北京市优秀教师"、"顺义区语文学科首席教师"。

*李京燕　女，生于 1963 年，中学地理教师，2009 年被评为"北京市特级教师"。热爱教育事业，具有良好的职业道德和奉献精神。作为北京市学科教学带头人、西城区新课程指导组成员，向国家资源库提供地理示范课例，主持西城区重点课题研究。带学生赴多地考察。论文在国家级刊物上发表。代表学校向温家宝总理汇报工作。召开个人教育教学思想研讨会，完成著作"学教断想"。指导年轻教师及学生科技活动，多次获奖。曾获"全国

优秀中学地理教育工作者"、"西城区优秀园丁"称号及"全国青少年科技创新大赛优秀教师奖"。

＊**李宗录**　男，生于 1971 年，中学地理教师，2009 年被评为"北京市特级教师"。师德高尚。在地理课堂教学、信息技术与学科整合、地理实践诸领域业绩突出。提出的"构建自主学习的地理课堂"和"高中地理课堂问题解决教学"等教育理念，对高中地理新课程改革有理论价值和实践意义，在同行中产生了广泛影响。在《人文地理》《地理教学》《中学地理教学参考》等国家、市级刊物上发表论文四十余篇，主编《门头沟经济与发展》等。先后被评为"北京市优秀教师"、"北京市优秀青年知识分子"。

＊**李英姿**　女，生于 1968 年，中学政治教师，2009 年被评为"北京市特级教师"。具有良好的职业道德和奉献精神，业务功底扎实，深受学生及家长敬爱。将信息技术与学科整合教学效果突出，所讲课程被评为北京市一等奖，并向全市展示；先后参与了十余本政治著作的编写，数十篇论文获得各级奖励；曾先后被评为"北京市骨干教师"，北京市中小学"紫禁杯"优秀班主任一等奖、特等奖，"北京市优秀德育工作者"，"北京市学科教学带头人"。

＊**李贺武**　男，生于 1955 年，中学语文教师，2009 年被评为"北京市特级教师"。具有高尚的师德和奉献精神，深得学生及家长的敬爱；主持联合国中国 ESD 项目子课题和传统文化在学科教学中渗透等国家子课题，出版《初中语文教师一定要知道的 11 件事》等著作六部。探索作者的文本思路、学生学的思路和教师教的思路有机结合的阅读课方式，以校本课程建设为依托践行大语文理念，具有独创性。曾先后荣获"全国绿色学校创建先进个人"、北京市中小学"紫禁杯"优秀班主任等称号。

＊**李晓辉**　男，生于 1970 年，中学生物教师，2009 年被评为"北京市特级教师"。热爱教育事业，具有良好的职业道德和奉献精神。在课程开发、教材编写、课堂教学、考试研究等方面都进行了深入的研究，曾主持课题开发并实践了《科学研究方法课》课程，参与了新课程初中《生物学》、高中生物必修《遗传和进化》模块，选修《现代生物科技专题》的教材、教参、

活动手册编写工作，并在北京市和全国进行多次的教材培训工作；2007 年起担任《生物学通报》常务编委。

*李　艳　女，生于 1967 年，中学英语教师，2009 年被评为"北京市特级教师"。热爱教育事业，热爱学生，不断尝试新的教学手段和方法，培养学生的学习兴趣，重视对学生综合素质的培养。努力把日常教学与科研有机地结合在一起，主持区重点课题，所撰写的论文多次获奖。主动为青年教师提供指导与帮助，现有多人在各级各类比赛中成绩突出。曾获"全国中小学外语教师园丁奖"，北京市学科教学带头人。

*李援瑛　男，生于 1953 年，职业学校空调制冷专业教师，2009 年被评为"北京市特级教师"。热爱教育事业，具有良好的职业道德和奉献精神，专业知识和实践能力精湛。连续被评为"北京市学科教学带头人"和"西城区教育系统技术革新能手"，并获"北京市优秀教师"和"西城区教育技术创新英才奖"。被国家和市职业技能鉴定中心聘为职业技能鉴定标准制定、命题和审题国家级专家。并被多家出版社聘为中职教材的主编，出版了三十余部中职教材。

*李瑞国　男，生于 1963 年，中学英语教师，2009 年被评为"北京市特级教师"。具有良好的职业道德和奉献精神；坚持教学改革，积极开展教科研实验，始终将学生英语知识的学习、英语能力的提高和情感态度的发展相结合，使之达到学习知识、提高能力和情感态度的和谐发展；主编并参编了《2010 新课标英语高考总复习》等六本书；连续九年被评为"全国优秀实验教师"；先后荣获"全国模范教师"、"全国中小学外语教师园丁奖"、"北京市优秀教师"等称号；并当选为北京市密云县第十一届政协常委。

*杨　红　女，生于 1962 年，中学地理教师，2009 年被评为"北京市特级教师"。为人师表、师德高尚，善良正直，待人真诚。工作以来一直活跃在教育教学第一线，深受家长和师生们的好评和爱戴；专业功底扎实，学科素养高，有很强的教育教学和教科研能力，成效显著。曾获"全国优秀中学地理教育工作者"、"全国优秀科技辅导员"、"北京市优秀教师"、"朝阳教育劳动奖章"等荣誉称号，是一个典型的学者型、研究型的教师。

***肖伟华** 男，生于 1967 年，中学物理教师，2009 年被评为"北京市特级教师"。具有良好的职业道德和奉献精神。曾获"全国师德标兵"、"首都五一劳动奖章"、"北京市优秀青年教师"、"石景山区优秀人才"等称号；先后主持完成了"信息技术与物理课堂教学的整合"等三个区级重点课题和一个国家级重点课题子课题研究，取得重要的研究成果，在国家级及市级核心期刊上发表论文多篇。指导多名青年教师在北京市、区教学大赛中获一等奖。

***芦德芹** 女，生于 1960 年，幼儿教师，2009 年被评为"北京市特级教师"。先后获"全国模范教师"、"北京市人民教师奖"、"北京市学科教学带头人"等荣誉称号。多年来，创编了众多适宜儿童、深受儿童喜欢、属于儿童真正的游戏，编写了二十五万字《游戏的魅力》一书，形成了"在教学中贯穿游戏，在游戏中学会生活，让幼儿成为游戏的主人"游戏教学特色。2007 年，北京市教委学前处、朝阳区教委共同举办了《芦德芹游戏教学特色研讨会》，并数十次应邀向全国、市、区骨干教师、业务园长做师德报告及教学经验介绍。

***苏国华** 女，生于 1954 年，小学德育教师，2009 年被评为"北京市特级教师"。热爱教育事业，师德高尚、业务精良。曾获得"全国中小学生思想道德建设活动先进个人"、"全国教育科研先进个人"、"首届全国小学百名优秀明星校长"等荣誉称号。努力集教育、教学、科研与管理经验于一身，实现科研兴师，科研兴教。先后主持多项国家级"十五"和"十一五"重点课题，其中主持的"小学开展国际理解教育实践的研究"获 2009 年"北京市第三届基础教育教学成果奖"一等奖，同获中国教育学会优秀课题奖。笔耕不辍，出版了个人教育专著《好雨无声》，有四十多篇文章发表，五十多篇论文获奖。主编了《芳草茵茵》《课程文化的研究与实践》等十余部著作，主持对外汉语教材《芳草汉语》等多部教材的编写工作。曾被评为"支援西部教育开发先进个人"。享受国务院政府特殊津贴。

***苏朝晖** 女，生于 1968 年，小学英语教师，2009 年被评为"北京市特级教师"。工作中的座右铭为"兢兢业业工作，踏踏实实做人"。在小学英语教研中有创新精神和较强的研究能力。作为一名教研员在教研中善于与人合作，构建和谐的教研、科研氛围；构建和谐的教师关系。参加义务教育课程标准教科书小学英语教学参考书的编写，任副主编。北京出版社教材中心培训专家，兼任朝阳区教育学会第七届学术委员会委员，市级兼职教研员。

*谷玉荣　女，生于 1959 年，中学历史教师，2009 年被评为"北京市特级教师"。长期以来根植乡土，甘于奉献。教学有特色，方式方法多，深受学生爱戴。出版个人编著《无言的历史　有情的教学》等三部。曾两次荣获北京市历史教学评优课一等奖，并分别在当年的北京市历史教学年会上展示，为北京市的历史教学作出了突出贡献。曾经获得"北京市学科教学带头人"、"昌平区优秀教师"和"昌平区名师"的称号。现为北京市昌平区政协委员及人民监督员。

*陈文明　男，生于 1951 年，中学音乐教师，2009 年被评为"北京市特级教师"。师德高尚，受到历届学生的欢迎与爱戴。论文、教学成果获国家级、市级一等奖，公开课在全市及全国产生广泛的影响，兼任教育部师范教育司"普通高中课程改革远程培训项目"音乐学科的培训专家。出版了《中学校园音乐欣赏 108 首》和《愿做音乐教育的守望者》两本专著。先后获得"全国优秀教师"、"北京市优秀教师"、"北京市先进工作者"等称号。

*陈长泉　男，生于 1964 年，小学语文教师，2009 年被评为"北京市特级教师"。师德高尚，业务精通，潜心研究，锐意改革。著有《小语阅读教学设疑质疑解疑》《作文，从这里起步》等。《佐以信息技术　提高学生习作水平》等多篇论文获各级一等奖。曾任全国小学青年教师语文研究会副秘书长，北京市小语研究会理事。曾获"全国模范教师"、"北京市优秀教师"称号。为北京市密云县政协委员。

*陈延军　男，生于 1964 年，小学语文教师，2009 年被评为"北京市特级教师"。具有良好的职业道德修养和奉献精神。参与人民教育出版社《小学生礼仪教材》等国家级教材的编写，出版学术专著《培养学生的读写表现力》和《小学语文教学的理论和实践》。担任中国青少年写作学会副秘

书长、北京市创造教育研究会常务理事等职务，曾获"全国基础教育科研先进个人"、"北京市优秀教师"、"北京市学科教学带头人"、"北京市中青年骨干教师"等称号。

*周业虹　女，生于1968年，中学化学教师，2009年被评为"北京市特级教师"。热爱教育事业，具有良好的职业道德和奉献精神。作为北京市普通高中课程改革实验工作专家指导组成员、人民教育出版社教材培训专家，培训指导课程改革实验区的化学教学工作。主持过多项科研课题的研究。长期承担北京市高中化学会考试题评价工作、北京市高中教师资格认定委员会学科评委工作，主编及参编多部著作，悉心指导青年教师成长。曾两次获"全国优秀教研员"、"北京市优秀教师"称号。

*周　静　女，生于1959年，中学生物教师，2009年被评为"北京市特级教师"。始终将教师培训工作作为事业不断追求，勤奋工作，致力于在教育理念与朝阳区生物教师的教学实践之间架起连接"知—行"桥梁。曾获"北京市优秀教师"、"朝阳劳动奖章"、"朝阳教育劳动奖章"荣誉称号。多年坚持研究中学教师教学技能，将研究成果开发成继续教育课程，形成了新课程背景下教师教学技能的特色培训内容。有多项研究成果获奖和发表，指导的多名生物骨干教师，已有成长为市区骨干教师。连续两次被评为"北京市学科教学带头人"。

*孟爱华　女，生于1957年，中学语文教师，2009年被评为"北京市特级教师"。为人师表，师德高尚，热爱教育事业，热爱学生，视工作为快乐，视学生为朋友。深受学生及家长的敬爱与欢迎。曾获"北京市骨干教师"、"北京市优秀教师"、"首都五一劳动奖章"、"门头沟区骨干教师"等荣誉称号。当选为门头沟区第七届、第八届政协委员，门头沟区名师，青年教师指导教师，继续教育授课教师。《孟老师的博客》对话学生、对话家长、对话同行，得到普遍关注。论文多次获奖，诗文多次刊登，并创立"邓林文学社"、"山谷风诗社"等文学社团及"读书会"等校园文化活动。

*季　茹　女，生于1967年，中学物理教师，2009年被评为"北京市特级教师"。热爱教育事业，爱岗敬业、刻苦钻研，在教育教学、教科研领

域业绩突出。曾荣获"北京市优秀教师"、"北京市学科教学带头人"、"北京市骨干教师"及东城区政府授予的"人民教师"等称号。撰写的多篇论文获国家、市区级奖项，辅导学生竞赛取得佳绩，多次获得国家、市区级"优秀辅导教师奖"。作为副主编编写人民教育出版社教材。

*怡久文　女，生于 1963 年，小学语文教师，2009 年被评为"北京市特级教师"。对事业始终有高度的责任感和使命感，甘于奉献，潜心钻研，编著了《快乐语文到永久》一书。担任北京市小学语文教育学会理事，北京市小学专业委员会理事。坚持用哲学思想指导教育教学实践，提出了"育友善文化，建幸福校园"的办学目标。曾先后获得"全国小语学会先进工作者"、"北京市优秀教师"、"北京市三八红旗手"、"首都奥运教育先进工作者"等称号。

*欧阳尚昭　男，生于 1964 年，中学数学教师，2009 年被评为"北京市特级教师"。师德高尚，深得学生、家长及社会的好评。已发表教育教学论文五十余篇，主编三本数学著作，参编五本数学著作。多篇论文获各级一等奖。曾获北京市中小学"紫禁杯"优秀班主任特等奖和"北京市优秀教师"、"荆州市优秀教师"、"北京市骨干教师"、"顺义区学科教学带头人"、"顺义区优秀辅导员"等称号。曾兼任"中国教师研修网专家资源库"成员。

*罗　滨　女，生于 1969 年，中学化学教师，2009 年被评为"北京市特级教师"。师德高尚，教育理念新，深受学生喜爱。关注学生的学习需求，研究化学教学模式。教学理念是："让化学引领学生走进科学的殿堂，去观察、思考，去发现、解决。"兼任北京师范大学和首都师范大学教育硕士导师。主持多项国家和北京市级课题，参加教材编写，编著《高中化学新课程情境教学》，参加编写著作、发表或获奖论文五十余篇。曾被评为"全国优秀教师"、"北京市优秀教师"。

*范香玲　女，生于 1958 年，小学数学教师，2009 年被评为"北京市特级教师"。甘为事业无私奉献；总结出"动中悟、研中行、思中省、梳中拾"培养教师方法，多次指导老师在全国及北京市大赛中获得一等奖；多篇

论文获国家级、市级一、二等奖；在北京市新课程改革实验中作出突出贡献。自 1997 年至今连续被评为"北京市骨干教师"、"北京市学科教学带头人"、"北京市课程改革先进个人"、中国科学院"现代小学数学实验"先进个人、"石景山区优秀人才"。

*范锦荣 女，生于 1956 年，中学语文教师，2009 年被评为"北京市特级教师"。热爱教育事业，具有崇高的道德修养和献身精神，追求高尚、完美。关注社会生活、关注文学事业对青少年的影响，形成"文学教育"上独立的教学风格并取得引人瞩目的实践成果。参与北京市新课程课题研究、教参编写等工作获优异成绩，论文获全国优秀教育教学艺术一等奖及市区各等奖项。曾获"全国模范教师"、"全国教育系统巾帼建功标兵"、"北京市优秀教师"等荣誉称号。

*郑燕莉 女，生于 1958 年，中学音乐教师，2009 年被评为"北京市特级教师"。在学校艺术教育教学中辛勤工作，爱岗敬业，有良好的师德。在教学中以创作活动的形式引导学生积极探索，培养其对音乐的理解与表现的能力。多次在全国论文及教学比赛中获奖。参与了教育部、人民音乐出版社和中国教育台联合制作的"国家课程标准教师培训讲座"的录制。曾先后被评为"北京市优秀教师"、"北京市支教先进个人"、"海淀区国家基础教育课程改革实验先进个人"。

*俞伟顺 男，生于 1955 年，中学体育教师，2009 年被评为"北京市特级教师"。他一直工作在教学一线，热爱教育事业，具有良好的职业道德和奉献精神。先后被评为"北京市学科教学带头人"、"北京市骨干教师"、"西城区学科带头人"，西城区兼职教研员。长期承担全区体育教师专业技能示范指导培训工作，指导了一大批青年教师获得市区评优课奖。曾获"全国优秀教师"、"北京市劳动模范"、"北京市优秀教师"等称号。

*柳 茹 女，生于 1964 年，幼儿教师，2009 年被评为"北京市特级教师"。热爱幼教事业，具有高尚的师德风范和执著的敬业精神，作为北京市名师工作室和西城区柳茹园长工作室主持人，先后主持和承担了多项国家、市级重点课题，多项研究成果在全国推广，并参与了多项教材的编写，

培养了一大批优秀教师和管理骨干。曾获"全国优秀教师"、"全国先进教育工作者"等称号，并担任西城区教育学会副会长。

*段明艳　女，生于1970年，中学历史教师，2009年被评为"北京市特级教师"。爱岗、敬业、乐群、谦逊，业务精湛，师德高尚，受师生及家长好评。在《光明日报》《北京日报》《中学历史教学问题》《炎黄春秋》《北京教研》等报纸和杂志上发表文章多篇；参与多项市级课题研究；编撰了中英文双语校本教材《西方历史人物与文化》。曾先后被评为"北京市骨干教师"、"北京市学科教学带头人"，2009年获"北京市基础教育教学成果奖"二等奖。

*赵淑瑞　女，生于1961年，中学英语教师，2009年被评为"北京市特级教师"。师德高尚，积极进取。多次承担北京市高中英语教师新课程培训授课任务；主持的课题获北京市政府奖励；所写十多篇论文和教学设计获国家及市级一、二等奖；出版了《农村地区高中生英语阅读障碍及应对策略的研究与实践》等专著；指导的青年教师有数名获得国家及市级一、二等奖。曾获"北京市中青年骨干教师"、"北京市学科教学带头人"、"北京市科技创新标兵"、"房山区人民满意的教师标兵"等称号。

*郝素梅　女，生于1961年，小学品德教师，2009年被评为"北京市特级教师"。师德高尚，深受学生及家长敬爱。担任北京市小学电化教育专业委员会副主任，北京市中学高级教师技术职务评审会委员；参加北京市中小学教科书《心理素质》编写工作，主编《小学教育智慧典鉴》《研究者的足迹》。扎根农村教育，先后被评为"全国教育科研杰出校长"、"全国优秀校长"、"全国心理健康教育十佳校长"、"北京市百杰校长"，获"国家科研基金进步奖"。

*唐仁君　男，生于1956年，小学德育教师，2009年被评为"北京市特级教师"。35年来把教课视为生命，工作永不倦怠。在教育实践中形成了自己的教育风格以及朴实、扎实、实用的课堂教学方法。挖掘深层次的当地德育资源方法，跨越式的德育信息化渠道，追求优质的信息化德育。发表论文上百篇，主编、编写教育专著十部。先后被教育部评为德育信息化先进工作者、全国科研型杰出校长，被北京市教委评为北京市网络德育网站设计一

等奖。

***唐 挈** 男，生于 1970 年，中学物理教师，2009 年被评为"北京市特级教师"。热爱教育事业，爱岗敬业。参与新课程教材、教师及学生用书的编写，主持过多项市级科研课题的研究，在国家级刊物上发表论文二十余篇，出版专著一册。辅导学生多人在全国获奖，指导多名青年教师在全国、北京市教学比赛中获一等奖。先后被评为"北京市青年岗位能手"、"北京市骨干教师"、"北京市学科教学带头人"。担任北京市物理学会理事、北京市中学竞赛委员会常务理事、北京师范大学物理系兼职导师。

***徐 军** 女，生于 1963 年，中学综合实践课教师。2009 年被评为"北京市特级教师"。热爱教育事业，热爱、尊重学生，师德高尚。市级兼职教研员，参与培训高中课程教师和课程管理者；连年承担市、区级研究课；参编综合实践活动地方教材；负责或参加了多项科研课题的研究；辅导学生小组获得头脑奥林匹克世界冠军。曾获"北京市优秀教师"、"北京市学科教学带头人"、"北京市绿色园丁奖"称号。

***耿 苋** 女，生于 1956 年，中学音乐教师，2009 年被评为"北京市特级教师"。热爱教育事业，关爱学生，尊重同行，做人正直，乐于奉献，师德高尚。潜心音乐教学的研究与实践，教学水平高；关心青年教师成长与发展，甘为人梯；全身心地投入学校管理与建设，工作能力强，热心社会公益事业，社会责任感强；认真进行音乐教学的研究，撰写编著音乐教学的论文及书刊。多次被评为"北京市骨干教师"、"朝阳区骨干教师"；2006 年当选为北京市朝阳区第十四届人大代表。

***袁京生** 男，生于 1956 年，中学数学教师，2009 年被评为"北京市特级教师"。具有良好的职业道德和奉献精神。参与北师大版新课标实验教材选修 2 至 3 册、选修 1 至 2 册教师用书以及《高中新课程怎样教——数学》等多部书籍的编写工作。多次担任北京市新课标数学教材培训主讲教师，参与北京市新课标教材考试说明的研制与编写工作。参与北京市重点课题实验研究，是北京市课题核心组成员，朝阳区子课题组组长，担任北京数学会数学教学研究会理事。曾被评为"北京市学科教学带头人"，"北京市朝阳区学术技术带头人"。

*贾长宽 男，生于1956年，中学历史教师，2009年被评为"北京市特级教师"。热爱教育事业，刻苦钻研教育理论，爱岗敬业，勤勉创新。撰写的《普通高中学生人格评价研究实践》一文，获国家级重点课题学术研讨会一等奖；《培养创新精神与实践能力的尝试》获中国教育学会历史教学专业委员会论文评比一等奖；编写《多元一体的中华民族》等书籍。曾获北京市中小学"紫禁杯"优秀班主任一等奖，曾被评为"全国模范教师"、"北京市优秀教师"。现任首都师范大学教育硕士研究生特聘导师。

*贾海荣 女，生于1965年，中学数学教师，2009年被评为"北京市特级教师"。热爱教育事业，爱岗敬业，勇挑重担，无私奉献。自2000年起承担本校乃至全区的数学教研工作，对青年教师传帮带，具体引领同学科教师；多篇教学论文获平谷区级以上奖励；多次承担市、区级公开课、观摩课，获得好评；负责区级重点课题的研究。先后被评为"北京市骨干教师"、"北京市学科教学带头人"、平谷区"课堂教学标兵"、平谷区"巾帼建功标兵"。

*郭凤昌 男，生于1962年，中学美术教师，2009年被评为"北京市特级教师"。热爱教育事业，具有良好的职业道德和奉献精神。坚持终身学习，不断追求艺术教育的最高境界，受到学生和家长的欢迎。多次参加国家级展览并获奖，出版画册、个人专辑等四十余部集、册。现为中国美术家协会会员，中国工笔画学会会员，中国画院特聘画家。曾被评为"全国优秀教师"、"北京市优秀教师"、"北京市学科教学带头人"。

*郭立军 女，生于1966年，小学数学教师，2009年被评为"北京市特级教师"。践行以爱为源、以学自新、以研为径，并在研究过程中与教师共享着幸福快乐的教育人生。参加了北京市义务教育课程改革实验教材小学数学、义务教育课程标准实验教材及《北京市2007年小学毕业考试说明》等的撰稿。曾荣获"北京市学科教学带头人"、"教材建设特别贡献奖"、教育部北师大基础教育课程中心"优秀教研员"和"海淀区国家基础教育课程改革先进个人"称号。

*郭志富　男，生于 1952 年，中学语文教师，2009 年被评为"北京市特级教师"。热爱教育事业，具有良好的职业道德和奉献精神。长期从事中小学语文教师培训工作；语文教学理论功底深厚，教学基本功扎实。尤其对语文阅读教学有深入的研究，其"文本自然解读"的理论与实践自成体系，在传统阅读理论基础上有所创新，在北京市中小学语文教师中有较广泛的影响。曾先后被评为"北京市优秀教师"、"北京市师德先进个人"、"北京市经济技术创新标兵"。

*郭树林　男，生于 1956 年，中学数学教师，2009 年被评为"北京市特级教师"。注重为人师表，处处以身作则。编著了《学案式教学的理论与实践探究》一书，参与了《新课程下教师的学科教学能力指导》《教材知识详解》等书的编写；在报纸杂志发表专业论文多篇；所总结的"学案导学"教学法，在本区普遍推广，多次为外省市教师做专题讲座。曾获"北京市骨干教师"、"大兴区十佳教师"、"大兴区科学技术活动突出贡献奖"称号。

*郭　洁　女，生于 1958 年，中学数学教师，2009 年被评为"北京市特级教师"。热爱教育事业，具有良好的职业道德和奉献精神。作为北京市高中课程改革实验工作专家指导组成员、教材培训专家，多次承担全市高中数学教师培训任务，并被评为新课标优秀实验教研员。主持过多项科研课题的研究，所写论文中多篇获得国家级和市级奖项。所指导的青年教师中多人获得全国一等奖、北京市一等奖。曾被评为"北京市骨干教师"、"北京市学科教学带头人"。

*陶秀梅　女，生于 1963 年，中学化学教师，2009 年被评为"北京市特级教师"。师德高尚，善良乐观，创设了轻松愉快的高中化学课堂，教学风格独特，教学成绩显著，深受学生及家长爱戴。录制了北京市百位名师风采课，参加中职教材、教参《化学》的编写，发表论文数十篇，主持、参加多项重点课题，在中学教育教学一线起到模范、示范作用。曾获得"北京市优秀教师"、北京市中小学"紫禁杯"优秀班主任、"北京市优秀科技辅导员"等荣誉称号。

*高付元　男，生于 1965 年，中学生物教师，2009 年被评为"北京市

特级教师"。具有良好的职业道德和奉献精神，为北京植物园教学植物标本及植物园建设作出较大贡献。所指导的学生在各类论文竞赛中获北京市级金牌三十四枚，国家级金牌三枚，美国英特尔科学与工程国际大奖赛银牌一枚。担任过中国和北京青少年科技教育专家辅导团成员，北京市首届中小学生科学建议奖评委，四届市创新大赛科技实践活动评委。曾获"全国优秀科技辅导员"、"北京市科普之窗贡献奖"、"北京市科技创新大赛优秀科技教师"以及"北京市优秀教师"等荣誉称号。

＊**常　明**　男，生于 1956 年，中学音乐教师，2009 年被评为"北京市特级教师"。热爱教育事业，致力于在校外教育这块特殊的教育阵地上为祖国培育出更多有用人才。创新了少儿声乐教学法——"儿童变声期教学法"和"少儿声乐形象化教学法"，解决了我国童声教学的难题，在国内外皆属首创。十多次获荣誉称号，先后担任中国音乐家协会会员、中国音协音乐考级委员会考试委员、全国社会艺术水平考试中心考级考官、北京音乐家协会理事。

＊**曹卫东**　女，生于 1968 年，中学历史教师，2009 年被评为"北京市特级教师"。具有良好的职业道德和奉献精神。参与北京市朝阳区地方教材《朝阳》、人教版高中历史必修教材教师教学用书、《基础教育新课程教师教育系列教材》等编写工作；担任北京市历史教学研究会理事；曾获"北京市骨干教师"、北京市中小学"紫禁杯"优秀班主任一等奖、"朝阳区教育系统师德标兵"、"朝阳区学科带头人"等荣誉称号。

＊**曹春浩**　男，生于 1964 年，小学科学教师。2009 年被评为"北京市特级教师"。在首届北京市专任教师基本技能竞赛中，经过教案编写、教学理论、实验操作等方面比赛，最后进入决赛取得小学自然（科学）全能第三名的成绩。辅导的学生曾获得全国自然智力竞赛一等奖。曾获"全国优秀教师"、"北京市先进工作者"、"北京市学科教学带头人"以及"通州区名教师"称号。

＊**黄庆庆**　女，生于 1969 年，中学英语教师，2009 年被评为"北京市特级教师"。师德高尚，深受学生及家长敬爱。北京市初中英语教学综合启

发任务式教学的代表人物之一，先后撰写数十篇教育教学论文并参与编写多部英语教学论著；担任过北京市英语学科竞赛区指导教师、英语学科竞赛评委、英语教师资格审定评委、英语学科导师等职务，曾获"全国优秀教师"、"北京市优秀青年教师"、"北京市优秀教师"、"北京市学科教学带头人"等称号。

*黄利华　女，生于1971年，小学数学教师，2009年被评为"北京市特级教师"。甘于奉献，作为教材培训专家，深入研究学生、刻苦钻研教材、教法。课堂教学多次在市、区，乃至全国竞赛中获一等奖。参与了多项国家级课题研究，并指导青年教师成长，荣获首届全国课堂教学大赛总决赛指导教师奖。曾获"北京市优秀青年教师"、"西城区优秀园丁"以及"北京市青年骨干教师"。被评为"西城区学科教学带头人"。

*曾军良　男，生于1963年，中学物理教师，2009年被评为"北京市特级教师"。师德高尚，深受学生、家长敬爱。北京市物理学会理事，北京市物理竞赛委员会常务委员。曾培养了一批在国际、国家、省级获奖的学生。创建了"高中物理'四部疑'教学法"。发表或获奖的国家、省级论文七十余篇，主编或参与编写的著作五部。2007年在中国第四届教育家大会上被评为"2007年中国教育管理杰出人物"，2009年被评为"北京市优秀教师"。

*曾　路　女，1957年生，中学物理教师，2009年被评为"北京市特级教师"。坚持和北京师范大学物理系教授及研究生合作课题研究，论文多篇获奖。在教学中，以丰富的吸引人的实验、多样化的教学手段、幽默风趣的语言提高了学生的学习成绩。辅导几十名学生获得北京市和全国物理知识竞赛奖。被评为"全国优秀教师"、"北京市优秀教师"、"北京市骨干教师"、"北京市学科教学带头人"。

*董俊娟　女，生于1968年，中学地理教师，2009年被评为"北京市特级教师"。热爱教育事业，注重师德修养，在教育教学和教科研管理方面勇挑重担，业绩突出。撰写的多篇论文获国家级、市区级奖项。曾荣获"全国优秀教师"、"全国优秀中学地理教育工作者"、"全国JIP课题先进个人"、"北京市优秀教师"、"北京市学科教学带头人"等称号。现任《北京教育研

究》兼职编辑。

*甄　珍　女，生于 1966 年，小学德育教师，2009 年被评为"北京市特级教师"。热爱教育事业，具有高尚的职业道德。曾多次在教学技能大赛和班主任技能大赛中获奖，主持了多项科研课题的研究，参与编写了《北京市中小学班主任工作指导手册》，撰写出版了《真知真爱育真人》和《优秀小学班主任一定要知道的八件事》两部专著，并多次承担了全国、省市级的班主任培训任务，发挥了很好的引领示范作用。先后被评为"全国模范教师"、"全国中小学优秀班主任"、全国教育系统"巾帼建功标兵"，获"首都五一劳动奖章"及"北京市德育先进工作者"称号，荣获北京市中小学"紫禁杯"优秀班主任特等奖。兼任北京市教育评估院专家组成员。

*管　旭　女，生于 1959 年，中学生物教师。2009 年被评为"北京市特级教师"。热爱教育事业，具有良好的职业道德和奉献精神。多次参加《北京市高等学校招生统一考试说明》的编写，参加新课程版高中生物教材的编写，连续多年担任校内外多名青年教师的业务指导教师。曾被评为"北京市骨干教师"和"北京市学科教学带头人"。担任过北京市"高考试题资源库建设"项目专家组成员。

*蔡清月　女，生于 1963 年，中学英语教师，2009 年被评为"北京市特级教师"。具有良好的职业道德和奉献精神。参与编写了《高三英语总复习》等书籍，论文"英语自主学习、合作学习和研究性学习模式"和"新课程理念下的高中语法教学"分别发表，多篇论文、教学设计和录像课分别获得全国及市区一、二、三等奖；曾担任北京市课程改革培训教师，被聘请为海淀区名师工作站导师，被评为"北京市学科教学带头人"和"北京市骨干教师"，获得"海淀区优秀教师"称号等。

*樊建先　男，生于 1964 年，中学数学教师，2009 年被评为"北京市特级教师"。热爱教育事业，爱岗敬业。教学中不断探究如何揭示数学问题的本质，潜心研究调动学生学习激情的教法及教学艺术。先后在大学学报等刊物上发表论文数十篇，培养学生思维方法的教学模式的研究获得成功，主持的北京市教育学会"十一五"立项课题"以问题为导向的中学数学课堂

教学模式的探究与实践"圆满结题,形成了在理论和实践上具有较高价值的教学模式。曾被评为"北京市学科教学带头人"。

＊滕亚杰　女,生于 1969 年,小学数学教师,2009 年被评为"北京市特级教师"。热爱教育事业,对每个孩子倾注自己全部的爱;对每一节课倾注自己全部精力与智慧。主持过多项科研课题的研究,所做的研究课、撰写的论文在全国及北京市多次获奖。多篇文章在全国的杂志上发表。编写的书籍及光盘影像资料在全国出版。在日本做过一年教师,为教育交流作出了贡献。曾获"全国优秀教师"、"首都五一劳动奖章"、"北京市学科教学带头人"等荣誉称号。

＊黎松龄　女,生于 1960 年,中学语文教师,2009 年被评为"北京市特级教师"。热爱教育事业,具有良好的职业道德和奉献精神。主持或参与过多项科研课题的研究,多年来一直担任区教研、命题、职评等多项工作。担任过西城区中学语文教学专业委员会副会长,西城区党外知识分子联谊会常务理事。曾获"西城区优秀园丁"、"北京市语言文字先进工作者"、"北京市骨干教师"、"北京市学科教学带头人"等称号。

（二）北京市认定的特级教师简介

1. 1992 年认定的北京市特级教师简介

＊毛彬湖　男,生于 1943 年,中学数学老师,1990 年被评为"湖北省特级教师",1992 年被北京市教委认定为"北京市特级教师"。1996 年被评为"朝阳名师",1997 年被评为"朝阳区学科教学带头人",2002 年被聘为首都师范大学硕士生导师。热爱教育事业,多次被评为"湖北省模范班主任"、"湖北省优秀教师"。"不让一个学生掉队"的教育理念和"启发学生尝试成功,引导学生经历成功,帮助学生获得成功"的成功教学法,指引一批批学子走上成功、成才之路。主编、参编了多种教辅资料,录制了由教育部电教录像出版社出版的《特级教师精讲》光盘三百余集。

*谈文玉　女，生于 1950 年，小学语文教师，1988 年被评为"山西省特级教师"，1992 年被北京市教委认定为"北京市特级教师"。具有较高的政治思想觉悟，热爱教育事业，具有良好的职业道德和奉献精神，所任各项工作都能取得突出成绩。曾被评为"全国优秀班主任"、"全国优秀教师"。北师大版小学语文教材的编写组核心成员。作为海淀区名师工作站的小学语文导师组组长，一直坚持为区里指导培养骨干教师，成绩显著。主持了多项科研课题的研究，不断钻研教育教学的规律，努力提高教育教学质量。

*谭玉芬　女，生于 1943 年，小学语文教师，1992 年被评为"湖南省特级教师"，1992 年被北京市教委认定为"北京市特级教师"。长期从事教育工作成绩显著，特别在中关村一小任职期间，创建了一校三址的办学规模，学校曾获区级以上教育成果四十多项。为表彰她的突出贡献，2003 年 2 月海淀教委专门召开"谭玉芬校长办学思想研讨会"，会间，原教育部部长陈至立及北京市委、市教委领导同志发来贺电题词，以资鼓励。享受国务院政府特殊津贴。

2. 1997 年认定的北京市特级教师简介

*史剑英　男，生于 1946 年，中学物理教师，1994 年被评为"辽宁省特级教师"，1997 年被北京市教委认定为"北京市特级教师"。热爱教育事业，具有良好的职业道德和奉献精神。1993 年被评为"全国教育系统劳动模范"，同时被授予"人民教师"奖章。对物理学科具有系统的、坚实的理论基础，是北京市教师高级职称评审委员会评委，西城区第四届学科带头人；主持过多项科研课题的研究并长期承担物理教师培训任务，指导青年教师成长，所带学生获得全国物理竞赛奖项。2002 年获得"西城区拔尖人才"称号。

3. 2000 年认定的北京市特级教师简介

*卢　明　女，生于 1955 年，中学化学教师，1996 年被评为"湖北省特级教师"，2000 年被北京市教委认定为"北京市特级教师"。一心扑在教

育事业上，具有良好的道德和高尚的奉献精神。在培养高素质人才方面成绩突出，化学奥赛培训成绩显著。撰写教学教育论文、丛书、著作三百多万字均已出版。曾获"人民教师"奖章，"全国教育系统劳动模范"称号、"全国青少年优秀科技辅导员"、"有突出贡献的中青年专家（部级）"等光荣称号。

*刘文武　男，生于1949年，中学数学教师，1995年被评为"河南省特级教师"，2000年被北京市教委认定为"北京市特级教师"。曾担任河南省数学会理事，中国数学会会员，获"全国优秀教师"、"鹤壁市五一劳动奖章"。主编的中学数学实验教材由科学出版社出版，并在多家电视台及网站进行高中数学教学与高考指导，受邀到北师大和部分省市地区进行教师培训和高考指导，论文在多家报刊上发表。

*郑晓龙　男，生于1956年，中学语文教师，1998年被评为"山东省特级教师"，2000年被北京市教委认定为"北京市特级教师"。先后被聘为首都师范大学教育硕士指导教师、人民教育出版社课标教材专家指导组成员、教材培训专家，参编的语文教材在全国正式试验。主持过多项科研课题的研究，撰写发表教学论文百篇。长期承担全市语文教师培训任务，指导青年教师成长。获"全国优秀教师"、"山东省科技拔尖人才"称号。

*高勤江　男，生于1947年，中学物理教师，1997年被评为"河北省特级教师"，2000年被北京市教委认定为"北京市特级教师"。教育教学成绩突出，曾获"全国优秀教师"、"北京市优秀班主任"、北京市中小学"紫禁杯"优秀班主任一等奖、"河北省园丁奖"、"河北省优秀共产党员"、"石家庄市劳动模范"、"石家庄市专业技术拔尖人才"荣誉称号。曾任石家庄市专家咨询服务团专家，海淀区教育系统优秀教师、海淀区教育系统师德楷模；并于2001年被聘为首都师范大学研究生导师，北京市高级教师物理学科评委会委员。

4. 2002年认定的北京市特级教师简介

*沈献章　男，生于1955年，中学语文教师，1997年被评为"湖北省

特级教师"，2002 年被北京市教委认定为"北京市特级教师"。师德高尚，业务精湛，成绩显著。先后被聘为全国高考语文评价专家组成员，全国中学语文学业评价专家组成员，教育部考试中心《中国考试》编委，海淀区高中教学工作专家组成员、名师工作站导师。主持过多项科研课题的研究，指导了一批青年教师成长。先后被评为"全国教育科研杰出校长"、"海淀区优秀教师"、"海淀区优秀教学管理干部"、"中国人民大学先进工作者"。

＊金仲鸣　男，生于 1948 年，中学化学教师，1997 年被评为"河北省特级教师"，2002 年被北京市教委认定为"北京市特级教师"。注重学生的思想品德教育，强调先做人，后做学问；注重调动学生的积极性，在交流中互相促进，倡导从实验中学化学。所教学生高考成绩一直名列前茅，有多人曾获全国化学奥赛一等奖。"全国五一劳动奖章"获得者、"全国优秀教师"、第九届全国人大代表、全国化学教育委员会委员，享受国务院政府特殊津贴。

＊周鸿祥　男，生于 1951 年，中学语文教师，1999 年被评为"河北省特级教师"，2002 年被北京市教委认定为"北京市特级教师"。热爱教育事业，具有良好的职业道德和奉献精神。在几十年的语文教学实践中积累了丰富的教学经验，形成了独特的风格。其教学录像光盘在全国发行，曾参与高中、初中新课标语文教材的编写，撰写论文、参与编写论著数十万字，为全国多个省市作课程改革培训讲座。曾获"全国教育系统劳动模范"等称号。

＊赵谦翔　男，生于 1948 年，中学语文教师，1993 年被评为"吉林省特级教师"，2002 年被北京市教委认定为"北京市特级教师"。曾荣获"全国十杰中小学中青年教师"称号；首都师范大学特级教师工作中心兼职硕士研究生指导教师，东北师范大学中文系兼职教授。1998 年成功实施"九五"国家重点课题"语文教育与人的发展"实验，荣获"吉林省基础教育教学成果奖"特等奖，其中《赵谦翔与绿色语文》荣获海淀区教育科研一等奖、"北京市第五届教育科学研究基础教育专项奖"。享受国务院政府特殊津贴。

＊郭玉珊　男，生于 1957 年，中学数学教师，1997 年被评为"吉林省特级教师"，2002 年被北京市教委认定为"北京市特级教师"。热爱教育事

业，具有良好的职业道德和奉献精神。一直担任清华大学附属中学数学教研组组长工作，主持了多项科研课题的研究。兼任海淀区教师进修学校兼职教研员，承担数学教师培训任务，指导青年教师成长。

*程　翔　男，生于 1963 年，中学语文教师，1994 年被评为"山东省特级教师"，2002 年被北京市教委认定为"北京市特级教师"。热爱教育事业，具有良好的职业道德和奉献精神。先后被聘为人民教育出版社初、高中新课程教材编写委员，主编选修教材，并通过初审。主持过科研课题研究工作，承担着北京市及国家教师培训任务，指导青年教师成长。曾获"全国优秀教师"称号，担任中国教育学会语文教学专业委员会常务理事。

*翟小宁　男，生于 1963 年，中学语文教师，1998 年被评为"山东省特级教师"，2002 年被北京市教委认定为"北京市特级教师"。全国青年科技工作者协会会员，人民教育出版社高中语文教科书编委。德艺双馨，师德高尚，业务精湛，成绩优异。曾获"全国语文课堂教学比赛"第一名、"全国优秀教师"、"全国教育科研杰出校长"、"北京市优秀教师"、"北京市优秀德育工作者"等称号。曾主持或参与多项国家及北京市课题的研究，多次在全国各省市举行示范课、在国内外教育论坛发表演讲。

5. 2003 年认定的北京市特级教师简介

*丁光成　男，生于 1961 年，中学物理教师，1997 年被评为"湖北省特级教师"，2003 年被北京市教委认定为"北京市特级教师"。师德高尚，热爱教育事业，奉献精神强；教学水平精湛，教学风趣幽默，深受学生爱戴。先后被聘为中国教育学会教育发展研究中心教材培训专家，并长期承担海淀区物理兼职教研员，北京市中小学地方教材审定《科学》学科专家组成员，参编的《义务教育课程标准实验教科书》（两册）教师教学用书在全国发行使用。曾获"全国物理竞赛优秀辅导教师"称号。

*乜全力　男，生于 1964 年，中学数学教师，1998 年被评为"山东省特级教师"，2003 年被北京市教委认定为"北京市特级教师"。从教 30 年形成独特的教学风格：设障立疑，设疑引趣，答疑激趣，教学成绩优异。指导

学生参加全国高中数学联赛有三十余人获得北京市一等奖。曾被评为"国家级骨干教师"。经常在中学数学核心期刊上发表具有较高指导价值的文章多篇，出版论著多部。曾参加北京市高中毕业会考命题和海淀区高三模拟考试命题。

***于会祥**　男，生于 1965 年，中学数学教师，1998 年被评为"山东省特级教师"，2003 年被北京市教委认定为"北京市特级教师"。热爱教育事业，具有良好的职业道德和奉献精神。曾获"全国模范教师"、"北京市课程改革先进个人"、"海淀区优秀教育工作者"、"海淀区教科研先进个人"。曾参加多项省部级课题研究，并主持北京市课题"激发学生学习潜能，提高学生学习素质"实验的研究，在省级以上杂志上发表过五十多篇学术论文，编著或主编十四本著作。

***于树泉**　男，生于 1954 年，中学语文教师，2001 年被评为"河北省特级教师"，2003 年被北京市教委认定为"北京市特级教师"。在中国人民大学附属中学教学期间，连续七年教高三，为文、理校平均分连年突破 120 分作出贡献；所教班级出高考状元四人，其语文高考分数均为当年全市最优单科成绩。曾任海淀区名师工作站指导教师，先后荣获"中国人民大学先进工作者"、"海淀区师德标兵"等称号。

***尹粉玉**　女，生于 1963 年，中学数学教师，1998 年被评为"黑龙江省特级教师"，2003 年被北京市教委认定为"北京市特级教师"。热爱教育事业，具有良好的职业道德和奉献精神。撰写的论文有十多篇发表于国家、省级刊物上。曾获"国家级骨干教师"、"北京市优秀教师"、北京市中小学"紫禁杯"优秀班主任、"黑龙江省优秀教师"、"哈尔滨市劳动模范"、"海淀区师德标兵"、"海淀区优秀教师"称号。

***王海玲**　女，生于 1957 年，中学地理教师，1999 年被评为"河北省特级教师"，2003 年被北京市教委认定为"北京市特级教师"。热爱教育事业，教学风格严谨，教学成绩优异，深受学生欢迎。先后被聘为北京市教学指导委员会兼职教研员，海淀区名师工作站导师。参编多部教育部高、初中新课程教材和教师用书，主持及参加了教育部、北京市高中课程改革研究课题，承担大量北京市、海淀区高中新课程教师培训工作。

*兰瑞平　男，生于1956年，中学语文教师，2000年被评为"四川省特级教师"，2003年被北京市教委认定为"北京市特级教师"。热爱教育事业，具有良好的师德和奉献精神。先后在《人民教育》《中国教育报》等报刊发表论文二百余篇。专著《怎样做人》一书获四川省泸州市人民政府社科成果一等奖；主编《"学堂·主人·训练"理论与实践》出版，获中国教育学会中学语文教学专业委员会教研成果一等奖、省政府教学成果二等奖；创构"'五阶'学习品质研究"课题，获海淀区教育创新成果奖；2009年出版专著《叶绿无声》一书。

*田忆林　女，生于1953年，中学英语教师，1997年被评为"湖北省特级教师"，2003年被北京市教委认定为"北京市特级教师"。热爱教育事业，敬业爱岗，为人师表。具有厚重的专业功底，丰富的教学经验，务实的工作态度，教学业绩突出，深受学生爱戴。指导多名学生获全国英语竞赛一等奖。曾任东城区名师工作室主持人，指导青年教师成为市级、区级骨干教师，并多次承担各区教师培训工作。善于学习、勤于研究，著书立说，发表论文，有较高的理论水平。曾获"全国中小学外语教师园丁奖"。

*田佩淮　男，生于1955年，中学地理教师，2001年被评为"安徽省特级教师"，2003年被北京市教委认定为"北京市特级教师"。热爱教育事业，具有良好的职业道德和奉献精神。担任十七届高三毕业班地理教学，高考成绩优异，多次在中央电视台科教频道做地理高考复习讲座；撰写多部书籍；主持了多项科研课题的研究；长期承担指导青年教师的任务，为海淀区名师工作站地理组组长。获首届"全国地理优秀教师"称号。

*任志瑜　男，生于1962年，中学数学教师，2000年被评为"四川省特级教师"，2003年被北京市教委认定为"北京市特级教师"。具有良好的职业品质和奉献精神。获海淀区首届"中学创新教学管理奖"，曾获"四川省优秀教师"称号。曾出席过第十届"世界数学教育大会"，担任国家新课标高中数学教材（北师大版）编委及编写者；主持了多项科研课题；担任中国教育技术协会中小学专业委员会副理事长。

＊**阮翠莲** 女，生于 1965 年，中学语文教师，1998 年被评为"山东省特级教师"，2003 年被北京市教委认定为"北京市特级教师"。热爱教育事业，具有良好的职业道德和奉献精神。先后在全国范围内执教观摩课、作学术报告三十余次；发表省级以上论文四十余篇，主编、参编书籍二十余本，参编人民教育出版社和作家出版社初中语文教材；长期指导青年教师成长。

＊**张小英** 女，生于 1962 年，中学数学教师，1999 年被评为"辽宁省特级教师"，2003 年被北京市教委认定为"北京市特级教师"。热爱教育事业，具有良好的职业道德和奉献精神。主编、参编书籍七本，参与编写审编的高中实验教材在全国试用，发表和获奖论文数十篇。承担课题获辽宁省"九五"教育教学改革实验优秀成果一等奖，国家、省、市级教学评比及观摩课等均获一等奖。所带班级获"北京市优秀班集体"称号。

＊**肖远骑** 男，生于 1956 年，中学语文教师，1996 年被评为"江苏省特级教师"，2003 年被北京市教委认定为"北京市特级教师"。曾任中国人民大学报刊复印资料中心《中学语文教与学》特约编委，《新高考》命题与研究中心特聘专家，国家中学语文骨干教师培训基地培训教师。在省级以上报刊发表论文二百余篇，有十八篇论文被人大报刊资料复印中心全文收录；撰写专著八部，总计二百五十余万字；先后主持了六个国家级科研课题的研究。

＊**孟卫东** 男，生于 1957 年，中学物理教师，2000 年被评为"新疆维吾尔自治区特级教师"，2003 年被北京市教委认定为"北京市特级教师"。物理教研组长，北京科技创新学院清华附中翱翔计划项目办公室主任。热爱教育事业，爱岗敬业，恪守职业道德和师德修养，业务上精益求精。指导青年教师成长，参加各级多项课题研究。承担中国物理学会教学委员会委员等数项学术兼职。海淀教委名师工作站导师，海淀教师进修学校兼职教研员。

＊**李晓光** 女，生于 1953 年，中学语文教师，1999 年被评为"黑龙江省特级教师"，2003 年被北京市教委认定为"北京市特级教师"。1994 年开始从事教育管理工作，曾被评为"全国优秀班主任"、"全国优秀教育工作者"。2001 年调入北京市顺义区杨镇一中工作。

＊**李翠萍** 女，生于 1960 年，中学化学教师，2001 年被评为"青海省特级教师"，2003 年被北京市教委认定为"北京市特级教师"。热爱教育事业，具有良好的职业道德和奉献精神。曾担任教研组组长，中学校长，参加了"新教材青海省试教"课题研究工作。被聘为"西宁市教师继续教育讲师团成员"。先后被青海省授予"青海省教学能手"、"青海省女技术能手"、"青海省杰出青年"、"西宁市十佳校长"等荣誉称号。

＊**陈海顺** 男，生于 1956 年，中学数学教师，1999 年被评为"河北省特级教师"，2003 年被北京市教委认定为"北京市特级教师"。热爱教育事业，长期担任高中数学教学工作和班主任，教育教学成绩显著。1993 年被评为"全国优秀教师"，2005 年被评为"海淀区德育先进个人"，2008 年被评为"海淀区优秀班主任"，所带的 2005 届高三（6）班和 2008 届高三（8）班均被北京市教委评为"北京市先进班集体"。

＊**周建国** 男，生于 1957 年，中学政治教师，2000 年被评为"四川省特级教师"，2003 年被北京市教委认定为"北京市特级教师"。热爱教育事业，职业道德优良。任教过约二十届高三政治课，历届学生高考成绩优秀。有二十多篇教研文章在省、国家级刊物发表。现为海淀区名师工作站导师，清华附中政治教研组组长。指导青年教师多次承担全国、市、区级研究课。曾获"北京市优秀教师"和"海淀区师德楷模"称号。

＊**周建华** 男，生于 1964 年，中学数学教师，2000 年被评为"江苏省特级教师"，2003 年被北京市教委认定为"北京市特级教师"。具有良好的职业道德和奉献精神；有先进的教育理念和较高的教学艺术，业绩突出。先后被聘为华东师大讲座教授，首都师范大学本科生论文导师，海淀区名师工作站导师、海淀区兼职教研员。主持多项课题研究，在国家、省级刊物发表论文近百篇，十余篇获国家、省市级论文一等奖。

＊**高灵芬** 女，生于 1955 年，中学化学教师，1999 年被评为"河北省特级教师"，2003 年被北京市教委认定为"北京市特级教师"。热爱教育事业，具有良好的职业道德和奉献精神。被评为"全国优秀教师"，曾获"河北省高中化学优秀课"一等奖，连续两届被评为"河北省石家庄市专业技术

拔尖人才"，所带班级被评为"北京市先进班集体"。调入北京后一直担任海淀化学学科兼职教研员和名师工作站导师。

*高德莲 女，生于1962年，中学数学教师，2001年被评为"黑龙江省特级教师"，2003年被北京市教委认定为"北京市特级教师"。热爱教育事业，具有良好的职业道德和奉献精神。1998年被授予"全国模范教师"称号，2001年荣获"苏步青数学教育奖"，2001年被评为"国家级骨干教师"，中国数学奥林匹克高级教练员。辅导的学生多次获得高考数学状元，参与编写了《新教材学习指要》《北京市会考纲要》等。

*高江涛 男，生于1963年，中学物理教师，2001年被评为"河北省特级教师"，2003年被北京市教委认定为"北京市特级教师"。自1982年起，长期从事高中物理教学和奥林匹克物理竞赛指导，深受学生的爱戴，教学效果良好，成绩优异。所指导的学生参加物理奥林匹克竞赛，曾获得全国、亚洲以及国际物理奥林匹克竞赛金牌。参加过人民教育出版社《新课程标准物理选修模块教师用书》的编写，被评为"国家级骨干教师"。

*秦洪明 男，生于1961年，中学数学教师，2000年被评为"江苏省特级教师"，2003年被北京市教委认定为"北京市特级教师"。热爱教育事业，具有良好的职业道德和奉献精神。担任中学数学教学工作26年，教学效果显著。有二十多篇论文在省、市级以上的刊物上发表。参加多项教育部、北京市和海淀区的教育教学课题的研究工作并取得成果。获中国科学技术发展基金会"茅以升家乡教育奖"和"江苏省镇江市有突出贡献的中青年专家"称号。

*谢泽运 男，生于1961年，中学化学教师，1997年被评为"湖北省特级教师"，2003年被北京市教委认定为"北京市特级教师"。师德高尚、奉献精神强。多次获省化学奥赛辅导教师一等奖。为清华大学、北京大学等名校培养了一千多名优秀的新生。主编或参加编写了几十本教学资料，有几十篇论文发表或交流，有多项课题结题或获奖，多年被聘为海淀区高三兼职教研员、海淀区名师工作站化学导师。曾获"全国优秀教师"、"湖北省优秀教师"称号。

  ＊**窦桂梅** 女，生于 1967 年，小学语文教师，1997 年被评为"吉林省特级教师"，2003 年被北京市教委认定为"北京市特级教师"。曾荣获"全国模范教师"、"全国教育系统劳动模范"、"全国师德标兵"等称号。从教 20 余年，从"三个超越"的理念形成，到"主题教学"的实验推进，再到"三个回归"的理论提升，在全国产生广泛影响。曾在《中国教育报》《人民教育》《课程·教材·教法》等报刊及中央电视台等新闻媒体作过系列专题介绍。著有《窦桂梅与主题教学》《听窦桂梅老师讲课》《优秀语文教师一定要知道的 7 件事》《做有专业尊严的教师》等著作。

  ＊**韩新生** 男，生于 1960 年，中学数学教师，1998 年被评为"山东省特级教师"，2003 年被北京市教委认定为"北京市特级教师"。曾获"山东省教学能手讲课比赛"一等奖第一名，获得"国家级骨干教师"、"北京市优秀教师"、"海淀区优秀教师"、"临沂市专业技术拔尖人才"、"临沂市优秀科技人才"等称号，荣获 2009 北京市中小学"紫禁杯"优秀班主任一等奖。主编教学用书二十余部，发表教育教学论文七十余篇，教育教学论文二十余篇获国家或省市一、二等奖。

  ＊**谭　静** 女，生于 1966 年，中学数学教师，2001 年被评为"黑龙江省特级教师"，2003 年被北京市教委认定为"北京市特级教师"。热爱教育事业，勤于学习与研究，具有良好的职业道德和专业素养。现为教育部委托项目"小学生数学学习能力评价研究"顾问，"全国小学数学优秀课例"评审专家，北京师范大学高级访问学者。多次承担杭州、青岛、深圳等地的教师培训工作。曾获得"2000 年教育部专家型校长"、"黑龙江省教育系统先进工作者"、"海淀区优秀教育工作者"、"海淀区优秀共产党员"称号。

6. 2004 年认定的北京市特级教师简介

  ＊**王春易** 女，生于 1966 年，中学生物教师，1999 年被评为"天津市特级教师"，2004 年被北京市教委认定为"北京市特级教师"。热爱教育事业，具有良好的职业道德和奉献精神。先后被聘为北京市特级教师评审专家成员，北京市兼职教研员，海淀区名师工作站导师，多次承担全市及全区生

物教师的教材教法辅导。曾获"全国模范教师"、"海淀区优秀教师"、"海淀区科技园丁"等称号。

* **王贵军** 男，生于 1962 年，中学数学教师，1998 年被评为"黑龙江省特级教师"，2004 年被北京市教委认定为"北京市特级教师"。1993 年被评为"全国优秀教师"，在市区教研和课程改革工作中作出了突出的贡献。多次承担市区的课题研究和教师的教材教法培训工作；参加 2006 年、2008 年、2009 年高考北京卷数学命题工作。多年来培养了二十多名青年骨干教师，发表了二十多篇国家级、市级文章。参与北京市《2010 年高考北京卷考试说明》《高中数学补充教材》《2006、2008、2009 年高考北京卷数学试题分析》等多本数学参考书的编写。

* **申淑艳** 女，生于 1957 年，中学语文教师，1998 年被评为"黑龙江省特级教师"，2004 年被北京市教委认定为"北京市特级教师"。"九五"、"十五"期间教育部下达的科研课题验收专家组成员，多次被聘为高级职称专家组评委，是省语文教研会副秘书长。被评为"黑龙江省语文教学能手"、"黑龙江省优秀教师"。实施"高中语文阅读与写作课堂教学模式的研究"的项目；探索阅读教学中"五步快速阅读法"，效果明显。

* **刘其文** 男，生于 1963 年，中学语文教师，2001 年被评为"湖北省特级教师"，2004 年被北京市教委认定为"北京市特级教师"。学养深厚，教学业务精湛，师德高尚，教学成绩卓著，教学研究成果丰硕。其专著《高中生古诗文必背篇目赏析》于 2004 年出版；论文《正确处理实施语文新课标与应对语文高考的关系》《烛之武退秦师》等获全国一等奖，《整体阅读，抓点理解——我教〈中国当代诗三首〉》等文章发表于《中学语文》；曾主持多项市、区级课题研究。

* **刘国刚** 男，生于 1957 年，中学数学教师，1998 年被评为"河南省特级教师"，2004 年被北京市教委认定为"北京市特级教师"。热爱教育事业，具有良好的职业道德和奉献精神。曾编辑出版《高中数学题组教学》等书籍；指导学生参加数学竞赛多次获得初中数学竞赛国家级一等奖。长期承担任教研组组长，被评为"河南省优秀教研组"。先后获得"河南省教育学会先进工作者"、"河南省许昌市市级学科带头人"等荣誉称号。

＊**华应龙**　男，生于 1966 年，中学数学教师，1998 年被评为"江苏省特级教师"，2004 年被北京市教委认定为"北京市特级教师"。首批"首都基础教育名家"，北京教育学院、北京师范大学兼职教授。先后在《人民日报》《光明日报》《人民教育》《中国教育报》等二十多家省级以上报刊上发表了五百多篇文章，主编、参编了二十多本教学用书，出版了《我就是数学》《我这样教数学》等专著；先后参加了"苏教版"和"北师大版"国家义务教育课程标准实验教材的编写、审定和实验指导工作。二十多年来，致力于探索"融错教学"。

＊**汤步斌**　男，生于 1964 年，中学数学教师，2002 年被评为"湖南省特级教师"，2004 年被北京市教委认定为"北京市特级教师"。中学数学教育界著名的特级教师和数学奥赛金牌教练，辅导的学生夺得国际中学生数学竞赛金牌四块、银牌一块；和其他老师一道，培养了两个理科状元，十一个高考数学满分，近三百名清华北大及世界名校的学生。多次被评为"湖南省优秀园丁"、"湖南省英才导师"等。

＊**严寅贤**　男，生于 1954 年，中学语文教师，1998 年被评为"山东省特级教师"，2004 年被北京市教委认定为"北京市特级教师"。热爱教育事业，具有良好的职业道德和坚实的专业能力。曾被评为"全国优秀教师"、"全国教育系统劳动模范"。长期担任海淀区名师工作站导师；参编人民教育出版社普通高中必修教材、选修教材，主编教育部师范教育司中小学教师培训教材《教师能力概论》，在省市级以上专业报刊上发表论文三十多篇。多次担任人民教育出版社新教材培训和海淀区语文教师培训任务。

＊**吴万辉**　男，生于 1958 年，中学数学教师，1998 年被评为"贵州省特级教师"，2004 年被北京市教委认定为"北京市特级教师"。热爱教育事业，勤奋耕耘，具有卓越的教学才能，灵活的教学技巧，优良的教学效果。已发表教育科研论文八十多篇，出版著作三十八部。1999 年荣获"全国五一劳动奖章"。2002 年主持国家"十五"规划重点课题"新课程理论与实践研究"工作。2005 年 4 月 2 日得到中共中央政治局常委、全国政协主席贾庆

林同志的亲切接见和慰问。

＊**张文娣**　女，生于 1963 年，中学数学教师，1998 年被评为"山东省特级教师"，2004 年被北京市教委认定为"北京市特级教师"。教学录像在中国教育电视台播出；论著《中学数学变式教学与能力培养》被作为全国中小学教师继续教育教材；四十余篇论文在省级以上报刊发表或获奖。获海淀区首届科技成果一等奖，"山东省教学能手"第一名，获得"国家级骨干教师"、"北京市优秀教师"、"山东省奥林匹克数学竞赛优秀辅导员"、"海淀区优秀班主任"、"临沂市专业技术拔尖人才"等荣誉称号。

＊**张旭宁**　女，生于 1961 年，中学化学教师，2001 年被评为"河北省特级教师"，2004 年被北京市教委认定为"北京市特级教师"。热爱教育事业，具有奉献精神，业务功底扎实精湛。培养出全国奥赛决赛（冬令营）金银铜牌获奖者四人，全国初赛一等奖九人；曾荣获"河北省优秀奥赛教练员"称号。班主任工作经验丰富，带出省状元、省前十名及北京与东城前十名共八人，五年受嘉奖，立三等功一次，连续两届获"东城区育人奖"。主编出版教学及奥赛书四本，发表论文二十余篇。

＊**张观成**　男，生于 1959 年，中学化学教师，2002 年被评为"山西省特级教师"，2004 年被北京市教委认定为"北京市特级教师"。热爱教育事业，具有良好的职业道德和奉献精神。现担任清华附中化学教研组组长，兼任海淀区化学教研员。积极指导青年教师，积极参加支教活动。曾获"大同市特等劳动模范"称号，多次被评为"大同市优秀教师"，1993 年荣获"山西省青少年优秀科技辅导员标兵"光荣称号，1991 年、1994 年在全国奥林匹克化学竞赛中被评为"优秀辅导教师"，多次被评为"北京市高中化学竞赛优秀辅导教师"。

＊**李卫东**　男，生于 1968 年，中学语文教师，2002 年被评为"山东省特级教师"，2004 年被北京市教委认定为"北京市特级教师"。热爱教育事业，具有良好的职业道德素养，教学科研能力突出；为培养青年语文教师，推进北京市语文课程改革作出积极贡献。曾获首届"全国中青年语文教师教学大赛"一等奖，在全国中文核心期刊发表教学论文五十余篇，出版教育专

著《李卫东讲语文》。任首都师范大学兼职硕士生导师。

*杨海金　男，生于 1961 年，中学化学教师，1994 年被评为"辽宁省特级教师"，2004 年被北京市教委认定为"北京市特级教师"。具有良好的职业道德和奉献精神。多年从事高三教学工作，运用辩证唯物主义原理指导化学教学，取得了较好的教学效果。主持的"优选最佳途径进行化学教学"课题获科技进步奖，撰写的"运用哲学原理指导化学教学"等多篇论文获省级优秀论文奖。重视对青年教师的培养，多次承担对全区高中化学教师培训任务；指导的学生参加北京市化学竞赛取得了优异成绩。曾获"辽宁省优秀教师"称号。

*崔秀琴　女，生于 1955 年，中学语文教师，1998 年被评为"河南省特级教师"，2004 年被北京市教委认定为"北京市特级教师"。坚持"以学生为本，以课本为本，以课堂为本"；珍爱生命，尊重生命，提升学生生命质量；心里有阳光，脸上有笑容，课堂有笑声，追求轻松愉悦有效的教学之境。在中学语文教学中渗透德育，课堂中体现"给学生一条路，让学生动起来"。长期担任朝阳分院教师培训任务，指导青年教师成长。

*康志山　男，生于 1956 年，中学数学教师，1999 年被评为"河北省特级教师"，2004 年被北京市教委认定为"北京市特级教师"。热爱教育事业，教书育人，爱岗敬业。任班主任工作 20 多年，曾获"河北省优秀园丁"称号。长期进行教学研究，先后在《数学通报》《中学数学杂志》等国家级数学刊物上发表论文二十多篇，多篇论文获奖；主编《高中数学题组教学》一书。积极参与指导青年教师工作，促进青年教师成长。

*黄明建　男，生于 1956 年，中学化学教师，2001 年被评为"湖北省特级教师"，2004 年被北京市教委认定为"北京市特级教师"。多次在国家级报纸杂志上发表教育教研论文，参加人民教育出版社新课程教材、教学参考书的审编等。五次获中国化学会表彰，十一次获省级教研成果和竞赛一等奖，所辅导学生曾在泰国曼谷荣获第三十一届国际化学奥林匹克竞赛金牌。热心帮助青年教师成长，被评为"湖北省劳动模范"。享受国务院政府特殊津贴。

*覃遵君　男，生于 1956 年，中学政治教师，1997 年被评为"湖北省特级教师"，2004 年被北京市教委认定为"北京市特级教师"。热爱教育事业，爱岗敬业。主编参编省（市）、全国政治课教科书、教参、辞书、指导用书等一百一十多本，其中主编和专著共二十多本；在专业期刊上公开发表文章三百五十多篇；获全国、省教科研成果奖二十多项；主持完成多项省级以上课题。被人民教育出版社和教育部聘为全国新课程教材编写组成员和培训团专家。曾荣获"全国百名优秀政治教师"、"湖北省优秀教师"等称号。

7. 2005 年认定的北京市特级教师简介

*于　虎　男，生于 1962 年，中学物理教师，1999 年被评为"河北省特级教师"，2005 年被北京市教委认定为"北京市特级教师"。热爱教育事业，具有良好的职业道德和奉献精神。始终工作在教育教学第一线，在教学中成绩优秀；长期担任班主任、教研组长。发表或获奖教学论文二十余篇；参与过多项省市级教育科研课题的研究。曾获"河北省骨干教师"称号。

*王俊婷　女，生于 1965 年，中学语文教师，2003 年被评为"天津市特级教师"，2005 年被北京市教委认定为"北京市特级教师"。热爱教育事业，具有良好的职业道德和奉献精神。曾任天津市中学语文教学专业委员会会员，天津市和平区教研室兼职教研员、区学科带头人。从教 21 年，12 年任高三语文教师，乐观勤奋踏实做好一切工作，热心指导青年教师成长。

*王德山　男，生于 1957 年，中学语文教师，1998 年被评为"河南省特级教师"，2005 年被北京市教委认定为"北京市特级教师"。热爱教育事业，热心教学改革。1997 年提出特色作文教学理论并连续进行十余年教改实验。2006 年以来，参与中国教育学会中学语文教学专业委员会"十一五"重点研究课题"创新写作教学研究与实验"。2004 年以来，在《中国教育报》《中华诗词》《北京教育》《中学语文教学》等报刊上发表学术论文及旧体诗词十三篇；多篇教育教学论文和优质课被评为全国一等奖。2009 年 7 月被中国教育学会中学语文教学专业委员会评为"全国优秀教师"。2009 年被中国国学文化艺术中心聘为专家委员。

＊边　良　男，生于 1957 年，中学物理教师，2000 年被评为"内蒙古自治区特级教师"，2005 年被北京市教委认定为"北京市特级教师"。热爱教育教学工作，积极推进新课标的实施，担任多名青年物理教师的导师。2008 年 11 月，在天津市举办的第八届全国物理青年教师教学大赛中，参与中国物理学会教学委员会组织的中学教学对口交流活动，在天津汇文中学做教学示范交流，受到好评。现担任北京教育学院通州分院兼职高中物理教研员，潞河中学学术委员会委员。

＊刘元军　男，生于 1963 年，中学历史教师，2002 年被评为"山东省特级教师"，2005 年被北京市教委认定为"北京市特级教师"。热爱教育事业，具有良好的职业道德和奉献精神，教育教学理念先进，经验丰富。被聘为海淀区历史兼职教研员，参编高中历史教学参考书，多次为海淀区历史教师进行教材教法培训，参与海淀区会考和高考模拟试题的命题工作。指导青年教师成长，成绩显著。

＊刘传霞　女，生于 1962 年，中学英语教师，2001 年被评为"黑龙江省特级教师"，2005 年被北京市教委认定为"北京市特级教师"。撰写的多篇论文获国家、市、区级奖项，并多次承担了市、区级实验课题，其中"趣味教学"和"写作教学"研究成果已在全区推广；2008 年至 2009 年承担了北京市研修班的导师工作，亲自到农村学校送课，作专题讲座，深受各校领导、老师的好评。曾荣获"全国师德先进个人"、"北京市骨干教师"、"黑龙江省模范标兵"、"优秀教育科研工作者"、"大兴区学科带头人"等称号。

＊刘淑媛　女，生于 1964 年，中学语文教师，2004 年被评为"河北省特级教师"，2005 年被北京市教委认定为"北京市特级教师"。热爱教育事业，爱岗敬业，勤勉创新，具有良好的职业道德和奉献精神。多年担任高三语文教学工作，教学理念先进，教学探索深入，所教学生整体语文素养高，语文成绩突出。主编参编教学指导用书多部，发表多篇教育教学研究论文，主持通州区"十一五"重点课题。2001 年参加华东师大承办的教育部中小学骨干教师国家级培训。曾获"河北省唐山市百优青年"等称号。

＊吉春亚　女，生于 1964 年，小学语文教师，2000 年被评为"浙江省

特级教师"，2005 年被北京市教委认定为"北京市特级教师"。热爱教育事业，对语文教学投入极大的热情。担任中国教育电视台名师大课堂主讲人；参与编写新课标语文教材和多套地方教材；撰写出版教学专著、散文等书籍三十本，发表文章三百多篇；主持多项科研课题研究。一直担任宣武区名师讲学团的讲学任务，并承担全市和全国语文教师的培训工作，指导青年教师的成长。

*宋诗伟　男，生于 1965 年，中学物理教师，2002 年被评为"山东省特级教师"，2005 年被北京市教委认定为"北京市特级教师"。热爱教育事业，具有良好的职业道德和奉献精神。先后被评为"临沂市劳动模范"、"山东省优秀教师"。致力于中学物理教研，主持多项国家、省市级重点科研课题；并通过电视台、教研网、巡回讲座等多种形式为全国各地教师培训教材、指导高考。

*李久省　男，生于 1965 年，中学数学教师，2002 年被评为"山东省特级教师"，2005 年被北京市教委认定为"北京市特级教师"。热爱教育事业，具有良好的职业道德和奉献精神。曾被评为"国家级骨干教师"、"济宁市优秀教师"、"济宁市教学能手"、"济宁市学科带头人"和"济宁市创新型教师"、"海淀区优秀教师"。多次在区里主讲教材分析、参与区高三磨题，指导青年教师成长。曾被聘为北京市讲师团成员赴外地讲学。

*李少毅　男，生于 1959 年，中学语文教师，2001 年被评为"湖北省特级教师"，2005 年被北京市教委认定为"北京市特级教师"。师德高尚，甘为人梯。获得"全国优秀教师"称号，人民教育出版社新课标教材培训专家；曾被授予"湖北省宜昌市跨世纪学术带头人"，被湖北省宜昌市市委、湖北省宜昌市人民政府确认为"湖北省宜昌市优秀专家"。发表各类文章八十余篇，出版专著两部，主编书籍八部，参与主编书籍十六部。倡导实验的"中学语文'双促双发'研究课题"，属于中国教育学会中学语文教学专业委员会"十五"、"十一五"重点课题，并已在国内外产生了影响。

*张雅丽　女，生于 1963 年，中学地理教师，2001 年被评为"河北省特级教师"，2005 年被北京市教委认定为"北京市特级教师"。工作认真，教风严谨，爱护学生，教书育人。立足于课堂教学，钻研教学方法，积极承担课题研究，以科研促进教学水平的提高，形成独特的教学风格，教育教学成果显著；编写习题、承担公开课、指导青年教师等，起到辐射带动作用。先后获得"全国目标教学研究先进个人"、"杰出青年教师"等称号及嘉奖或记功奖励。撰写的论文、教学设计、课例等获奖或发表。

　　*杨进基　男，生于1962年，中学化学教师，2002年被评为"河南省特级教师"，2005年被北京市教委认定为"北京市特级教师"。热爱教育事业，先后荣获"河南省优秀教师"、"河南省洛阳市百星人物"、"郑州铁路专业技术拔尖人才"等称号。辅导学生参加全国化学竞赛成绩突出，在河南和北京有一定影响力。所带班（四十人）2007年高考人均约630分，考入北大本部五人，清华六人，其余二十九人均进入名牌大学。

　　*沈　杰　女，生于1966年，中学数学教师，2001年被评为"黑龙江省特级教师"，2005年被北京市教委认定为"北京市特级教师"。获得"全国模范教师"、"国家级骨干教师"、"全国数学奥林匹克高级教练员"、"全国高中数学联赛优秀教练员"等称号。海淀区高中专家组成员、海淀区科学技术协会委员。所带班级被评为"北京市优秀班级"，公开课荣获全国一等奖。八十余篇论文在核心期刊或专业期刊上发表，参编十余本教学参考书。

　　*苏怀堂　男，生于1961年，中学数学教师，1997年被评为"河北省特级教师"，2005年被北京市教委认定为"北京市特级教师"。曾任河北省高级教师、特级教师职称评委，山西省高级教师评委，北京市大兴区高级教师评委，《高考研究》杂志专家指导委员会委员。主编（参编）《2005年高考试题分类解析》《对接高考全国名校测试卷（高一、高二）》《高考大剖析与名校模拟》《高考总复习学案》《高三数学导学与检测》等教育图书十余部。主持国家级课题《信息技术条件下的教师专业发展研究》。

　　*姚新平　男，生于1964年，中学化学教师，2001年被评为"河北省特级教师"，2005年被北京市教委认定为"北京市特级教师"。热爱教育事业，具有良好的职业道德和奉献精神。努力探索教与学方式的改革与创新，主持过"高中化学课堂学生活动有效性研究"等多项科研课题的研究；多次

承担市区观摩课、教学经验介绍。负责组织指导的市级公开课及代表化学教研室的主题发言受到了好评，体现了潞河中学化学教研室的整体教研水平。曾获"北京市优秀教师"称号。

*黄仕泽 男，生于1960年，中学语文教师，2000年被评为"贵州省特级教师"，2005年被北京市教委认定为"北京市特级教师"。历任贵州省黔西南州中学语文教学专业委员会副理事长、贵州省中学语文教学专业委员会第四届理事会理事、中国教育学会中学语文教学专业委员会教改研究中心第四届理事会理事、《高考研究》杂志专家指导委员会委员。于《语文学习》《语文教学通讯》等刊物发表论文多篇。主编《初中古诗文全解》《中国语文·同步课外阅读》《全能高考·语文》《名校名师扫描高考·语文》《直通高考·语文》《高中综合实践活动研究性学习导航》等教育图书三十余部。主持或参与多项国家级课题研究，成果显著。

*程惠云 女，生于1961年，中学英语教师，2000年被评为"云南省特级教师"，2005年被北京市教委认定为"北京市特级教师"。具有崇高的职业道德和奉献精神。先后被聘为云南省兼职教研员、海淀区新课标课程教改专家组成员。曾在全国核心刊物发表文章，在全国有影响媒体上录制教学光盘，并主持多项科研课题。曾获"云南省昆明市百优教师"、"清华大学先进工作者"称号。长期担任海淀区名师工作站指导教师。

8. 2006年认定的北京市特级教师简介

*丁 云 男，生于1963年，中学化学教师，2002年被评为"云南省特级教师"，2006年被北京市教委认定为"北京市特级教师"。热爱教育事业，刻苦钻研教育理论，具有坚实的基础理论和专业知识。教学方法收存于《中学化学特级教师的教学艺术》一书中，承担培训和指导青年教师工作，承担或参与过多项科研课题研究。曾先后被评为"全国先进班集体班主任"、"云南省先进班集体班主任"、"全国重点科研课题先进工作者"。

*孔 彬 男，生于1962年，中学英语教师，2003年被评为"内蒙古自治区特级教师"，2006年被北京市教委认定为"北京市特级教师"。热爱

教育事业，具有良好的职业道德和奉献精神。作为学科专家和教研专家，参与了外研社高中英语新教材《新标准英语》的研讨审定工作。主持过北京市科研课题的研究，多次参与国家教育部和中国教育学会外语专业委员会科研课题的研究。并长期承担培养青年教师的工作。

* **王树文** 男，生于 1959 年，中学数学教师，2002 年被评为"山西省特级教师"，2006 年被北京市教委认定为"北京市特级教师"。勤于耕耘，乐于奉献，被聘为朝阳区高考模拟试题命题专家组成员。"王树文工作室"《新课程理念下的数学专题教学研究》的各项工作正在深入开展。近年来主编、参编《知识与技能训练》与《学习目标与检测》，并发表了《挖掘课本潜力提高学生能力》等多篇文章。

* **兰俊耀** 男，生于 1964 年，中学化学教师，2002 年被评为"山西省化学特级教师"，2006 年被北京市教委认定为"北京市特级教师"。热爱教育事业，爱岗敬业。作为人民教育出版社聘请的新课程教材培训专家，参与教材的修改讨论、全国多地的培训指导工作，长期承担北京市的新课程培训任务。建有"化学学科文化建设"特级教师工作室，主编了由人民日报社出版的《优质教与学》新课程系列丛书一套六册。曾被中国化学会授予"优秀辅导员"，荣获"山西省模范教师"和"山西省骨干教师"称号。

* **庄肃钦** 男，生于 1961 年，中学数学教师，1994 年被评为"山东省特级教师"，2006 年被北京市教委认定为"北京市特级教师"。1991 年获"全国优秀教师"称号。曾任全国说课研究协作会常务理事。主编或参编了《高中数学知识点剖析》等专著；论文《层次目标教学研究》获全国目标教学研究会年会优秀论文一等奖、省级教学成果三等奖。主持全国"十一五"教育科研重点课题子课题"多媒体背景下的教学设计促进有效教学的研究与试验"，并参与多项国家、省市级重点课题研究。

* **吴凤琴** 女，生于 1964 年，中学英语教师，2003 年被评为"黑龙江省特级教师"，2006 年被北京市教委认定为"北京市特级教师"。热爱教育事业，具有良好的职业道德和奉献精神。将教育教学的管理能力和英语特级教师的语言优势有机结合，积极推动着十一学校国际教育工作快速而稳健地

发展；在国际合作新项目的研发和推广、国际课程建设与实施、中外教师队伍建设及校园国际化氛围的营造等方面作出了贡献。获得"北京市中小学外籍学生管理工作先进个人"称号。

＊**张　敏**　女，生于 1965 年，中学生物教师，2002 年被评为"山东省特级教师"，2006 年经北京市教委认定为"北京市特级教师"。热爱教育事业，有强烈的事业心和责任感。曾被聘为山东省生物教学委员会常务理事、海淀区教师高级职称评审委员会委员。主持了多项科研课题的研究，在省级以上刊物发表多篇论文。曾获"山东省优秀教师"、"山东省教学能手"、"海淀区课题研究先进个人"等称号。

＊**张玉兰**　女，生于 1963 年，中学数学教师，2004 年被评为"河北省特级教师"，2006 年被北京市教委认定为"北京市特级教师"。热爱教育事业，具有良好的职业道德和奉献精神。在全国高中数学联赛中分获国家、河北省、承德市、密云县"优秀指导教师"。多次举行市、县级公开课，教材分析、高三复习指导、讲座，起到了引领示范作用，指导青年教师尽快成长。参加教辅资料《高考一号文件》的编写工作，荣获承德市"三等功"。

＊**李发兆**　男，生于 1958 年，中学数学教师，2001 年被评为"湖北省特级教师"，2006 年被北京市教委认定为"北京市特级教师"。热爱教育事业，几十年如一日，默默奉献，做经师，更做人师，用自己的品格、学识、智慧去赢得学生发自内心的尊重和爱戴。他勤于进取，严谨求实，教育教学成绩突出。主持和承担过多项国家级、省市级教育科研课题的研究，担任过两届湖北省政协委员。2006 年被评为"北京市优秀教师"。

＊**李靖敏**　女，生于 1960 年，中学数学教师，2004 年被评为"河北省特级教师"，2006 年被北京市教委认定为"北京市特级教师"。热爱教育事业，无私奉献。获得"北京市优秀教师"、"北京市师德先进个人"、"中国数学学会奥林匹克壹级教练员"等称号。所做课、课件及所写的教学设计论文多次获国家奖，主持多项科研课题的研究并获市级奖励。辅导的青年教师获国家奖，辅导的学生多人在"全国数学竞赛"中获奖。

＊**杨芝萍**　女，生于 1963 年，中学英语教师，2002 年被评为"山西省

特级教师"，2006 年被北京市教委认定为"北京市特级教师"。热爱教育事业，具有良好的职业道德和奉献精神。被评为"全国优秀教师"。2002 年作为山西省代表出席中国共产党第十六次代表大会，海淀区教育系统党代表。在区、校为青年教师做公开课，为培养青年教师作出贡献，发挥了名师学科优势作用。

* **杨启红** 女，生于 1960 年，中学化学教师，2001 年被评为"河北省特级教师"，2006 年被北京市教委认定为"北京市特级教师"。热爱教育事业，具有高尚的职业道德和师德风范，为人谦和正直，以"教会学生做人、培养学生能力，为学生终生发展奠基"为己任，任劳任怨、默默奉献。精湛的业务能力，良好的教学效果受到学生、家长的高度评价。曾被评为"河北省优秀教师"、"张家口市十大名师"、"昌平区学科名师"、"昌平区优秀教师"等称号。

* **易仁荣** 男，生于 1951 年，中学英语教师，1997 年被评为"湖北省特级教师"，2006 年被北京市教委认定为"北京市特级教师"。获"全国优秀教师"、"全国第二届中小学外语教师园丁奖"称号，同年享受湖北省政府专家津贴。具有良好的职业奉献精神和创新精神。课堂教学"求新、求巧、求实、求乐"，教学成绩优秀。主持国家级科研课题"英语模块教学法提高教学效率的研究"，多篇论文在国家级核心刊物发表，出版多部著作。指导青年教师实践"英语模块教学法"。

* **金 锐** 男，生于 1953 年，中学美术教师，1998 年被评为"广东省特级教师"，2006 年被北京市教委认定为"北京市特级教师"。兼任上海理工大学等五所大学客座教授；曾担任中国《美术报》特邀学术主持人，担任广东省美术专业职称高级评审委员。著名画家，美术评论家，在《中国美术教育》《美术报》《中国美术》发表美术教育理论文章二百余篇，出版画集两本。指导学生获国家一、二、三等奖近百人，获 2006 年"广东省教书育人优秀教师特等奖"，曾获"北京市优秀教师"称号。

* **徐存臣** 男，生于 1964 年，中学物理教师，2002 年被评为"山东省特级教师"，2006 年被北京市教委认定为"北京市特级教师"。师德高尚，教育教学成果显著。2009 年被聘为北京市高考理综阅卷专家组成员及物理阅卷组长。参编著作十五部（其中主编四部），发表及获奖论文三十多篇。多次为"海淀区骨干教师"及全区教师举行观摩课和教法辅导讲座。荣获"全国优秀教师"称号。

*索云旺 男，生于 1965 年，中学数学教师，1998 年被评为"山东省特级教师"，2006 年被北京市教委认定为"北京市特级教师"。热爱教育事业，具有良好的职业道德和奉献精神。在教育、教学和教科研工作中成绩突出，并形成了自己独特的教育观、教学观和教研观。为全国教育规划课题"新课程理论与实践研究"课题组成员，《新课程教学模式的研究》等两篇论文获全国一等奖。在《数学教育学报》《数学教学》等全国核心期刊发表论文八十余篇。主编、参编及培训指导的多套教材在全国发行。

*钱守旺 男，生于 1967 年，小学数学教师，1999 年被评为"河北省特级教师"，2006 年被北京市教委认定为"北京市特级教师"。获得"全国优秀教师"称号。北师大版小学数学课标教材分册主编，首都师范大学兼职硕士生指导教师。形成了"稳中求活，活中求实，实中求新，和谐自然"的教学风格，示范课和理论联系实际的报告受到老师们喜欢，足迹遍布全国各地。在全国多家教育刊物上发表论文一百八十多篇，主编和参与编写各种教学辅导用书二十多本，出版个人著作《走近钱守旺——感受数学课堂的魅力》。

*常毓喜 男，生于 1966 年，中学数学教师，2002 年被评为"山西省特级教师"，2006 年被北京市教委认定为"北京市特级教师"。具有良好的职业道德和高超的教学技能，教学工作成绩突出。曾获"国家级骨干教师"、"北京市优秀教师"、"山西省学科带头人"、"山西省教学能手"等称号。主持、参与教育部、北京市多项科研课题的研究，主编、参编著作十多部。

*喻祖权 男，生于 1955 年，中学语文教师，2001 年被评为"湖北省特级教师"，2006 年被北京市教委认定为"北京市特级教师"。具有坚实、系统的专业知识和较强的学科组织才能，在多年的教育、教学活动中，已形成独特的教育个性和教学风格。曾主持或参与多项科研课题的研究，在《语

文学习》《中国考试》等刊物发表论文九十余篇；另在《散文》《山东文学》等刊物上发表散文、小说二十余篇，近三十万字。荣获"湖北省优秀教师"称号。中国写作学会会员，中国散文家协会会员。

9. 2007 年认定的北京市特级教师简介

*王雪芹 女，生于1963年，中学数学教师，1999年被评为"天津市特级教师"，2007年被北京市教委认定为"北京市特级教师"。获得"国家级骨干教师"、"天津市十佳教师"、"天津市优秀班主任"、"天津市师德楷模"、"天津市'十五'立功先进个人"、"天津市优秀共产党员"、"天津市数学学科带头人"、"天津市教改能手"等称号。在国家级和省市级刊物上发表论文五十多篇，出版专著五部，其中五十一万字的专著《数学发现的艺术》先后五次印刷。2001年享受国务院政府特殊津贴。

*宁　成 男，生于1961年，中学物理教师，2004年被评为"河北省特级教师"，2007年被北京市教委认定为"北京市特级教师"。热爱教育事业，热爱本职工作。任中国教育学会物理教学研究学会会员，多年教学实践中一直潜心探索，研究物理课堂教学，教学效果显著。在国家级、省级刊物上发表有学术价值论文几十篇，主编高中物理学习辅导书两部。曾获"河北省物理实验教学"一等奖（第一名），获得"全国模范教师"称号。

*刘建新 男，生于1966年，中学历史教师，2004年被评为"内蒙古自治区特级教师"，2007年被北京市教委认定为"北京市特级教师"。被评为"内蒙古自治区学科带头人"，获"内蒙古自治区中青年教师历史教学基本功大赛"一等奖。曾担任内蒙古包头市教委教研室兼职教研员、学科评委和骨干教师培训专家。近年来参编了北京市地方实验教材《大兴历史》，发表了《世界近现代史的基本线索和阶段特征》（《中国考试》）等多篇教学论文。

*孙士珍 女，生于1959年，中学英语教师，2002年被评为"辽宁省特级教师"，2007年被北京市教委认定为"北京市特级教师"。爱岗敬业，勤奋踏实，追求上进。现任大兴区名师工作室导师、北京市高考指导组成

员。1993 年被评为"辽宁省朝阳市优秀教师"，1998 年被评为"建平县师德建设先进个人"，1999 年获"建平县模范教师"称号，2002 年被评为"辽宁省朝阳市师德建设标兵"。

***陈礼旺** 男，生于 1965 年，中学语文教师，2004 年被评为"河北省特级教师"，2007 年被北京市教委认定为"北京市特级教师"。热爱教育事业，热爱学生，敬业勤职，无私奉献，具有良好的师德。热心青年教师培养工作，曾主持或参与研究多项省、市级科研课题。曾获"河北省教学成果奖"、"沧州市模范班主任"、"沧州市优秀教师"、"河北省优秀教师"、"通州区第三届优秀班主任"等称号。

***陈凤英** 女，生于 1962 年，中学化学教师，2004 年被评为"河北省特级教师"，2007 年被北京市教委认定为"北京市特级教师"。工作兢兢业业，教学善于创新、勇于改革，所教学科班级成绩在高考中总是名列前茅；多次被评为"北京市模范教师"、"北京市模范班主任"；多次被市政府嘉奖、记三等功，并荣获"科教功臣"称号。积极辅导年轻教师，把自己的教育教学经验毫不保留地传授给他们，使很多青年教师成为骨干教师。主编多本教辅资料，多篇论文在国家级、市级刊物上发表。

10. 2008 年认定的北京市特级教师简介

***万　东** 男，生于 1963 年，中学数学教师，2001 年被评为"湖北省特级教师"，2008 年被北京市教委认定为"北京市特级教师"。热爱教育事业，具有良好的职业道德和奉献精神。在全国十多家学术期刊上发表学术论文三十多篇，并有多篇论文获国家级、省级奖。2005 年撰写《多元智能理论在数学教学中应用的研究》获北京市海淀区教育委员会"教学创新奖"。积极地指导青年教师，促使青年教师快速成长。

***于振丽** 女，生于 1964 年，中学物理教师，2003 年被评为"天津市特级教师"，2008 年被北京市教委认定为"北京市特级教师"。热爱教育事业，具有良好的职业道德和奉献精神。参加过"骨干教师国家级培训"，多次承担天津市级、区级高中物理教师培训工作，北京市海淀区物理教师培训工作，主编或参编多本教学设计或教学辅导书籍。参加了多项科研课题的研究；2007 年、2008 年两届海淀区名师大讲堂主讲教师之一。曾获"全国优秀教师"、"天津市劳动模范"称号。

*于金华　男，生于 1963 年，中学数学教师，2005 年被评为"河北省特级教师"，2008 年被北京市教委认定为"北京市特级教师"。热爱教育事业，具有良好的职业道德、奉献精神和团队精神。曾获"河北省先进德育工作者"、"河北省教学能手"、"中国人民大学先进工作者"等称号。指导青年教师成长，与他人合作进行多项科研课题的研究，撰写教育教学论文多篇。现兼任河北师范大学教育硕士研究生导师。

*马利军　男，生于 1958 年，中学语文教师，1999 年被评为"山西省特级教师"，2008 年被北京市教委认定为"北京市特级教师"。师德高尚，教育教学经验丰富，所教历届学生高考成绩优秀。获"山西省优秀班主任"、"中国人民大学附属中学优秀教师"称号。被聘为山西省大同市教师高级职称评审委员会语文学科组组长、山西省"中学语文教学金钥匙奖"评委，承担中央教育科学研究所重点课题研究，参编多种教育丛书，发表多篇论文，指导青年教师取得优异成绩。

*王　森　男，生于 1953 年，中学数学教师，2001 年被评为"河北省特级教师"，2008 年被北京市教委认定为"北京市特级教师"。热爱教育事业，师德高尚。曾被评选为"河北省优秀共产党员"。从教二十多年，积累了丰富的教学经验，成绩突出。多次参加由省、市组织的复习资料、练习卷、高考模拟卷的编写工作。曾在省级以上刊物上发表论文、论著十余篇，主持并参与的教研课题取得了阶段性成果，为教育教学成绩的提升作出了突出贡献。

*王志伟　男，生于 1964 年，中学数学教师，2004 年被评为"河北省特级教师"，2008 年被北京市教委认定为"北京市特级教师"。热爱教育事业，积极开展教学研究。参与和主持过多项国家级和省级科研课题的研究，多篇教学心得和总结论文在《数学通讯》《中学生数学》《数理天地》等国家级刊物发表。被多家报纸杂志聘为编辑和审核老师，担任东城区研修中心

兼职教研员。曾被评为"东城区优秀共产党员"；所带班级多次被评为河北省和北京市先进班集体。

　　*王培明　男，生于1961年，中学化学教师，2001年被评为"河北省特级教师"，2008年被北京市教委认定为"北京市特级教师"。热爱教育事业，具有高尚的职业道德和无私奉献精神。一直工作在教育教学第一线，长期担任班主任、教研组长工作；多次承担培训青年化学教师任务，并介绍自己的教学经验；主持或参与多项科研课题的研究；多篇论文获国家级或省市级奖励。

　　*刘荣铁　男，生于1962年，中学化学教师，2002年被评为"山东省特级教师"，2008年被北京市教委认定为"北京市特级教师"。热爱教育事业，为人师表，无私奉献。曾被聘为海淀区课程（化学）专家指导组成员、海淀区兼职教研员，积极承担区、校教师培训工作，主持了多项科研课题的研究。曾获"全国模范教师"、"全国五一劳动奖章"等。参加中小学骨干教师国家级培训，入选山东省中小学优秀教师师德报告团。

　　*刘焕林　男，生于1955年，中学政治教师，2004年被评为"河北省特级教师"，2008年被北京市教委认定为"北京市特级教师"。热爱教育事业，具有良好的职业道德和奉献精神。教育教学成绩优异，多次名列昌平区第一。《教学中如何发挥"生活"的作用》等多篇论文发表。曾获得"全国优秀教师"、"河北省优秀政治教师"、"昌平区优秀共产党员"、"昌平区师德标兵"等二十余项称号。

　　*刘国成　男，生于1954年，中学语文教师，2001年被评为"湖北省特级教师"，2008年被北京市教委认定为"北京市特级教师"。热爱教育事业，师德高尚；具有丰富的教学经验。多次参与北京市、丰台区公开课和观摩课，多次在北京市、丰台区作专题发言，教学业绩优异，育人效果显著，教研成果丰富。已在全国中文核心期刊上公开发表教育教学论文二十余篇。曾获"丰台区优秀教育工作者"称号。

　　*安艳青　女，生于1958年，中学数学教师，2005年被评为"黑龙江省特级教师"，2008年被北京市教委认定为"北京市特级教师"。热爱教育

事业，具有良好的职业道德和奉献精神。曾参与《优化教学过程，构建学科教学模式》的子课题的研究及黑龙江中等师范学校五年制专科班《学科课程标准》部分内容的制定，并承担青年教师的培养工作。

*纪铁岭　男，生于1963年，中学化学教师，2004年被评为"河北省特级教师"，2008年被北京市教委认定为"北京市特级教师"。热爱教育事业。被评为"全国优秀教师"、"国家级骨干教师"、"顺义区学科教学带头人"。主持的河北省教育科学"十五"规划课题"中学化学情境教学研究"结题成果论文，获"河北省第九届优秀教育科研成果奖"一等奖、2004年"河北省教学成果奖"三等奖。

*张　红　女，生于1968年，小学数学教师，2002年被评为"山东省特级教师"，2008年被北京市教委认定为"北京市特级教师"。热爱教育事业，在"基于问题的有效教学"实践研究方面成绩显著。长期从事小学数学教学与教师培训工作，经常应邀到全国各省市作研究课和专题讲座，是北师大版小学数学教材编委、分册主编，海淀名师工作站导师。主编《清华少儿数学》获"北京市基础教育教学成果奖"一等奖。

*李万华　男，生于1959年，中学语文教师，2004年被评为"河北省特级教师"，2008年被北京市教委认定为"北京市特级教师"。2000年被评为"廊坊市优秀年轻学术技术人才"，2002年被评为"廊坊市明星教师"、"河北省骨干教师"。多年致力于作文教学的研究与探讨，主持和参编了《作文三级跳——文体训练》《作文三级跳——挑战满分》。

*李化年　男，生于1962年，中学化学教师，2004年被授予"河北省特级教师"，2008年被北京市教委认定为"北京市特级教师"。热爱教育事业。所带班级被评为"河北省级优秀班集体"，2000年被评为"廊坊市十大优秀青年"。河北省"九五"重点科研课题"面向二十一世纪中学德育工作的对策研究"成果获得河北省最高奖，论文《实验设计与创新思维能力的培养》获全国一等奖，参与了《高中化学新课程三基教学与素质培养》《化学新思维导学》《三年高考两年模拟》等书的编写并担任副主编，2008年撰写的教学设计《有机合成》获全国一等奖。

***李文学**　男，生于 1962 年，中学数学教师，2004 年被评为"吉林省特级教师"，2008 年被北京市教委认定为"北京市特级教师"。从教二十余年，其心融融，融全力于爱生敬业之中；积极指导青年教师成长。潜心钻研业务，论文、著作在国家级刊物上发表和出版；积极参与北京市海淀区"十一五"课题研究，并与国外专家合作，进行"项目导向的数学教学"课题实验，其实验成果在北京市 2006 年度基础教育科学研究评选中获奖。

***杨巨环**　男，生于 1964 年，中学物理教师，2004 年被评为"河北省特级教师"，2008 年被北京市教委认定为"北京市特级教师"。在 26 年的教学生涯中，爱岗敬业，从严治教。重视物理实验教学；在国家级省级专业杂志上发表教学论文十余篇；对年轻教师认真"传、帮、带"。2008 年被评为"顺义区教育系统优秀共产党员"。

***杨金才**　男，生于 1964 年，中学语文教师，2004 年被评为"河北省特级教师"，2008 年被北京市教委认定为"北京市特级教师"。热爱教育事业，具有良好的职业道德和修养。先后编著《"咱们"的文化》《鲜花盛开的夏天》等教育教学专著、教辅。多次作市、区级研究课、专题讲座，指导多名青年教师成长为区级以上骨干教师。

***陆云泉**　男，生于 1963 年，中学数学教师，2002 年被评为"江苏省特级教师"，2008 年被北京市教委认定为"北京市特级教师"。多年来为教育教学工作作出了较为突出的贡献，获得"全国模范教师"、"无锡市有突出贡献的中青年专家"、无锡市"名教师"等荣誉称号。潜心研究数学课堂教学，主持参与了全国、市区级多项科研课题的研究；主编或参与了《高中数学》《高中新教材课程标准实验教科书数学教学参考书》《夺冠 100 丛书 高中数学》等多本著作的编写工作；在《北京教育》《中小学管理》等核心期刊上发表论文几十篇。

***陈星春**　男，生于 1964 年，中学数学教师，2006 年被评为"湖北省特级教师"，2008 年被北京市教委认定为"北京市特级教师"。热爱教育事业，具有良好的职业道德和奉献精神。曾获"湖北省骨干教师"、"湖北省教育科研先进工作者"、"湖北省新世纪高层次人才"等称号，享受湖北省襄樊市人民政府专家津贴。培养了多位青年教师，使他们成为教学骨干。先后在国家核心期刊及省级刊物公开发表了一百二十多篇教育教学论文。

***陈敬川**　男，生于 1962 年，中学数学教师，2002 年被评为"山西省特级教师"，2008 年被北京市教委认定为"北京市特级教师"。热爱教育事业，具有良好的职业道德和扎实的教学基本功。多次担任山西省、市级观摩课、教材培训、教学专业培训主讲教师；多次被聘为山西省、市级教学能手大赛、教学基本功比赛评委；指导过多名青年教师成长；主持和参加了多项科研课题研究。曾获得"山西省教学能手"、"山西省学科带头人"、"山西省模范教师"、"海淀区模范教师"等称号。

***林祖荣**　男，生于 1962 年，中学生物教师，2000 年被评为"江苏省特级教师"，2008 年被北京市教委认定为"北京市特级教师"。热爱教育事业，具有良好的职业道德和奉献精神。主编《高中生物新课程理念与实施》等专著；参与新课程初中《生物》教材（苏科版）、海南环境教材、新课程高中《生物》教学参考（人教版）等书的编著工作，《高考》杂志学科主编。在全国数十家报纸杂志上共发表论文、经验总结等近二百篇。

***姚玉平**　男，生于 1964 年，中学数学教师，2001 年被评为"河北省特级教师"，2008 年被北京市教委认定为"北京市特级教师"。热爱教育事业，具有良好的职业道德和奉献精神。曾任河北省中学教师专家组成员，在高考和学科竞赛辅导方面有突出的贡献，指导青年教师成长。曾获"河北省优秀教师"称号，现为北京师范大学及西城区职称评定专家组成员。

***高荷洁**　男，生于 1964 年，中学物理教师，2004 年被评为"河南省特级级教师"，2008 年被北京市教委认定为"北京市特级教师"。热爱教育事业，具有良好的职业道德和奉献精神。从教 20 多年注重学生基本概念的学习、基本规律的理解、基本方法的形成和应用，善于引导学生通过动手做、动脑思、动口议形成知识网络；善于诱导学生总结规律寻求解题的最佳途径和方法。曾被评为"河南省优秀教师"、"河南省周口市优秀教师"、"河南省周口市模范班主任"、"河南省学科带头人"。长期从事超常教育实验工作，获"河南省优秀科研成果奖"，1995 年至 2005 年所教学生有近二十名考入中国科技大学少年班、西安交通大学少年班。

*崔 明 男，生于 1961 年，中学化学教师，1999 年被评为"黑龙江省特级教师"，2008 年被北京市教委认定为"北京市特级教师"。热爱教育事业，具有良好的职业道德和奉献精神。在落实教学常规的基础上不断运用新理念，并在提高学生科学素养方面成绩突出。主动指导青年教师成长，积极参加教育科学研究课题和新课程学科指导工作，出版多部个人专著。曾获"北京市化学科学教育教学成果奖"一等奖和北京市论文一等奖，所教学生有数名获"全国高中学生化学竞赛（省级赛区）"一等奖。

*崔 峰 男，生于 1963 年，中学化学教师，1994 年被评为"山东省特级教师"，2008 年被北京市教委认定为"北京市特级教师"。热爱教育事业，具有良好的职业道德和奉献精神，教育教学业绩突出。先后发表多篇论文，主编出版十余本中学化学教辅用书和校本教材，主持了多项科研课题的研究。长期指导青年教师成长，培育多名省市级骨干教师和学科带头人。曾获"全国优秀教师"称号，享受国务院政府特殊津贴。

*崔君强 男，生于 1963 年，中学数学教师，2004 年被评为"吉林省特级教师"，2008 年被北京市教委认定为"北京市特级教师"。热爱教育事业，具有良好的职业道德和奉献精神。曾获"全国模范教师"、"海淀区教育系统优秀共产党员"称号。参加北师大版教师用书的编写修订工作，参加教育部"针对高中数学新课程教学中难点和问题"研讨，发表多篇论文并获奖。主持了多项校本研究项目，长期承担指导青年教师成长任务。

*曹成勇 男，生于 1966 年，中学物理教师，2005 年被评为"辽宁省特级教师"，2008 年被北京市教委认定为"北京市特级教师"。热爱教育事业，具有良好的职业道德和奉献精神。获得"辽阳市优秀班主任"、"辽阳市优秀共产党员"、"辽阳市优秀教育工作者"、"辽阳市优秀教师"、"辽宁省德育管理先进个人"等称号。多篇教育教学论文在省级、国家级刊物上发表，参加了多项科研课题的研究。

*黄书琴 女，生于 1955 年，中学数学教师，2001 年被评为"湖北省特级教师"，2008 年被北京市教委认定为"北京市特级教师"。中国教育学

会中学语文教学专业委员会教学艺术研究中心会员，东城区兼职教研员，第十届精神文明建设"五个一工程"评委。合著书六本，在国家、省市级刊物上发表文章多篇。教学效果好，多次获市、区先进，并多次做公开课。参加北京市"虚拟课堂"实验，主编校本教材，参编教参，指导研究性学习，多次做区级发言。通过"名师工作室"指导本校和外校青年教师成长。

＊程　嗣　男，生于 1956 年，中学物理教师，2001 年被评为"湖北省特级教师"，2008 年被北京市教委认定为"北京市特级教师"。热爱教育事业，具有高尚的职业道德和扎实的专业功底。长期从事高中物理教学和研究，形成了自己独特的教研风格。先后在全国专业杂志《物理教学》《物理教师》等刊物上发表物理专业文章近百篇。首都师范大学兼职硕士研究生导师，《中学教学参考》杂志特约编委。曾被评为"湖北省优秀教师"。

出 版 人　所广一

责任编辑　谭文明

版式设计　孙欢欢

责任校对　贾静芳

责任印制　曲凤玲

图书在版编目（CIP）数据

北京市特级教师三十年：1979—2009／北京市教育
委员会人事处，北京教育科学研究院教师研究中心编．——
北京：教育科学出版社，2012.1
　ISBN 978 - 7 - 5041 - 5596 - 2

Ⅰ.①北… Ⅱ.①北… ②北… Ⅲ.①优秀教师—评选—
制度—北京市—1979—2009 Ⅳ.①G451.1

中国版本图书馆 CIP 数据核字（2011）第 099900 号

北京市特级教师三十年（1979—2009）
BEIJINGSHI TEJI JIAOSHI SANSHINIAN（1979—2009）

出版发行	**教育科学出版社**				
社　　址	北京·朝阳区安慧北里安园甲 9 号		市场部电话	010 - 64989009	
邮　　编	100101		编辑部电话	010 - 64981277	
传　　真	010 - 64891796		网　　址	http://www.esph.com.cn	
经　　销	各地新华书店				
制　　作	北京大有图文信息有限公司				
印　　刷	北京中科印刷有限公司		版　　次	2012 年 1 月第 1 版	
开　　本	169 毫米×239 毫米　16 开		印　　次	2012 年 1 月第 1 次印刷	
印　　张	22.25		印　　数	1 - 3 000 册	
字　　数	318 千		定　　价	45.00 元	

如有印装质量问题，请到所购图书销售部门联系调换。